◎ 2015年6月25日，全国工商联十一届六次常委会议在吉林省长春市开幕。

◎ 2015年12月23日，全国工商联十一届四次执委会议在江西省南昌市开幕。

◎ 2015年3月20日，中央统战部、全国工商联召开视频会议，对以守法诚信为重点深入开展非公有制经济人士理想信念教育实践活动进行动员部署。

◎ 2015年10月17日，“万企帮万村”精准扶贫行动启动仪式在北京举行。

◎ 2015年3月31日，全国政协副主席、全国工商联主席王钦敏在全国工商联机关会见了瑞士联邦议会国民院议员、瑞士联邦工商企业联合会董事会主席让－弗朗索瓦·里姆率领的代表团一行。

◎ 2015年11月1日至2日，全国政协副主席、全国工商联主席王钦敏在福建省晋江市对工商联基层组织建设情况进行调研。

◎ 2015年11月21日，全国工商联学习贯彻党的十八届五中全会精神辅导报告会在北京举行。中央统战部副部长，全国工商联党组书记、常务副主席全哲洙主持报告会并讲话。

◎ 2015年8月11日至14日，中央统战部副部长，全国工商联党组书记、常务副主席全哲洙带领全国工商联调研组，就小微企业发展情况在河南开展调研。

◎ 2015年9月18日，第四届中国公益慈善项目交流展示会在深圳开幕。全国工商联副主席谢经荣在“善商发展与全球减贫”主题研讨会上发表讲话。

◎ 2014年8月25日，2015中国民营企业500强新闻发布会在北京召开。全国工商联副主席黄荣主持发布会。

◎ 2015年12月12日，十三五创业创新论坛在北京举行。全国工商联副主席林毅夫在论坛上作主旨演讲。

◎ 2015年10月26至29日，全国工商联副主席安七一率调研组深入甘肃省甘南藏族自治州，就援藏援疆工作开展专题调研。

◎ 2015年10月23日，全国“五好”县级工商联建设暨会员发展工作推进会议在福建省厦门市举行。全国工商联副主席杨启儒在会上讲话。

中华全国工商业联合会
年　鉴
（2015）

中华全国工商业联合会　编著

社会科学文献出版社
SOCIAL SCIENCES ACADEMIC PRESS(CHINA)

图书在版编目(CIP)数据

中华全国工商业联合会年鉴. 2015 / 中华全国工商业联合会编著. -- 北京 : 社会科学文献出版社, 2016. 10

ISBN 978 - 7 - 5097 - 9546 - 0

Ⅰ. ①中… Ⅱ. ①中… Ⅲ. ①中华全国工商业联合会 - 2015 - 年鉴 Ⅳ. ①D665. 4 - 54

中国版本图书馆 CIP 数据核字 (2016) 第 184118 号

中华全国工商业联合会年鉴 (2015)

编　　著 / 中华全国工商业联合会

出 版 人 / 谢寿光
项目统筹 / 恽　薇　高　雁
责任编辑 / 高　雁　张玉平

出　　版 / 社会科学文献出版社 · 经济与管理出版分社 (010) 59367226
地址: 北京市北三环中路甲 29 号院华龙大厦　邮编: 100029
网址: www. ssap. com. cn
发　　行 / 市场营销中心 (010) 59367081　59367018
印　　装 / 三河市东方印刷有限公司

规　　格 / 开 本: 880mm × 1230mm　1/16
印 张: 14. 5　插 页: 0. 5　字 数: 406 千字
版　　次 / 2016 年 10 月第 1 版　2016 年 10 月第 1 次印刷
书　　号 / ISBN 978 - 7 - 5097 - 9546 - 0
定　　价 / 398. 00 元

《中华全国工商业联合会年鉴（2015）》编审委员会

出版前言

2015年，“十二五”规划圆满收官。全国工商联全面贯彻党的十八大和十八届三中、四中、五中全会精神，深入学习贯彻习近平总书记系列重要讲话精神，认真落实中央统战工作会议、中央党的群团工作会议、中央经济工作会议、中央扶贫开发工作会议精神，围绕中心、服务大局，坚持两个健康主题，深入开展非公有制经济人士理想信念教育实践活动，通过建言献策等多种服务方式助推民营企业转型升级、优化民营经济发展环境，着力加强基层组织建设，切实改进机关工作作风，各项工作取得新进展。

为了全面、直观地反映工商联2015年的工作成就，在全国工商联领导的重视和机关各部门、各地工商联支持下，我们编纂了《中华全国工商业联合会年鉴（2015）》。本年鉴资料收录时间为2015年1月至12月，采用分类编排法，共分5个部分：

1. 概况：收录了全国工商联2015年会员及组织发展概况。

2. 工作成果：收录了全国工商联2015年的主要工作和活动，包括非公有制经济人士思想政治工作、理论研究和建言献策、服务非公有制经济和区域经济发展、法律服务、扶贫与社会服务、对外交往与合作、组织建设、机关建设等八个方面内容。

3. 综合性会议：收录了全国工商联十一届六次常委会议、十一届四次执委会议等重要会议情况和领导讲话。

4. 调研报告：全国工商联牵头组织调研、公开发表的调研报告和机关重点调研报告。

5. 省级工商联工作：包括全国各省、自治区、直辖市和新疆生产建设兵团工商联2015年工作综述。

年鉴中有关领导职务为时任职务。

年鉴的出版得到了各省级工商联的全力配合，在此表示诚挚感谢！

年鉴仍然有很多待完善的地方，恳请广大读者和同行提出宝贵意见和建议，您的参与将使年鉴编撰更严谨、功能更突出。

编　者

2016年7月

目　录

第一部分　概况

第二部分　工作成果

第三部分　综合性会议

第四部分　调研报告

第五部分 省级工商联工作

第一部分 概况

会员发展概况

截至2015年底，全国工商联共有会员4385663个，比2014年底增加415989个，增长10.5%。其中，企业会员2314582个，占52.8%；团体会员55689个，占1.3%；个人会员2015392个，占45.9%（其中个体工商户1612605个，原工商业者36067个）。在全体会员中，县及县以下工商联会员2404024个，占54.8%；行业商会会员1644787个，占37.5%。

从企业会员产业分布看，第三产业数量最多，第二产业占比提升最快。截至2015年底，企业会员中从事第一产业的有17.8万个，占企业会员总数的7.7%，所占比例比2014年底减少0.8个百分点；从事第二产业的有81.4万个，占企业会员总数的35.2%，所占比例比2014年底增加0.7个百分点；从事第三产业的有132.3万个，占企业会员总数的57.1%，所占比例比2014年底增加0.1个百分点。

从企业会员行业分布看，数量较多的五个行业是：制造业（609900个），住宿和餐饮业（463027个），信息传输、软件和信息技术服务业（191515个），农、林、牧、渔业（177401个），居民服务、修理和其他服务业（171846个）。水利、环境和公共设施管理业，科学研究和技术服务业以及交通运输、仓储和邮政业的企业会员增长较快。

从团体会员发展情况看，2015年底数量比2014年底增加9191个，增长19.8%，增速比上一年度提高6.4个百分点，工商联团体会员占会员总数的比例从2014年底的1.2%增加到2015年底的1.3%。

从全国各地区工商联会员发展情况看，会员数量居前五位的是广东（288762个）、江苏（274206个）、辽宁（260396个）、河南（251988个）和山西（250572个）。企业会员居前五位的是江苏（217228个）、广东（202533个）、浙江（200208个）、辽宁（160987个）和山东（142508个）。与2014年底相比，县及县以下工商联会员增加数量居前五位的是重庆、浙江、山东、河南和广东，企业会员增加数量居前五位的是辽宁、广东、浙江、江苏和贵州，团体会员增加数量居前五位的是辽宁、浙江、河南、新疆和贵州。

从工商联企业会员在全国企业和私营企业中的占比看，根据国家工商行政管理总局统计，截至2015年底，全国共有企业2185.8万个，比2014年底增加366.5万个，增长20.1%。全国私营企业共1908.2万个，比2014年底增加361.8万个，增长23.4%。全国各级工商联企业会员231.5万个，比2014年底增加17.7万个，增长8.3%，工商联企业会员占全国企业总数的比例为10.6%。工商联私营企业会员共193.7万个，比2014年底增加18.8万个，增长10.7%，工商联私营企业会员占全国私营企业总数的比例为10.2%。

面对全国企业尤其是私营企业增长大幅提高的新形势，各级工商联要高度重视会员发展工作，以切实有效的举措不断加强工商联会员队伍建设。一是在发展吸收大型骨干企业入会的同时，要积极吸纳量大面广的小微企业入会，防止出现会员发展时设置资产门槛的问题。二是注重吸收成长性好、发展速度快的新技术、新产业、新业态企业入会，提升会员发展质量。三是加强县级工商联和工商联所属商会建设，继续发挥他们在会员发展工作中的主渠道作用。（徐　洁）

组织发展概况

截至2015年底，全国共有县级以上工商联组织3404个，比2014年底增加10个。其中，地级工商联组织333个，占地级行政区划总数的99.7%；县级工商联组织2829个，占县级行政区划总数的99%；未列入国家行政区划的市辖区、管理区、经济开发区等工商联组织41个；新疆生产建设兵团有师级工商联组织14个，团级工商联组织154个。

2015年新设立县级以上工商联组织12个（其中县级工商联组织4个，未列入国家行政区划的管理区、经济开发区等工商联组织8个），其中河北3个、安徽2个、山东2个、广西1个、新疆4个；因行政区划调整减少县级以上工商联组织2个，其中上海1个、河南1个。目前，共有27个省级行政区实现了县以上工商联组织全覆盖。海南有1个地级市，海南、贵州、西藏、新疆4个省（自治区）共有17个县级行政区未成立工商联。

2015年，各级工商联坚持重心下移、深入基层，在地方党委和政府的领导下，深入开展“五好”县级工商联建设，完善工作机制，巩固阶段性成果，提高了全国县级工商联整体工作水平。

截至2015年底，各级工商联所属商会共有41679个，与2014年底相比，增加4698个，增长12.7%。其中，行业商会12668个，增加1273个，增长11.2%；乡镇商会15939个，增加1324个，增长9.1%；街道商会3865个，增加422个，增长12.3%；异地商会5825个，增加1092个，增长23.1%；市场、园区、楼宇、村商会等其他类型商会3382个，增加587个，增长34.8%。各类型商会分布情况是，行业商会占商会总数的30.4%，乡镇商会占商会总数的38.2%，街道商会占商会总数的9.3%，异地商会占商会总数的14%，市场商会等其他类型商会占商会总数的8.1%。各类型商会数量普遍有所增长，其中随着各地经济交流合作日趋紧密，有的省份将异地商会交给工商联进行工作联系，比例增长较多。

从各省情况看，与2014年底相比，除海南、新疆生产建设兵团工商联所属商会数量持平，甘肃减少1个商会外，大部分地区工商联所属商会数量都有所增加，其中，江苏、浙江、福建、广西、贵州等地工商联所属商会数量增加相对较多。

在12668个工商联所属行业商会中，已登记8850个，登记率69.9%，比2014年底提高1.5个百分点，其中，全国工商联31个行业商会已登记15个，登记率48.4%；省级工商联811个行业商会已登记595个，登记率73.4%；地市级工商联4607个行业商会已登记3369个，登记率73.1%；县级工商联7250个行业商会已登记4886个，登记率67.4%。从各省的登记情况看，已有12个省本级工商联所属行业商会全部完成法人登记，但北京、天津、辽宁、上海、重庆等地工商联所属行业商会总体登记率较低。（薛　葵）

第二部分　工作成果

非公有制经济人士思想政治工作

【综　述】2015 年，全国工商联全面贯彻党的十八大和十八届三中、四中、五中全会精神，深入学习贯彻习近平总书记系列重要讲话精神，认真落实中央统战工作会议、中央党的群团工作会议、中央扶贫开发工作会议精神，围绕中心、服务大局，牢牢把握两个健康工作主题，以守法诚信为重点深入开展非公有制经济人士理想信念教育实践活动，加大对非公有制经济人士和工商联干部的培训力度，积极参与社会信用体系建设，做好宣传引导工作，营造非公有制经济发展良好的舆论环境和社会环境，为促进非公有制经济的健康发展和非公有制经济人士的健康成长作出贡献。主要开展了以下几方面的工作。

一、以守法诚信为重点深入开展理想信念教育实践活动

理想信念教育实践活动开展三年以来，得到了各级党委政府、工商联和商会、广大非公有制经济人士的广泛认可，已经成为加强非公有制经济人士思想政治工作的重要载体，也是工商联工作的重要品牌。

2015 年，中央统战部、全国工商联紧密结合民营企业发展实际和非公有制经济人士思想状况，深入贯彻落实党的十八届四中全会精神，将守法诚信作为理想信念教育实践活动的重点，着力引导非公有制经济人士尊法学法守法用法，增强守法诚信意识。3 月 17 日，中央统战部、全国工商联联合印发《关于以守法诚信为重点深入开展理想信念教育实践活动的意见》（厅字〔2016〕8 号），要求各地坚持问题导向和实践导向，注重发挥非公有制经济人士主体作用，充分运用理想信念教育实践活动开展以来的经验，切实发挥摸底调查、正面引导、政企沟通、培训互动、协调推进等机制的作用，开展法治宣传教育、引导企业依法经营、引导企业诚实守信、推进企业法治文化建设、加强法律服务工作，增强教育实践活动的针对性和实效性。3 月 20 日，中央统战部、全国工商联召开视频会议，对活动进行动员部署，会议传达了中共中央政治局委员、中央统战部部长孙春兰关于以守法诚信为重点深入开展非公有制经济人士理想信念教育实践活动的重要批示，全国政协副主席、全国工商联主席王钦敏出席会议，中央统战部副部长，全国工商联党组书记、常务副主席全哲洙出席会议并讲话，湖北省、湖南省、重庆市、北京市的统战部、工商联和商会代表在会上作交流发言。6 月 25 日，全国工商联十一届六次常委会议再次对深入开展理想信念教育实践活动进行部署，提出“抓认识、抓重点、抓内容、抓方法”的工作要求。王钦敏主席、全哲洙书记等领导带领调研组，先后深入北京、四川、河北、陕西、甘肃、山东等十余省区市进行了多轮次调研督导。

全国工商联注意做好理想信念教育实践活动的宣传指导工作。编发《工商联信息——以守法诚信为重点深入开展理想信念教育实践活动专刊》、在全国工商联网站设立活动专题，及时发布活动信息，展示各地统战部、工商联和商会在活动中的特色做法，对各省市进行指导和督促。协调《中华工商时报》，从 6 月 5 日起在头版显著位置推出“守法诚信好故事”专栏，深入报道非公有制经济人士在守法诚信方面的典型故事。

各级统战部和工商联根据非公有制经济人士现实思想和企业生产经营实际，精心设计主题突出、特色鲜明、务实可行的活动载体，把引导教育与自我教育、理论学习与实践活动、解疑释惑与解决实际问题有机结合起来，在加强法治宣传、创新法律服务，注重政企沟通、解决企业实际困难，加大典型宣传、发挥主体作用，重视商会作用、加强行业自律，融入企业文化建设、加强依法治企，加强组织督导、探索长效机制等方面开展了一系列卓有成效的工作，得到了非公有制经济人士的积极响应，提高了遇事找法、解决问题靠法的意识，增强了对中国特色社会主义的信念、对党和政府的信任、对企业发展的信心、对社会的信誉。

二、加大对工商联干部的培训力度

2015 年 4 月至 7 月，中央统战部、全国工商联联合举办 4 期“县级工商联主席、党组书记”培训班，全国各省（区、市）的县级工商联主席、党组书记及全国工商联直属新闻单位有关同志共 875 人参加培训。

王钦敏主席出席第四期开班仪式，以“新一轮产业革命与企业创新发展”为题详细阐述了经济发展新常态下民营企业发展的现状、面临的问题和挑战，提出了新形势下民营企业创新驱动、转型升级的具体路径并进行案例分析。全哲洙书记出席第三期开班式和第四期结业式，为学员系统讲解了中央统战工作会议精神。全国工商联副主席庄聪生以“法治意识与新型政商关系”为题，为第三期学员讲解全面推进依法治国形势下如何构建新型政商关系。全国工商联副主席李路对培训班全程进行指导并授课，强调新形势下做好非公有制经济人士思想政治工作的重要性。全国工商联副主席杨启儒出席第四期结业式。这次培训是全国工商联首次对县级工商联主席、党组书记进行的大规模集中培训活动，培训工作得到参训学员的一致好评。

11 月 21 日，全国工商联举行学习贯彻党的十八届五中全会精神辅导报告会。中央十八届五中全会精神宣讲团成员、中央财经领导小组办公室副主任杨伟民作辅导报告，全哲洙书记主持报告会并讲话，全国工商联机关全体干部、直属单位负责人参加会议。全哲洙书记在讲话中要求各级工商联组织要认真学习贯彻党的十八届五中全会、中央统战工作会议、中央党的群团工作会议精神，围绕两个健康主题履行责任、发挥作用；要求工商联干部要明大势、看大局，原原本本学好文件，领会精神实质，按照“三严三实”要求做好本职工作，积极投身实施“十三五”规划的伟大实践。

三、积极参与社会信用体系建设部际联席会议

2014 年 12 月，国务院批准全国工商联加入社会信用体系建设部际联席会议。2014 年底，全国工商联与民政部、国家发改委等八部委联合印发《关于推进行业协会商会诚信自律建设工作的意见》，支持行业协会商会参与行业信用建设，与最高人民法院执行局签署《关于开展失信被执行人数据共享应用有关工作的合作备忘录》。2015 年 5 月 25 日，全国工商联作为正式成员单位参加部际联席会议联络员会议。8 月至 9 月，宣教部赴上海、辽宁、湖北调研，了解地方工商联开展信用体系建设情况、存在问题，征求对全国工商联参与信用体系建设的意见建议。

全国工商联在参与社会信用体系建设工作中，一是加强诚信建设宣传教育。继续把守法诚信教育作为理想信念教育实践活动的重要内容，推动各地工商联积极参与社会信用体系建设工作，向非公有制经济人士传达信用体系建设方面的政策法规和重要举措，引导他们提高诚信意识和信用管理工作能力；引导非公有制企业重视内部诚信管理制度建设，积极践行社会主义核心价值观，培育守法诚信企业文化。二是宣传先进典型。推动各地工商联和商会树立守法诚信和企业诚信建设先进典型，充分利用中华工商时报、《中国工商》杂志及新媒体手段加大宣传力度。三是加强信息网络平台建设。完成注册登入社会信用信息共享交换平台和全国工商联网站首页“信用体系建设专栏”设计，实现与信用信息共享交换平台和“信用中国”网站的对接，筛选有关诚信建设的文件精神、经验做法和典型案例等相关内容上传发布。四是探索发挥商会作用。指导推动地方工商联和有条件的商会贯彻落实《关于推进行业协会商会诚信自律建设工作的意见》，探索开展会员企业信用管理知识培训、建立信用档案、开展信用评价、提供信用信息服务等，加强行业诚信自律建设。

四、做好重点工作的宣传报道和对直属新闻出版单位的管理服务工作

2015年，积极做好守法诚信教育活动视频会议、十一届六次常委会议、十一届四次执委会议、县级工商联主席党组书记培训班、中国民营企业500强新闻发布会、中国光彩事业促进会第五次会员代表大会、“万企帮万村”精准扶贫行动启动仪式、政府和社会资本合作（PPP）项目推介会等重点工作和活动的新闻宣传报道工作，圆满完成各项宣传任务。

加强对直属新闻出版单位的管理和服务。定期召开新闻通气会，及时传达全国宣传部长会议等中央有关宣传工作精神，部署工作要求。推进中华工商时报、中华工商联合出版社等单位专项巡视整改工作落实，督促5方面17项改革措施的落地。做好《财经》杂志、《证券市场周刊》变更主管单位的交接工作，协助中信集团推进中国证券市场研究设计中心主管单位的划转。协调处理中华工商联合出版社股东变更，国家出版基金、主题出版重点出版物、国家重点图书出版规划等项目申报、变更、结项，外事活动申报，财政部专项资金使用等有关事宜。（赵忠华）

【共同印发《关于以守法诚信为重点深入开展理想信念教育实践活动的意见》】为全面贯彻落实党的十八大和十八届三中、四中全会精神，深入贯彻落实习近平总书记系列重要讲话精神，进一步加强和改进非公有制经济人士思想政治工作，增强非公有制经济人士对中国特色社会主义的信念、对党和政府的信任、对企业发展的信心、对社会的信誉，在深入调研的基础上，中央统战部办公厅、全国工商联办公厅于2015年3月20日联合印发《关于以守法诚信为重点深入开展理想信念教育实践活动的意见》（以下简称《意见》），决定以“民营企业家与中国梦”为主题，以守法诚信为重点，继续深入开展非公有制经济人士理想信念教育实践活动。

《意见》指出，开展守法诚信教育是落实党的十八届四中全会精神的重要举措，是做好非公有制经济人士思想政治工作的重要抓手，是经济发展新常态下引导非公有制企业健康发展的现实需要。《意见》要求各省级党委统战部、工商联结合非公有制经济人士思想状况和非公有制企业生产经营实际，把守法诚信教育和依法维权、营造良好法治环境结合起来，丰富教育实践活动内容和载体，将守法诚信教育做深做细做实，在开展法治宣传教育、引导企业依法经营、引导企业诚实守信、推进企业法治文化建设、加强行业和会员自律、加强法律服务工作等方面加强教育和引导。要求各地坚持问题导向和实践导向，注重发挥非公有制经济人士主体作用，切实发挥摸底调查、正面引导、政企沟通、培训互动、协调推进等机制的作用，增强教育实践活动的针对性和实效性。（赵忠华）

【共同召开以守法诚信为重点深入开展非公有制经济人士理想信念教育实践活动动员部署会议】2015年3月20日，中央统战部、全国工商联召开视频会议，对以守法诚信为重点深入开展非公有制经济人士理想信念教育实践活动进行动员部署。会议在全国工商联机关设主会场，各省、自治区、直辖市和新疆生产建设兵团工商联设分会场。全国政协副主席、全国工商联主席王钦敏出席会议，中央统战部副部长，全国工商联党组书记、常务副主席全哲洙出席并讲话，全国工商联副主席庄聪生主持会议。全国工商联专职副主席，中央统战部五局、全国工商联机关全体干部，全国工商联直属单位和直属商会负责人在主会场参加会议，有关地方党委统战部、工商联和商会代表作了会议发言。

会议传达了中共中央政治局委员、中央统战部部长孙春兰关于以守法诚信为重点深入开展非公有制经济人士理想信念教育实践活动的重要批示。批示指出，统战部、工商联开展的理想信念教育实践活动有利于增强广大非公有制经济人士对中国特色社会主义的信念、对党和政府的信任、对企业发展的信心、对社会的信誉，有利于促进非公有制经济健康发展、非公有制经济人士健康成长，活动开展以来收到很好的成效。2015年教育实践活动以“民营企业家与中国梦”为主题，以守法诚信为重点，体现了问题导向，贴近实际。各级统战部、工商联要在党委领导下，在抓好法治和诚信宣传教育、加强法律维权服务和信用体系建设、帮助排解思想困惑和实际困难等方面下功夫，发挥桥梁纽带作用，为稳增长、调结构、提质量、增效益，为大众创业万众创新，实现经济社会发展各项任务作出新贡献。希望广大非公有制经济人士积极主动参加教育实践活动，进一步坚定理想信念，提升创新能力，践行法治理念，切实做到政治上自信、发展上自强、守法上自觉，为服务“四个全面”战略布局作出新的更大的贡献。

全哲洙书记在讲话中就学习贯彻孙春兰重要批示精神，组织开展好教育实践活动提出要求。他强调，要在提高思想认识上下功夫，充分认识以守法诚信为重点的理想信念教育实践活动是服务“四个全面”战略布局的重要举措、是加强和改进思想政治工作的具体实践、是活动由集中性转为经常性的积极探索，要切实提高思想认识，以高度的政治责任感和使命感扎实推进活动深入开展。要在增强活动实效上下功夫，始终坚持问题导向，紧紧围绕当前非公有制企业守法诚信方面的突出问题和现实需求，创新工作方式方法，丰富活动载体，着力引导非公有制经济人士增强法治意识，着力引导非公有制经济人士诚实守信，着力推动非公有制企业转型升级，着力加强法律维权工作，确保不走过场、取得实效。要在狠抓落实上下功夫，各地要按照中央统战部、全国工商联下发的《关于以守法诚信为重点深入开展理想信念教育实践活动的意见》要求，加强组织领导，充分发挥长效机制作用，把商会作为开展活动的主要阵地，大胆探索，勇于创新，认真抓好贯彻落实。（赵忠华）

【开展以守法诚信为重点的理想信念教育实践活动信息直报工作】为深入推进非公有制经济人士理想信念教育实践活动，全国工商联于2015年1月依托非公有制经济调查研究系统开展了以守法诚信为重点的理想信念教育实践活动信息直报工作，共有30家省级工商联近3100家企业参与。在对直报结果进行分析基础上形成的分析报告，得到了会领导的高度重视，要求相关部门在制定理想信念教育实践活动工作方案时吸纳采用，同时印发参阅件供机关各部门参考。直报报告的部分结论，如，小微企业是理想信念教育实践活动的侧重点；守法诚信教育关键是要抓住微型企业；开展守法诚信教育的一个重要途径就是充分整合资源、搭建企业服务平台；守法诚信教育要把着力点放在发挥商会作用上，推进指导商会调解试点，尝试开展行业性、专业性调解工作，切实帮助企业解决法律纠纷，维护企业合法权益等内容，被相关部门有效采纳。（冯东海）

【召开非公有制经济人士学习中央统战工作会议精神座谈会】2015年5月23日，全国工商联在机关召开学习贯彻中央统战工作会议精神非公有制经济人士座谈会，会议由中央统战部副部长，全国工商联党组书记、常务副主席全哲洙主持。汉能控股集团董事局主席李河君、泛海控股集团董事长卢志强等13位企业家参会发言。

与会非公有制经济人士结合企业发展实际和个人思考，就学习贯彻落实会议精神畅谈认识体会、提出意见建议。一是，高度评价中央统战工作会议。认为中央统战工作会议是党中央着眼新形势下巩固和发展最广泛的爱国统一战线召开的一次激动人心的会议，在统一战线历史上具有里程碑意义。二是，深受鼓舞、努力做合格的中国特色社会主义事业建设者。高度认同习总书记提出的要大力弘扬社会主义核心价值观，引导非公有制经济人士特别是年轻一代致富思源、富而思进，做爱国、敬业、创新、守法、诚信、贡献的合格的中国特色社会主义事业建设者。三是，努力克服企业发展困难和挑战，自觉履行社会责任。一致表示要在党的领导下，积极应对市场需求不足、要素成本上升、融资难融资贵等问题，加快创新，练好内功，打好转型升级的关键战役，为协调推进“四个全面”战略布局贡献自己的力量。四是，加强商会工作，更好发挥商会作用。普遍表示习总书记的讲话明确了商会发展方向，拓展了商会工作范围，解除了大家的疑惑，充分体现了中央对商会工作的高度重视，在深受激励的同时，也倍感责任重大。五是，努力创新方式，认真学习贯彻落实会议精神。

与会非公有制经济人士发言后，全哲洙书记就下一步贯彻落实会议精神提出要求。一要高度重视学习贯彻中央统战工作会议精神。对这次会议精神的学习贯彻落实，直接关系着工商联今后工作的方向和成效。工商联要充分认识这次会议和颁发《中国共产党统一战线工作条例（试行）》（以下简称《条例》）的重大意义，把学习领会、贯彻落实会议精神作为当前首要政治任务来抓。二要积极参加以守法诚信为重点的理想信念教育实践活动。下一步，要以中央统战工作会议和《条例》精神的贯彻落实为指引，继续针对非公有制经济人士素质差异较大，思想观念、价值取向和行为方式更加多样多变的特点，有效发挥五个长效机制作用，在“常”“长”二字上狠下功夫。三要结合企业发展实际抓好中央统战工作会议精神的学习贯彻。在经济发展新常态下，广大非公有制经济人士要完善内部治理结构，培育以创新驱动为核心的竞争新优势，学会用法治思维和法治方式，处理好政商关系，确保转型升级在法治轨道上进行，真正将中央统战工作会议精神落到实处，推动企业健康可持续发展。（王树金）

【召开第十一届全国工商联宣传培训和企业文化建设委员会2015年度会议】2015年11月6日，全国工商联宣传培训和企业文化建设委员会会议在京召开，全国工商联副主席杨启儒出席会议并讲话。全国工商联副主席、宣传培训和企业文化建设委员会主任周海江主持会议。宣传培训和企业文化建设委员会委员、宣教部全体同志和直属新闻单位主要负责人参加了会议。会议通报了2014年以来全国工商联宣教培训工作情况和委员增补情况，并介绍了2016年的工作设想。委员们围绕如何深入开展非公有制经济人士理想信念教育实践活动和2016年工作安排进行认真讨论，提出了意见建议。（刘晶晶）

理论研究和建言献策

【综　述】2015年，各级工商联认真贯彻落实党的十八大和十八届三中、四中、五中全会精神，深入学习贯彻习近平总书记系列重要讲话精神，认真落实中央统战工作会议、中央党的群团工作会议、中央扶贫开发工作会议精神，坚持两个健康工作主题，为协调推进“四个全面”积极建言献策。

一、围绕中心、服务大局，开展调查研究

上半年，全国工商联开展“民营企业走出去和参与‘一带一路’建设”重点调研，调研报告总结了民营企业走出去的方式和途径，从政策环境、金融支持、风险防范、外事服务、企业自身素质等方面分析了影响民营企业走出去的突出问题，提出了对策建议。中央领导同志对调研报告作出重要批示，要求有关部门主动和全国工商联衔接，指导帮助民营企业参与“一带一路”建设；要求工商联掌握情况、反映意见、协调关系，采取多种形式做好服务工作。受国务院办公厅委托，下半年，开展了“全面支持小微企业发展政策措施落实情况”第三方评估，重点对支持小微企业发展的财税、金融、普遍性降费和清理规范涉企收费、商事制度改革等政策措施的贯彻落实情况进行评估。国务院常务会议听取了评估情况汇报后，要求有关部门认真进行整改。全国工商联还利用评估成果，就评估和调研中发现的一些突出问题，通过多种渠道和方式，积极建言献策。其中，降低制造业成本、延长小微企业税收优惠政策实施时限、加快设立国家中小企业发展基金、扩大固定资产加速折旧适用范围等建议，在中央和国务院的有关文件中得到了体现；在实行市场准入负面清单制度、推动国际产能和装备制造合作、鼓励和扩大社会资本投资建设铁路等多个文件征求意见过程中，报告提出的如“同步推进市场准入负面清单、政府权力清单、简化行政审批三项制度改革”和“规范负面清单制定过程中的地区性差异”等建议被采纳。4月，全国工商联接受国家发改委邀请，派人赴东北三省参加民营经济发展改革调研活动，协助国家发改委组织赴浙江、福建开展调研，并与国家发改委、工信部、国家开发银行联合制定了《关于推进东北地区民营经济发展改革的指导意见》。此外，积极开展非公有制经济人士理想信念教育实践活动专题调研、工商联所属商会改革调研、援疆援藏工作调研等大型调研活动。针对非公有制经济发展中面临的融资、中小微企业监测、商会党建、技术创新、转型升级、异地商会建设等问题，在北京、浙江、福建、河北、上海、山东、宁夏、重庆等地开展专题调研。

二、积极参加有关民主协商活动，认真履行参政议政职能

全国工商联共向全国政协十二届三次会议提交77件团体提案和1件平时提案，15份大会书面发言。为做好提案办理工作，全国工商联积极组织、协调、参加全国政协召开的有关提案办理协商会议。在7月8日召开的关于“加快发展信息化武装的现代物流体系，助推经济转型升级”重点提案办理协商会中，赴山东省临沂市开展了物流行业发展情况调研；在7月14日召开的“实施品牌战略，推动中国制造向中国创造转变”提案办理协商会中，全国工商联汽摩配件用品业商会有关负责同志参会并发言。在提案办理协商会上的发言和有关意见建议，得到了相关部委的重视和采纳。全国工商联还推荐3位工商联界别政协委员在全国政协十二届常委会第十一次、十二次、十三次会议上分别作了题为“关于‘十三五’规划的意见建议”“深入开展‘四信’教育引导非公有制经济人士积极践行社会主义核心价值观”“多措并举，力促实体经济稳健发展”的发言，《人民日报》等媒体对有关会议情况进行专门报道。全国工商联还围绕“十三五”规划组织召开“十三五”时期民营经济发展座谈会、第十一届全国工商联参政议政委员会第三次全体会议。在“十三五”时期民营经济发展座谈会中，全国政协副主席、全国工商联主席王钦敏，中央统战部副部长，全国工商联党组书记、常务副主席全哲洙出席，听取大家对当前经济形势的分析与看法、问题与建议，并发表重要讲话。在第十一届全国工商联参政议政委员会第三次全体会议中，在听取参会委员发言后，王钦敏主席发表重要讲话，全国工商联副主席黄荣作总结讲话。

三、加强理论研究和做好品牌活动

全国工商联紧紧围绕两个健康工作主题，就工商联事业发展中的重要理论问题和实践问题开展研究。一是继续开展工商联理论研究。进一步完善非公有制经济发展环境评价指标体系研究，结合监测工作片会，会同北京工商大学，进行环境评价研究后续工作，进一步修改完善指标体系。联合浙江大学，继续完善两个健康指标体系，形成相关研究报告。推进“四信”专题研究，联合湖南省联研究室开展“四信”关系研究，形成专题研究报告。二是创新开展中小微企业监测工作，加大对中小微企业专题监测工作的推进力度。分别开展守法诚信、商会专题、非公有制经济环境评价3次专题监测，按照要求撰写了调研报告。三是继续做好品牌活动。组织出版《中国民营经济发展报告 NO.12（2014—2015）》和《中国商会发展报告 NO.4（2014）》蓝皮书，配合中国民营经济研究会完成并发布《中国家族企业传承报告》。组织开展2015年度全国工商联系统优秀调研成果评选工作，共评选出优秀调研报告和理论文章一等奖9篇、二等奖17篇、三等奖19篇、优秀提案30篇。四是稳步推进工商联历史研究工作。调整《工商史苑》版面，扩大发行覆盖面，完成4期刊物编辑发行工作。（陈建辉）

【开展2015年度政协团体提案工作】2015年，全国工商联围绕党和国家中心工作，结合工商联两个健康工作主题，及早部署、认真选题、广泛征集、深入调研、严格审核，共向全国政协十二届三次会议提交77件团体提案和15件大会书面发言。经全国政协审核，立案70件，转为意见和建议供有关部门参考的9件。总体上看，全国工商联2015年团体提案数量显著增加、议题更加集中、建议针对性更强。从内容上看，重点聚焦五个方面内容。

一是围绕全面依法治国建言献策。在2014年开展非公有制企业法律服务调研的基础上，提出《修改〈法律援助条例〉将困难企业纳入法律援助对象范围的提案》；为贯彻落实四中全会关于健全宪法实施和监督制度的精神，提出《关于制定〈宪法监督法〉推进宪法实施的提案》；还就完善行政赔偿补偿机制构建法治政府、修改企业抵押贷款规定等内容提出提案。

二是围绕全面深化改革提出多项提案。在制度创新方面，就推进自贸试验区制度创新、建立完善新型城镇化基础设施建设投融资机制等议题提出提案；在行业体制改革方面，就尽快放开原油成品油进口限制、尽快推行全国统一天然气供销价格即时联动机制、尽快废除出租车专营制度、促进融资性担保行业健康发展等内容提出提案；在行政审批制度改革方面，就进一步深化行政审批制度改革破解民企项目投资审批“繁难贵”、加快建设项目行政审批等提出建议；针对融资难问题，提出《关于出台资金链风险防范与化解工作方案解决针对民营企业“一刀切”式抽贷问题的提案》《重建国家信用体系，破解民企互保链资金链困局的提案》等。

三是围绕经济转型升级，结合行业特点献务实之言。在推动产业升级方面，提出《关于借鉴德国“工业 4.0”推进我国工业转型升级的建议》；在战略性新兴产业发展方面，就推进备用电源储能化应用、支持发展再生资源产业、扶持地能冷热一体化产业发展等提出建议；在走出去方面，提出实行税收优惠等方面的建议；还就鼓励大众创业万众创新、扶持原创动漫企业发展等提出提案。

四是围绕行业健康发展，提出完善政策措施等建议。主要在提升自主品牌汽车零部件竞争力、大力推广清洁高效用煤技术提升我国能源安全、促进民营医院发展、恢复废纸加工贸易政策、振兴中国参茸产业、军民融合发展等方面提出提案。

五是围绕保障和改善民生，就热点难点问题提出建议。在生态文明建设方面，就加快推进环境污染第三方治理、有效缓解河湖黑臭现象、促进雨水收集和综合利用产业发展等提出建议；在医药卫生教育健康养老方面，就加强中药材质量管理、解决汽车车内空气污染、推动民营养老机构健康发展等议题提出建议；在扶助贫困方面，就进一步做好扶贫开发工作、支持民营企业参与国家旅游扶贫开发战略等提出提案。此外，全国工商联还提交了 15 份书面发言，主要就社会组织改革、依法治国、保障民生、发展战略性新兴产业等提出建议。（梁岩涓）

【共同开展东北地区民营经济发展状况专题调研】为进一步落实好《国务院关于近期支持东北振兴若干重大政策举措的意见》（国发〔2014〕28 号）和中央有关领导同志关于东北振兴工作重要批示指示精神，国家发改委会同全国工商联、国家开发银行等单位组成联合调研组于 2015 年 4 月 13 日至 17 日赴辽宁、吉林、黑龙江三省开展调研，了解东北地区民营经济发展基本情况以及存在的主要问题，探讨东北地区开展民营经济发展改革试点的基本思路、原则、目标、实施路径和政策措施。调研组由国家发改委东北振兴司有关负责同志带队，成员包括国家发改委东北振兴司、体制改革司、宏观经济研究院，国家开发银行和全国工商联研究室有关同志。在东北，调研组先后召开了 8 场座谈会，和三省发改委、国资委、财政、人社、科技、金融等部门同志座谈，听取长春和沈阳两市领导的介绍。走访了哈尔滨珍宝岛药业、哈尔滨艾瑞汽车排气系统有限公司、哈尔滨工业大学固泰电子有限公司、沈阳东管电力科技集团公司、辽宁瀚华投资担保有限公司等企业。

为了解东部省份民营经济发展的成功经验，受国家发改委委托，全国工商联联系浙江、福建两省工商联，组织调研组于 12 月 7 日至 11 日赴浙江省台州市，福建省福州市、莆田市和泉州市开展调研。在调研的基础上，与国家发改委、工信部、国家开发银行联合出台了《关于推进东北地区民营经济发展改革的指导意见》（以下简称《意见》），对东北地区民营经济发展改革进行了部署。《意见》提出，要用 5 年左右时间，通过推动民营经济发展改革方面的锐意创新，初步形成具有东北地区区域特色的民营经济发展新模式，促进民营经济健康发展的体制机制和政策体系进一步完善，民营企业的市场经营和投资环境显著改善，民营企业家大量涌现，民营经济规模不断壮大、活力和创造力明显提升。《意见》明确了东北地区在积极探索完善有利于民营经济长足发展的政策环境、营造有利于民营经济公平发展的市场环境、创造有利于民营经济产融结合互为支撑的金融环境、构建有利于民营企业增强创新发展动力的创新环境、完善有利于民营经济转型升级的支持举措、加强有利于民营经济可持续发展的人才队伍建设等方面主要任务，鼓励针对制约东北民营经济发展的瓶颈问题，选择若干城市开展先行先试，突出特色、重点推进，在充分发挥地方首创精神的基础上，支持各地探索优化本地区民营经济发展环境的有效途径，及时形成可复制、可推广的经验。（陈建辉）

【召开全国工商联部分省区市中小微企业监测工作交流会】为更好地推动全国工商联民营企业信息直报工作的开展，全国工商联于2015年5月29日在河北省秦皇岛召开部分省区市中小微企业监测工作交流会，全国15个省区市工商联部门负责同志及监测企业代表共50人参加会议，全国工商联副主席庄聪生参加会议并作讲话。庄聪生副主席就2014年全国工商联中小微企业监测工作基本情况作了总结。他指出，监测工作始终围绕中心、服务大局，已经成为促进两个健康的基础性工作；监测工作坚持重心下移，已经成为服务指导基层工作的重要方式；监测工作成果应用得到高度重视，逐步成为扩大工商联影响的一个品牌。庄聪生副主席指出，当前统战工作基层化趋势对监测工作提出新要求；经济发展进入新常态对监测工作提出新挑战；信息技术飞速发展给监测工作带来新机遇，工商联做好监测工作意义重大。庄聪生副主席对下一步监测工作开展提出明确要求，他指出要明确监测平台建设定位；保持监测平台常态化运行；适时拓展监测工作对象范围；扎实推进实施监测企业台账式管理；加强对监测工作的有效监督考核。会议期间，还就非公有制经济发展环境评价指标体系研究工作征求了参会同志的意见。（冯东海）

【开展工商联商会建设状况信息直报工作】为深入研究社团改革新形势下加强工商联所属商会工作的新思路新举措，更加有针对性地加强对工商联所属商会的指导引导和服务，全国工商联于2015年6月依托非公有制经济调查研究系统开展了商会建设状况专题信息直报工作，共有30家省级工商联3235家企业参与。在对直报结果进行分析的基础上形成的直报报告，得到了全国工商联领导的高度重视，要求相关部门在商会工作专题调研和起草工商联所属商会改革办法时吸纳采用，同时要求印发参阅件供机关各部门参考。信息直报报告中的部分结论，如，引导商会将服务资源向小微企业倾斜是下一步加强商会建设工作的重点；工商联商会会员发展，既要注重吸收大个头的代表性企业，也要注重吸引具有发展潜力的小微企业；要加强培育引导，有针对性地提供服务，进一步扩大商会会员的凝聚力和覆盖面；工商联开展以守法诚信为重点的理想信念教育实践活动，要把法律服务工作抓在手上，把着力点放在发挥商会作用上，通过继续推进指导商会调解试点，尝试开展行业性调解工作，切实帮助企业解决法律纠纷，维护企业合法权益等内容，被相关部门有效采纳。（冯东海）

【召开“十三五”时期民营经济发展座谈会】2015年8月11日，全国工商联在机关召开座谈会，研讨“十三五”时期民营经济发展有关问题，旨在为国家“十三五”规划提供更好的意见建议。全国政协副主席、全国工商联主席王钦敏，中央统战部副部长，全国工商联党组书记、常务副主席全哲洙出席座谈会并讲话，中国民间商会副会长王文彪、傅军以及其他10多位民营企业家和专家学者作了发言。

王钦敏主席指出，各位企业家结合企业生产经营实际和行业发展情况，对“十三五”时期民营经济面临的机遇和困难作了分析，就加快转型升级交流了看法和建议；各位专家学者结合专业领域研究和实地调查情况，从宏观政策和企业发展的角度作了分析并提出意见建议，这些建议对全国工商联掌握情况和开展参政议政工作很有借鉴意义。他强调，全国工商联要继续加强与各位企业家和专家学者的联系，及时了解大家对行业发展新情况、新问题的思考和最新调查研究成果，不断提高全国工商联向中央报送政策建议的质量。

全哲洙书记强调，科学研判“十三五”期间经济社会发展的趋势，首先要充分认识我国社会主义初级阶段的国情，准确把握经济发展的时代背景，以平和的心态认识经济新常态，既充满信心又结合实际积极应对。他要求，研究“十三五”时期民营经济发展的政策建议，要在“深”和“实”上下功夫，分析现状、预测趋势和研究政策，都必须掌握科学的方法论，不能单纯研究概念，更重要的是关注操作层面的问题，研究政策落实的问题。他强调，中央明确提出，工商联所属商会承担特殊职能，不能脱钩，要实现统战工作向商会组织的有效覆盖，这是工商联的职责。他指出，“十三五”时期，将是我国扶贫开发的决战时期，民营企业如何参与精准扶贫是个新课题，大家要积极关注。

与会人员围绕“十三五”时期产业结构调整、“互联网+”发展趋势、科技创新与突出企业主体地位等内容热烈发言。对推动“中国制造2025”战略、促进实体经济健康发展，加强农村环境保护和基础设施建设、改善农村公共服务与社会管理，提高对新能源等战略性新兴产业的重视和扶持力度，结合“一带一路”战略引导民营企业走出去，引导民营企业投身现代服务业，加大荒漠土地生态开发，深化行政体制改革、进一步简政放权，不断完善PPP投资模式、鼓励和支持民间资本参与公共基础设施建设，加大金融改革、完善资本市场管理，推动社会企业发展，引导商会组织积极参与社会管理、有序承接政府职能转移等方面问题，提出意见建议。（王树金）

【出版《中国商会发展报告NO.4（2014）》蓝皮书】2011年以来，得益于“十二五”时期我国经济的快速发展，在党和国家一系列政策措施的推动下，商会组织迎来跨越式发展，在经济社会发展中的重要作用日益凸显。为了深化对中国特色商会组织的认识，全国工商联组织多方力量开展理论研究，在研究成果的基础上形成的《中国商会发展报告NO.4（2014）》蓝皮书于2015年7月正式出版。全书共分为主报告、专题报告和地方报告三部分。主报告主要回顾了“十二五”时期以来商会发展的新成就，分析了全面深化改革给商会发展带来的机遇和挑战，提出了新时期商会建设需要坚持的方向，以及推进商会建设的政策建议。专题报告邀请一些研究机构、地方工商联，就当前商会发展的一些热点问题进行了深层次的研究和分析。其中主要有异地商会建设情况、商会在完善价格形成机制中的作用、商会组织承接政府职能转移、商会党建工作、商会工作评价体系等方面的研究。地方报告重点反映了各地区商会发展的现状、特点、问题和趋势，并提出了相应的对策和建议。经过多年努力，目前《中国商会发展报告》已经出版了4辑，已经成为各界专家、学者及企业界人士了解商会、研究商会的窗口。（冯东海）

【开展政商关系调研】党的十八大以来，随着中央强力推进反腐败斗争，拥有公权力的党政干部与非公有制经济人士这一政商关系，越来越受到社会的广泛关注。为贯彻落实中央统战工作会议精神，全国工商联副主席庄聪生带队，由全国工商联和中国民营经济研究会有关同志组成调研组，就政商关系赴北京、上海、四川、福建等地开展专题调研，访谈550多名党政部门负责人、企业家和商会负责人，召开5次由纪检、政法部门有关人员和专家学者以及民营企业家参加的研讨会；同时，开展问卷调查，共回收有效问卷2732份，其中公职人员1685份、企业家1047份，深入分析当前政商关系状况、问题及其原因。本次调研为进一步研究构建健康新型政商关系积累了大量一手资料，打下了较好研究基础。（陈建辉）

【开展2015年全国工商联系统优秀调研成果评选】为进一步提高工商联系统调查研究能力和建言献策水平，推动调研工作，促进成果转化，不断提升工商联服务两个健康的科学化水平，根据《全国工商联优秀调研成果评选办法》，全国工商联于2015年组织开展了全国工商联系统优秀调研成果评选活动。本次优秀调研成果评选得到各省级工商联和全国工商联直属商会的积极参与和大力支持，共收到来自各省级工商联和全国工商联直属商会的提案59篇、调研报告和理论文章97篇。内容涉及非公有制经济和非公有制经济人士发展状况的诸多方面，也包括一些社会的热点、重点问题，内容广泛丰富、质量普遍较高。全国工商联系统优秀调研成果评选本着公平、公正、公开原则，严把质量关，力求客观反映工商联系统的整体研究水平。通过初筛初评、专家评审、网上公示等环节，分别对提案、调研报告和理论文章进行了评审。12月1日，评审工作组召开综合评审会议，提出调研报告和理论文章一等奖、二等奖、三等奖建议名单45篇和优秀提案建议名单30篇，提请主席办公会议审议后，在全国工商联网站进行了公示。根据公示情况，决定对75篇参选成果授予“2015年全国工商联系统优秀调研成果奖”。其中，一等奖9篇，二等奖17篇，三等奖19篇，优秀提案奖30篇，并于2016年1月作出《关于表彰2015年全国工商联系统优秀调研成果的决定》。(房安文)

【召开第十一届全国工商联参政议政委员会第三次全体会议】2015年11月10日，第十一届全国工商联参政议政委员会第三次全体会议在全国工商联机关召开，全国政协副主席、全国工商联主席王钦敏出席并讲话，全国工商联副主席黄荣主持会议。政府、企业、科研机构、商会的10多位委员和机关有关同志约30人参加会议。

王钦敏主席指出，当前国家全面深化改革的任务非常艰难繁重，全国工商联积极发挥作用，致力于为非公有制经济营造更好发展环境，很多努力已经体现在有关政策文件中；改革是一个长期过程，我们既要充满信心，又要在新常态下树立常态心，静下心来，积极探索新的发展空间，在提高质量和效益上下功夫。他强调，党的十八届五中全会提出了“十三五”时期创新、协调、绿色、开放、共享发展理念，大家要认真学习，深入发掘其中蕴含的发展机遇和产业发展新空间，工商联要做好引导服务工作，鼓励支持民营企业在新常态下实现新发展。

会上，各位委员围绕明年民营经济发展面临的机遇挑战，工商联如何促进民营企业健康发展、如何在非公有制经济人士中深入开展“四信”教育、如何贯彻落实党的十八届五中全会和中央统战工作会议精神、如何实现统战工作向商会组织有效覆盖等议题，踊跃发言，提出意见建议。委员们普遍认为，当前经济形势复杂严峻，民营经济发展面临巨大压力，传统产业尤为困难，这一方面给企业经营带来很大挑战，但同时也有利于促进企业加快转型升级步伐，踏踏实实把事业做得更好，还有利于那些有活力、有竞争力的企业抓住机遇实现赶超；党的十八大以来，党中央、国务院对民营经济发展越来越重视，新一届政府宏观经济政策调控方向清晰、目标明确，大家对中国经济稳中向好持续发展很有信心。大家谈到，“四信”教育已经取得积极的阶段性成果，为各级统战部门和工商联做好两个健康工作提供了重要抓手，也受到广大非公有制经济人士的普遍认可；新形势下工商联两个健康工作大有可为，迎来巨大的发展机遇，希望工商联发挥更大作用，产生更大影响力，继续改善非公有制经济发展环境，帮助非公有制经济人士健康成长；工商联要加强商会建设，使统战工作向商会组织有效覆盖，要加强对所属商会的指导、引导和服务，要重视和加强商会党建工作。

黄荣副主席指出，工商联要进一步加强与各位委员的联系并做好委员服务工作，不断创新参政议政委员会工作方式方法，增强委员会的凝聚力，把各位委员的智慧和力量凝聚到民营经济研究和工商联参政议政工作上来，提升委员会工作水平。(徐海波)

【出版《中国民营经济发展报告NO.12（2014—2015）》】2015年12月，全国工商联编辑出版了《中国民营经济发展报告NO.12（2014—2015）》。全书包括抽样调查、专题报告、地方报告和地方专题报告四大部分。本书新增的抽样调查部分，是2014年第十一次全国私营企业抽样调查的内容，包括主报告和专题分析报告。全国私营企业抽样调查是从1993年开始，由中央统战部、国家工商总局、全国工商联和中国民营经济研究会四家单位联合开展的大型调查活动。本书收录主报告一篇，即调查数据分析综合报告，对全国个体私营经济发展的状况、企业和企业家发展的整体情况进行分析；专题报告三篇，包括私营企业主的互联网行为与媒体信任、中国私营企业主的职业流动与阶层地位认同、私营企业不同行业的内外部治理比较研究。专题报告继续邀请国家工商总局、商务部、中国人民银行、国家税务总局、民营上市公司研究部等国家部委和研究机构的专家，就个体私营经济、对外贸易、融资、税收、民营上市公司、上规模民营企业等多个领域，进行深层次研究和分析。区域发展报告由各省级工商联提供，重点反映了各区域民营经济发展的现状、特点、问题和趋势展望，全方位、多角度地反映了当前民营经济发展的现状、特征和发展趋势。地方专题报告是由江苏省工商联提供的关于江苏混合所有制经济发展情况的调研报告。《中国民营经济发展报告》系列蓝皮书至今已连续出版12年。由于数据翔实、资料丰富、视角独特，已经成为各界专家学者及企业界人士了解民营经济、研究民营经济的渠道和“窗口”，让更多的人关心关注中国民营经济的发展。(房安文)

【开展民营企业500强党建状况研究工作】 为了更好地围绕中心、服务大局，充分发挥工商联在加强非公有制企业党建工作方面的协同优势，在全国工商联副主席庄聪生的指导下，全国工商联与中组部二局共同开展了民营企业500强党建状况研究工作。在与中组部二局共同商讨下，专门开展了民营企业500强党建状况问卷调查工作，并对回收的问卷进行了分析统计，形成了相关调研报告。调研报告得到了会领导的高度重视，要求印发参阅件并专报中央统战部。调研报告中的相关结论，如，流动党员仍然具有较大规模，占企业党员总数18.9%；企业党员主要为70后，其中40岁以下占62.4%；绝大多数文化程度较高，大学本科及以上学历的占47.1%；一线职工和经营管理人员是企业党员的主体，占比均超过30%；企业党组织经常开展活动，教育培训是其中一个重要方式等具体结论，得到了中组部重视。（冯东海）

【开展中国特色商会组织理论研究工作】 为了夯实中国特色商会组织理论基础，全国工商联在自身研究基础上，积极发挥合力，2015年委托浙江省商会发展研究院、湖南省民营经济研究会、福建省工商联、湖北省工商联、陕西省工商联、无锡市工商联6家单位，就统战工作向商会有效覆盖、工商联创新加强对商会的指导引导和服务、中外商会组织的发展及借鉴等专题进行联合研究。各单位在准确把握中央统战工作会议精神基础上，结合本地区工作实践和已有成果开展研究。其中，浙江和湖南就统战工作如何向商会组织有效覆盖提出路径选择；湖北就商会承接政府职能转移提出意见建议；福建、陕西和无锡重点研究了工商联如何加强对商会的指导引导和服务；陕西和无锡对中外商会的发展历史进行了比较研究；湖南对异地商会情况进行深入调研。这些研究成果深化了对中国特色商会组织的认识，为全国工商联研究制定所属商会改革办法提供了理论支撑和案例支持。（冯东海）

【开展非公有制经济发展环境评价指标体系研究工作】 为深入了解当前全面深化改革背景下非公有制经济发展环境，更有针对性地建言献策，更好地促进两个健康，全国工商联开展了非公有制经济发展环境评价指标体系研究工作。在研究初始，研究室根据《关于加强和改进新形势下工商联工作的意见》内容，确定市场环境、政策环境、法治环境、社会环境4个一级指标，在此基础上提出了包含16个二级指标、64个三级指标在内的指标库。为了验证指标的可操作性，2015年5月，全国工商联在中小微企业监测工作交流会上，与部分省市工商联研究室主任、企业代表进行了专题讨论，同时利用网络调研对三级指标的客观性与标准性进行了效度分析，形成了39个三级指标。为了验证指标信度，11月，依托民营企业信息直报系统开展了非公有制经济发展环境评价工作，30家省级工商联6548家企业参与。根据数据采集情况，采用频次和分层法进行了初步分析，运用因子分析和聚类分析方法进行深入分析，形成包括4个一级指标、14个二级指标、21个三级指标在内的指标体系，同时对指标体系进行关联分析，测算指标权重，并计算出全国及分区域环境评价分数。从排序结果看，华北、西南、西北地区发展环境要优于全国平均水平，而东北、华东、华中、华南地区环境低于平均水平。（冯东海）

【开展两个健康标准及评价指数研究】 为深入研究两个健康评价体系，特别是对开展以“四信”为主要内容的理想信念教育实践活动在非公有制经济人士中产生的影响和取得的成效进行评价，全国工商联于2015年组织开展了两个健康标准及评价指数研究，此项目也是2014年非公有制经济两个健康评价与指标研究的延续项目，以期据此对两个健康状况进行“把脉”，并依托抽样调查形成年度非公有制经济健康评价报告。研究工作自2015年2月启动，先后经过非公有制经济健康状况评价预调研，设计完成“非公有制经济健康状况调查问卷”，实施问卷调查和实地调查走访，完成问卷分析，撰写评价分析报告等五个环节。抽样调研的范围涉及广东、浙江、河北、安徽、新疆、贵州等12个省份，共回收有效问卷1256份。以此样本数据为基础，课题组进行了详细分析，最终形成《中国非公有制经济两个健康2015年研究报告》。（房安文）

【开展非公有制经济人士“四信”研究工作】 为了更好地深入推进理想信念教育实践活动，夯实非公有制经济人士思想政治工作理论基础，全国工商联开展了非公有制经济人士“四信”研究工作，并形成了相关理论成果。研究过程中，全国工商联深入研究“四信”的历史渊源；阐述了“四信”的丰富内涵和内在关系。认真总结了“四信”的重要意义和鲜明特色，提出“四信”准确把握了时代的脉搏，具有鲜明时代性；“四信”准确把握了教育的对象，具有鲜明针对性；“四信”准确把握了社会的共识，具有鲜明广泛性；四信”准确把握了历史的需求，具有鲜明阶段性；“四信”准确把握了工作的需要，具有鲜明实践性。同时指出，“四信”丰富和发展了工商联理论内涵，为非公有制经济人士践行社会主义核心价值观指明了努力方向，为非公有制经济人士思想政治工作提供了抓手载体，还提出积极探索和建立“四信”教育长效机制等方面的具体内容。（冯东海）

服务非公有制经济和区域经济发展

【综　述】2015 年是“十二五”规划收官之年，是全面深化改革的关键之年，是“十三五”改革发展的规划布局之年，也是工商联事业发展的关键一年。全国工商联继续贯彻落实党的十八大和十八届三中、四中、五中全会及中央经济工作会议精神，坚持两个健康工作主题，围绕中心、服务大局，积极参与全面深化改革各项任务，将依法治国理念全方位贯穿于经济服务工作中，注重发挥自身优势，把争取小微企业政策支持、推动优化产业发展环境作为主要服务内容，把国家发展战略与企业发展实际相结合，注重抓重点、解难题、提建议，促进民营经济适应经济发展新常态，实现转型升级。以开展民营企业走出去调研、第三方评估工作、上规模民营企业调研等为重点，着力转变方式、创新工作、提升能力，持之以恒抓好作风建设，为服务两个健康工作主题贡献智慧和展示新作为。

一、对“全面支持小微企业发展政策措施落实情况”开展第三方评估

2014 年以来国务院出台了一系列稳增长、促改革、调结构、惠民生的重大政策措施，国务院办公厅委托全国工商联对其中支持小微企业发展的财税、金融、普遍性降费和清理规范涉企收费、商事制度改革四方面政策措施贯彻落实情况进行了第三方评估。2015 年 7 月至 8 月，全国工商联集全系统之力在全国范围内开展了全面支持小微企业发展的政策措施落实情况的第三方评估工作，深入了解了全面支持小微企业发展政策措施的落实情况，了解了小微企业的意见建议，提出了进一步支持小微企业发展的建议，圆满地完成了评估任务，并将评估报告上报国务院。报告提交后，国务院决定设立总规模为 600 亿元的国家中小企业发展基金，用市场化的办法，重点支持种子期、初创期成长型中小企业发展；国务院常务会议专门听取了全国工商联第三方评估的汇报，作出了扩大固定资产加速折旧优惠范围等进一步减税决定，实行相关政策后，预计 2015 年将为小微企业减税约 50 亿元。

二、开展民营企业走出去和参与“一带一路”建设调研

为全面了解掌握民营企业走出去和参与“一带一路”建设的情况，全国工商联于 2015 年 3 月至 5 月在全系统开展调研，形成《民营企业走出去和参与“一带一路”建设调研报告》并报送党中央和国务院。李克强总理、俞正声主席、张高丽副总理、马凯副总理、孙春兰部长等中央领导同志对全国工商联报送的《民营企业走出去和参与“一带一路”建设调研报告》作出重要批示。为落实中央领导同志对民营企业参与“一带一路”建设和走出去的重要批示精神，全国工商联与推进“一带一路”建设工作领导小组办公室建立了工作联系，并成为领导小组准成员单位；与国家发改委服务“一带一路”建设，推动国际产能合作进行了会商；与商务部签订了参与“一带一路”建设的合作机制。在调研的基础上，为推动各级工商联和商会提高认识、主动作为，采取多种形式为民营企业参与“一带一路”建设服务，努力为民营企业走出去多作贡献，全国工商联牵头起草《全国工商联关于引导服务民营企业参与“一带一路”建设的若干意见》（以下简称《若干意见》），在广泛征求多方面意见基础上，《若干意见》于2016年2月5日下发给各省、自治区、直辖市和新疆生产建设兵团工商联，各直属商会。

三、深化部际合作，引导民营企业参与国家重点项目建设

进一步深化了与国家发改委、商务部、科技部等部委的部际合作，助推政府改革和政策完善。

1. 全国工商联与国家发改委进行第二次高层会晤，双方就鼓励民营企业走出去、积极参与“一带一路”建设，鼓励民间资本参与重大项目、重要基础设施等事宜进行了沟通协商，形成了《关于2015年深化合作的会议纪要》，就全国工商联加入“一带一路”建设领导小组、共同为民营企业举办PPP培训班等10项内容达成合作意向。国家发改委、全国工商联联合举办了“政府和社会资本合作项目”推介会，双方有关领导出席，江苏、安徽、福建、江西、山东、湖北、贵州7省发改委有关负责人在推介会上共推出287个项目，投资总额约9400亿元，涉及市政、公路、轨道交通、机场、水利、能源等多个领域。

2. 为落实中央领导对全国工商联《民营企业走出去和参与“一带一路”建设调研报告》的批示精神，商务部国际贸易谈判副代表张向晨率队赴全国工商联进行沟通协商，双方决定在已有合作框架基础上研究建立部际合作机制；商务部支持全国工商联制定服务民营企业走出去的《若干意见》；共同开展民营企业走出去培训工作；共同加强对境外中资商会的建设工作。

3. 继续与科技部深化合作，支持举办中国创业创新大赛，作为小组成员参加科技部2015年国家创新调查制度工作会议，参加国家技术创新工程工作会议。

四、参与深化改革，为民营企业发展营造良好环境

充分发挥政府助手职能，加大政策研究力度，通过多种途径推进民营企业发展政策的进一步完善，为民营企业发展营造良好环境。

1. 对《关于努力推动民营企业优化企业产权结构，推动民营企业构建现代企业制度的建议》《关于破解政策落实难的问题，促进中小微企业发展的提案》等11项全国人大建议和全国政协提案进行答复。

2. 对国家发改委办公厅关于对《关于加快装备“走出去”和推进国际产能合作的指导意见（征求意见稿）》和《贯彻落实〈关于加快装备“走出去”和推进国际产能合作的指导意见〉任务分工》提出4条建议并被全部采纳；对国家发改委办公厅关于《准入负面清单制度改革试点办法》先后3次提出了12条原则性修改意见和9条具体文字修改意见，4条原则性意见被采纳，8条具体文字修改意见被采纳。

3. 推荐专家及商会、企业代表参加国家发改委固定资产投资司召开的“鼓励社会投资”座谈会、中编办管理体制改革司组织召开的“取消合并证照，改进证照管理”座谈会。

4. 传递企业信息，反映企业呼声。致函国家发改委、国家能源局，转报全联石油业商会关于抓住当前有利时机，放开原油、成品油进口试点的建议；致函商务部、民航总局，反映春秋航空在日本遭受不公平待遇情况；协调国家发改委西部司、推进“一带一路”领导小组办公室解决天津聚龙集团资金链断裂问题。

五、重心下移，切实做好各项经济服务工作

积极推动和完善经济服务平台建设，提升经济服务能力和水平，进一步加大民营企业服务力度，助力区域经济发展。

1. 组织开展了连续第十七次上规模民营企业调研，了解和掌握大中型民营企业的经营情况，在调研基础上，召开了“2015中国民营企业500强新闻发布会”，并发布了调研分析报告。通过发布会展示了民营经济发展的成果，分享500强企业的成功经验，引领更多民营企业健康可持续发展。

2. 向科技部推荐 10 位“科技创新创业人才”候选人、8 个国家星火计划备选项目以及 17 个火炬计划备选项目；推荐 4 个科技奖项目参评《国家科学技术奖励条例》实施 15 周年重大成就宣传素材，其中 2 个项目最终入选。

3. 推动军民融合深度发展，举办了军民融合有关政策措施和全军武器装备采购信息网宣讲培训视频会议；参与总装备部民营企业进入武器装备科研生产与维修领域的调研；编印第五册《军民两用高新技术民营企业及产品推荐目录》。

4. 组织参与第九届中国中部投资贸易博览会、中国・廊坊国际经济贸易洽谈会、中国・青海绿色发展投资贸易洽谈会、第二十一届中国兰州投资贸易洽谈会、第二十一届中国兰州投资贸易洽谈会等国家级经贸活动。

5. 在全国工商联十一届六次常委会议期间协助组织了“民企吉林行”活动，协助地方政府（安徽省、广东省梅州市、河北省涿州市、河北省邢台市等）开展招商引资工作。

6. 协助湖北省组织了民企携手湖北，推动长江经济带建设座谈会。（沙　森）

【召开 2015 年全国工商联经济服务工作座谈会】2015 年 1 月 15 日至 16 日，全国工商联经济服务工作座谈会在上海举行。这次会议的主要任务是：总结 2014 年经济服务工作，布置 2015 年经济服务重点工作，研讨交流适应新常态创新经济服务工作的经验与做法。全国工商联副主席黄荣和全国工商联副主席，上海市政协副主席、市工商联主席王志雄出席会议并讲话，来自全国各省、自治区、直辖市和新疆生产建设兵团工商联分管经济工作的负责同志约 80 人参加了会议。

会上，黄荣副主席作了重要讲话。讲话从深刻认识全面推进依法治国对工商联经济服务工作产生的重大影响、深刻认识和把握经济发展新常态的基本特征和趋势、积极推进民营企业转型升级以及抓好 2015 年经济服务重点工作的落实四个方面阐述了意见。黄荣副主席指出，积极推进民营企业转型升级是各级工商联在新常态形势下工作的重中之重。各项工作要围绕这根主线，要理清干什么和怎么干。要主动作为快速推进，要加强对转型升级的理解，转型升级包括经济转型升级、产业转型升级和企业转型升级，工商联推动的是企业转型升级。民营企业转型升级的关键点在于出资人和经营者，他们的动力来自对经济走势的认识和对企业现在与未来的判断，以及对企业发展的信心。

黄荣副主席强调，工商联一定要在推动民营企业转型升级中有所作为。一是发挥引导作用，主要是引导出资人和经营者；二是要因企施策，帮助他们找到差异化的转型升级路径；三是要搭建助推转型升级的各种服务平台。在谈到 2015 年经济服务工作时，黄荣副主席希望各省市工商联要做好积极推动民营企业走出去、开展第三方评估工作、推动大型民营企业可持续发展、以“一带一路”建设和民企吉林行、江西行等重点工作。

上海市、甘肃省、浙江省、山东省、成都市工商联还分别交流介绍了他们在经济服务方面的创新工作及取得的成果。会议期间，为使工商联系统的领导干部深入了解上海自贸区的创新实践，还组织了与会代表参观了上海自贸区，了解自贸区在投资管理制度改革、金融领域创新等方面推出的多项制度创新和负面清单管理模式。（周广正）

【开展民营企业走出去综合调研】2015 年 3 月至 5 月，全国工商联在全系统开展了民营企业走出去和参与“一带一路”调研。全国政协副主席、全国工商联主席王钦敏，中央统战部副部长，全国工商联党组书记、常务副主席全哲洙，全国工商联副主席谢经荣、黄荣、庄聪生、李路、林毅夫分别带队，共赴 13 个省区市进行了重点调研。调研期间，共召开企业、商会、工商联、政府部门各类座谈会 165 场，实地调研企业 592 家、商会 116 家，汇总走出去企业有效调查问卷 2933 份。在调研基础上，形成了《民营企业走出去和参与“一带一路”建设调研报告》，并报送党中央和国务院。李克强总理、俞正声主席、张高丽副总理、马凯副总理、孙春兰部长等中央领导同志，对报告作出重要批示，要求有关部门主动和全国工商联衔接，指导帮助民营企业参与“一带一路”建设；要求工商联掌握情况、反映意见、协调关系，采取多种形式做好服务工作。（陆军）

【举行国家发改委与全国工商联合作机制第二次高层会晤】2015年5月5日，国家发改委与全国工商联合作机制第二次高层会晤在国家发改委举行。全国政协副主席、全国工商联主席王钦敏出席会议并讲话。中央统战部副部长，全国工商联党组书记、常务副主席全哲洙，全国工商联副主席谢经荣、黄荣、安七一，各部门主要负责同志；国家发改委主任、党组书记徐绍史，副主任何立峰、努尔·白克力、林念修、王晓涛，党组成员孙霖，秘书长李朴民，副秘书长王一鸣，各司局主要负责同志，以及国家能源局副局长刘琦及有关司局负责同志参加了会晤。参加会议的还有中国民生投资股份有限公司董事局主席董文标、泛海集团董事长卢志强、宁夏宝塔石化集团董事局主席孙珩超、华立集团董事局主席汪力成、复星集团副董事长兼首席执行官梁信军5位企业家。

会上，双方领导充分肯定了建立部际合作机制以来开展的各项工作，并就鼓励民营企业走出去、积极参与“一带一路”建设，鼓励民间资本参与重大项目、重要基础设施等事宜进行了沟通协商。会后，形成了《关于2015年深化合作的会议纪要》，并就全国工商联加入“一带一路”建设领导小组、共同为民营企业举办PPP培训班等10项内容达成合作意向。（赖　晓）

【召开全国工商联走出去座谈会】2015年5月11日，全国工商联召开民营企业走出去调研政府部门座谈会，外交部、国家发改委、财政部、商务部、银监会、税务总局、海关总署、外汇管理局等部门有关负责人出席会议。各部门认为当前正是大规模、大踏步走出去的发展阶段，又恰逢国家推动“一带一路”战略实施，此次会议非常及时和必要。会上，各部门介绍了一些新观点、结合本部门工作情况对走出去进行了思考，并对工商联引导服务民营企业走出去提出了积极的建议。（葛　军）

【召开军民融合有关政策措施和全军武器装备采购信息网宣讲培训视频会议】自2014年总装备部、工信部、国防科工局、全国工商联在北京联合举办首届“民营企业高科技成果展览暨军民融合高层论坛”以来，总装备部陆续制定出台一系列完善市场准入、信息交互、公平竞争、过程监管、配套保障的军民融合政策措施。2015年1月，全军武器装备采购信息网在各方多年努力下开通上线，网站面向社会公众、民营企业、军队装备采购部门、军工集团等用户全面开放，是全军武器装备采购需求信息的权威发布平台，是军工企事业单位、优势民营企业产品和技术信息的重要汇集渠道。

为加大对“民企参军”政策措施的宣传，推动全军武器装备采购信息网应用，5月12日下午，全国工商联举办军民融合有关政策措施和全军武器装备采购信息网宣讲培训视频会议。会议邀请全军装备采购管理专家咨询组有关专家宣讲军民融合有关政策措施，开展全军武器装备采购信息网应用培训。全国工商联副主席黄荣主持会议，民营企业负责人、商会代表等150余人在主会场参会，各省、自治区、直辖市和新疆生产建设兵团工商联组织企业和商会在当地参加了视频会议。（刘　铁）

【共同举办2015中国·青海绿色发展投资贸易洽谈会】2015年6月16日，由全国工商联和工信部、国家工商总局等部门主办，青海省人民政府承办的中国·青海绿色发展投资贸易洽谈会暨第二届环青海湖国际电动汽车挑战赛正式开幕，全国政协副主席马培华，青海省省委、省政府主要领导，全国工商联副主席安七一等出席了本次开幕式。本届青洽会继续秉持“开放合作、绿色发展”的主题，突出“一带一路”战略实施，加强青海与“一带一路”沿线国家、地区和省市区的互联互通、互利合作，努力把青海打造成“一带一路”上的绿色通道、战略基地和重要支点。（王　彬）

【共同举办“民企吉林行”活动】2015年6月25日，由全国工商联和吉林省人民政府联合主办的“民企吉林行”活动在长春市举行。全国政协副主席、全国工商联主席王钦敏，吉林省政府主要领导出席并讲话。中央统战部副部长，全国工商联党组书记、常务副主席全哲洙出席会议。全国工商联副主席、传化集团有限公司董事长徐冠巨和深圳海王集团股份有限公司董事长张思民代表与会民营企业家发言并倡议广大民营企业来吉林投资兴业，共赢发展。

据统计，“民企吉林行”活动共促成吉林省

签订合同项目 2072 项，引资总额 13692.93 亿元。其中开工建设项目 1308 项，引资总额 6172.815 亿元，到位资金 2647.16 亿元，资金到位率 42.89%。项目涉及生产加工、农业加工及产业化、战略新兴产业和高科技、民生等多个投资领域。

全国工商联副主席黄小祥、谢经荣、黄荣、庄聪生、李路、林毅夫、安七一、王志雄、卢文端、史贵禄、许健康、孙荫环、苏志刚、李河君、李彦宏、陈经纬、何俊明、张建宏、茅永红、周海江、徐冠巨、董文标、程红，中国民间商会副会长王文彪、卢志强、刘志强、许连捷、孙甚林、张近东、崔世昌、傅军、霍震寰，中央统战部有关部门负责人，参加全国工商联十一届六次常委会议的全体代表，以及民营企业代表约 600 余人出席了活动。（于明晟）

【共同举办第 21 届中国兰州投资贸易洽谈会】2015 年 7 月 7 日，由全国工商联、商务部、国家工商总局、国务院台办、中国侨联、中国贸促会和甘肃省人民政府主办的第 21 届中国兰州投资贸易洽谈会在兰州举办。本届兰洽会以“开放、开发、合作、发展”为宗旨，以“共建‘一带一路’，推进互利共赢”为主题，立足西部优势产业和甘肃区位优势，重点围绕新材料、新能源、生物产业、信息技术、先进装备制造、节能环保、新型煤化工、现代服务业等领域，加强与“一带一路”国家的互信交流、互利合作。本届兰洽会还邀请到白俄罗斯共和国作为主宾国，这是兰洽会历史上首次设置主宾国。

根据组委会统计，本届兰洽会成功签约项目 1292 个，签约项目合同金额 6973.18 亿元，比上届增长 461.65 亿元。其中对外合作项目明显增多，签订外贸出口、境外工程承包及投资合同 17 个，项目合同金额 22.35 亿美元，是上届的 2 倍多。（卢炳男）

【开展全面支持小微企业发展政策落实情况第三方评估调研】根据国务院统一部署，2015 年 7 月至 8 月，全国工商联开展了对“全面支持小微企业发展政策措施落实情况”的第三方评估。在 16 个省级工商联开展评估的基础上，全国工商联组成 5 个调研组，分别由全国政协副主席、全国工商联主席王钦敏，中央统战部副部长，全国工商联党组书记、常务副主席全哲洙，全国工商联副主席谢经荣、黄荣、安七一带队，赴 8 个省区市进行重点调研。调研共计召开小微企业座谈会 88 场，参会企业 1184 家；召开政府部门座谈会 32 场；实地走访小微企业 745 家；回收有效问卷 3043 份。通过调研，形成《全面支持小微企业发展政策措施落实情况的第三方评估报告》，对全面支持小微企业发展政策措施落实情况、存在的突出问题进行了分析，并提出了进一步支持小微企业发展的建议。9 月 16 日在国务院常务会议上，全哲洙书记就此次第三方评估情况向国务院作了汇报。（陆　军）

【共同举办第九届中国企业国际融资洽谈会】2015 年 6 月 17 日，由天津市人民政府、全国工商联、科技部、美国企业成长协会共同主办的“第九届中国企业国际融资洽谈会——科技融资洽谈会”在天津开幕。全国政协副主席、全国工商联主席王钦敏出席主题论坛并致辞。王钦敏主席表示，“融洽会”在主办各方共同努力下，众多中外投资机构与中国企业成功对接，成为国际上规模大、层次高、交易多、影响广的投融资年度盛会。全国工商联将一如既往地大力支持推进“融洽会”各项工作和特色活动，共同搭建国际双向直接投融资平台。（章小东）

【召开 2015 中国民营企业 500 强新闻发布会】2015 年 8 月 25 日，由全国工商联主办的 2015 中国民营企业 500 强新闻发布会在北京召开。全国政协副主席、全国工商联主席王钦敏出席并发布榜单，全国工商联副主席安七一出席发布会。发布会由全国工商联副主席黄荣主持。

王钦敏主席首先揭晓了 2015 中国民营企业 500 强、2015 中国民营企业制造业 500 强、2015 中国民营企业服务业 100 强榜单。榜单显示，联想控股股份有限公司、华为投资控股有限公司和苏宁控股集团位列 2015 中国民营企业 500 强前三名；联想控股股份有限公司、华为投资控股有限公司和山东魏桥创业集团有限公司位列 2015 中国民营企业制造业 500 强前三名；苏宁控股集团、大连万达集团股份有限公司和中国华信能源有限公司位列 2015 中国民营企业服务业 100 强前三名。

黄荣副主席还就中国民营企业 500 强的有关

问题回答了记者提问。全国工商联机关各部门负责人、全国工商联直属商会代表、新闻媒体记者共计100余人参加了会议。（孙 昱）

【共同举办第12届中国－东盟博览会】2015年9月18日，第十二届中国－东盟博览会和中国－东盟商务与投资峰会在广西壮族自治区南宁市开幕。中共中央政治局常委、国务院副总理张高丽出席并发表了主旨演讲，全国工商联副主席黄荣出席会议。本届盛会以“共建21世纪海上丝绸之路——共创海洋合作美好蓝图”为主题，围绕“一带一路”的重点领域，结合中国—东盟自贸区升级建设，挖掘贸易潜力，扩大相互投资规模，力促国际产能合作，受到了区域内外国家的高度关注。据组委会统计，本届博览会总展位数4600个，其中东盟10国和区域外安排展位1296个，比上届增长2.9%；参展参会客商6.5万人；采购商团组85家，比上届增加5%，其中有组织的专业采购商数量比上届多2500人。（王 昱）

【共同召开“政府和社会资本合作项目”推介会】2015年10月20日，国家发改委、全国工商联在北京共同召开政府和社会资本合作（PPP）项目推介会。全国政协副主席、全国工商联主席王钦敏，中央统战部副部长，全国工商联党组书记、常务副主席全哲洙，国家发改委副主任张勇出席。推介会由全国工商联副主席黄荣主持。

王钦敏主席在讲话中指出，调结构、稳增长需要更好地发挥投资的作用和效益。将具有较好盈利预期和发展前景的PPP项目向民间资本开放推介，进一步畅通民间投资的渠道，为民营企业提供了更广阔的投资发展空间，将有效激发民间投资的信心、活力和潜力，同时也有效地引民间资本之源，造民间投资之渠，积各类民间资本之小溪，汇成国家投资发展的大河。推进实施政府和社会资本合作项目为民营企业转型升级、寻求新的发展机遇提供了重要契机。PPP项目的进一步推出，无疑将会为民营企业转型升级提供新的动力和方向，为民营企业参与基础设施、公用事业等领域项目提供一个便捷的机会。

王钦敏主席要求各级工商联要通过这次推介会，进一步加强对PPP的学习，积极协助各级政府抓好项目的推进落实。要有效配合相关部门向民营企业宣传PPP项目的有关政策措施。帮助协调解决民营企业遇到的实际问题。进一步加强与当地发改委的联系，建立有效机制，为民营企业参与PPP项目做好服务。

推介会以全国电视电话会议形式召开。国家发改委、全国工商联有关部门负责人，有关企业和商会代表约300人在主会场参加了会议。各省、自治区、直辖市和新疆生产建设兵团工商联，企业和商会代表等共800多人在各地分会场参会。江苏、安徽、福建、江西、山东、湖北、贵州7省发改委有关负责人在推介会上共推出287个项目，投资总额约9400亿元，涉及市政、公路、轨道交通、机场、水利、能源等多个领域。会上有关机构还就民营企业参与PPP项目的注意事项、操作要点等进行了现场辅导和培训。（吴盈禧）

【共同举办第三届全国民企贸易投资洽谈会】2015年10月16日，由全国工商联、天津市人民政府、中国中小企业协会、中国个体劳动者协会共同主办的“第三届全国民企贸易投资洽谈会”在天津开幕。全国工商联副主席黄荣出席开幕式及签约仪式并讲话。全国民企贸易投资洽谈会自2013年举办以来，签约项目达220个，总投资额超过3200亿元，已经成为促进民间投资、推动区域经济发展的重要平台。本次洽谈会以“新常态、新机遇、新发展”为主题，举行了“新战略、新政策与民企发展的新机遇”主论坛、“聚焦双创特区、助力民企发展”中心商务区论坛等活动。黄荣副主席表示全国工商联将进一步加强与天津市市委、市政府的合作，努力发挥与民营企业联系紧密的独特优势，为推动京津冀协同发展、促进天津民营经济健康发展发挥更大作用。京津冀民营经济主管部门负责同志、全国知名民营企业代表、天津市相关负责同志等共计600余人参加活动。（葛 军）

【召开第十一届全国工商联经济委员会第二次全体会议】2015年11月9日，第十一届全国工商联经济委员会第二次会议在北京召开。全国工商联副主席、经济委员会主任黄荣主持会议并讲话。

会上，黄荣副主席介绍了工商联开展的第三方评估工作，针对当前民间投资下降、混合所有制改革，以及通过企业换股实现境外企业收购等问题作了形势分析，并就进一步加强和发挥经济委员会智库作用提出了要求。

会议听取了全国工商联开展经济服务工作情况和2016年工作设想的介绍，还对《全国工商联关于引导服务民营企业参与“一带一路”建设的若干意见》征求意见稿作了说明。

与会委员就如何在经济服务工作中加强宏观经济研究、提升“双创”服务能力、加强与新经济新生代的联系与服务，以及引导民营企业参与“一带一路”建设、拓展走出去途径作了发言。会上，委员们还围绕民营经济发展过程中遇到的困难和问题，积极发挥商会企业组织和行业龙头作用发表了意见建议。（王　怡）

【共同召开民企携手湖北推进长江经济带建设座谈会】2015年11月11日，全国工商联和湖北省政府在武汉市联合举办“民企携手湖北推进长江经济带建设”座谈会。中央统战部副部长，全国工商联党组书记、常务副主席全哲洙，湖北省委主要领导出席会议并讲话。座谈会上，湖北省政府有关领导介绍了湖北经济社会发展情况和推进长江经济带建设的构想，南存辉、李彦宏、孙荫环、徐冠巨、王文彪、王梓木、周海江、陈志列、李怀珍9位民营企业家，围绕新能源、互联网、高科技、投融资、农业和走出去等领域先后发言，就抓住长江经济带建设战略机遇，加快湖北经济社会发展提出意见和建议。全国工商联副主席王志雄、史贵禄、何俊明、茅永红，中国民间商会副会长刘志强、黄代放，湖北省省委、政府有关领导及天津市政协副主席、市工商联主席黎昌晋等出席座谈会。部分国内知名企业家、湖北省委、省政府、各市州和有关厅局负责同志参加座谈。（陆　军）

【共同召开全国知名民营企业助推江西发展升级大会】2015年12月23日，全国知名民营企业助推江西发展升级大会在江西省南昌市举行。全国政协副主席、全国工商联主席王钦敏，江西省政府主要领导出席大会并讲话。中央统战部副部长，全国工商联党组书记、常务副主席全哲洙，江西省委主要领导出席大会，省委统战部主要领导主持大会。本次大会围绕“民企入赣”的主题，累计新签约项目1999个，签约投资总额10079.17亿元。民营经济已经成为助推江西发展升级的重要力量。大会现场签约121个重大项目，签约金额2190.14亿元。

中国民间商会副会长、福建恒安集团有限公司首席执行官许连捷和中国民营经济国际合作商会会长、科瑞集团董事局主席郑跃文分别代表签约企业和与会民营企业家发言。

参加全国工商联十一届四次执委会议的全国工商联副主席、中国民间商会副会长、全体执委，中央统战部及全国工商联有关部门负责人，江西省省委、省人大常委会、省政府、省政协有关负责同志以及民营企业代表出席大会。（于明晟）

法律服务

【综　述】2015年是全面推进依法治国的开局之年，也是全面完成“十二五”规划 、统筹谋划“十三五”规划、承上启下的重要一年。一年来，全国工商联紧扣两个健康工作主题，围绕以守法诚信为重点的理想信念教育实践活动，积极参与立法，维护非公有制企业合法权益，协调劳动关系，开展法治宣传教育，法律服务工作取得了积极进展。

一、以四中全会精神为指引对工商联法律服务工作进行总体规划

为全面提升工商联法律服务水平，促进两个健康，在党的十八届四中全会召开前后，全国工商联5位会领导分别带队，赴北京、安徽、山东、广西、山西、重庆、湖南、江苏、吉林、云南10个省（区、市），开展法律服务调研，重点了解非公有制经济人士对四中全会精神的学习认识，企业依法经营、依法维权和法治环境等情况。通过调研，发现法治环境深层次矛盾、企业自身问题和工商联法律服务工作的不足。4月，根据调研成果制定并印发了《关于加强工商联法律服务工作的意见》，为推进非公有制企业法律服务体系的构建和完善提供指引，也对下一步如何提高工商联法律服务工作的科学性、针对性、有效性进行了谋划和布局。

二、主动参与国家立法

一是加强调查研究，积极反映非公有制企业立法诉求。2015年，共计参与了21部法律法规的制定与修订工作，包括《中小企业促进法》《网络安全法》《税收征收管理法》《环境保护税法》《大气污染防治法》《科技成果转化法》《种子法》《标准化法》《计量法》《境外非政府组织管理法》《外国投资法》等14部法律，和《预算法实施条例》《快递暂行条例》《企业裁减人员规定》《化妆品监督管理条例》《失业保险条例》《诉讼费用交纳办法》《无证无照经营查处办法》7部法规。

二是积极参与立法前期论证工作，将源头维权时间再前移。参加了国家发改委组织召开的行业协会商会法草案论证会、《中国非营利组织的管理体制和立法保障》报告会，参加国家能源局《核电管理条例》立法论证会。

三是认真办理议案提案，及时反映非公有制企业的共性问题和群体诉求。提交了关于制定《宪法监督法》推进宪法实施、修改《法律援助条例》将困难企业纳入法律援助对象范围的提案，办理了十二届全国人大三次会议第3569号、4264号、6717号、8472号，全国政协十二届三次会议第1632号、4659号、4899号等多个议案提案。在上述工作中，注重调查研究，向民营企业和商会广为征求意见建议，准确反映企业法律诉求，力求法律规定能够真正解决非公有制经济发展中的现实问题，力求在立法层面、制度层面优化企业发展环境。

三、依法维护非公有制企业权益

一是加强协商协调，积极开展个案维权工作。2015年以来，共协调处理19起维权个案。在个案维权办理时，注重依法维权，注重搭建政企对话平台，有效促进了司法部门合法公正审理案件。

二是进一步促进商会调解仲裁工作的开展，努力化解非公有制企业经济纠纷。积极推动非公有制企业、商会（协会）劳动争议预防调解工作，对第一批示范单位进行了检查验收。继续指导调解试点，编发简报信息10余期，并认真总结商会调解仲裁经验。经过多年努力，商会调解仲裁初现成效，并得到最高法、人社部等司法和行政机关的认同。

四、积极构建和谐劳动关系

3月21日，党中央、国务院印发了《关于构建和谐劳动关系的意见》（以下简称《意见》）。5月21日，全国工商联与人社部、全国总工会、中企联共同在北京组织召开视频会议，对全面贯彻落实《意见》，推进新时期构建和谐劳动关系工作进行部署。围绕《意见》的贯彻落实，2015年的主要工作有以下几点。一是参与修改贯彻落实《意见》重要政策措施分工方案，并制定工商联落实《〈关于构建和谐劳动关系的意见〉分工方案》的意见。二是在国家协调劳动关系三方会议机制中，积极承担企业代表组织职能，积极参与《工伤保险辅助器具配置管理办法》《关于调整工伤保险费率政策的通知》《关于征求2015年9月3日放假期间工资计发问题意见的函》等劳动立法协商工作，参加人社部企业用工裁员、最低工资保障、实习生权益保护等多个研讨会。三是积极开展厂务公开和民主管理工作，协调参加全国厂开办第二十次会议，重点对《关于公司制企业建立职工董事职工监事制度的意见》进行研究，坚持企业代表组织立场，多次提出修改意见。四是加强了对民营企业劳动关系形势的监测和分析研判，广泛开展调研，增强了工商联劳动关系工作的针对性和可预见性。

五、深入开展法治宣传教育

法治宣传作为非公有制经济人士思想政治工作的重要内容，是促进两个健康的一项基础性工作。2015年以来，工商联法治宣传教育工作开始步入长效常态化轨道。

一是将理想信念教育实践活动与法治宣传工作有机融合。为贯彻落实党的十八届四中全会精神，全国工商联将理想信念教育实践活动的重点确定为守法诚信，组织召开全国视频动员会，以法治宣传教育为主要抓手，先后赴湖南、重庆、上海、四川、广东、山西等地开展调研，督促地方丰富守法诚信教育载体和内容，创新法治宣传方式，进一步提升非公有制经济人士法律素养；积极参与活动专刊的编辑工作，总结梳理地方开展守法诚信教育、普法宣传的好经验好做法，推动守法诚信教育深入有效开展。

二是大力加强法律培训工作。围绕守法诚信建设，本年度举办了4期培训班（法律服务能力建设培训班、依法治企能力建设培训班、非公有制企业劳动争议预防调解培训班和民营企业知识产权保护与运用培训班），增强了参训非公有制企业代表依法治企和风险防范意识和能力。

三是建立了与司法部的部际合作机制。5月，谢经荣副主席带队走访司法部，就全国工商联与司法部开展部际合作达成共识。7月9日，司法部、全国工商联签署了《关于建立部际合作机制的框架协议》。

四是推进法治宣传教育常态化建设。全国工商联机关网站加入了全国法治宣传网站集群；指定专门人员作为普法联络员，积极参与全国法治宣传工作，并对工商联系统“六五”普法工作进行总结。司法部对有关工作给予了充分肯定，例如，“全国百家网站暨‘中国普法’官方微博宪法知识竞赛活动”，授予全国工商联法律部和机关党委“优秀组织奖”荣誉称号。（毛红杏）

【共同召开国家协调劳动关系三方会议第二十次会议】2015年3月18日，国家协调劳动关系三方会议第二十次会议在京召开。会议由国家三方会议执行主席、人社部副部长邱小平主持，三方会议其他三位执行主席全国总工会副主席、书记处书记陈荣书，中企联驻会副会长黄海嵩，全国工商联副主席谢经荣以及三方会议成员等出席会议。

会议审议通过了国家协调劳动关系三方会议成员和办公室组成人员调整建议，听取了国家协调劳动关系三方会议2014年工作总结，审议确定了2015年工作要点以及2015年贯彻实施《关于构建和谐劳动关系的意见》工作方案和电视电话会议工作方案，讨论了《关于加强劳动关系动态监测和形势分析研判的意见》。

2014年，国家协调劳动关系三方加强长效机制建设，共同研究解决劳动关系领域突出问题，各项工作取得新进展。劳动关系法制工作继续加强，劳动关系协调机制不断健全，企业工资分配宏观指导调控体系进一步完善，劳动标准管理工作继续加强，劳动关系矛盾得到有效预防和妥善处理，劳动关系领域重大问题研究继续深入开展。

为全面了解民营企业劳动关系实际状况，全国工商联建立了民营企业劳动关系监测与研判机制，并在此次会上发布了《中国民营企业劳动关系报告（2013）》。报告显示，目前民营企业劳动关系状况总体和谐稳定，多数民营企业主期盼“稳定的劳动关系”，同时受经济下行、结构调整、企业自身等因素影响，民营企业劳动关系状况也呈现层次性和差异性，不稳定因素增加，特别是小微企业情况较为突出。报告还提出了民营企业构建和谐劳动关系的基本思路、对策建议和今后一个时期重点关注领域。

谢经荣副主席在讲话中强调，当前民营企业发展形势不容乐观，构建和谐劳动关系要突出构建稳定的劳动关系，为促进两个健康助力。劳动关系是最广泛、最重要的社会关系之一，国家协调劳动关系三方地位特殊、作用关键，必须通力合作、相互支持。2015年，全国工商联将认真贯彻国家协调劳动关系三方会议的部署安排，在民营企业中深入开展以守法诚信为重点的理想信念教育实践活动，继续开展民营企业劳动关系监测等工作，为推动民营企业构建和谐劳动关系、促进经济社会平稳较快发展作出贡献。（李　强）

【印发《关于加强工商联法律服务工作的意见》】2015年4月3日，全国工商联向各省、自治区、直辖市和新疆生产建设兵团工商联印发《关于加强工商联法律服务工作的意见》（以下简称《意见》），要求各地贯彻落实，并结合本地实际情况研究制定具体实施方案，将工作开展情况及时上报。

《意见》对加强工商联法律服务工作提出了总体要求，明确了工商联加强法治教育引导、引导企业依法诚信经营、依法维护合法权益、积极参与立法协商、推进商会调解和仲裁、开展法治民主监督工作六项主要职能任务，从始终坚持问题导向、搭建法律服务平台、着力加强工作规范、充分发挥商会作用四个方面创新服务方式，从依靠党委政府的领导和支持、切实加强工作指导、大力加强法律服务工作部门建设、着力提高法律服务工作队伍素质四个方面加强组织领导。

《意见》的发布对于加强工商联法律服务工作，营造各种所有制经济依法平等使用生产要素、公开公平公正参与市场竞争、同等受到法律保护的发展环境，引导企业牢固树立守法诚信意识，维护非公有制企业和非公有制经济人士合法权益，加强和创新社会治理，维护社会和谐稳定都具有重要意义。(张永利)

【举办2015年法律服务工作座谈会暨法律服务能力建设培训班】2015年4月14日至16日，全国工商联法律服务工作座谈会暨法律服务能力建设培训班在北京举办。全国工商联副主席谢经荣出席座谈会并讲话。人社部、全国人大法工委有关司局负责人，各省级工商联分管法律工作的副主席和相关处室负责人，全国工商联直属商会负责人，会领导县级工商联联系点辽宁省阜蒙县工商联负责人参加会议。

本次座谈会旨在进一步贯彻落实中央关于全面依法治国的战略部署，围绕两个健康工作主题，推动工商联法律服务工作取得新进展。谢经荣副主席在讲话中指出，2014年全国工商联集全系统之力，开展了非公有制企业法律服务调研。调研表明，当前工商联法律服务工作还面临很多挑战，从社会层面来看，法治建设水平还不适应非公有制经济发展的客观需要；从企业自身来看，依法治企能力还不适应法治化市场化要求；从工商联工作来看，法律服务能力还不适应非公有制企业日益增长的法治需求。依据调研成果，全国工商联制定了《关于加强工商联法律服务工作的意见》，这既为推进非公有制企业法律服务体系的构建和完善提供了有力指引，也对提高工商联法律服务工作的科学性和实效性进行了谋篇布局。当前和今后一个时期，要以深入落实中央有关部门贯彻实施党的十八届四中全会《决定》重要举措分工方案以及中共中央、国务院印发的《关于构建和谐劳动关系的意见》为第一要务，明晰重点任务，有序开展各项工作。谢经荣副主席强调，工商联开展法律服务是一项复杂的系统工程，要着力做好以下方面。一是以守法诚信为重点深入开展理想信念教育实践活动，着力抓好法治宣传培训，教育引导非公有制经济人士自觉尊法学法守法用法。二是积极推动企业提高依法依规发展的能力和水平，完善内部治理结构，有效防范法律风险，加快转型升级步伐。三是以法治思维和法治方式加强法律服务工作，全力促进权利公平、机会公平、规则公平，营造有利于非公有制经济发展的政策环境、市场环境、法治环境和社会环境。四是建立工商联法律服务体系，构建各类法律服务平台，不断提升工商联法律服务工作科学化水平。

会议期间，与会人员就工商联法律服务工作的热点、难点和前沿问题进行了热烈的交流讨论。人社部聂生奎司长，中国人民大学法学院余劲松、刘俊海教授，北京大学法学院金锦萍副教授，人社部劳科所阴漫雪主任分别作了专题报告。(姚雄龙)

【建立全国工商联与司法部工作合作机制】2015年5月11日，全国工商联副主席谢经荣带队走访司法部，与司法部副部长赵大程就双方建立长效合作机制进行座谈。谢经荣副主席重点介绍了改革开放以来我国非公有制经济持续快速发展的态势以及工商联着力加强法律服务工作、促进两个健康方面的主要情况。他表示，当前我国经济发展进入新常态，非公有制企业对法律服务与保障的需求与日俱增，各级司法行政机关在增强非公有制企业法治意识、提高企业依法依规发展的能力和水平等方面做了大量富有成效的工作，希望司法部今后能继续给予工商联系统指导、支持和帮助。

赵大程副部长表示，希望进一步密切双方联系，探索建立长效合作机制，形成良性互动，共同为推进“四个全面”战略布局提供优质高效的法律服务和保障。非公有制经济是社会主义市场经济的重要组成部分，新时期新形势下，非公有制经济对法律服务有更高的要求和期盼，司法行政机关要充分发挥职能作用，抓准与工商联工作的结合点，支持工商联运用法律机制更好地服务于非公有制经济健康发展和非公有制经济人士健康成长。

座谈会上，全国工商联还就开展法治宣传教育、充分发挥律师作用、促进商会调解工作新发展、推动法律援助向小微企业扩展、建立长效工作机制等方面与司法部进一步加强合作提出了意见建议。双方讨论交流了合作的具体路径、机制和办法。

会后，全国工商联与司法部经多次磋商协调，于7月9日正式签署了《关于建立部际合作机制的框架协议》。（吕菊萍）

【共同召开贯彻落实《关于构建和谐劳动关系的意见》视频会议】2015年5月21日，人社部、全国总工会、中企联、全国工商联共同组织在北京召开视频会议，对全面贯彻落实中共中央、国务院《关于构建和谐劳动关系的意见》（以下简称《意见》），推进新时期构建和谐劳动关系工作进行部署。中组部副部长，人社部部长、党组书记尹蔚民，全国总工会党组书记、副主席、书记处第一书记李玉赋，中企联常务副会长兼理事长李德成，中央统战部副部长，全国工商联党组书记、常务副主席全哲洙出席会议并讲话。

会议要求，各地三方要充分认识构建和谐劳动关系的重要性和紧迫性，准确把握《意见》的主要内容和基本精神，自觉把思想和行动统一到中央的决策部署上来。坚持劳动关系矛盾系统治理、依法治理、综合治理、源头治理，全面把握、科学谋划，立足当前、着眼长远，突出重点、统筹推进。要着力解决当前劳动关系突出矛盾，全面治理拖欠农民工工资问题，妥善解决部分企业不依法缴纳社会保险费的问题，加强对产业结构调整过程中劳动关系处理的指导规范。要创新劳动关系协调机制，完善劳动关系矛盾调处机制，健全劳动保障监察体制机制，创新构建中国特色和谐劳动关系机制。要进一步加强劳动关系领域立法工作，全面落实劳动保障法律法规，加强普法宣传教育，全面推进劳动关系领域法治建设。要加强对企业经营者和职工的教育，支持企业健康发展，加大宣传力度，努力营造构建和谐劳动关系的良好环境。

全哲洙书记在讲话中强调，各级工商联要深入开展以守法诚信为重点的理想信念教育实践活动，引导非公有制经济人士自觉践行社会主义核心价值观、履行企业社会责任、主动尊法学法守法用法、树立“人力资源是第一资源”的理念；要积极参与劳动立法协商、反映企业合理诉求、依法维护企业合法权益，推动优化非公有制企业发展环境；要引导企业紧紧依靠创新驱动、职工素质提升和加强管理等途径主动转型升级，逐步建立现代企业制度，完善公司法人治理结构；要加快进入本级协调劳动关系三方会议，引导企业普遍建立劳动争议协商调解机制，引导商会建立劳动争议调解组织，认真履行劳动关系协调职能，充分发挥协商调解作用；要积极配合党委有关部门开展非公有制企业党建工作，不断扩大党的组织覆盖和工作覆盖，发挥党群组织在推动企业发展、凝聚职工群众、促进和谐稳定中的作用。

国家三方会议执行主席、全国工商联副主席谢经荣等领导同志出席会议。各省（区、市）及新疆生产建设兵团三方会议成员单位的主要负责同志、分管负责同志、三方会议成员及办公室成员在各分会场出席了会议。（李　强）

【共同举办示范非公有制企业劳动争议预防调解培训班】2015年6月24日至27日，人社部和全国工商联在人社部社会保障能力建设中心共同举办了示范非公有制企业劳动争议预防调解培训班。举办这次培训班的目的是为深入贯彻落实中共中央、国务院《关于构建和谐劳动关系的意见》精神，践行人社部、全国工商联《关于进一步加强非公有制企业劳动争议预防调解工作的意见》，进一步推动非公有制企业劳动争议预防调解示范工作，提升非公有制企业自主解决争议的能力和商会参与劳动争议预防调解的水平，促进非公有制企业和谐的劳动关系的构建。培训班上，两家单位总结了近年来非公有制企业劳动争议预防调解工作取得的新发展及当前做好非公有制企业劳动争议预防调解工作需把握的重点。

此次培训分为六个专题，分别是工商联、工会组织在劳动争议处理中的作用，我国劳动人事争议调解仲裁制度现状及发展方向，劳动合同法、工伤保险、劳动争议调解法律政策、企业人力资源管理政策解读，典型疑难案例评析，企业劳动关系监测工作和视频教学。整个培训内容，既有基础理论辅导，又有业务技能指导，从理论到实践，从宏观到微观，相互补充、相互印证、相互结合，对开展非公有制企业劳动争议预防调解工作具有很强的指导性和实效性。通过这次培训，大家进一步强化了劳动争议预防调解意识，提高了对劳动争议分析和解决的能力，对如何有效预防和解决非公有制企业劳动争议、提升非公有制企业劳动关系和谐水平有了更深刻的认识和更全面的把握。此次培训还就开展非公有制企业劳动争议预防调解工作提出了具体要求：一要强化调研监测，依法规范调解；二要把握方针政策，注重统筹协调；三要扎实努力工作，加强创新实践。（吕莉萍）

【举办全国工商联依法治企能力建设培训班】 2015 年 7 月 28 日至 30 日，全国工商联法律部在云南昆明举办依法治企能力建设培训班。此次培训由云南省工商联承办，西部 16 个省区市工商联干部、商会和企业负责人共 100 余人参加了培训。

本次培训班的目的是贯彻落实党的十八届四中全会精神和中共中央、国务院《关于构建和谐劳动关系的意见》，深入推进以守法诚信为重点的理想信念教育实践活动，推进工商联法律服务工作，引导企业依法诚信经营、防控用工风险、构建和谐劳动关系，服务促进两个健康。

培训班围绕提高依法治企业能力、推动构建和谐劳动关系，精心安排构建和谐劳动关系政策解读、守法诚信与企业健康发展、依法治企与规范劳动用工、劳动争议与诉讼应对、企业依法治理与风险防控等课程，邀请经验丰富、功底深厚的专家学者进行授课，组织经验交流发言并安排学员到法院和企业实地观摩教学。学员普遍反映，培训班使大家进一步提高了认识、开阔了眼界、增强了信心，有效促进了依法治企能力的提升。（李　强）

【举办民营企业知识产权保护与运用培训班】 2015 年 10 月 10 日至 12 日，由全国工商联主办、广东省工商联承办的知识产权保护与运用培训班在广东省广州市成功举办。来自全国 17 个省市工商联法律工作部门以及商会协会、企业代表约 150 人参加培训。

工商联（商会）开展知识产权工作具有重要意义，是工商联服务党和国家工作大局的重要举措，是践行两个健康工作主题的必然要求，是服务“一带一路”建设的重要内容，也是商会自身发展的内生需求。工商联（商会）要积极参与知识产权立法活动，积极搭建交流合作平台，充分发挥商会在企业联合研发中的桥梁作用以及在知识产权维权中的代表作用和集体优势，发挥工商联（商会）在企业知识产权保护与运用中的积极作用。

培训班介绍了近年来广东大力推进民营企业知识产权创造、运用、保护与管理能力建设情况，并从开展调查研究、合作建立知识产权纠纷调解机制、加强企业知识产权侵权案件调处、加大法治宣传、推动行业自律以及积极参与立法和立法后评估六个方面介绍了广东工商联积极推动民营企业知识产权保护工作的做法和经验。

培训班在培训模式和课程设置上都有很大创新。广东省法学会知识产权法学研究会副会长朱列玉、中国政法大学民商经济法学院教授李玉香、国浩律师事务所高级合伙人陈发云、广东外语外贸大学法学院院长胡充寒等专家分别就我国知识产权发展现状与展望、企业品牌建设与管理、国际知识产权争端博弈、企业技术创新中的知识产权运用等主题进行讲授。此外，培训班还安排了小组讨论，并组织学员前往广州知识产权法院、中国中山（灯饰）知识产权快速维权中心进行现场教学。（刘登森）

【召开第十一届全国工商联法律委员会第三次全体会议】 2015 年 11 月 6 日，第十一届全国工商联法律委员会第三次全体会议在全国工商联机关召开。法律委员会主任、全国工商联副主席谢经荣出席会议并讲话。会议审议通过了 2015 年法律委员会工作报告，深入讨论谋划了 2016 年法律委员会工作。

会上，谢经荣副主席指出，法律委员会有很好的专家资源和智力资源，要充分发挥专委会人才济济的优势。他强调，2016 年要做好以下三项工作：一是选取两个至三个课题进行调查研究，分别由主任、副主任委员牵头，更好地分配利用各位委员的宝贵时间，充分发挥其作用，突出调研成效；二是召开现场经验交流会，在经验丰富与工作开展不够充分的工商联之间进行沟通交流，通过相互借鉴学习提升；三是注重抓典型，总结树立一批可比、可学的非公有制企业、非公有制经济人士守法诚信的模范、劳动争议调解示范非公有制企业、商会调解示范单位等典型，通过学树典型，形成竞争氛围，促进共同发展。（吕菊萍）

【召开加强非公有制企业法律服务工作座谈会】2015 年 12 月 3 日，根据司法部、全国工商联关于建立部际合作机制的框架协议，全国工商联与司法部召开座谈会，共商“十三五”期间如何加强非公有制企业法律服务工作，并就进一步推动双方务实合作进行沟通交流。

在座谈会上，全国政协副主席、全国工商联主席王钦敏，中央统战部副部长，全国工商联党组书记、常务副主席全哲洙对司法部高度重视服务保障非公有制经济健康发展，给予全国工商联工作大力支持表示衷心感谢。

王钦敏主席表示，全国工商联围绕落实党的十八届四中全会精神，以守法诚信为重点深入推进理想信念教育实践活动，制定了《关于加强工商联法律服务工作的意见》，指导各地工商联主动与党委政府、司法行政机关、纪委、检察、法院等部门合作，开展政企直通车、法律体检、反腐警示、诉调对接等活动。通过理想信念教育实践活动开展，非公有制经济人士法治意识和法治思维更加牢固，依法诚信经营更加主动。

王钦敏主席指出，全国工商联与司法部共同研究加强非公有制企业法律服务工作具有重要意义。双方在政商关系研究、加强法治教育培训、鼓励支持和规范商会人民调解工作、加强非公有制企业法律服务等方面合作的空间广阔。通过务实合作有助于推动构建新型健康的政商关系；有助于推动普法宣传进民企、进商会、进工商联机关的“三进”活动；有助于充分发挥商会在企业纠纷中的调解作用；有助于为企业提供针对性法律服务，将困难企业尤其是成长期的小微企业纳入法律援助范畴。

司法部部长、党组书记吴爱英表示，司法部将进一步与全国工商联加强合作，共同为非公有制经济发展提供法律服务和保障。一是在法治宣传教育服务方面，把加强非公有制企业法治宣传教育作为“七五”普法规划重要内容，积极开展日常和专项法治宣传。二是在律师公证法律服务方面，深入开展法律服务团、法律咨询和专题培训等专项法律服务活动，推动非公有制企业开展公司律师试点工作，推动建立工商联系统公职律师制度。三是在落实商会人民调解工作方面，在经济发达、商贸活动活跃的地区指导商协会设立人民调解组织，共同开展相关调研。四是在法律援助方面，更多为小微企业提供法律帮助，服务非公有制经济发展。

司法部党组成员、驻部纪检组组长韩亨林，全国工商联副主席谢经荣、杨启儒，司法部、全国工商联有关部门负责人出席了会议。（刘登森）

【开展 2015 年“12. 4”全国法制宣传日系列活动】根据中宣部、司法部、全国普法办《关于开展国家宪法日暨全国法制宣传日系列宣传活动的通知》（以下简称《通知》）要求，工商联系统在第二个国家宪法日期间广泛深入开展了有关活动。

1. **全国工商联开展活动情况**。一是司法部、全国工商联举行高层会晤。12 月 3 日，司法部部长、党组书记吴爱英一行到访全国工商联，与全国政协副主席、全国工商联主席王钦敏，中央统战部副部长，全国工商联党组书记、常务副主席全哲洙等领导座谈，就“十三五”期间加强非公有制企业法律服务工作进行沟通协商，并就进一步推动司法部与全国工商联在法治宣传教育等领域的务实合作达成共识。二是机关内部开展了系列普法宣传活动。开展“中国特色社会主义法律体系知识竞赛”答题活动，推荐机关干部学习中国人民大学胡锦光教授主讲的《宪法在法治体系中的核心作用》网络课程，向全体干部发放宪法文本，开展“全屏宪法宣传”活动。三是加强对地方和基层的指导。向各省级工商联转发《通知》，指导地方工商联积极开展各类普法宣传活动；开展“送宪法进商会进企业”活动，向各直属商会和直属会员企业发放宪法文本。

2. **地方工商联开展活动情况**。北京市工商联邀请市纪委有关领导作了“建立正确的政商关系，促进非公有制经济健康发展”的专题报告。天津市工商联举办了“锦天城杯”民营企业尊法守法主题辩论赛。四川省工商联开展了新常态下非公有制企业依法治企能力建设座谈培训会。江苏省工商联开展了民营企业法律大讲堂徐州专场活动。云南省工商联举办了企业投融资风险管控专题讲座。广东省工商联通过微博、微信等宣传载体加大对宪法、劳动合同法、知识产权法律法规等的宣传力度。吉林省工商联与省民营企业法律服务律师团、长春市普法志愿者协会、吉林良智律师事务所联合开展了普法宣传咨询活动。河南省工商联结合“三严三实”专题教育活动加强对机关干部的宪法学习教育。山东省各地市工商联建立了领导干部宪法法律学习机制，制定了工商联机关和商（协）会学法计划。

国家宪法日期间开展的形式多样、内容丰富的普法宣传活动，进一步提高了工商联干部的法律素养，增强了广大非公有制经济人士的法治观念，为促进两个健康提供了有力的法治保证。（刘登森）

【建立全国工商联公职律师制度】 为深入贯彻落实党的十八届四中全会精神，提高工商联参与决策论证、提供法律意见的能力，有效促进非公有制企业依法经营、合法维权，根据司法部《关于开展公职律师试点工作的意见》，全国工商联决定在工商联系统建立公职律师制度。全国工商联副主席谢经荣率队走访司法部，就在工商联系统建立公职律师制度进行座谈。双方有关职能处室对具体细节进行了详细的洽谈沟通。

根据司法部要求，全国工商联报送了公职律师试点工作方案及拟担任公职律师人员名单，经司法部审核批准，全国工商联有 3 名工作人员获得公职律师资质。为进一步规范全国工商联公职律师工作，根据《中华人民共和国律师法》和司法部关于公职律师工作的有关规定，结合工商联工作实际，制定《全国工商联公职律师工作规则》。（吕菊萍）

【开展民营企业劳动关系状况监测试点工作】 全国工商联高度关注劳动关系问题，积极反映民营企业诉求，推进民营企业构建和谐劳动关系，促进民营企业健康、稳定、可持续发展。特别是全国工商联在 2011 年加入国家协调劳动关系三方会议后，参与劳动关系工作的广度和深度不断提升，在构建民营企业和谐劳动关系工作中发挥了重要作用。

为贯彻落实中共中央、国务院《关于构建和谐劳动关系的意见》，及时掌握民营企业劳动关系状况，加强对民营企业劳动关系的动态监测，增强对民营企业构建和谐劳动关系的指导和服务、在协调劳动关系工作中的话语权，全国工商联在 2014 年开始探索建立民营企业劳动关系状况监测制度，并于 2015 年在全国选取了安徽、甘肃、广东、广西、湖南、江苏、江西、四川、云南、浙江 10 个省份试点开展监测试点工作。通过对监测的调查数据分析，结合在广东省、内蒙古自治区和天津市的实地调研情况，形成了 2015 年民营企业劳动关系研究报告。报告分析了 2015 年民营企业劳动关系状况，劳动纠纷的基本情况和特点及影响民营企业劳动关系和谐的主要因素，提出了 2016 年民营企业构建和谐劳动关系的建议。开展民营企业劳动关系状况监测试点工作，有利于加强对民营企业劳动关系状况的研判，有利于推动民营企业构建和谐劳动关系，有利于促进民营企业的健康、稳定、可持续发展。（刘　静）

【开展非公有制企业、商会（协会）劳动争议预防调解示范工作检查验收工作】 2013 年 7 月，人社部与全国工商联共同下发《关于开展非公有制企业、商会（协会）劳动争议预防调解示范工作的通知》，选择 74 家非公有制企业、商会（协会）作为示范单位，正式启动第一批非公有制企业劳动争议预防调解示范工作。两年多来，人社部与全国工商联通过联合举办培训班、召开经验交流现场会、督查调研等方式，共同推动示范工作深入开展。2015 年 5 月，两部门共同制定了包括调解组织、预防工作、制度建设、队伍建设、规范化建设、争议处理 6 大项，近 30 小项的检查验收评估表。在组织示范单位先行自查整改的基础上，由省级人社部门和工商联组成联合验收工作组，深入示范单位逐项对照检查。期间，两部门组成联合督查调研组赴江苏、福建、广东等地进行了抽查。全国工商联副主席谢经荣参加了在福建的督查调研活动，并对示范工作成果给予充分肯定。各省（区、市）及新疆生产建设兵团均提交了检查验收报告。74 家示范单位中，73 家都通过了检查验收，1 家单位因生产经营出现困难退出示范工作。

通过检查验收了解到劳动争议预防调解主要做法有以下几点。

1. 注重预防预警，源头化解争议。一是注重预防调解工作宣传。二是注重建立沟通协商机制。三是注重争议隐患排查预警。

2. 健全组织网络，搭建工作平台。一是健全企业调解组织。二是发挥行业商会（协会）调解组织作用。

3. 完善制度规范，提高工作质量。一是健全调解工作制度。二是加强调解工作规范化建设。三是进一步细化调裁衔接规定。

4. 加强基础建设，提供有效保障。一是大力开展调解工作队伍建设。二是加大基础保障投入。

同时，在示范工作中也存在以下一些问题。一是企业、商会（协会）调解的中立性受到质疑，难以得到职工认可。二是对企业调解指导力度需要加强。人社部门调解仲裁机构、工商联组织仅与少数大型企业建立了经常性联系，乡镇街道调解组织受人员、经费限制很少主动开展工作。一些地区调裁衔接机制亟待加强。三是调解工作部门联动有待加强。人社部门在调解工作中的主导作用发挥不够，一些地区还存在职责不清、沟通不畅等问题。

通过选点示范发现，在非公有制企业劳动争议预防调解工作中，最重要的是要形成人社部门、工商联组织、行业商会（协会）、非公有制企业既分工负责、又协调配合的工作机制。（吕菊萍）

【参与国家立法工作】 参与立法是全国工商联参政议政职能的重要组成部分，是工商联法律工作的核心内容。全国工商联主动参与立法，加强与全国人大、国务院法制办的沟通协调，积极建言献策，不断提高立法参与度。一是加强调查研究，向非公有制企业和商会广为征求意见建议，积极反映非公有制企业立法诉求。共计参与了 21 部法律法规的制定与修订工作，包括《立法法》《中小企业促进法》《网络安全法》《税收征收管理法》《科技成果转化法》等 14 部法律和《预算法实施条例》《失业保险条例》《诉讼费用交纳办法》等 7 部法规。二是积极参与法律法规起草部门组织的立法前期论证工作，注重与有关部门的沟通合作与协调，将源头维权时间前移。多次与国家发改委、工信部、国家能源局共同召开立法征求意见座谈会，参加《行业协会商会法》《中小企业促进法》《核电管理条例》及非营利组织立法等立法论证。三是认真办理议案提案，及时反映非公有制企业的共性问题和群体诉求。提交了关于制定《宪法监督法》推进宪法实施、修改《法律援助条例》将困难企业纳入法律援助对象范围的提案，并办理了 4 件全国人大代表议案和 3 件全国政协提案。在上述工作中，全国工商联注重调查研究，广泛向非公有制企业和商会征求意见建议，准确反映企业法律诉求，力求法律规定能够真正解决非公有制经济发展中的现实问题，并在立法层面、制度层面优化企业发展环境。（刘　静）

【开展个案维权工作】 维护非公有制企业合法权益是工商联的一项基本职能，也是增强工商联组织吸引力和凝聚力的工作抓手。2015 年是全面推进依法治国的开局之年，全国工商联认真研究非公有制企业维权工作的热点难点问题，充分了解企业诉求，引导依法维权。继续加强与司法和执法部门的协商协调，注重搭建政企对话平台，畅通企业意见反映渠道，引导企业合理表达诉求，有效促进了司法、执法部门依法公正处理案件。2015 年共协调办理近 20 起维权个案，涵盖刑事、行政、民事等各个领域，涉及立法、执法和司法等各个层面，案情复杂程度、处理难度越来越大，同时经过沟通协调，有关部门重视程度也在逐步提高。与前几年相比，企业能否在个案中有效维护权益，越来越取决于自身的风险管理和诉讼经验技巧。与其事后救火，不如做好法律风险防范工作，这要求维权工作的关口必须前移、重点必须转移。为此，全国工商联与中国工商杂志社合作开辟“法言”专题栏目，通过对典型案例的剖析和总结，以案释法，充分发挥案例在维权工作实践中的指导与示范作用。（马璐瑶）

扶贫与社会服务

【综　述】2015年，全国工商联深入贯彻党的十八大，十八届三中、四中、五中全会以及中央统战工作会议、中央党的群团工作会议、中央扶贫开发工作会议精神，紧紧围绕国家精准扶贫战略，坚持促进两个健康工作主题，在组织、引导非公有制企业和企业家积极参与扶贫开发、履行社会责任过程中，不断拓宽工作思路，创新工作载体，增强了全国工商联扶贫工作的实效性和社会影响力。

一、开展"万企帮万村"精准扶贫行动，助力打赢脱贫攻坚战

为贯彻落实习近平总书记关于扶贫开发贵在精准、重在精准、成败之举在于精准和鼓励支持非公有制企业自愿采取包干方式参与扶贫的重要指示精神，全国工商联、国务院扶贫办、中国光彩会决定联合开展"万企帮万村"精准扶贫行动，并于9月21日印发了《"万企帮万村"精准扶贫行动方案》，旨在动员全国一万家以上民营企业参与，以建档立卡的贫困村为帮扶对象，以签约结对、村企共建为主要形式，力争用三年到五年时间，帮助一万个以上贫困村加快脱贫进程，为促进非公有制经济健康发展和非公有制经济人士健康成长、打好扶贫攻坚战、全面建成小康社会贡献力量。

在10月17日第二个国家扶贫日，三方联合举行了"万企帮万村"精准扶贫行动启动仪式。全国政协副主席、全国工商联主席王钦敏，中央统战部副部长，全国工商联党组书记、常务副主席，中国光彩会副会长全哲洙，国务院扶贫开发领导小组副组长、国务院扶贫办主任刘永富，全国工商联副主席谢经荣、杨启儒、史贵禄、何俊明，国务院扶贫办副主任洪天云出席了启动仪式。河北、辽宁、湖南、广东、广西、贵州六省区的26个非公有制企业和建档立卡贫困村分别签署了结对帮扶协议。10月17日，全国工商联扶贫工作委员会召开第三次全体会议，王钦敏主席出席会议并讲话。本次会议在梳理成果、总结经验的基础上，围绕国家精准扶贫战略和"万企帮万村"精准扶贫行动，对下一阶段工作进行了研究部署。

11月25日，中共中央、国务院印发《关于打赢脱贫攻坚战的决定》，明确要求"工商联系统组织民营企业开展'万企帮万村'精准扶贫行动"。这既对非公有制企业作为社会扶贫主力军的地位予以肯定，也对工商联组织非公有制企业参与扶贫工作提出了新的更高标准要求。

二、适时总结经验，优化扶贫模式，提升扶贫工作质量

一是召开"全国工商联助农帮扶资金使用工作交流会"，及时总结助农帮扶资金运作取得的新经验。会上分享了帮扶资金的使用模式和扶贫成效，总结了正反两方面经验。相关领导和专家围绕金融在农村扶贫开发中的作用、金融在促进非公有制企业参与扶贫开发中的作用进行了研讨。本次交流会总结出政府合理配套、农民专业合作社参与、与金融机构合作、实力雄厚的龙头企业带动等助农帮扶资金使用管理经验，并就加强对非公有制企业参与扶贫开发中的金融支持进行了研究与探索。二是提升扶贫工作针对性和精准性。在"中国光彩事业黄冈（红安）老区行"结束后，适时举办小微企业经营者（黄冈）培训班，将智力扶贫与项目扶贫相结合。举办小微企业经营者（通辽）培训班，帮助少数民族地区小微企业创新发展，实现智力扶贫与民族地区扶贫开发相结合。做好、做实第十三期乡镇干部培训班。

三、创新工作载体，引导非公有制企业积极投身公益慈善事业

一是与民政部联合举办了首期民营企业基金

会负责人培训班。通过培训弥补民营企业基金会专业人才缺乏的短板，帮助其提高自我管理水平，更好地引导非公有制企业基金会持续健康发展。本次培训班取得了预期效果，得到民政部与全国工商联领导的充分肯定。二是与民政部、国资委、广东省政府、深圳市政府、中国慈善联合会联合举办第四届中国公益慈善项目交流展示会。本届慈展会参展企业总计98家，其中非公有制企业81家，占参展企业的82.65%。本届慈展会资源对接总额122.53亿元，企业捐赠80.64亿元，占对接总量的65.81%。其中，非公有制企业捐赠922笔，共计67.19亿元，占企业捐赠总量的83.32%。三是研究制定《全国工商联善款管理办法》，规范了捐赠和受赠行为，保证捐赠款物使用规范有序、公开透明，保护了捐赠人、受赠人和受益人的合法权益。

四、扎实推进光彩事业发展，助推区域经济发展

一是参与筹备中国光彩事业促进会第五次会员代表大会暨五届一次理事会议。二是举办“中国光彩事业黄冈（红安）老区行”。共签约项目295个，投资额2604.83亿元，其中，合同项目210个，投资额1800.66亿元，涉及农副产品、基础设施、环保节能、电子信息、电子商务、医药化工、文化旅游、商贸物流、能源等众多领域。非公有制企业家还捐赠1820.5万元，用于在红安县实施“光彩新农村卫生室”公益项目，建设121所标准化村卫生室。三是打造“光彩+”公益慈善品牌。在新疆维吾尔自治区阿克苏地区乌什县依麻木乡亚贝西村、马场村实施“光彩·民生养殖场”项目，在湖北省十堰市实施“光彩·九阳厨房”项目，在陕西省汉中市留坝县实施“光彩·荣民医院”项目，在广西壮族自治区隆安县屏山乡团结村实施“光彩·团结渠”项目。

五、首次发布《中国民营企业社会责任年度报告》，打造非公有制企业社会责任系列蓝皮书

2014年，全国工商联发布《中国民营企业社会责任研究报告》，首次对改革开放以来我国非公有制企业勇于担当、回馈社会的履责实践作了全面客观的回顾与总结。2015年，在深入调查研究的基础上，首次编制年度报告，即《中国民营企业社会责任年度报告（2015）》，并以中国社会科学院企业社会责任蓝皮书的形式出版。报告从企业社会责任的视角，借助国际通行的“三重底线”和利益相关方企业社会责任理论分析方法，运用大量翔实的数据和丰富生动的案例，全面论述了2014年在我国经济发展进入新常态的大背景下，非公有制企业在经济、环境和社会三方面，如何对各利益相关方履行社会责任。

六、深化合作机制，增强工作合力，不断提升社会服务水平

与人社部、教育部、全国总工会共同开展“2015年全国民营企业招聘周活动”；与国家林业局、中国光彩会共同开展“第六届光彩事业国土绿化贡献奖”表彰活动，举办“第十一期全国民营企业家及管理干部林业培训班”。就“第六届全国就业与社会保障先进民营企业表彰活动”与“全国民营企业‘关爱员工、实现双赢’评选表彰活动”合并表彰事宜，与人社部、全国总工会进行磋商。（崔　星）

【共同召开国家林业局、全国工商联、中国光彩会第九次联席会议】国家林业局、全国工商联、中国光彩会于2015年4月9日在全国工商联机关召开第九次联席会议，全国工商联副主席、中国光彩会副会长谢经荣出席会议，中央统战部、国家林业局、全国工商联、中国光彩会有关领导及相关部门负责同志参加会议。会议主要内容为学习贯彻党的十八届四中全会、十二届全国人大三次会议和全国政协十二届三次会议精神，总结三方2014年联合开展工作情况，研究部署三方2015年联合开展的工作。会后，三方联合下发了会议纪要及2015年联合开展工作方案。（马占利）

【开展村企共建精准扶贫调研】2015年3月至5月，根据国务院扶贫开发领导小组第五次全体会议精神，按照《关于组织开展扶贫调研的通知》要求，全国工商联以“村企共建精准扶贫”为主题开展专题调研。全国工商联副主席谢经荣带队，邀请国务院扶贫办有关同志参加，先后派出三个调研组，分赴河北、广东、广西、贵州，实地考察民营企业参与共建的10个行政村。召开了5个座谈会，面对面与部分农民、民营企业家、商会组织和地方工商联组织负责人进行交流，深入了解非公有制企业以往参与农村扶贫开发的基本情况、当前对参与精准扶贫的认识和意愿以及工商联组织引导非公有制企业参与“村企共建精准扶贫”工作的重点和难点。调研组认为非公有制企业是社会扶贫的主力军，开发式扶贫是企业参与扶贫的有效形式，村企合作是企业参与扶贫的重要着力点，但是，非公有制企业的扶贫工作与精准扶贫的新要求还有差距，政府部门对非公有制企业参与农村建设和扶贫开发的支持服务亟待加强。调研组建议开展非公有制企业“村企共建精准扶贫”示范行动；加大表彰宣传，鼓励广大非公有制企业参与扶贫工作；加大融资和财税支持力度，助推非公有制企业参与精准扶贫。

在调研基础上，经与国务院扶贫办、中国光彩会充分沟通，全国工商联决定组织非公有制企业开展“万企帮万村”精准扶贫行动。（崔　星）

【共同开展“2015 年全国民营企业招聘周”活动】2015 年 4 月 21 日至 27 日，人社部、教育部、全国总工会、全国工商联联合组织开展了“2015 年全国民营企业招聘周”活动。

4 月 21 日，“2015 年全国民营企业招聘周”活动启动仪式在湖南省长沙市举行，人社部副部长杨志明发表讲话，全国总工会副主席、书记处书记范继英，全国工商联副主席谢经荣，教育部高校学生司司长王建国及湖南省政府有关领导出席了启动仪式。在启动仪式当天举办的湖南省民营企业专场招聘会上，500 多家用人单位现场提供了 1 万多个就业岗位，以高校毕业生为主的 1 万多名求职者入场应聘。

据统计，全国共有 18 万多家民营企业参加了招聘周活动，现场提供各类岗位信息 437 万多条，累计发放政策宣传品 900 多万份，提供维权及法律援助 28 万多人次；通过中国公共招聘网在线发布民营企业岗位信息 37 万余条，招聘会信息 497 条，见习岗位信息 599 条，相关市场资讯 100 余条，网站访问量约 17 万人次；通过中国公共招聘网微博发布相关信息 50 余条。活动期间，有 114 万名求职者与用人单位达成了就业意向，其中高校毕业生 43 万人，农村进城务工劳动者 44 万人，就业困难人员 13 万人。截至 2015 年，“全国民营企业招聘周”已连续举办 11 届，成为广大求职者和民营企业欢迎的公共服务品牌活动。（崔　星）

【召开“全国工商联助农帮扶资金使用工作交流会”】2015 年 4 月 27 日至 28 日，全国工商联在四川省巴中市召开“全国工商联助农帮扶资金使用工作交流会”。全国工商联副主席谢经荣，四川省有关领导，国务院扶贫办、中国人民银行、中国民生银行、瀚华担保有限公司、中国光彩事业基金会等有关单位代表以及织金县、巴中市、仪陇县、平昌县、通辽市工商联主要负责同志出席会议。27 日，全体与会人员深入地处秦巴山集中连片特困地区的平昌县青凤、云台、江口、元山、得胜、驷马 6 个乡镇，实地参观考察了全国工商联帮扶资金支持的生猪养殖、茶叶和药用牡丹种植等农产业项目，与受资助农户进行现场交流，深入了解帮扶资金的扶贫效果。28 日，巴中市、通辽市、织金县、仪陇县工商联主要领导分别介绍了结合当地实际利用帮扶资金开展的工作实验、取得扶贫效果、经验与教训，并结合各自的工作体会，提出了工作展望和建议；平昌温氏畜牧公司介绍了企业与全国工商联帮扶资金合作开展的“公司 + 农户”产业扶贫情况。国务院扶贫办、人民银行、民生银行、瀚华担保的与会领导和专家，围绕金融在农村扶贫开发中的作用、金融在促进民营企业参与扶贫开发中的作用进行了研讨，结合各自的工作角度，分别作了政策解读和形势分析，并对改进和提升全国工商联扶贫工作提出意见和建议。

谢经荣副主席在讲话中，结合实地考察、各地交流以及与会专家发言，肯定了助农帮扶资金工作在农村金融改革和金融扶贫中的探索性及实验性意义，肯定了基层工商联组织开展的创造性工作，并对今后如何加强资金安全管理，提高扶贫的针对性、精准性提出了要求。同时，他也对政府金融和扶贫工作主管部门如何进一步支持非公有制经济发展、共同助推民营企业参与扶贫开发提出了希望。（郭东风）

【共同举办民营企业基金会负责人培训班】2015 年 6 月 29 日至 30 日，由全国工商联、民政部共同主办的民营企业基金会负责人培训班在北京举行。

在开班式上，民政部副部长邹铭、全国工商

联副主席谢经荣出席开班式并讲话。民政部、全国工商联、中国光彩事业促进会、中央统战部光彩事业指导中心、中国光彩事业基金会等单位负责同志参加开班式。全国各省区市的民营企业基金（会）、民营企业社会责任部门负责人，部分省区市工商联分管部门负责人共96人参加培训。

培训班邀请民政部、国家税务总局、友成基金会和北京师范大学有关领导和专家学者为学员讲授我国慈善事业的基本状况与发展趋势、慈善组织的登记管理、非营利组织企业所得税、战略公益与社会创新以及公益组织的项目运作。培训班还专门邀请正泰公益基金会、泛海公益基金会、腾讯公益慈善基金会、新奥公益慈善基金会、香江社会救助基金会、河仁慈善基金会和广东省国强公益基金会作为优秀民营企业基金会代表进行经验交流分享。培训期间，组织学员还共同商讨了2015年国家扶贫日主题活动内容。

本次培训班是全国工商联与民政部联合印发《关于鼓励支持民营企业积极投身公益慈善事业的意见》以来的首次深度合作，旨在通过培训弥补民营企业基金会专业人才缺乏的短板，帮助其提高自我管理水平，更好地引导民营企业基金会持续健康发展。本次培训班取得了预期效果，得到民政部与全国工商联领导的充分肯定。（崔　星）

【举办全国工商联小微企业经营者培训班】2015年全国工商联共举办两期小微企业经营者培训班。7月7日至9日，全国工商联小微企业经营者（通辽）培训班在内蒙古通辽市举办。来自通辽市8个旗县市区和经济技术开发区的200多名汉族、满族、蒙古族小微企业经营者参加培训。国家工信部中小企业局、全国工商联农业产业商会、京东商城、瀚华金控担保集团、北京仁创科技集团、北京地平线律师事务所有关同志围绕小企业法律风险防范、小微企业资金安全与融资渠道、电商案例分享及实操讲座、小微企业与科技创新、当前中小企业发展的问题、企业家的互联网思维等内容进行授课。本期培训覆盖面广、针对性强、培训效果显著，将“四信”教育寓于其中。

12月8日至10日，全国工商联小微企业经营者（黄冈）培训班在湖北省黄冈市举办。来自黄冈市7县2市1区的160名小微企业经营者参加了培训。工业与信息化部、中国民生银行、曲美家具集团、京东集团、人福医药集团、地平线律师所有关负责同志围绕小微企业财税政策解读、企业团队建设与管理、依法治国与依法治企、企业品牌建设与经营思路创新、小微企业的融资渠道与成本管理、企业财务管理与资金风险防控、互联网时代的市场营销等内容进行授课。本期培训与两个健康工作主题紧密结合，进一步促进了小微企业健康发展和基层商会组织建设。本次培训班是“中国光彩事业黄冈（红安）老区行”的一个子项目，形成了“光彩行＋小微企业培训班”的综合帮扶格局。（郭东风）

【共同开展第六届“光彩事业国土绿化贡献奖”评选表彰活动】根据全国工商联、国家林业局、中国光彩会2015年三方联合工作方案，2015年1月，三方联合向各省级工商联、林业厅（局）、光彩会印发了《关于开展第六届“光彩事业国土绿化贡献奖”评选表彰工作的通知》。由全国工商联和国家林业局共同组成的考察组于5月和6月分别对河北省和浙江省推荐上报的候选企业进行了实地核查。经全国工商联、国家林业局、中国光彩会共同组成的评选委员会的评选，产生的40名获奖候选企业家经过三方网站为期7天的公示，全国工商联、国家林业局、中国光彩会于8月联合印发了《关于授予刘海涛等40名民营企业家第六届“光彩事业国土绿化贡献奖”的决定》，对全国40名积极参与光彩事业国土绿化和林业建设的民营企业家进行了表彰。（马占利）

【共同举办第四届公益慈善项目交流展示会】2015年9月18日至20日，由民政部、国资委、全国工商联、广东省政府、深圳市政府、中国慈善联合会联合举办的第四届中国公益慈善项目交流展示会在深圳举行。第四届慈展会坚持以党的十八大，十八届三中、四中全会精神为指导，以“扶贫济困、大爱中国”为主题，秉承“政府主导、社会承办、公众参与、市场运作、全民共享”的办会模式，突出专业化、社会化、国际化的办会特色，进一步强化和凸显了慈展会在促进中国现代公益慈善事业发展中的基础性平台功能。

全国工商联副主席谢经荣出席开幕式，并在

“善商发展与全球减贫”主题研讨会上发表讲话。他指出，公益慈善是非公有制企业家打开精神世界的一把钥匙，要引导更多非公有制企业家树立正确的财富观和事业观。他号召非公有制企业一方面将公益慈善事业纳入企业总体战略规划，将社会利益真正融入企业职能中，另一方面要围绕培养企业核心能力和社会认同，探索有效行善途径，形成一整套规范化、制度化的运作机制，进而形成具有自身特色的企业慈善文化，促进企业健康可持续发展。

在全国工商联的组织动员下，非公有制企业踊跃参加展会活动并参与资源对接。本届慈展会参展企业总计98家，其中非公有制企业81家，占参展企业的82.65%。本届慈展会资源对接总额122.53亿元，企业捐赠80.64亿元，占对接总量的65.81%。其中，非公有制企业捐赠922笔，共计67.19亿元，占企业捐赠总量的83.32%。（崔　星）

【开展援藏援疆专题工作调研】为贯彻落实中央统战工作会议和第二次新疆工作座谈会、第六次西藏工作会议精神，组织动员对口支援省市工商联和广大民营企业积极投身援藏援疆工作，2015年9月至11月，由全国工商联副主席谢经荣、安七一带队，全国工商联有关部门同志组成的调研组分赴深圳、湖北、北京、甘肃、西藏、浙江、福建等地开展调研。谢经荣副主席在调研中肯定了湖北省、深圳市在产业带动、人才支援、民生项目上对新疆和西藏受援地的帮扶。他希望，各地工商联要认真学习贯彻中央第六次西藏工作座谈会精神和中央第二次新疆工作座谈会精神，积极为参与援藏援疆的非公有制企业构建政企沟通、银企对接平台，加大宣传力度，引导更多非公有制企业赴西藏、新疆投资兴业，在新一轮援藏援疆工作中发挥更大作用。安七一副主席在调研中指出，参与援藏援疆对非公有制企业既是责任，也是机遇。当前，中央为推进西藏和四省藏区经济社会发展出台了一系列优惠政策，非公有制企业一定要把握好这个难得机遇，利用藏区经济发展起步晚、产业布局不完善的发展空间，结合藏区药材资源、畜牧资源等资源优势，通过开展产业扶贫，努力实现当地群众脱贫致富和企业盈利发展的双赢。他指出，工商联要积极发挥独特作用，为参与援藏援疆的非公有制企业搭建政企沟通、银企对接等平台，提供信息资讯、政策咨询、培训等服务；注重充分发挥商会作用，探索以商招商、以商安商等有效途径，为藏区非公有制经济发展注入活力。（崔　星）

【共同举办“万企帮万村”精准扶贫行动启动仪式】2015年10月17日是中国第二个“扶贫日”，全国工商联、国务院扶贫办和中国光彩会在北京联合举行“万企帮万村”精准扶贫行动启动仪式。全国政协副主席、全国工商联主席王钦敏，中央统战部副部长，全国工商联党组书记、常务副主席，中国光彩会副会长全哲洙，国务院扶贫开发领导小组副组长、国务院扶贫办主任刘永富出席仪式，全国工商联副主席谢经荣主持了启动仪式，王钦敏主席、刘永富主任分别在启动仪式上讲话。河北、辽宁、湖南、广东、广西、贵州六省区的26个民营企业和建档立卡的贫困村分别签署了结对帮扶协议。“万企帮万村”行动将以非公有制企业为帮扶方，以建档立卡的贫困村为帮扶对象，以签约结对、村企共建为主要形式，力争三年到五年时间，动员全国一万家以上非公有制企业参与，帮助一万个贫困村加快脱贫进程。全国工商联副主席杨启儒、史贵禄、何俊明，国务院扶贫办副主任洪天云出席了启动仪式。（郭东凤）

【召开第十一届全国工商联扶贫工作委员会第三次全体会议】2015年10月17日，第十一届中华全国工商业联合会扶贫工作委员会召开第三次会议。全国政协副主席、全国工商联主席王钦敏出席并讲话。会议由全国工商联副主席史贵禄主持，全国工商联副主席谢经荣、何俊明出席会议。

王钦敏主席指出，习近平总书记着眼于实现“两个一百年”奋斗目标和实现中华民族伟大复兴的中国梦，统筹推进“四个全面”战略布局，对贫困地区脱贫致富奔小康作出一系列重要论述，深刻阐明了新时期我国扶贫开发的重大理论和实践问题，是党中央治国理念和执政方略的重要组成部分，为欠发达地区与全国同步全面建成小康社会提供了思想引领和行动指南。扶贫工作委员会委员要带头认真学习、深刻领会，把习总书记关于扶贫开发的新思想、新论断、新要求贯穿到指导扶贫开发的新实践当中去。他强调，“万企帮万村”精准扶贫行动是贯彻落实习近平总书记精准扶贫战略思想的重要举措，要以此为切入点，着力发挥龙头企业在产业精准扶贫中的引领作用。

会议审议了扶贫工作委员会 2014～2015 年度工作总结，并在梳理成果、总结经验的基础上，围绕国家精准扶贫战略和“万企帮万村”精准扶贫行动对下一阶段工作进行了研究部署。（崔　星）

【共同召开中国光彩事业促进会第五次会员代表大会】中国光彩事业促进会第五次会员代表大会暨五届一次理事会 2015 年 10 月 19 日至 20 日在北京召开。中共中央政治局常委、全国政协主席俞正声会见全体代表，中共中央政治局委员、国务院副总理马凯，中共中央政治局委员、中央统战部部长孙春兰，全国人大常委会副委员长、民建中央主席陈昌智，全国政协副主席、全国工商联主席王钦敏参加会见。孙春兰在大会开幕式上发表讲话。她指出，推进光彩事业，有利于服务党和国家中心工作，有利于实现各族群众共享发展成果，有利于促进非公有制经济健康发展和非公有制经济人士健康成长。要找准新形势下光彩事业参与扶贫开发的着力点，通过精准扶贫和项目实施，推动贫困地区脱贫致富、产业发展、社会进步，让贫困群众过上更有尊严、更加幸福的生活。要把光彩事业作为教育培养非公有制经济人士的重要阵地，引导他们把个人梦、企业梦融入中国梦，把增强理想信念体现到先富带动后富、促进共同富裕的实践中，吸引凝聚更多非公有制经济人士参与光彩事业。中央统战部副部长，全国工商联党组书记、常务副主席全哲洙作工作报告。他指出，要坚持围绕中心服务大局，坚持两个健康主题，坚持把理想信念教育摆在突出位置，坚持发挥好商会组织重要作用，以更加昂扬的精神和更加务实的作风，努力开创光彩事业新局面。会议审议通过了工作报告。会议还审议通过中国光彩事业促进会章程修改草案，选举产生了第五届理事会领导机构，全哲洙当选会长，谢经荣等 24 位同志当选为副会长，114 位同志当选为常务理事。（马占利）

【共同举办“中国光彩事业黄冈（红安）老区行”活动】2015 年 11 月 10 日，中国光彩事业促进会、湖北省人民政府在湖北省黄冈市红安县举行“中国光彩事业黄冈（红安）老区行”。这次活动是认真学习贯彻党的十八届五中全会和中央统战工作会议精神的具体行动，也是深化非公有制经济人士理想信念教育实践活动，引导非公有制企业家投身革命老区扶贫开发，为老区如期全面建成小康社会作贡献的重要举措。中央统战部副部长，全国工商联党组书记、常务副主席，中国光彩会会长全哲洙，湖北省委主要领导发表讲话。湖北省委、省政府和省直有关部门，全国工商联、中国光彩会有关领导同志以及 500 多位非公有制企业家参加了活动。

活动期间，组织非公有制企业家参观了黄麻起义和鄂豫皖苏区纪念园、红安七里坪长胜街等革命纪念地，观看了革命传统教育片《铁血红安》，举行了项目签约和公益捐赠仪式。这次活动共签约项目 295 个，投资额 2604. 83 亿元，其中，合同项目 210 个，投资额 1800. 66 亿元，涉及农副产品、基础设施、环保节能、电子信息、电子商务、医药化工、文化旅游、商贸物流、能源等众多领域。非公有制企业家还捐赠 1820. 5 万元，用于在红安县实施“光彩新农村卫生室”公益项目，建设 121 所标准化村卫生室。（马占利）

【共同举办第 11 期全国民营企业家及管理干部林业培训班】由全国工商联、国家林业局、中国光彩会联合举办的第 11 期全国民营企业家及管理干部林业培训班于 2015 年 11 月 16 日至 19 日在西安举行。来自全国 29 个省、市、自治区从事国土绿化的非公有制企业家及管理干部 120 多人参加了培训。全国工商联副主席史贵禄出席开班仪式并讲话，国家林业局有关部门负责同志向参加培训的民营企业家和林业管理干部介绍了当前国家林业发展现状和政策导向。培训班共安排三天课程，由中央统战部、国家林业局有关部门负责同志分别就“中央对民营企业投资光彩项目的优惠鼓励政策”“森林与人类的生存发展之间的密切关系”“‘十三五’林业发展规划及政策措施”三个方面的内容进行授课，培训班还安排了互动交流和现场观摩学习，受到了学员的热烈欢迎。（马占利）

【举办全国工商联第13期乡镇干部培训班】 2015年11月23日至27日，全国工商联第13期乡镇干部培训班在中国劳动关系学院培训中心举办，全国工商联副主席谢经荣出席并讲话。来自贵州省毕节市、黔西南州，四川省巴中市、仪陇县，湖北省红安县，辽宁省阜蒙县的102名乡镇干部参加培训。本期培训班共开设“精准扶贫与乡镇干部”“基层政府如何保障依法治国‘最后一公里’的畅通”“互联网+从电子商务到信息经济”“生态文明与经济可持续发展”“城镇化背景下的乡村价值”“农村专业合作组织现状与发展趋势”“兴仁县薏仁米生产经营合作社和‘黄水人家’乡村旅游典型案例讲座”“国家促进中小企业发展政策解读”“如何提高领导干部演讲及讲话水平”9门课程，邀请国务院扶贫办、工信部和国家林业局有关部门负责同志，阿里巴巴集团、中国农业大学、中国社科院、国家行政学院、全国律协政府顾问委员会和黔西南州兴仁县农业局等单位的专家授课。培训班还就全国工商联开展“万企帮万村”精准扶贫行动实施方案进行座谈并征求意见和建议。本期培训课程设置与时俱进，紧扣实际需求，并从以往合作办班转变为由全国工商联自主办班。（郭东风）

【举办中华红丝带基金十周年纪念活动】 2015年11月30日，在第28个世界艾滋病日来临前夕，中华红丝带基金“爱在十年”十周年纪念活动在北京举行，向全社会发布红丝带10年来防艾工作成果，并向为艾滋病防控作出突出贡献的爱心企业家、社会力量、公众人士、感染者代表颁发第四届“感动红丝带奖”。

全国工商联名誉主席、中华红丝带基金名誉理事长黄孟复，国家卫计委副主任、国家中医药管理局局长、国务院防治艾滋病工作委员会办公室主任王国强，世界卫生组织驻华代表施贺德等出席大会。

王国强在讲话中对中华红丝带基金过去十年来动员爱心企业、社会力量参与艾滋病防控所取得的成绩表示肯定。他指出，由政府组织领导，部门各负其责，动员社会力量参与，发挥资源优势，形成合力，是推动艾滋病防控的重要机制。

世界卫生组织驻华代表施贺德博士对中国动员社会力量参与艾滋病防控所取得的成绩表示高度赞扬，同时对非公有制企业履行社会责任，参与艾滋病防控给予肯定。

全国工商联副主席、中华红丝带基金理事长谢经荣表示，十年来，中华红丝带基金身边集结了一批支持防艾工作的爱心企业和个人，200多家爱心企业和上万名爱心公众奉献爱心，累计向中华红丝带基金捐赠超过1.8亿元人民币，超过40家企业持续捐赠。十年来，中华红丝带基金先后开展救助扶持、援建设施、宣传倡导三大类十余个公益项目，重点在河南上蔡、云南陇川、山西临汾、四川凉山、安徽阜阳、新疆伊犁等地区开展，公益事业投入超过1亿元，累计有9000余名艾滋病感染者、13700名受艾滋病影响儿童、16000名特殊困难怀孕妇女、37万贫困地区村民和57万名外来务工者直接受益。同时，有100多家地方各级部门参与红丝带项目执行，300多所高校的1万余名志愿者参与红丝带防艾宣传，基金与50多家社会组织携手合作开展工作，2800多家非公有制企业参与支持红丝带各项公益事业。

现场，与会嘉宾发布了基金十年的关键字：仁、行、勇、智。许荣茂、洪崎、李河君、刘志强、钟玉、孙珩超、张章笋、赵心竹、卢彩金、严真友等十位企业家获得红丝带“十年功勋奖”，大连万达集团、张竹青等30家单位和个人获得红丝带“十年关爱奖”，凉山妇女儿童发展中心、临汾红丝带学校等十家单位获得红丝带“十年行动奖”。中国民生银行董事长洪崎荣获“感动红丝带——贡献奖”、沙玛阿果荣获“感动红丝带——爱心奖”、湖北省随州市电力公司“红丝带党员服务队”荣获“感动红丝带——温暖奖”、彩虹中国创始人张锦雄荣获“感动红丝带——自强奖”。（崔　星）

【共同召开“万企帮万村”精准扶贫行动领导小组第一次会议】 2015年12月17日，“万企帮万村”精准扶贫行动领导小组第一次会议在全国工商联机关召开。中央统战部副部长，全国工商联党组书记、常务副主席，中国光彩会会长全哲洙，国务院扶贫开发领导小组副组长，国务院扶贫办党组书记、主任刘永富出席会议并讲话。会议由全国工商联副主席、中国光彩会副会长、行动领导小组组长谢经荣主持。国务院扶贫办副主任、行动领导小组组长洪天云出席会议，并通报“万企帮万村”精准扶贫行动2016年重点工作。全哲洙同志在讲话中指出，“万企帮万村”精准扶贫行动是促进非公有制经济健康发展和非公有制经济人士健康成长的有力抓手，是非公有制企业深化党情国情民情教育、为国家脱贫攻坚作贡献的重要平台。他说，要通过组织开展“万企帮万村”精准扶贫活动，积极推进政府、市场、社会协同推进的大扶贫格局。他强调，下一步，各级工商联和光彩会要坚持问题导向、实践导向、基层导向，紧紧依靠当地党委政府，加强与扶贫部门联系，引导非公有制企业发挥优势，采用多种形式，积极投身精准扶贫、精准脱贫，用心、用情、用力参与脱贫攻坚，确保行动取得实效。会上，增补中央统战部五局局长张天昱为“万企帮万村”精准扶贫行动领导小组副组长，通报了各省区市“万企帮万村”精准扶贫行动推进落实情况，审议了《关于深入推进“万企帮万村”精准扶贫行动的实施意见》。行动领导小组副组长戚建美、李春光、余敏安、王力涛，中央统战部、国务院扶贫办和全国工商联有关部门负责同志出席会议。（郭东风）

【出版《中国民营企业社会责任报告（2015）》蓝皮书】由全国工商联编制的《中国民营企业社会责任报告（2015）》（以下简称《报告》）于2015年12月由社会科学文献出版社以“蓝皮书”形式出版发行。《报告》以党的十八大和十八届三中、四中全会精神以及中央统战工作会议和《中国共产党统一战线工作条例（试行）》的精神为指导思想，是全国工商联将推进民营企业履行社会责任纳入常态化工作后的首份年度报告。《报告》以调研收集到的相关数据及其案例为基础，结合当前经济社会发展形势和民营企业发展现状，重点突出两个健康主题，全面客观地呈现了2014年度我国民营企业在新形势下承担社会责任的巨大贡献和取得的丰硕成果。（马占利）

对外交往与合作

【综　述】2015年，全国工商联深入学习贯彻党的十八大，十八届三中、四中、五中全会以及习近平总书记系列重要讲话精神，紧密围绕中心、服务大局，牢牢把握两个健康主题，坚持问题导向，创新工作思路，以外事服务民营企业走出去为重点，积极引导服务民营企业参与“一带一路”建设，各项工作取得新进展。

一、围绕工商联中心工作，积极开展调查研究

始终坚持把调查研究作为谋划工作的前提和基础，努力在调查研究中发现问题，在服务中心工作中找准定位，在夯实基础中补齐短板，外事联络工作不断取得新进展。一年来，先后派员参加了“工商联引导服务民营企业参与‘一带一路’建设和走出去”综合调研、“全面支持小微企业政策措施落实情况”第三方评估、商会改革等专题调研。此外，还参与了《全国工商联关于引导服务民营企业参与“一带一路”建设的若干意见》起草工作，联合商务部研究院组织开展了美国“再工业化”背景下中国企业赴美投资机遇与风险专项课题研究。

二、建立并加强与政府有关部门工作联系

通过加强与国家涉外工作部门的交流与沟通，进一步寻找工作结合点，主动服务外事外交中心工作，努力探索和开拓与相关部委部门的合作机制。一是与外交部亚洲司共同举办“一带一路”合作论坛。二是开拓与外交部国外局的联系。走访外交部国外局，初步商定共同主办我国驻外大使与民营企业面对面交流活动。三是与外交部政策规划司共同研究发挥智库作用。走访政策规划司，就民营企业参与“一带一路”建设以及加强合作等问题进行交流，了解外交政策咨询委员会情况，听取对工商联服务民营企业走出去的意见建议。四是加强与外交部欧洲司、欧亚司、拉美司等业务司局的工作联系，征求对全国工商联外事活动的具体指导意见，探索共同推进服务民营企业走出去的机制、平台和途径。五是密切与国务院侨办国外司的联系。围绕第十三届世界华商大会，双方就国家领导人出席、国内参会嘉宾邀请等事宜进行多次反复沟通协调。六是配合外交部外事管理司的调研进行座谈交流。与外管司廖力强司长带领的包括国际经济司、政策规划司、领事司在内的调研组进行了座谈交流，沟通我国民营企业走出去的情况和工商联服务民营企业走出去的成功经验，结合走出去调研情况以及向全国政协提交的《关于促进民企走出去便利化的建议》提案，就外交外事服务民营企业开展国际化经营的具体举措提出意见建议。七是协助 G20 秘书处推荐民营企业家担任 B20 工作组主席、副主席。应 2016 年 G20 组委会秘书处邀请，按照“政治过硬、影响力大、企业实力强、具有国际化视野、担任公司董事长等主要领导职务、能按要求参加相关会议、可熟练使用英语进行交流讨论”的标准，推荐中小企业发展工作组和就业工作组副主席

在 2015 年工作中，全国工商联继续保持与外交部领事司、外管司，国务院台办经济局、交流局，国务院港澳办交流司，港澳中联办协调部等部门的联系与工作沟通。

三、围绕“一带一路”战略做好外事出访接待工作

一是组团出访。精心组织谋划，顺利完成了全国政协副主席、全国工商联主席王钦敏出访柬埔寨、新加坡和印度尼西亚团组，全国工商联副主席安七一出访西班牙、葡萄牙和波兰团组的组团任务。二是进一步深化与港澳台地区的合作。全年先后有 4 个赴港澳交流团组。其中，王钦敏主席亲率代表团赴台湾出席了第十二届海峡两岸和香港、澳门经贸合作研讨会，与来自两岸及港澳地区的工商界人士、专家学者对推进产业创新与承担社会责任进行深入探讨；全国工商联副主席谢经荣赴香港出席香港中华总商会 115 周年会庆活动并拜访了香港中华厂商联合会、香港中国商会等机构，与全国工商联在港执常委召开座谈会。此外，联络工作负责同志还应邀出席了在上海举办的海峡两岸经贸论坛以及在厦门举办的“海峡论坛”等活动。三是做好外事接待工作。全年接待了来自美国、英国、葡萄牙、新加坡等国家以及港澳台地区的 25 个团组共计 256 人。同时，全国工商联也主动作为，与有关国家驻华使领馆及商协会驻华代表机构保持密切联系，出席有关国家驻华使馆举办的招待会等活动。

四、举办经贸交流活动，搭建平台

一是举办欧洲外交官与民营企业座谈会。与外交部欧洲司密切合作，促成第十届欧洲外交官研讨班学员与民营企业代表的座谈交流，来自 28 个欧洲国家及欧盟机构的 30 名高级外交官与民营企业代表面对面热烈深入地交流，既增进了相关欧洲国家及欧盟机构外交官员对中国民营经济的了解，也为民营企业走出去赴欧洲投资兴业搭建了渠道，营造了良好的外部环境。二是举办第七届中法企业沙龙。联合法国巴黎工商会、中国法国商会共同举办了新一届中法企业沙龙，法国在华主要企业的负责人和已进入或有意到法国开展业务的中国企业负责人参加了此次活动。此外，还举办了“一带一路”论坛、世界华商大会、第十二届海峡两岸和香港、澳门经贸合作研讨会等。

五、加强外事服务和管理

一是积极为直属行业商会提供服务。行业商会是工商联组织的延伸和工作的拓展，全国工商联注重发挥行业商会在引导会员企业走出去、开展民间外交方面的积极作用。首先，根据不同行业商会特点，积极推荐全联直属行业商会及会员参与驻华使馆和商会组织举办的活动。其次，主动帮助商会解决其在外事外联工作中遇到的问题和困难，为其在对外交流与合作方面提供指导。此外，结合工作实际，邀请相关直属商会负责同志参加全国工商联重要外事活动，帮助商会或会员企业了解经贸合作需求。

二是加强外事管理工作。作为外事管理服务工作的归口单位，严格按照有关规定对全联新能源商会等直属商会（单位）举办论坛等涉外活动进行了审核把关。同时，根据外交部要求，还对

全国工商联因公临时出国情况开展了自查自纠，并将检查结果报告外交部外事管理司。（徐宝文）

【共同举办共建“一带一路”合作论坛暨亚洲工商大会】2015 年 5 月 18 日，亚洲合作对话——共建“一带一路”合作论坛暨亚洲工商大会在福州召开。全国政协副主席、全国工商联主席王钦敏出席开幕式并发表致辞，福建省委、省政府主要领导同志出席开幕式。本届论坛由外交部、全国工商联、福建省人民政府、中企联和中国中小企业国际合作协会共同主办。泰国前副总理素拉杰、外交部副部长刘振民和福州市委主要领导在开幕式上致辞，中国 ACD 高官、外交部大使陈明明主持，31 个亚洲合作对话成员国外交部或相关部门政府官员、成员国驻华大使（代表）、相关领域专家学者等出席论坛。

王钦敏主席代表中国政府对本届论坛的召开表示祝贺。他说，当前，“一带一路”建设已进入务实合作的新阶段，迈上了共商、共建、共享的新台阶，中国将与沿线国家一道，不断充实完善“一带一路”的合作内容和方式，增进彼此理解与认同，稳步推进相关项目建设的落实，将福祉惠及“一带一路”沿线各国。他表示，工商界作为亚洲经贸合作的主体，不仅是“一带一路”倡议的受益者，更应成为推动者和践行者。他希望亚洲各国工商界人士紧紧抓住“一带一路”建设的历史契机，充分借助亚洲合作对话平台，推动资源自由整合、市场贯通融合，探索经贸交流合作新路径、新领域，为推动区域经济一体化和亚洲经济繁荣发展作出更大贡献。

大会以“推进‘一带一路’建设，提升亚洲务实合作水平”为主题，围绕“亚洲合作对话与‘一带一路’建设共同发展、相互促进、互利共赢”“发挥好本地区多边金融机构优势、推进‘一带一路’金融合作”“发挥会展优势推进亚洲经贸合作”“和合共生推进亚洲工商界合作”四个议题，积极探讨亚洲开放融合新趋势、新举措，共商区域发展大计，从促进多边金融合作、发挥会展优势、加强亚洲工商界交流等方面谋求融入“一带一路”建设，实现资源互补、市场共享、共同发展。

亚洲合作对话作为面向亚洲的重要政府间对话与合作机制，迄今为止，已有 33 个成员国，成为凝聚亚洲共识、弘扬亚洲精神、推动亚洲合作的一个重要平台。（柯佳希）

【举办第 30 期开放建设研讨班】2015 年 6 月 11 日至 24 日，全国工商联组织省级工商联 39 名干部参加香港培华教育基金会主办、香港中华总商会协办的第 30 期开放建设研讨班，围绕如何更好利用香港的国际金融和贸易中心地位及人力资源优势，为民营企业融资和走出去提供服务，如何借鉴香港的商会建设管理经验，促进中国特色商会组织发展等内容进行深入学习。通过培训学习，对贯彻落实国家“一带一路”发展战略，推动内地工商联系统开展中小企业服务工作，履行公共服务职能，加强工商联干部队伍建设，提升干部素质有较大帮助。（徐宝文）

【举办全国工商联外事能力建设培训班】全国工商联坚持问题导向，围绕外事服务“一带一路”战略、提高民营企业公共外交能力这一主题，2015 年 9 月 7 日至 9 日，在外交学院举办全国工商联外事服务能力建设培训班，邀请外交部、商务部和外交学院的专家教授，围绕“当前国际形势与中国外交战略规划”“‘一带一路’战略制定及部署”“民营企业掘金‘一带一路’的机遇与对策”“公共外交与跨文化交流”等专题，对各省级工商联、全国工商联各直属商会负责人等共 103 人进行了集中培训。（徐宝文）

【召开第十一届全国工商联联络委员会第二次全体会议】2015 年 11 月 6 日，围绕学习贯彻党的十八届五中全会精神，探讨加强民营企业走出去公共外交能力建设，服务民营企业走出去和参与“一带一路”建设，第十一届全国工商联联络委员会第二次全体会议在全国工商联机关召开，全国工商联副主席安七一出席会议并讲话。会议提出，2016 年全国工商联外事服务工作围绕服务民营企业走出去和参与“一带一路”建设，要从以下六个方面开展工作：要坚持问题导向，提升民营企业走出去公共外交能力；要坚持开拓创新，积极探索搭建境外服务平台；要建立并进一步完善合作机制，加强与外事等部门的联系沟通；要注重发挥驻外使馆的作用；做好出访工作；加强专题培训和外事服务工作部门建设。安七一副主席要求，要进一步完善联络委员会工作机制，更好地发挥各位委员的作用。会议还通报了2015年全国工商联服务民营企业走出去综合调研有关情况。委员们围绕会议主题进行深入座谈和交流，大家畅所欲言，对工商联外事服务民营企业走出去和参与“一带一路”建设提出了意见建议。（徐宝文）

【全国工商联领导会见来访境外团组纪事】

（1）1月12日，李路副主席会见澳门中小企业协会理事长区宗杰一行。

（2）3月5日至11日，在两会期间集中开展港澳地区人大代表、政协委员工作。

（3）3月30日，安七一副主席会见葡萄牙投资促进局副局长亨利奎斯一行。

（4）3月31日，王钦敏主席会见瑞士联邦议会国民院议员、瑞士联邦工商企业联合会董事会主席让-弗朗索瓦·里姆一行。

（5）5月28日，李路副主席会见香港中华出入口商会会长张学修一行。

（6）6月8日，李路副主席会见台湾工商建设研究会理事长廖万隆一行。

（7）6月9日，黄荣副主席会见香港青年工业家协会会长严志明一行。

（8）7月8日，王钦敏主席会见新加坡中华总商会会长蔡其生、前任会长张松声一行。

（9）7月16日，第十届欧洲外交官研讨班学员在全国工商联与部分民营企业代表进行了座谈，黄荣副主席、外交部欧洲司祝勤副司长出席。

（10）7月20日，安七一副主席会见香港中华总商会会长杨钊一行。

（11）7月30日，安七一副主席会见波兰信息与外国投资局局长马伊曼一行。

（12）8月3日，安七一副主席会见日中经济交流发展基金会会长三浦一志一行。

（13）9月9日，王钦敏主席会见英国48家集团俱乐部主席斯蒂芬·佩里一行。

（14）9月15日，王钦敏主席会见新加坡驻华大使罗家良一行。

（15）10月14日，安七一副主席会见由部分州议员组成的美国地方政府代表团。

（16）10月19日，王钦敏主席会见新加坡中华总商会会长蔡其生一行。

（17）11月10日，安七一副主席会见泰国工商总会主席郑芷荪一行。

（18）11月20日，安七一副主席会见澳门青年企业家协会会长何嘉伦一行。

（19）11月25日，安七一副主席会见台湾中华两岸交流促进会理事长罗海芸一行。

（20）11月26日，安七一副主席会见马其顿商会会长戴妮拉·阿尔索夫斯卡一行。

（21）12月10日，安七一副主席会见香港雇主联合会主席彭耀佳一行。（刘　璐　马晓芳）

【全国工商联团组出访纪事】

一、安七一副主席率团访问西班牙、葡萄牙、波兰

应西班牙经济和竞争力部、葡萄牙投资促进署以及波兰企业发展局的邀请，全国工商联副主席安七一于2015年7月4日至13日率全国工商联代表团访问了西班牙、葡萄牙、波兰三国。访问期间，代表团会见了三国有关政府部门和投资促进机构，了解了相关产业政策及重点招商项目；走访了三国主流商会组织，商讨了构建商会间联系合作机制，巩固了与三国主流商会组织的良好关系；拜访了我国驻葡萄牙和波兰使馆，召开了中资企业座谈会，实地调研了在三国投资的民营企业。在西班牙经济和竞争力部，代表团与西班牙投资促进署执行董事何塞·卡洛斯·加利西亚、贸易和投资理事会亚洲事务负责人玛利亚·阿帕丽思进行了深入细致的交流，详细了解了西班牙当前的经济形势以及重点发展领域。在西班牙商会，代表团与商会主席何塞·路易斯·博内特等商会领导层就开展商会间合作进行了探讨。在葡萄牙，代表团会见了葡萄牙经济部长皮雷斯·德利马、经济国务秘书里奥纳多·马蒂亚斯、投资暨贸易局副局长亨利奎斯、旅游国务秘书阿道夫·努勒斯，并受邀在里斯本市政厅与里斯本市长麦迪那及市政府主要官员共进工作午餐。在波兰，代表团与波兰企业发展局副局长达别克等就开展双边经贸合作以及建立工作联系机制进行了深入交流。调研走出去企业海外生存发展状况也是代表团此行的任务之一。在西班牙，代表团先后考察了正泰集团西班牙公司、西班牙德尔玛集团，在葡萄牙听取了华为葡萄牙公司的情况介绍，在波兰与部分中资企业进行了座谈。

二、王钦敏主席率团赴台湾出席第十二届海峡两岸和香港、澳门经贸合作研讨会并访问

应台湾工商企业联合会邀请，全国政协副主席、全国工商联主席王钦敏率全国工商联代表团，于2015年8月3日至6日赴台湾出席由中华全国工商业联合会、台湾工商企业联合会、香港中华厂商联合会、澳门中华总商会共同举办的第十二届海峡两岸和香港、澳门经贸合作研讨会。来自两岸及港澳地区的工商界人士、专家学者聚焦“创新产业·和谐社会”，围绕观念创新、制度创新、组织创新、技术创新，结合行业特点、地区差异，对推进产业创新与承担社会责任进行深入探讨。王钦敏主席在开幕式上致辞时指出，目前，全球经济正处在缓慢复苏过程中，不确定因素很多，风险与机遇同在。在此背景下，如何加强产业创新，把创新融入生产经营各个环节，以提高企业核心竞争力，实现创新驱动发展和可持续发展，成为工商界共同面对的巨大挑战。他强调，习近平总书记于2013年提出了“一带一路”的战略构想，倡导用全新的国际经济合作新思维，激发区域经济发展的活力和动力，构建区域合作新模式，促进区域经济持续健康发展。“一带一路”战略的实施，强化了中国与周边及沿线国家的互惠互利关系，也必将成为新常态下大陆经济发展的动力来源，同时也为海峡两岸和香港、澳门地区合作发展营造了更好的环境，提供了更好的机遇。王钦敏主席表示，海峡两岸和港澳同胞同为中华民族，同根同源，同文同种，经济社会发展紧密相连、密不可分。两岸和港澳已形成优势互补、融合发展的良好格局，互动日趋密切，投资合作更加深化，特别是ECFA（海峡两岸经济合作框架协议）、CEPA（内地与港澳更紧密经贸关系的安排）为两岸和港澳融合发展构建了良好的政策基础和重要依据。在此难得的历史机遇时期，两岸和港澳地区的商会应进一步加深理解，加强合作，发挥各自优势，齐心协力推动工商界互补、互动、互联、互融，共同迎接挑战，共同承担责任，共同抓住机遇，共同谋求发展。访问期间，王钦敏主席调研了陆资在台投资企业淘帝公司，并召开了陆资赴台投资企业座谈会，就陆资入岛投资情况、企业经营现状以及存在的困难和问题进行了调研。在台期间，王钦敏主席一行还分别会见了中国国民党前主席连战、台湾海基会董事长林中森和海基会前董事长、海贸会会长江丙坤，拜访了台湾三三企业交流会、工业总会、工商协进会、青年创业协会总会。通过此访，就两岸工商界在信息技术、生物科技、现代农业、金融业、文化创意、旅游等相关产业的有效对接，相互借鉴发展经验进行了交流，巩固和深化了商会间的联系与合作。

三、赴澳门出席第四届世界旅游经济论坛

2015年10月11日至13日，全国工商联代表团应澳门特别行政区政府社会文化司邀请，出席第四届世界旅游经济论坛，并在论坛开幕典礼上致辞。该论坛由澳门特别行政区政府社会文化司主办，全联旅游业商会协办，全国工商联、中央人民政府驻澳门特别行政区联络办公室、中国外交部驻澳门特别行政区特派员公署、中国国家旅游局、澳门特别行政区政府旅游局、WTTC世界旅游业理事会、PATA亚太旅游协会作为支持单位。来自中国、英国、美国、日本、法国等26个国家和地区的1200余名代表参会。本届论坛以“‘一带一路’——释放文化旅游经济新动力”为主题，探讨如何催化文化遗产转化为旅游资源，以及维持目的地保护和推广之间可持续平衡的作用，积极促进区域及国际合作。论坛设置六个独立环节：分别探讨如何完善旅游连接线，释放文化旅游经济新动力；发布联合国世界旅游组织与世界旅游经济研究中心调研合作技术性报告；探索文化旅游——文化遗产与创意生活文化；探讨旅游业如何“认识中国消费者行为”，满足中国消费者的新需求；讨论社交媒体应用到旅游业的新动态；专家解读跨国投资新动向。全联旅游业商会、女企业家商会、家具装饰业商会代表还与相关部门就为内地搭建国际合作平台以及配合国家做好旅游减贫、旅游开发和旅游厕所建设等事宜进行座谈。

四、徐冠巨副主席赴澳门出席“澳门国际贸易投资论坛2015”

应澳门贸易投资促进局邀请，全国工商联副主席、传化集团有限公司董事长徐冠巨于2015年10月22日，代表全国工商联赴澳门出席“国际贸易投资论坛2015”并在开幕式上致辞。本届论坛以“‘一带一路’与区域经济发展的机遇”为主题，澳门特别行政区经济财政司司长梁维特、中国国际贸易促进委员会副会长尹宗华、东帝汶贸易·工业与环境部副部长费雷拉、几内亚比绍计划和地区一体化国务秘书门德斯、葡萄牙经贸投资促进局主席佛拉斯基、澳门中华总商会会长马有礼、广东省人民政府发展研究中心副主任李惠武等出席论坛并致词。来自海内外政府部门、专家学者以及企业家约400人参加了本届论坛，并就“一带一路”战略与澳门经济发展达成共识。（刘立新　李圣汉　张　巍）

组织建设

【综　述】2015年，在全国工商联党组正确领导下，组织建设工作深入贯彻落实中央统战工作会议和中央党的群团工作会议精神，牢牢把握两个健康主题，始终坚持抓基层打基础的工作思路，进一步加强工作创新，不断夯实工商联事业发展的组织基础。

一、加强和改进新形势下商会工作，不断推动统战工作向商会组织有效覆盖

一是推动工商联所属商会改革。习近平总书记在中央统战工作会议上明确指出，统战工作要向商会组织有效覆盖，发挥工商联对商会组织的指导、引导、服务职能，确保商会发展的正确方向。为深入贯彻习近平总书记重要讲话精神，了解并准确把握商会工作存在的主要问题，研究社会组织管理制度改革新形势下加强工商联商会工作的新思路新举措，7月，全国工商联由6位会领导带队，分赴11个省市开展了商会工作专题调研，并就工商联所属商会的特殊性等问题，与发改委、民政部等有关部门反复沟通协调。在中办、国办下发的《行业协会商会与行政机关脱钩总体方案》中，提出个别承担特殊职能的全国性行业协会商会另行制定改革办法，明确了工商联所属商会不脱钩。目前，全国工商联正在根据中央有关要求研究制定所属商会改革办法。此外，全国工商联认真履行自身作为行业协会商会与行政机关脱钩联合工作组成员单位职责，办理了国办、国家发改委、民政部等关于全国性协会商会脱钩改革有关文件征求意见回复工作。

二是开展对商会主要负责人的考察工作试点。《中国共产党统一战线工作条例（试行）》明确提出工商联对所属商会主要负责人进行考核，为此，将中国包装业商会成立、全联环境服务业商会换届作为试点，组织实施了对直属商会会长拟任人选的综合评价和考察工作，以及对直属商会副会长拟任人选在企业所在地工商联的意见征集工作，顺利完成直属商会的考评和年检工作等。

三是切实发挥商会作为开展理想信念教育实践活动的主阵地作用。直属商会根据自身特点以守法诚信为重点开展了形式多样的活动，如美容化妆品业商会主办的“中国梦·美业梦·我的梦”守法诚信理想信念教育大会，受到企业家的广泛欢迎和积极参与，取得了良好效果。同时探索诚信体系建设，开展会员信用评价工作，推动会员诚实守信。

二、持续推动“五好”县级工商联建设，带动全国县级工商联再上新台阶

一是确认2014年全国工商联“五好”县级工商联工作。以争创“五好”县级工商联为目标，各地在县级工商联领导班子建设、商会建设、会员发展和管理等方面不断加大力度，县级工商联的职能作用发挥日益显著，在工作经费、人员编制、人员素质等工作保障方面得到加强，涌现出一批领导班子好、会员发展好、商会建设好、作用发挥好、工作保障好的“五好”县级工商联。2015年初，在各地评定、自查，组织委员会委员带队实地抽查评估的基础上，坚持以工作业绩、贡献大小以及能否起到示范引领作用为衡量标准，严格审核、好中选优，经全国工商联主席办公会议审议通过，确认499家县级工商联为2014年全国“五好”县级工商联，并于2015年5月下发《关于确认全国“五好”县级工商联的通知》书面予以确认。

二是下发《全国工商联2015年“五好”县级工商联建设工作实施方案》。对“五好”县级工商联建设工作进行统一部署，并要求各省级工商联制定本地区“五好”县级工商联建设实施方案，丰富“五好”内涵，完善工作机制，规范“五好”评定工作。根据各地2015年工作实施方案，结合各省级工商联2014年“五好”县级工商联建设完成情况，确定了天津等20个省级工商联作为推动“五好”县级工商联建设的试验田，并拨付了一定的工作经费，鼓励他们先行先试、大胆探索，培植和树立加强“五好”县级工商联建设的典型。

三是加强县级工商联领导班子培训。4月至7月，配合宣教部组织了4期县级工商联主席、党组书记培训班，选优训强，抓好带头人，塑强领头雁，提升领导班子的综合素质。同时，为更为全面地了解“五好”县级工商联建设的情况，设计了“五好”县级工商联建设调查问卷，在县级工商联主席、党组书记培训班期间对参训学员进行了不记名问卷调查，形成了“五好”县级工商联建设分析报告。

四是组织“五好”县级工商联建设自查互查工作。在各省开展工作自查的基础上，由全国工商联组织实施互查。此次互查首次覆盖全国31个省（区、市）和新疆生产建设兵团，共组建了11个检查组，组长由全国工商联组织委员会委员担任，各省选派1名干部参加检查组，每组负责检查3个省（区、市）工作，每个省（区、市）实地检查2～3个县级工商联。通过互查工作，既总结经验，发现问题，推动工作，又使各地区互相学习好经验好做法，查找不足，也推动各地将“五好”县级工商联建设工作纳入党委政府的重点督查项目，提升督查规格，增强督查实效。

五是加强“五好”县级工商联典型宣传。在2014年充分发挥中华工商时报、《中国工商》杂志和全国工商联网站等媒体作用的基础上，选定浙江、山东、广东、贵州4个省级工商联，拨付了工作经费，制作“五好”县级工商联建设视频短片，并通过网站、微信等方式广为传播，增强宣传的影响力和渗透力。

三、切实推进会员发展和管理工作，努力提高发展会员和服务会员的水平

一是做好原工商业者工作。编写《原工商业者口述实录》，采集了60位耄耋老人的历史回顾，内容丰富多彩、真实生动，既涉及创业的背景、企业管理运行的方式、行业道德的规范、劳资关系的变化和人生心路历程，又融入了民风民俗、市井百态、家教家规，以及工商联的创建、发展和他们对工商联那份深厚的情感，为后人了解那段历史，继承老工商业者的精神财富，提供了有益的参考。指导各省级工商联组织本地区各级工商联，自下而上逐级填报联系服务的原工商业者花名册，掌握了26297名原工商业者的姓名、性别、出生年月、健康状况等基本信息，以及负责联系的工商联组织和工商联发放互助金情况，为下一步做好原工商业者的帮扶工作打下了坚实的基础。

二是开展直属会员调研。为深入贯彻落实中央统战工作会议和中央党的群团工作会议精神，对工商联直属会员情况开展调研。一是总结梳理全国工商联直属会员发展管理、活动开展、会费使用等情况；二是两次书面征求32个省级工商联意见，并赴北京、安徽和湖南召开专题座谈会，还在厦门会议和组织委员会会议上征求了部分同志意见；三是听取了部分直属会员的意见；四是赴中国科协、中国贸促会调研，以及向国家工商总局调研了解在总局直接登记注册的企业情况；五是征求了全国工商联各位副主席和机关各部门的意见。在深入研究的基础上，提出了下一步直属会员工作建议。

三是坚持举办直属会员双月活动。2015年，为服务直属会员，促进地方经济发展，组织直属会员举办了民营企业走出去座谈会、“民企进延边”活动和“互联网+：民营企业在行动”专题报告会等，丰富了教育引导和服务直属会员的内容和形式，得到直属会员积极参与和广泛好评。（马　澄）

【举办全国工商联直属会员双月活动】2015年，为配合全国工商联重点工作，服务直属会员，促进地方经济发展，全国工商联先后举办三次直属会员双月活动，得到直属会员积极参与和广泛好评。

2月11日，2015年度第一期直属会员双月活动——战略与行动：民营企业走出去座谈会在全国工商联机关报告厅举办。浙江华立集团董事局主席汪力成、三一重工股份有限公司总裁向文波、天津聚龙集团副总裁孙卫军分别介绍了各自企业成功走出去的经验和体会。全国工商联直属会员、直属商会代表和机关干部110余人出席了座谈会。主讲人运用真实生动的案例和鲜活具体的体会进行讲述，系统、翔实、精彩的报告在与会人员中激起热烈反响。

4月10日至12日，全国工商联和吉林省延边朝鲜族自治州政府在延吉市举办“民企进延边”活动，该活动是2015年度第二期直属会员双月活动，也是“民企吉林行”的重要组成部分。活动分为项目推介会、投资座谈会和实地考察三部分。延边州领导及下属8个县市政府的主要领导介绍了延边州经济社会发展情况、投资环境和重点项目，表达了促成交流合作、共同加快发展的意愿。全国工商联会员部负责人就直属会员在延边投资兴业、寻求商机作了动员。全国工商联直属会员、直属商会代表96人参加活动，活动期间共洽谈项目150项，其中达成合作意向34项。延边州政府与全国工商联医药业商会、中国民营文化产业商会、全联城市基础设施商会签订了合作框架协议。

5月21日，全国工商联在机关报告厅举办2015年度第三期直属会员双月活动——“互联网+：民营企业在行动”专题报告会。用友集团高级副总裁郑雨林、青岛红领集团董事长张代理、尚品宅配有限公司董事长李连柱介绍了各自企业在“互联网+”方面取得的显著成绩，分享了发展经验和体会，为服务民营企业利用互联网提升传统产业，促进互联网与现代制造业结合，通过参与“互联网+”行动计划创造新业态提供了有力参考。全国工商联直属会员、直属商会代表和机关干部200余人出席了报告会。授课后，三位主讲人同与会人员进行了热烈互动。与会人员就企业互联网盈利模式、个性定制下设计师团队合作等方面提出了问题，主讲人作了具体深入的解答。主讲人内涵丰富、视野开阔、生动精彩的报告赢得直属会员好评。

通过直属会员双月活动，全国工商联加强了与直属会员的联系，为直属会员提供了服务，受到直属会员欢迎。（王子萱）

【召开全国工商联直属商会秘书长联席会议】2015年，全国工商联共召开了四次直属商会秘书长联席会议。

3月24日，全国工商联直属商会2015年度第一次秘书长联席会议在北京召开。会议通报了2014年度考评结果并为优秀直属商会授牌。全联科技装备业商会、全国工商联石油业商会、全国工商联汽车经销商商会三家直属商会的秘书长作了交流发言。根据2015年度全国工商联直属商会考评工作方案，专门组织考评工作组，在认真研读31家直属商会报送的考评材料基础上，对直属商会年度工作进行打分，同时组织了商会互评，召开了监事长（独立监事）会议，经汇总考评组打分，并报全国工商联领导批准，对直属商会中考评为优秀的商会进行了表彰。会议强调，商会面临建设现代社会组织体系的新形势，各项工作任务繁重，要强化政治引领功能，提升商会规范化管理水平，积极搭建服务平台。会上还对直属商会互查财务规范化管理、清理退（离）休领导干部在直属商会兼职、涉外活动报批、民政部社会组织评估、年度检查、配合地方招商引资、加强商会日常联系管理等工作进行了评议，提出了下一阶段工作要求。通过总结表彰先进，讲评商会工作，进一步提高了直属商会科学化、规范化、制度化建设水平。

5月27日，全国工商联直属商会2015年度第二次秘书长联席会议与直属商会会长联席会议同期在广东省广州市召开，31家直属商会秘书长和7家拟成立商会筹备组负责人参会。

9月28日，全国工商联直属商会2015年度第三次秘书长联席会议在北京召开。此次会议主要任务是深入学习贯彻中央统战工作会议和《行业协会商会与行政机关脱钩总体方案》的精神，总结交流经验，研究部署工作，推动直属商会改革发展。会议要求要正确把握当前商会改革发展面临的形势和任务，积极适应改革要求，切实加强直属商会秘书处建设，增强凝聚力、影响力，更好地适应改革。北京木业商会和天津浙江商会秘书长就商会工作进行交流发言。

12月29日，全国工商联直属商会2015年度第四次秘书长联席会议在北京召开。此次会议结合学习贯彻党的十八届五中全会、中央统战工作会议精神，深入落实全国工商联十一届四次执委会议精神，总结了直属商会2015年工作，研究谋划2016年重点工作，并对明年商会工作提出具体要求。会议要求各直属商会要深入学习贯彻以“守法诚信，坚定信心”为重点的理想信念教育实践活动，坚持依法办会，加强自身建设，要履行好建言献策、参政议政职能，积极参与“万企帮万村”精准扶贫行动。31家直属商会秘书长进行述职，并就工商联商会改革问题进行了座谈。（崔玉南）

【共同举办县级工商联主席、党组书记培训班】2015年4月16日至20日、5月25日至29日、6月14日至18日和7月12日至16日，中央统战部和全国工商联在北京举办了四期县级工商联主席、党组书记培训班。全国各省（区、市）的县级工商联主席、党组书记及全国工商联直属新闻单位有关同志共875人参加培训。培训班准确把握党的十八届四中全会《中共中央关于全面推进依法治国若干重大问题的决定》和中央统战工作会议精神，深刻领会经济发展新常态下，全面建成小康社会、全面深化改革、全面推进依法治国、全面从严治党的重大意义，紧紧围绕两个健康主题，研讨交流加强工商联基层组织建设、深入开展以守法诚信为重点的理想信念教育实践活动的经验，培训取得圆满成功。

中央统战部和全国工商联对培训班高度重视，全国工商联党组对办好培训班多次作出指示，对培训内容、组织保障等提出严格要求。全国政协副主席、全国工商联主席王钦敏出席第四期开班仪式并以“新一轮产业革命与企业创新发展”为题详细阐述了经济发展新常态下民营企业发展的现状、面临的问题和挑战，提出了新形势下民营企业创新驱动、转型升级的具体路径并进行案例分析；中央统战部副部长，全国工商联党组书记、常务副主席全哲洙出席第三期开班式和第四期结业式，并为学员系统讲解了中央统战工作会议精神，特别是关于经济领域统战和工商联工作的一系列新观点新政策新要求；全国工商联副主席庄聪生以“法治意识与新型政商关系”为题，为第三期学员讲解了全面推进依法治国形势下如何构建新型政商关系；全国工商联副主席李路对培训班全程进行指导并授课，强调新形势下做好非公有制经济人士思想政治工作的重要性。全国工商联副主席杨启儒出席第四期结业式。

培训班聘请全国工商联领导和知名专家学者授课，授课内容导向正确，针对性、指导性强，信息量大。学员报到前，以“如何创新县级工商联工作”为题提交一篇思考文章，促进了大家带着问题去学习。学员们认真学习、深入思考，课余时间广泛交流，碰撞出许多工作新思路。每期培训班都建立了微信群，为县级工商联间的交流互动打下了基础。

这次培训是全国工商联首次对县级工商联主席、党组书记进行的大规模集中培训活动，是全国工商联进一步将中央决策部署和政策要求落到实处、夯实工商联组织基础的内在要求，也是全国工商联“俯下身，沉下心”工作作风转变的具体体现，培训工作得到学员的一致好评。（王凌燕）

【召开全国工商联2015年推进民营企业使用正版软件培训会议】2015年5月19日，全国工商联2015年推进民营企业使用正版软件培训会议在京召开。辽宁等20个省级工商联和江苏擎天科技公司等20家会员企业的软件正版化工作责任人以及全国工商联有关部门、中华工商时报、《中国工商》杂志社有关负责同志参加会议。

会上，辽宁、江苏、浙江、江西、重庆5个省（市）工商联负责此项工作的责任人和来自辽宁省西丰商会科技服务有限公司、江苏擎天科技有限公司、浙江西子联合控股有限公司、江西北软科技产业有限公司、湖北卓尔控股有限公司、重庆力帆集团、西安未来国际软件有限公司的7家民营企业代表就如何有效推进民营企业使用正版软件作了交流发言。

会议总结回顾了2014年全国工商联推进民营企业使用正版软件所做的工作，对2015年工作进行了布置安排。会议强调，全面推进会员企业使用正版软件，一要按照“先易后难、分步推进”的原则，指导会员企业制定符合实际的工作计划，有序推进。二要扩大会员企业软件正版化工作覆盖面，在2014年的基础上，今年新增加10个省级工商联和10家会员企业。三要加强宣传，为推进使用正版软件营造良好舆论氛围，加强软件正版化工作宣传推广。会议还邀请国家版权局有关负责同志就软件正版化的概念、使用正版软件的政策依据和法律法规、推进使用正版软件的背景和意义、推进使用正版软件的情况和工作成效、软件资产管理等内容作了培训授课。（刘云莲）

【召开全国工商联直属商会会长联席会议】2015年5月27日，全国工商联直属商会2015年度会长联席会议在广东省广州市召开。31家直属商会会长、副会长、秘书长和7家拟成立商会筹备组负责人共计100余人参会。本次会议的主题是学习贯彻中央统战工作会议精神，交流以守法诚信为重点的非公有制经济人士理想信念教育实践活动开展情况，推动直属商会健康有序发展，并对今后几项工作作了重点部署，一是要深化以守法诚信为重点的非公有制经济人士理想信念教育实践活动，二是要深入学习贯彻中央统战工作会议有关精神，三是要抓住社会组织管理制度改革的新机遇实现新发展。中国民营经济国际合作商会、全联科技装备业商会、全国工商联石油业商会会长围绕深化以守法诚信为重点的理想信念教育实践活动进行了交流发言，大家还就学习贯彻中央统战工作会议精神进行座谈，交流体会。会议期间还组织直属商会参观考察了广东自贸试验区南沙新区片区和中新广州知识城。广州市委、市政府高度重视此次会议活动，市委、市政府主要领导会见了各直属商会会长。（崔玉南）

【开展全国工商联会领导联系县级工商联工作】2015年是全国工商联开展会领导联系县级工商联工作的第二年，会领导赴所联系的县级工商联进行深入调研，了解基层情况，聚焦问题困难，给予工作指导。机关各承办部门在与联系点的日常沟通联络中，坚持问题导向，注重分类指导，加大了对联系点有关工作的指导和帮助力度。

11月1日至2日，全国政协副主席、全国工商联主席王钦敏赴福建省晋江市开展联系点工作调研。调研期间，考察了磁商投资公司、晋江市洪山文化创意产业园中的工业设计企业及晋江市五店市文化传统街区，走访了晋江市青阳商会、晋江市磁灶商会，召开了“五好”县级工商联及商会建设座谈会。

7月9日至11日，中央统战部副部长，全国工商联党组书记、常务副主席全哲洙赴江苏省张家港市工商联开展工作调研。先后实地走访考察3家基层商会，召开3场专题座谈会，与市委、统战部、工商联、商会组织负责人以及民营企业负责人进行了座谈交流。全国工商联副主席谢经荣、黄荣、安七一也都分别深入各自联系点，对当地的理想信念教育实践活动、商会建设、民营企业发展、扶贫开发等有关情况进行了深入调研。

全国工商联各承办部门在日常沟通联系中，加强对联系点的工作指导和帮扶，8个联系点也能结合本地工作实际以及全国工商联的整体工作要求，积极主动开展各项工作，当地党委政府对工商联工作的重视和支持有所加强，联系点工商联改革创新意识有所提升。（马　澄）

【开展工商联基层组织建设调研】2015年6月至11月，全国政协副主席、全国工商联主席王钦敏率队到吉林、江西和上海调研工商联基层组织建设工作。

6月23日，王钦敏主席带领全国工商联调研组在吉林省吉林市进行调研。调研期间，王钦敏听取了吉林市委、市政府的工作介绍。在调研座谈会上，吉林市工商联、吉林市船营区工商联、丰满区工商联、桦甸市工商联及吉林市食品产业商会、机械产业商会、小微企业商会、温州商会、河北商会等基层组织负责人，就基层组织建设情况、行业商协会建设面临的主要问题及制约因素作了发言。

10月18日，王钦敏主席在江西省景德镇市进行调研。江西省委、省政府主要领导分别会见调研组一行。江西省政协及省工商联主要领导等陪同调研。在调研座谈会上，王钦敏听取了景德镇市委、市政府的情况介绍，江西省工商联和景德镇市、县两级工商联及所属商协会等基层组织负责人，就基层组织建设情况、行业商协会建设面临的主要困难问题作了发言。

11月5日，王钦敏主席在上海市召开工商联基层组织建设工作座谈会。上海市工商联汇报了贯彻落实中央统战工作会议、中央党的群团工作会议情况，黄浦区工商联、闸北区工商联、奉贤区工商联负责同志分别汇报了各自在基层组织建设方面的工作经验、遇到的问题和意见建议，上海市广东商会、宝山区工商联物流商会、嘉定区工商联马陆镇商会负责同志也分别作了发言。

王钦敏主席强调，各级工商联组织要深入贯彻中央统战工作会议、中央党的群团工作会议和《中国共产党统一战线工作条例（试行）》精神，牢牢把握两个健康主题，充分发挥自身优势，推动统战工作向商会有效覆盖。工商联所属商会不脱钩，但也要进行改革，通过改革进一步激发商会活力，更好地承担起做统战工作的特殊职能。工商联要加强对商会的指导、引导和服务，确保商会正确发展方向。要在商会中深入开展理想信念教育实践活动，引导广大会员不断增强“四信”。现在经济下行压力较大，增强企业家的信心很重要，如何增强企业家信心，怎样与企业家共克时艰，可以请会长结合自身发展的实际，与会员就深化理想信念进行专题交流。

王钦敏主席强调，工商联所属商会作为工商联基层组织和工作依托，要积极发挥在信息咨询、搭建平台、维护权益、调解纠纷、强化自律等方面的作用，积极参与政府购买服务，特别是要努力开拓在生产性服务业方面的服务功能和“造血”功能，在推广“互联网+”、PPP项目的过程中发挥自身优势，引导加强大众创业中年青一代与企业家之间的交流、互动、联系，为企业家创新发展，注入新鲜血液。（邹丹丹）

【召开全国工商联会员组织统计工作会议】 2015年6月29日，全国工商联会员发展暨会员组织统计工作会在重庆召开。会议以中央统战工作会议和《中国共产党统一战线工作条例（试行）》精神为指导，总结交流各地落实《全国工商联会员发展和组织建设规划（2013—2017）》情况和会员发展工作的创新实践，分析当前会员发展及会员组织统计工作面临的突出问题，研究探讨在新形势下做好会员发展工作特别是团结凝聚年轻一代非公有制经济人士的做法和建议。全国工商联会员部负责同志布置和讲评了重点工作。各省、自治区、直辖市和新疆生产建设兵团工商联相关工作负责同志共40余人参加会议。

会议分为重点发言、交流发言、布置和讲评重点工作三个部分。会议对重点工作作了布置和讲评，总结讲评了各省级工商联会员组织工作情况，就下一步工作提出了明确要求，对各地按要求做好商会建设、会员队伍建设、会员组织统计和原工商业者工作进行了具体布置。

重庆市、江西省、广东省、陕西省工商联分别围绕抓会员队伍建设、夯实会员组织工作基础作了重点发言，介绍了贯彻落实中央统战工作会议精神，关注年轻一代非公有制经济人士的经验做法。参会人员作了交流发言，交流了加强会员队伍建设的主要做法、基本经验、困难问题和意见建议，探讨了目前社会组织管理体制改革背景下加强工商联商会建设的突出问题及工作举措，研究了下一步继续做好会员工作和代表人士工作，特别是团结凝聚年轻一代非公有制经济人士的思路建议。

通过此次会议，进一步明确了2015年度会员组织工作的任务和要求，理清了开展工作的思路和头绪，积累了推进工作的举措和经验，为下一步推动各项工作落实夯实了基础。（王子萱）

【开展商会工作专题调研】 2015年7月至8月，为贯彻落实中央统战工作会议和《中国共产党统一战线工作条例（试行）》精神，深入了解、准确把握商会工作存在的主要问题，研究新形势下加强商会工作的新思路新举措，由6位全国工商联领导分别带队赴全国11个省（区、市）开展商会工作专题调研。

此次商会工作专题调研根据中央统战工作会议和《中国共产党统一战线工作条例（试行）》（以下简称《条例》）精神，坚持问题导向和实践导向，有重点地了解所属商会在中央统战工作会议和《条例》颁布后，统战工作如何向商会组织有效覆盖；工商联指导、引导和服务商会有何好的做法以及存在问题；商会学习贯彻理想信念教育实践活动的创新举措及存在问题；工商联如何抓商会班子建设，对商会主要负责人怎样进行培养和考核，教育培训效果、存在问题及对策；对工商联制定商会管理制度改革办法的意见建议等，找准在贯彻落实中的突出问题特别是新问题，创新思路举措，为推动工商联所属商会管理制度改革，制定相关文件做好充分准备。通过深入各级工商联及其所属商会，组织地方工商联和所属商会负责人进行专题座谈，了解相关情况，听取意见建议。根据调研情况，对调研中发现的典型进行剖析，形成6篇调研分报告，全国工商联组织专门力量研究起草总报告，并在此基础上形成《工商联所属商会改革办法（稿）》。（崔玉南）

【召开全国“五好”县级工商联建设暨会员发展工作推进会议】2015年10月23日，全国“五好”县级工商联建设暨会员发展工作推进会议在厦门市召开。全国工商联副主席杨启儒出席会议并讲话。会议总结了2015年“五好”县级工商联建设工作，对下一步工作进行了布置。厦门市、杭州市工商联介绍了推进“五好”建设的经验做法，部分全国工商联组织委员会委员和30个省级工商联有关负责同志重点介绍了当地开展“五好”建设的特点和创新举措，围绕“五好”建设工作中遇到的问题和解决问题的思路举措进行讨论。

杨启儒副主席就贯彻落实中央统战工作会议和中央党的群团工作会议精神，扎实推进“五好”县级工商联建设提出了三点意见。

一是要增强推进“五好”建设的责任感和紧迫感。推进“五好”建设是落实中央最新要求的政治责任，是服务县域经济发展的客观需要和进一步夯实工商联基层组织的内在要求。必须按照“三严三实”要求，不断增强贯彻中央统战工作会议和中央党的群团工作会议精神的责任感和自觉性，把握好两个健康工作主题，深入开展理想信念教育，发挥工商联对商会组织的指导、引导、服务职能，确保商会发展的正确方向。

二是要突出工作重点推进“五好”建设。要着力抓好商会建设，大力推进统战工作向商会组织有效覆盖，认真做好工商联所属商会的改革发展工作。着力抓好会员发展工作，科学制定入会标准，优化会员队伍结构，注重吸纳新兴业态企业、中小微企业和年轻一代企业家入会，最大限度地把非公有制企业和非公有制经济人士吸收到工商联组织中来。着力抓好领导班子建设，抓住明年县级工商联陆续换届的契机，选好配强工商联主席、党组书记两个关键岗位人选，按照“三强一好”的标准做好非公有制经济代表人士在工商联班子中的安排工作。

三是以改革创新精神推进“五好”建设。要加强组织领导，省级工商联要担负起在本省“五好”建设工作中的“发动机”和“设计师”的工作职责。要坚持创新思维，尊重基层首创精神，大胆探索，不断丰富“五好”内涵。要强化工作落实，补齐工作中的短板，结合当地非公有制经济发展的具体情况，因地制宜，分类指导。对困难较大的地方，省市级工商联要切实加强指导、帮扶力度。（刘云莲）

【召开第十一届全国工商联组织委员会第三次全体会议】2015年11月10日，第十一届全国工商联组织委员会第三次全体会议在北京召开，全国工商联副主席杨启儒出席会议并讲话。全国工商联副主席、组织委员会主任孙荫环、徐冠巨，组织委员会委员、中央统战部五局、部分省级工商联相关同志和全国工商联有关部门同志共30余人参加了会议。

本次会议主题鲜明、任务明确、重点突出，取得了良好效果。会议对组织委员会自第二次会议以来的工作进行了总结，对明年重点工作作了初步安排。与会同志结合本地区工作实践对会员发展和组织建设等问题提出了很好的意见和建议，同时围绕商会改革、非公有制经济代表人士工作等进行了深入讨论。

杨启儒副主席表示，一年多来，组织委员会委员在全国工商联会员发展、组织建设工作中很好地发挥了咨询、参谋作用，做了大量卓有成效的工作。他指出，组织委员会在2016年工作中要继续协助抓好三方面工作，一是推动统战工作向商会组织有效覆盖，深入研究工商联所属商会的改革发展问题；二是要持续推动“五好”县级工商联建设，以换届为契机加强县级工商联领导班子建设；三是要抓好会员队伍建设和非公有制经济代表人士队伍建设，改善会员结构，规范代表人士培养、推荐、考察和管理工作。（邹丹丹）

【开展全国“五好”县级工商联建设互查工作】2015年11月1日至29日，为扎实推进“五好”县级工商联建设，全国工商联开展了“五好”建设互查工作。11 个检查组由全国工商联组织委员会委员担任组长，各省 1 名会员部干部和全国工商联会员部 3 名同志参加，检查了 32 个省级工商联、76 个县级工商联的“五好”创建工作。

此次互查是对“五好”建设较为全面的检查促进，各地在接受检查的同时也直接参与了检查工作。检查组深入区县和乡镇街道，在了解情况查找问题的同时还注重发现亮点工作，收集典型案例。从检查情况看，各省级工商联能够按照要求制订“五好”建设工作实施方案，并主动争取当地党委政府支持，分层级指导地市级、县级工商联开展“五好”建设；76 家受检查的县级工商联，均达到所在省（区、市）制定的“五好”标准。

通过互查工作，一是帮助各地进一步开阔“五好”建设思路，找到了问题和差距，达到了互查互推、互促共进、共同提高的目的。二是帮助基层工商联破解难题，各地党委政府对检查工作重视，不少地方县级领导参加检查，对当地工商联的困难当场给予解决，推动地方党委政府把创建“五好”作为工作考核内容。三是发现了一批年富力强精神面貌好，工作有想法，能创新，干劲十足，有干事业的热情和激情，千方百计克服困难，兢兢业业做好工作的基层工商联工作典型。四是发现有的县级工商联力量还薄弱，工作人员少，官多兵少，经费短缺，有的还不能保障工作有效开展，需要指导帮助从根本上改变人少经费少难干事的状况。（张庆波）

【开展原工商业者口述史采编工作】原工商业者在我国不同历史时期的经济建设中发挥了特殊作用，作出了重要贡献。他们大都经历了创业的艰辛，守业的艰难，战乱中的颠沛流离，新中国成立后的公私合营，不堪回首的“文化大革命”和改革开放年代的焕发活力、发挥余热。他们的一生与国家命运紧密联系，跌宕起伏，虽然经历过苦难、曲折、委屈，甚至遭受不公正的对待，但他们内心深处不曾动摇对中国共产党的信念，“听党的话，跟党走”的初衷不曾改变。原工商业者不仅是工商联的宝贵财富，对国家和民族来说也是一笔宝贵的财富。为充分发挥原工商业者“活历史”“活化石”的独特作用，继承弘扬他们在社会主义改造时期“听、跟、走”和积极投身改革开放“报国之日苦短、报国之心倍增”的爱党爱国精神，将其作为理想信念教育实践活动的工作载体和成果，作为教育引导非公有制经济人士，特别是年轻一代继承老一辈工商业者的优良传统，发扬“爱国、敬业、创新、守法、诚信、贡献”的优秀建设者精神，积极投身实现中华民族伟大复兴中国梦的生动教材，2015 年上半年全国工商联与原工商业者较集中、历史较悠久、原工商业者工作开展较好的北京、天津、山西、辽宁、吉林、上海、江苏、浙江、安徽、福建、江西、湖北、广东、重庆、陕西 15 个省级工商联共同开展了原工商业者口述实录采编工作。

15 个省级工商联共走访了 60 位原工商业者，听他们以切身经历讲述从 1956 年起响应党和政府号召，积极参与对资本主义工商业进行社会主义改造，“一心一意跟党走”的心路历程；畅谈改革开放初期，在我国经济百废待兴时，如何利用自己的资源优势，通过建言献策、兴办企业、内引外联、智力支边、推动解决就业等方式积极投身到现代化建设的热潮中，为我国的经济发展作贡献；回顾在工商联恢复工作和组建基层组织初期，如何充分发挥了自己在工商界的影响力，身体力行支持工商联工作，宣传党和政府对工商联的政策，进一步增强工商联的凝聚力和吸引力。

全国工商联对各地报送的原工商业者口述资料进行了编辑整理，印制了《原工商业者口述实录》发送给 32 个省级工商联和有关媒体。60 位耄耋老人的历史回顾，内容丰富多彩、真实生动，既涉及创业的背景、企业管理运行的方式、行业道德的规范、劳资关系的变化和人生心路历程，又融入了民风民俗、市井百态、家教家规，以及工商联的创建、发展和他们对工商联那份深厚的情感，是一部难得的历史资料，为后人了解那段历史，继承老工商业者的精神财富，提供了有益的参考。原工商业者口述实录工作得到了地方工商联和原工商业者的支持和认可，认为这是一件非常有意义的抢救性工作。《中国工商》杂志和《工商史苑》对《原工商业者口述实录》部分内容进行了转载。（徐　洁）

机关建设

【综　述】2015年，在会党组的领导下，机关深入学习贯彻习近平总书记系列重要讲话精神，认真落实中央专项巡视有关整改任务，扎实推进“三严三实”专题教育，大力加强基层党组织建设、干部队伍建设、机关作风建设，积极做好统筹协调、审核把关、督促检查、服务保障等各项工作。

一、从严落实中央专项巡视整改任务

制定《全国工商联落实中央专项巡视反馈意见整改任务实施方案》，建立整改工作台账，加强督促检查，及时通报整改工作进展情况，推动有关巡视整改任务按时完成。根据中央专项巡视整改工作和“三严三实”专题教育有关要求，紧密结合工作实际，加强制度建设计划性，新建修订制度23项，如制定《全国工商联机关部门和直属单位落实党风廉政建设责任制暂行办法》《进一步改进全国工商联干部选拔任用工作的措施》等制度，使机关制度达到103项。认真开展直属单位人事管理集中检查整顿、干部人事档案专项审核和中央巡视组移交问题线索专项调查、中央组织部干部监督局督办事项调查核实等整改工作。在机关各部门的共同努力下，全部整改任务均按时完成。

二、认真组织“三严三实”专题教育活动

制定《全国工商联开展“三严三实”专题教育实施方案》，组织召开三次专题学习推进会和“三严三实”专题民主生活会、组织生活会，及时向中央纪委和中央组织部、中央统战部报告专题教育开展情况。坚持学思结合与问题导向，以学习带动工作改进，采取个人自学、党小组学习、支部集中学习、机关全体干部大会学习和交流研讨相结合的方式，购置发放相关学习书目20余种1600余册，组织观看专题教育片《信仰》和《作风建设永远在路上》，开展“学党章、讲纪律、做表率”理论征文等活动。编发“三严三实”专题教育专刊，派员列席机关部门和直属单位专题学习研讨会和专题组织生活会，督促各部门各单位举一反三，认真查找自身存在的不严不实问题，列出问题清单，制定整改措施，明确责任人和整改时限，紧盯整改落实。

三、持续强化党组织建设

组织开展以掌握党务工作基本知识、规范党支部组织生活为重点的党务工作者培训；采取抽查的方式，对机关部门和直属单位2015年度民主集中制执行情况进行了检查，推进了“一岗双责”落实，强化了党支部书记“第一责任人”责任；开展党员组织关系清理，规范管理程序，截至2015年年底，机关党委现有党员455名，其中在职党员158名，占机关在职人数的91.86%。

四、着力加强纪律检查工作

举办深入学习习近平总书记关于全面从严治党系列重要讲话精神专题辅导报告会，认真学习贯彻《中国共产党廉洁自律准则》《中国共产党纪律处分条例》，组织机关干部和直属单位领导班子成员前往北京市反腐倡廉警示教育基地参观，向省级工商联了解机关干部下基层调研期间遵守中央八项规定精神情况。深入开展以非公有制经济人士政治安排、西部光彩帮扶基金管理使用、干部选拔任用、财务和资产管理为重点的廉政风险排查防控工作，查找到95个廉政风险点，及时完善防控措施。充分运用“四种形态”，坚持“一案双查”，从严监督执纪问责，严肃查处违规违纪问题，推进党风廉政建设深入开展。

五、严格规范审核把关工作

围绕公文、财务、会议、审计等工作，突出审核把关的精细化程度，严格按照工作程序办事。在公文制发上，严格按照《全国工商联机关公文处理办法》《全国工商联机关公文审核要点》

审核把关，杜绝发文程序性错误；在公文运转上，制定《全国工商联机要传送工作规定》，对机要文件传送范围、程序等提出要求；在日常财务审核、报销过程中，严格执行各项财经纪律，要求报销要素完备，超标准、超范围支出不予结算；在会议活动统筹中，严格对照年度会议活动安排，对各部门的会议活动进行审核。制定《审计工作流程》《审计工作底稿》等审计工作制度及表格制式，建立审计工作流程图和审计审核台账，补充整理审计档案材料。开展直属单位审计和机关财务收支情况专项审计，重点加强对外付经费签订的经济合同的审核，完成5项经济事项审核工作，审核对外经济合同（协议）40份，机关部门和直属单位合同15件。

六、重点提升督促检查工作水平

加强制度执行情况督查，进一步健全完善机关督查工作机制，建立各部门督查联络人，按季度汇总制度违规台账并下发季度督查专报，针对单项制度违规情况下发督查单。继续开展年度重点督办项目完成情况督查和机关制度执行情况专项督查，重点对会议、公文、保密、财务、人事等制度的执行情况进行检查，印发督查专报3期，督查单2期。承办人大建议22件，政协提案32件，定期了解办理情况并催办，所有建议和提案均按时完成办理。组织进行机关和事业单位所办企业清理，完成机关资产配置标准体系建设、中华工商联合出版社有限责任公司国有资本收益申报工作。对会办企业情况进行梳理，对民生资产管理有限公司、民生信用担保公司进行工商调查。

七、加强改进干部人事工作

认真抓好《干部任用条例》及相关政策的学习宣传和贯彻落实，将制定和修订的28项干部人事制度在机关内网发布，提高选人用人工作的透明度。开展直属单位人事管理集中检查整顿工作，对直属单位选人用人工作开展“一报告两评议”，指导直属单位建立健全各项人事管理制度。加强干部人事档案的管理和审核，组织开展机关干部和直属单位人员人事档案专项清理，完成129份机关干部、109份直属单位工作人员档案的初审、复审工作。举办机关干部和直属单位中层以上领导人员培训班，实施工作日志制度，开发工作纪实和平时考核评价系统，做好平时考核工作。

八、高度重视机关保密工作

随着中央文件直送渠道的建立，保密工作已经成为全国工商联一项重点工作任务。在会党组领导下，机关对保密工作要求、领导体制、管理能力、队伍建设等方面提出具体措施，采取多种手段提升保密工作水平。召开年度保密工作会议、中央重要会议文件涉密人员会议和参与重大改革任务保密工作会议，严格按照中央要求做好保密工作。为机关新配置10台涉密计算机，实现部门和重点涉密处室的涉密计算机全覆盖，明确涉密计算机管理要求，开展培训提高专管人员工作技能，实施专项检查推动涉密计算机管理制度落实。制作计算机屏保提示语及电子显示屏宣传语，加强保密原则宣传力度。（余法琴　蒋昊东）

【召开中央第五巡视组专项巡视全国工商联情况反馈会】2015年2月9日，根据中央巡视工作领导小组的部署，中央第五巡视组向全国工商联反馈巡视情况。巡视组组长马铁山通报了巡视工作中发现的问题，提出了四点意见建议。一是认真学习贯彻习近平总书记重要讲话精神，强化政治责任，严守政治纪律和政治规矩，严格执行中央有关非公有制经济人士政治安排规定，切实防范风险，促进非公有制经济和人士两个健康。二是坚决贯彻全面从严治党方针，认真落实中央纪委全会精神，党组要切实承担主体责任，纪委要严格履行监督责任，完善相关制度机制，加大违纪问题查办力度。三是认真执行《干部任用条例》，从严管理监督干部，对直属单位用人方面的突出问题开展集中整改。四是严明财经纪律，健全制度，切实加强专项资金、资产处置、工程建设等方面的监管。他强调，全国工商联党组要严格按照中央要求，认真学习贯彻习近平总书记重要讲话精神，坚持党要管党、从严治党，认真落实主体责任，高度重视巡视反馈意见，对巡视指出的问题立行立改，认真研究分析，分门别类处理。主要负责人要切实担负起第一责任人的责任，抓早抓小，抓好班子，带好队伍。对巡视整改落实情况，全国工商联党组要以适当形式向社会公开，接受干部群众的监督，中央巡视工作领导小组将适时组织开展监督检查。

中央统战部副部长，全国工商联党组书记、常务副主席全哲洙表示，中央巡视组的专项巡视，是党中央对工商联工作的高度重视，是对工商联党风廉政建设和事业发展的一次“把脉排查”。中央巡视组指出的问题客观中肯，我们虚心接受、坚决整改；提出的要求具体明确，我们认真贯彻、坚决落实。下一步，一要深入学习贯彻习近平总书记系列重要讲话精神，严守政治纪律和政治规矩，把思想和行动统一到中央最新决策部署上来，切实做好非公有制经济代表人士政治引导工作，积极促进两个健康。二要保持高压态势抓好党风廉政建设和反腐败工作，落实主体责任和监督责任，探索构建并不断完善机关纪律检查管理体制和工作机制，切实防控各领域廉政风险，加大查办案件力度，重点查处顶风违纪违法的人和事。三要不断改进干部选拔任用工作，坚持民主集中制原则，严明组织人事纪律，从严抓好干部监督和管理，切实提高选人用人透明度，坚决抵制选人用人上的不正之风。四要严格落实中央八项规定精神，继续推动转变工作作风，不断织密织牢制度笼子，一层一层狠抓制度落实，切实防止“四风”反弹回潮，确保改进作风规范化、常态化、长效化。他表示，要把巡视整改作为当前全国工商联的一项重要政治任务，加强领导，落实责任，不折不扣抓好中央巡视组反馈意见的整改落实。党组要切实承担起整改落实主体责任，以实事求是、严肃认真的态度，认真研究反馈意见，制定整改方案，明确整改目标、时限、牵头领导和责任单位，确保件件有落实、事事有回音。要区分情况、因事制宜，对能够立即解决的问题，要立说立行，马上整改见效；对需要一定时间解决的问题，要提出措施、规定时限；对中央巡视组移交的问题线索，要逐件事逐个人进行排查。同时举一反三，深入剖析产生问题的根源，把建立健全长效机制作为整改工作的重要内容，真正使中央巡视组所提意见整改过程成为党要管党、从严治党、落实主体责任、加强民主监督和改进工商联工作、促进两个健康的过程。（余法琴　王定生）

【召开全国工商联落实中央专项巡视反馈意见整改工作动员会】2015 年 2 月 10 日，全国工商联召开落实中央巡视反馈意见整改工作动员会，学习贯彻习近平总书记关于全面从严治党的系列重要讲话特别是关于巡视工作的重要讲话精神，对落实中央专项巡视反馈意见整改工作进行部署。会议由中央统战部副部长，全国工商联党组书记、常务副主席全哲洙主持，全国工商联副主席谢经荣、黄荣、庄聪生、李路、安七一出席会议，机关各部门副局级干部和综合处处长，各直属单位主要领导班子成员和办公室主任，以及全国工商联巡视整改工作领导小组办公室成员参加了会议。

会上，全哲洙书记传达了习近平总书记关于巡视工作重要讲话精神，部署了全国工商联落实中央专项巡视反馈意见整改工作任务，明确了整改工作总体目标、具体任务、时间节点和工作要求。他指出，中央巡视组对全国工商联开展专项巡视，是党中央对工商联工作的高度重视，是对我们党风廉政建设和事业发展的一次“把脉会诊”；落实中央巡视组反馈意见整改工作，是工商联的政治责任，也是加强和改进工商联工作的一个重要契机。党组及领导班子成员、各级领导干部要充分认识党风廉政建设的严峻性和艰巨性，对工商联工作中存在的廉政风险、廉洁风险引起警醒；充分认识落实中央巡视组反馈意见整改工作的重要性和紧迫性，直面问题、勇担责任，真正把思想和行动统一到中央精神上来，真正把落实中央巡视反馈意见整改工作作为当前各项工作的重中之重来抓。一要加强非公有制经济代表人士政治引导。二要改进干部选拔任用工作。三要严肃财经纪律。四要严防“四风”反弹回潮。五要落实主体责任和监督责任。要从严整改、从实整改、从紧整改，学会弹钢琴，做好统筹安排，使日常工作和整改任务有机衔接、相互融合，做到两不误、两促进，真正使中央巡视组反馈意见整改过程成为加强改进工商联工作、持续推动两个健康的过程。（余法琴　王定生）

【开展全国工商联党组中心组学习】全国工商联党组高度重视中心组学习工作，认真学习贯彻中央重要会议和习近平总书记系列重要讲话精神，在提高认识水平和理论素养，统一思想和行动，不断提高两个健康工作水平等方面发挥了重要作用。2015 年共开展了四次学习活动。

第一次学习：2015 年 3 月 2 日召开深入学习

贯彻习近平总书记关于全面从严治党系列重要讲话精神扩大会议。党组中心组成员、直属单位领导班子成员和机关全体干部共155名同志参加。中央统战部副部长，全国工商联党组书记、常务副主席全哲洙主持会议并讲话，中央党校中共党史教研部主任谢春涛教授作专题辅导报告。

第二次学习：以中央统战工作会议精神为主题开展系列学习活动。5月23日，全哲洙书记主持召开非公有制经济人士座谈会；5月25日，全哲洙书记主持召开传达学习习近平总书记、俞正声主席、孙春兰部长在中央统战工作会议上的讲话和《中国共产党统一战线工作条例（试行）》（以下简称《条例》）精神专题会议，党组中心组成员参加。会后，机关党委专门下发《关于认真学习贯彻〈习近平、俞正声、孙春兰同志在中央统战工作会议上的讲话〉的通知》，对各支部学习提出要求。5月26日，下发《全国工商联关于认真学习贯彻中央统战工作会议和〈中国共产党统一战线工作条例（试行）〉精神的通知》，对各级工商联结合本地实际认真学习贯彻会议和《条例》精神，提出要求，作出部署。6月25日，召开全国工商联十一届六次常委会议，会议主题确定为“认真学习贯彻中央统战工作会议精神，引导服务民营企业走出去，推动新常态下民营企业转型升级，促进两个健康”。

第三次学习：6月3日，以“严以修身、加强党性修养，坚定理想信念和宗旨意识，把牢思想和行动的‘总开关’”为主题，召开第三次集体学习会议。党组中心组全体成员和直属单位主要负责同志共21人参加；会议由党组书记全哲洙主持，党组成员庄聪生和李路同志作重点发言，其他领导同志结合工商联和自己分管工作实际进行讨论发言。

第四次学习：11月21日，召开学习贯彻党的十八届五中全会精神扩大会议。党组中心组成员、直属单位领导班子成员和机关全体干部共166人参加。全哲洙书记主持会议并讲话，十八届五中全会精神宣讲团成员、中央财经领导小组办公室副主任杨伟民同志作专题辅导报告。

2015年，党组中心组学习效果显著，努力做到四个结合。一是集中学习与重点研讨相结合。在学原著读原文、加强平时学习的基础上，组织集中学习，开展讨论交流。二是请进来与走出去相结合。既选择邀请党建、经济理论等方面的专家来机关作专题辅导报告的方式，又通过走出去参观廉政教育基地等方式，提高学习效果。三是中心组学习与机关干部学习相结合。通过扩大会议等形式将学习扩展到机关全体党员干部。四是坚持学以促用，学用结合。通过抓好学习推进各项重点工作落实。（王树金）

【开展完善《全国工商联信息化建设实施方案》调研】为进一步完善《全国工商联信息化建设实施方案》，2015年3月2日至5日，全国工商联调研组赴上海市、安徽省工商联开展调研。与上海市、安徽省、上海杨浦区、安徽芜湖市工商联进行专题座谈，并到上海华博科技集团有限公司、安徽科大讯飞股份有限公司、芜湖市中小企业服务中心实地走访。

通过调研，了解了地方工商联在信息工作上的优秀做法。如杨浦区工商联建立区民营企业经济运行监测系统，与区税务、工商、人社部门合作，每季度采集1500家民营企业的纳税、用工等情况进行分析，以专报形式呈送区委、区政府。安徽省工商联于2012年建立“全省统一会员数据库管理系统”，收录会员企业3万多家，在机关公文网上流转，逐步取消纸质阅文和面向市县级工商联的纸质发文。这些做法将为全国工商联的信息化建设提供思路和借鉴。（李山海）

【召开全国工商联十一届八次主席会议】2015年3月6日，全国工商联十一届八次主席会议在全国工商联机关召开。会议讨论审议了《关于以守法诚信为重点深入开展理想信念教育实践活动的意见》和《全国工商联企业家副主席工作述职办法（试行）》。全国政协副主席、全国工商联主席王钦敏主持会议，并就企业家副主席如何进一步发挥示范作用、带头履职尽责发表了讲话。

中央统战部副部长，全国工商联党组书记、常务副主席全哲洙，全国工商联党组副书记、副主席黄小祥，全国工商联副主席谢经荣、黄荣、庄聪生、李路、安七一、王志雄、卢文端、史贵禄、许健康、孙荫环、苏志刚、李河君、李彦宏、陈经纬、何俊明、张建宏、茅永红、周海江、徐冠巨、董文标、程红、潘刚出席会议。中

央统战部五局和全国工商联有关部门负责同志列席会议。（蒋昊东）

【举办全国工商联 2015 年信息员培训班】 2015 年 5 月 18 日至 19 日，全国工商联 2015 年信息员培训班在上海举办，来自全国各省级、副省级城市工商联的 46 名信息员，上海市各区县工商联约 20 名同志参加了培训。全国工商联副主席安七一，全国工商联副主席、上海市工商联主席王志雄出席培训班并授课。

安七一副主席从工商联职能作用、工作特点及信息工作中存在的主要问题出发，分析了工商联信息工作的定位，强调要深刻认识加强工商联信息工作的重要性。他说，做好信息工作是工商联服务中央和各级党委、政府决策的需要，是工商联促进两个健康的需要，是提升工商联机关工作科学化水平的需要。要准确把握工商联信息工作的特点，明确信息工作的领域、内容、载体，统一思想认识，形成工作合力，注重提高信息采集的敏锐性、及时性和全员参与性。

王志雄副主席对上海市工商联贯彻全国工商联信息化工作会议精神，建设数据库、办公平台和企业服务平台的总思路和进展情况作了详细的讲解。他结合实例、深入浅出，介绍了上海市工商联信息化建设概况，以及实现与全国工商联互联互通的做法。

针对各级工商联信息员工作中遇到的问题，梳理出政务信息报送和信息化建设工作中存在的 10 多个问题，通过授课、经验交流、分组讨论、现场教学等多种方式答疑解惑，增强培训效果。培训班还邀请了上海市经信委有关领导作“‘互联网 +’给上海带来的新机遇”专题讲座。在培训班上，江苏、广州等省市的学员介绍了做好政务信息工作的经验。学员们还围绕“利用信息化手段加强政务信息工作”和“对全国工商联政务信息工作和信息化建设工作的意见建议”等问题展开讨论，提出意见建议。（关　洁）

【召开全国工商联“三严三实”专题教育动员部署会】 2015 年 5 月 25 日，全国工商联召开“三严三实”专题教育动员部署会。中央统战部副部长，全国工商联党组书记、常务副主席全哲洙主持会议并以“按‘三严三实’要求做人为官谋事，以改革创新精神促进两个健康”为主题讲专题党课。全哲洙书记围绕深刻把握“三严三实”的重大意义、清醒认识“不严不实”的突出问题、自觉落实“三严三实”的实践要求、以“五个坚持”推进“三严三实”专题教育等方面，进行了深入的讲解动员，从辩证唯物主义和历史唯物主义的高度分析了“三严三实”的内在逻辑和实践要求，用生动的事例、缜密的逻辑分析讲清了“什么是严、什么是实，为什么要严、为什么要实，怎么从严、怎么从实”等问题，特别是党课中提出的六个方面的突出问题有很强的针对性，既客观实际，又切中要害，引起大家高度警醒和广泛共鸣。机关全体干部和直属单位中层以上管理人员共计 160 人参加了会议。会议全面启动了全国工商联“三严三实”专题教育。（余法琴　王定生）

【召开“三严三实”专题教育第二专题推进会】 2015 年 7 月 31 日，全国工商联召开“三严三实”专题教育第二专题推进会，总结第一专题教育情况，部署第二专题教育工作，推动专题教育继续深入开展。中央统战部副部长，全国工商联党组书记、常务副主席全哲洙主持会议并讲话，他深入总结了前一阶段专题教育开展情况，进一步剖析存在的“不严不实”问题，对第二专题学习教育进行了再动员、再部署。机关全体干部和直属单位中层以上管理人员共计 160 人参加了会议。（余法琴　王定生）

【召开全国工商联十一届十一次主席会议】 2015 年 8 月 2 日，全国工商联十一届十一次主席会议在全国工商联机关召开。会议审议了有关人事事项，部署了全国工商联企业家副主席述职工作。全国政协副主席、全国工商联主席王钦敏主持会议，中央统战部副部长，全国工商联党组书记、常务副主席全哲洙对全国工商联企业家副主席 2015 年述职工作进行了部署。

全国工商联副主席谢经荣、黄荣、林毅夫、安七一、杨启儒、王志雄、史贵禄、孙荫环、苏志刚、李河君、陈经纬、何俊明、张建宏、茅永红、周海江、徐冠巨、潘刚出席会议。中央统战部四局和全国工商联有关部门负责同志列席会议。（蒋昊东）

【召开机关党风廉政建设工作汇报会】 2015 年 8 月 3 日，全国工商联党组召开会议，专题听取机关纪委上半年工作汇报，对下半年党风廉政建设和机关纪委工作作出安排。中央统战部副部长，全国工商联党组书记、常务副主席全哲洙在会上作了重要讲话，他强调，把纪律和规矩挺在前面，就要严明党的政治纪律和政治规矩，就要加强问责，落实“两个责任”，就要运用多种方式，处置问题线索，就要严格执行制度，持之以恒纠正“四风”，就要抓早抓小，加强日常监督。他还强调，各级党员干部必须保持政治定力，党风廉政建设和反腐败工作就要迈着不变的步伐，永远在路上，一刻不放松。党风廉政建设和反腐败工作艰巨而光荣，机关党委、纪委的工作仍然任重道远，纪检干部要把敢于担当作为自己对党忠诚的具体表现，既要自身正，工作也要过得硬。要继续展现团结拼搏、敢啃硬骨头的精神面貌，主动接受驻部纪检组的指导监督和中央统战部机关纪委的领导，多请示、多汇报，以更加扎实的工作，不断推动全国工商联党风廉政建设和反腐败工作取得新成效。（刘鸿柱　付宏静）

【举办党务工作者培训班】2015 年 9 月 10 日，全国工商联党务工作者培训班在机关举办。全国工商联副主席安七一出席并讲话，中央纪委驻中央统战部纪检组副组长陈继清作了“重责、明责、问责、尽责，切实把主体责任和监督责任落实到位”的报告，机关党委常务副书记郭孟谦围绕服务中心、建设队伍这一主题，就加强机关党的建设作了发言。办公厅党支部书记赵德江围绕发挥党支部在加强队伍建设中的作用；经济部党支部书记谭林围绕服务中心工作，发挥党支部战斗堡垒作用；机关服务中心党支部书记马小蔚围绕发挥党员领导干部先锋模范作用，提高服务机关工作水平；中华工商联合出版社有限责任公司党支部书记徐潜围绕发挥党支部监督作用，保障出版社健康发展，分别作了交流发言。机关党委委员、纪委委员，机关部门和直属单位、直属商会党（总）支部书记、副书记、委员共 86 人参加了培训。（余法琴　王定生）

【召开“三严三实”专题教育第三专题学习研讨扩大会议】2015 年 10 月 9 日，全国工商联召开“三严三实”专题教育第三专题学习研讨扩大会议。中央统战部副部长，全国工商联党组书记、常务副主席全哲洙主持并作阶段总结和部署讲话，从坚持抓细抓小、抓准抓深、抓严抓实等方面，对开展好第三专题学习教育提出了明确要求。全国工商联副主席安七一、杨启儒分别围绕“严以用权，不断加强机关建设”“遵规守矩，严以用权，认真做好非公有制经济人士政治安排”在大会上作交流发言。机关全体干部和直属单位中层以上管理人员共计 160 人参加了会议。（余法琴　王定生）

【举办 2015 年机关局级以下干部和直属单位中层以上领导人员培训班】2015 年 10 月 26 日至 27 日，全国工商联举办主题为“树立纪律和规矩意识，提高政治把握能力，做忠诚、干净、担当的好干部”的机关局级以下干部和直属单位中层以上领导人员培训班。全国工商联副主席安七一出席开班式并作动员讲话，中纪委法规室、中央组织部研究室、中央统战部研究室有关领导分别解读了《中国共产党廉洁自律准则》《中国共产党纪律处分条例》《推进领导干部能上能下若干规定（试行）》《中国共产党统一战线工作条例（试行）》。本次培训班培训内容实、针对性强，使机关干部更加明确了工商联在党的统战工作中的地位作用，增强了使命感和责任感；更加明确了纪律界限和工作要求；更加明确了如何加强自我约束，树立党章意识和党员意识、纪律意识和规矩意识、道德意识和法纪意识。机关和直属单位 160 余人参加培训。（余法琴　张　强）

【组织参观北京市反腐倡廉警示教育基地】2015 年 11 月 5 日，为进一步加强党风廉政建设，筑牢广大党员干部拒腐防变的思想道德防线，根据全国工商联“三严三实”专题教育工作安排，中央统战部副部长，全国工商联党组书记、常务副主席全哲洙，全国工商联副主席谢经荣、安七一、杨启儒带领全国工商联机关干部和直属单位领导班子成员 131 人参观了北京市反腐倡廉警示教育基地。参观和观看职务犯罪警示教育展和罪犯现身说法教育片，给全体干部带来了巨大的心灵震撼。参观结束后，大家表示，此次参观为每个人都敲响了警钟，增强了反腐倡廉的意识和自觉性，筑起了拒腐防变的思想道德防线，结合“三严三实”专题教育，每名干部都要进一步强化党性锻炼，坚守道德的高线和做人的底线，树立依法办事、依规办事的意识，形成敬畏法规、

遵守法规的良好氛围，为工商联事业健康发展贡献力量。（余法琴　王定生）

【召开全国工商联党组中心组理论学习暨年度工作务虚会议】2015年11月19日，全国工商联党组中心组理论学习暨年度工作务虚会议在机关举行。

会议深入学习贯彻党的十八届五中全会和中央统战工作会议、中央党的群团工作会议精神，围绕两个健康主题，聚焦问题，明确思路，谋划2016年重点工作。全国政协副主席、全国工商联主席王钦敏出席会议并讲话。中央统战部副部长，全国工商联党组书记、常务副主席全哲洙主持会议并作总结讲话。全国工商联副主席谢经荣、黄荣、安七一、杨启儒出席会议并发言。

机关各部门、各直属单位主要负责同志在会上发言。机关全体干部，信息中心、服务中心副处级以上干部参加会议。（蒋昊东）

【开展民主集中制执行情况检查】为进一步推进民主集中制贯彻执行，提高机关部门和直属单位科学决策、依法决策、民主决策水平，调动干部职工积极性和创造性，促进工商联事业健康发展，全国工商联从2015年11月中旬开始，采取抽查的方式，对机关部门和直属单位2015年度民主集中制执行情况进行检查，重点检查了会员部、经济部、联络部、法律部和中华工商时报社5个部门单位。从检查情况看，5个部门单位贯彻执行民主集中制情况总体良好，班子成员能够坚决贯彻执行会党组各项决策部署，严格落实部务会和班子议事制度，能够做到重大问题集体研究，并有详细记录；大部分主要负责人和班子成员注重发扬民主，听取不同意见；大多数部门单位能够较好坚持“三会一课”制度，认真开展批评与自我批评。5个部门单位主要负责人和班子成员贯彻执行民主集中制意识越来越强，带领大家干事创业和团结的氛围也越来越浓厚，平均满意度达到80.94%。但也还存在一些领导干部对贯彻落实民主集中制的重视程度不高、落实“一岗双责”还没有完全到位、党组织生活还不够严格、个别同志间还存在隔阂等问题。（余法琴　王定生）

第三部分　综合性会议

全国工商联十一届六次常委会议

会议综述

2015年6月25日至26日，全国工商联十一届六次常委会议在吉林省长春市召开。这次会议的主要内容是深入贯彻落实党的十八大和十八届三中、四中全会精神，认真学习贯彻中央统战工作会议精神，总结交流民营企业走出去和参与"一带一路"建设经验，推动经济新常态下民营企业转型升级。

全国政协副主席、全国工商联主席王钦敏，中央统战部副部长，全国工商联党组书记、常务副主席全哲洙在会上发表讲话。吉林省政府主要领导致辞，省有关领导和有关部门负责同志出席会议。

会议选举杨启儒为全国工商联十一届执委会副主席、中国民间商会副会长，听取了国家发改委副秘书长范恒山就国家实施"一带一路"战略为与会代表作的专题报告和部分参与走出去、"一带一路"建设的民营企业代表的交流发言，并审议通过了有关人事事项，圆满完成了各项会议议程。

全国工商联党组副书记、副主席黄小祥，全国工商联副主席谢经荣、黄荣、庄聪生、李路、林毅夫、安七一、王志雄、卢文端、史贵禄、许健康、孙荫环、苏志刚、李河君、李彦宏、陈经纬、何俊明、张建宏、茅永红、周海江、徐冠巨、董文标、程红，中国民间商会副会长王文彪、卢志强、刘志强、许连捷、许荣茂、孙甚林、张近东、崔世昌、傅军、霍震寰，中央统战部、全国工商联有关部门负责同志及全国工商联常委约180人出席会议。

王钦敏同志在全国工商联十一届六次常委会议上的讲话

（2015年6月26日）

全国工商联第十一届六次常委会议，圆满完成各项议程，马上就要闭幕了。

昨天，全哲洙同志系统传达了中央统战工作会议和《中国共产党统一战线工作条例（试行）》（以下简称《条例》）精神，大家就学习贯彻落实会议和《条例》精神畅谈认识体会、提出意见建议。与会同志普遍认为，习近平总书记的重要讲话深刻阐述了新形势下统一战线的新思想新观点新要求，是指导统一战线事业发展的纲领性文献；《条例》是关于统一战线工作的第一部中国共产党党内法规，明确了统一战线工作的方向原则，规定了非公有制经济领域统战工作的方针政策，明确了工商联两个健康工作主题，三性有机统一基本特征，商会是工商联的基层组织和工作依托，要引导广大非公有制经济人士增强“四信”。这是中共中央对工商联长期探索实践的肯定和升华，我们一定要增强责任感和使命感，以改革创新精神做好会议和《条例》精神的学习贯彻落实，以实际行动开创工商联事业新局面。

这次常委会议的另一个重要内容是深入贯彻落实中共十八大、十八届三中和四中全会以及中央统战工作会议精神，引导服务民营企业走出去和参与“一带一路”建设，推动民营企业转型升级。昨天有10个企业交流了经验体会，还有6个企业提供了书面发言材料。刚才，国家发改委副秘书长范恒山同志又给大家作了国家实施“一带一路”战略的辅导报告。这里，我谈三点意见。

一、充分认识民营企业走出去和参与“一带一路”建设的重要意义

改革开放使我国日益融入经济全球化和区域经济一体化的进程。国家走出去特别是“一带一路”战略的实施，必将使民营企业走出去的步伐进一步加快，引导服务民营企业走出去和参与“一带一路”建设逐渐成为各级工商联一项重要工作任务。

（一）民营企业走出去和参与“一带一路”建设是改革开放的必然趋势

不断扩大对外开放、提高对外开放水平，以开放促改革、促发展，是我国各项事业不断取得新成就的重要举措和成功经验。随着国际经贸格局深刻调整和我国资源要素条件变化，党的十六大就提出实施走出去战略，促进我国企业充分利用国内国际“两个市场两种资源”，参与国际竞争，实现经济可持续发展。实施走出去战略以来，我国对外直接投资快速增长，已从引进来为主，逐步转变为引进来与走出去并重。2014年，中共中央提出实施的“一带一路”战略，根据世情国情的深刻变化，在全面深化改革、努力转变经济发展方式的同时，坚定不移地扩大开放的广度和深度，更加注重和更加有效利用国际市场和国际资源，拓展发展空间，必将推动我国优势产业走出去、优势产能转出去。民营企业顺应改革开放大势，走出去和参与“一带一路”建设的动力不断增强，活力不断释放。据商务部统计，2014年，在新增境外投资企业中，大多数为民营企业的地方企业占94%；其中非金融类对外投资451亿美元，占总额的43.8%，同比增长36.8%；在商务部批准和考核的13家境外经济贸易合作区中，由民营企业控股的就有7家，占53.85%。企业走出去和“一带一路”战略的实施，必将进一步促进我国经济与世界经济深度融合。在这种大背景下，民营企业走出去必将是大势所趋。

（二）民营企业走出去和参与“一带一路”建设是实现转型升级的新途径

随着我国经济体量的不断增大，经济发展与能源资源短缺、环境承载能力弱的矛盾更加突出，经济发展已经进入速度换挡、结构优化、动力转换的新常态。这是不以人的意志为转移的，是符合经济、社会、自然发展规律的大逻辑。目前，民营企业在国内普遍面临产品市场饱和、资源短缺、劳动力成本上升、高端技术支撑不足等问题。特别是大中型民营企业总体上正处于由规模扩张式发展向质量效益型发展转变的关键时期，已有部分企业通过走出去，利用两个市场两种资源，解决当前结构失衡、效益低下、需求不足等制约企业发展的“瓶颈”问题。另外，随着新一代产业革命的新突破，商品、劳务、资本、技术、信息和人才等各种要素跨国流动日趋频繁，各种创新要素更具开放性、流动性，中国企业走出去融入全球创新网络、提升自身能力显得更为紧迫。同时，经过30多年的持续快速发展，我国在钢铁、电解铝、水泥、纺织、平板玻璃、金属机械制品等诸多领域，都出现了产能过剩现象，有必要通过走出去向有市场需求的国家转移，推进国际产能和装备制造合作，促进产业优化升级。

（三）实施“一带一路”战略为民营企业走出去带来重要发展机遇

“一带一路”贯穿欧亚大陆，涉及65个国家，总人口44亿，约占全球63%；年生产总值21万亿美元，约占全球的29%；沿线国家资源禀赋各异，经济互补性较强，彼此合作潜力和空间很大。“一带一路”战略以政策沟通、道路联通、贸易畅通、货币流通、民心相通为主要内容，努力构建以我国为主的“一带一路”区域经济一体化新格局。实施“一带一路”战略，有利于深化与沿线国家的产业合作，鼓励具有知识产权和较高技术水平的企业到沿线国家投资兴业，让制造业走出去，使优势产能转出去，把技术标准带出去；有利于支持劳动密集型企业，到劳动力资源丰富、靠近目标市场的沿线国家投资设厂，不断扩大境外市场，提升国际化经营能力；有利于引导产能优势企业到资源密集、市场需求大的沿线国家建设生产基地；有利于支持从事仓储物流、生产加工、国际贸易的企业，在农业资源丰富、合作前景广阔的沿线国家投资，推动农业走出去，开展农牧渔业、农机及农产品流通等领域深度合作；有利于鼓励和引导企业到沿线主要资源出口国投资设厂，延伸产业链，提高资源就地加工转化比重；有利于引导企业在沿线国家合作建设产业园区，使中小企业抱团走出去，培育一批具有国际竞争力的跨国企业，在更高层次参与国际产业分工；有利于鼓励有条件的企业到科技实力较强的地区并购先进技术、国际品牌和战略股权，设立研发中心。这些都为民营企业走出去指明了发展方向，提供了重大的发展机遇。

二、借鉴有益经验积极稳妥走出去

为全面了解掌握民营企业走出去和参与“一带一路”建设的基本情况、主要经验和存在的问题，今年3月至5月，全国工商联开展了民营企业走出去综合调研，6位会领导带队分别赴13个省区市进行了重点调研，共召开座谈会165场，实地调研企业592家，调研商会116家，回收有效问卷4509份。调研显示，民营企业发挥机制活、民间性和互补强的优势，走出去的步伐不断加快，总体数量和投资额度逐年增加，所占比重持续提升，已经成为我国实施走出去和“一带一路”战略的重要力量。

（一）民营企业走出去的主要方式和途径

当前民营企业已遍布全球多数国家和地区，其中“一带一路”相关国家是重点。在走出去的民营企业中，主要是资金、技术、品牌、产能和市场开拓方面具有一定优势的大中型企业。从走出去的实践看，以华为、联想、吉利、复星、阿里巴巴、百度和腾讯等为代表的一批大型民营企业，着眼全球发展，实施国际化战略和资本运作，已经成为民营企业走出去的先行者和引领者。同时，民营企业基于自身生存发展的需要和优势特点，走出去的方式和途径各有不同。

1. 建立境外工业园区，抱团走出去集群发展。如浙江华立集团在泰国建设了泰中罗勇工业园，吸引汽配、机械、家电等近40家中国企业入园设厂，集工业区、保税区、物流仓储区和商业生活区于一体，既能使企业抱团规避风险，又能享受园区特殊的“八免五减半”税收优惠政策。江苏红豆集团在柬埔寨建设的西哈努克港经济特区，吸引了来自中国、欧美、日韩等国家和地区的81家企业入驻，解决当地就业1.2万余人。新疆华凌集团利用格鲁吉亚生产成本低、无贸易壁垒，可直接进入周边国家和欧美市场的优势，吸引国内中小企业和商户入驻，从事转口加工贸易业务。

2. 获取境外矿产、能源、农牧等资源，延伸产业链。问卷调查显示，有21%的民营企业走出去是为了获取各类境外资源。如新疆广汇集团在哈萨克斯坦投资两个油气项目，建设了第一条民营跨境输气管线。重庆博赛集团收购西非加纳铝矿公司，获得约1亿吨储量优质高铝低硅的铝矿资源。伊利集团与美国最大的牛奶公司DFA合作在当地建设奶粉生产厂，又在新西兰建设乳业一体化生产基地。天津聚龙集团在印度尼西亚建设了近20万公顷棕榈种植园及配套产业。

3. 获取先进技术、优质品牌和营销网络等要素，增强国际竞争力。如吉利集团2010年以18亿美元，收购沃尔沃汽车集团全部实物资产和无形资产，包括3家工厂、1万多项专利，完整的研发体系、供应链、员工培训体系、安全试验中心、大型试车场以及遍布全球的销售与服务网络。三一集团2012年并购德国普茨迈斯特公司后，与奥地利帕尔菲格集团成立合资公司，深度整合海外生产销售网络，在70多个国家和地区建立了办事机构和销售渠道，产品出口100多个国家和地区，海外销售突破百亿元。海航集团控股和参股的境外企业共计27家，分布在11个国家和地区，境外企业总资产达978亿元人民币，员工7000人。三胞集团在美国、英国、以色列、中国香港等地完成了市值近70亿美元的海内外并购，收购商贸流通、健康养老等企业股权，海外员工超过2万人。大连远东工具公司2008年仅以920万欧元收购欧洲著名工具企业沃克公司，保留了所有销售人员及营销渠道，一跃成为全球规模最大的高速钢刀具生产企业。

4. **在境外投资建厂，实现产业转移和产能合作**。如中国泛海集团联手中国电力建设集团，与印尼本土企业合作，利用国产设备，在雅加达努山达拉保税区建设 2×100 万千瓦发电厂。福建峰亿轻纺公司得知东南亚对欧出口将实现零关税后，于2011年果断在柬埔寨投资建厂，将大量中低端产品订单转移至柬埔寨生产，已拥有35条生产线，3000名工人，年产值3500万美元。河北长城汽车公司通过在俄罗斯投资建设整车工厂，在保加利亚、厄瓜多尔、马来西亚等10余个国家建立散件组装厂，有效降低了生产成本，2014年境外销售达3万余辆。

5. **承接对外工程和劳务合作、建立商贸城，带动产品、技术走出去**。如上海港湾集团将其软地基处理工程领域的领先技术，在20多个国家和地区注册专利，用科技服务提升工程建设的附加值，打破了国外公司的垄断。山东青建集团在30多个国家和地区开展建筑业工程承包和劳务合作，平均每年劳务输出5000余人，带动中小企业走出去达150多家。辽宁远大集团依托建筑幕墙系列产品优势，在国际市场承包工程，在海外设立32个分公司，产品销往138个国家和地区，产销规模和技术水平已经连续8年居世界同行业之首。

（二）民营企业走出去的主要经验

从调研和这次会上交流的情况看，一些民营企业走出去探索的经验是值得学习和借鉴的。

1. **要有跨国战略思维**。江苏亨通集团董事局主席崔根良说，“经济全球化时代，一个企业不融入世界格局，自身的生存和发展就很难得到延续，你今天不搞国际化，明天就可能成为别人国际化的一部分”。在15年的国际化道路上，亨通集团先后经历了市场国际化、资本国际化、品牌国际化“三步曲”。目前，亨通集团已在全球50多个国家和地区注册海外商标，30个国家和地区设立营销技术服务分公司，成为全球光纤通信前3强，近几年海外营业收入以年均80%的速度增长。深圳正威集团董事局主席王文银说，“走出去不能用中国观念去丈量世界”。这句话生动形象地说明，企业要走出去，就不能固守在国内成功经营企业的经验做法，必须用跨国战略思维适应企业走出去的需要。

2. **要依靠核心竞争力**。与国外企业同台竞争，拥有核心竞争力是企业制胜的关键。许多企业家认为，走出去不能仅仅停留在低成本优势上，企业保持生命力的“杀手锏”是依靠技术、品牌、管理、人才、服务等方面的核心竞争力。新疆特变电工公司依靠“输变电高端制造、新能源、新材料”一高两新核心技术、系统集成技术和品牌，先后获国家科学技术进步特等奖1项、一等奖4项，在中亚、南亚、非洲等17个国家承接电网、火电站、太阳能光伏电站等工程项目，其高新技术产品先后进入美国、印度、俄罗斯、巴西等60余个国家和地区，逐步把节能化、智能化、自动化电力建设的技术、标准和经验输送到世界各地，现已发展成为世界输变电行业的龙头企业。

3. **要培育国际经营人才**。调研中，企业反映最为突出的问题之一就是缺乏国际经营复合型人才，导致一些企业错失商机、管理水平低下、商务谈判失败等。培育国际经营人才应包括培养和用好投资国的人才。天津聚龙嘉华投资集团走出去后，面对管理难题，在坚持基层员工全部本土化的同时，还采用订单培训的方式与国内高校合作，批量培养跨文化外籍人才，探索建立了“团长+政委+参谋长”的协同管理模式，在决策与经营管理上形成了优势互补。青岛特锐德电气股份有限公司为打开海外营销渠道，在香港成立控股公司，将49%的股权平均分配给10位拥有营销经验、熟悉本地市场的外国人，再由这些人分别成立本土公司。通过这样一个特殊的股权结构设计，公司在北美、澳洲、非洲等地建立了200多人的营销团队。

4. **要注重风险防范**。与国内经营不同，境外投资既有可能面临经营、财务、汇率等市场风险，也有可能遭遇当地政局动荡、政策法律、文化差异等非市场风险。目前，不少走出去企业由于国际交流能力较弱，对国际市场规则和投资国的宏观环境缺乏了解，对境外投资风险预估不足。因此，增强风险意识、健全防控机制，是企业走出去实现稳健发展的基本保证。一些企业在海外投资前聘请会计、法律等国际中介服务机构，寻求相关咨询帮助，甚至直接购买风险评估成果；一些企业注重寻找市场化程度高、法律体系健全、社会稳定、系统风险小的国家进行投资；一些企业在海外从事工程承包、大型基建时，首要考虑的是国际关系、地缘冲突、政党争斗等政治风险；一些从事资源开发、加工制造、建筑和服务行业的企业，尤其关注投资国劳工、环保、社区关系等方面存在的隐性风险；一些从事资本、技术并购的企业，特别注重知识产权、核心技术引发的法律风险和经济安全风险。这些都是企业成功走出去未雨绸缪、防范风险的有效举措。

5. **要实施本土化战略**。不少企业认识到，企业走出去后必须在用人、经营管理、企业文化等方面努力实现本土化，尊重投资国当地的风俗文化、宗教信仰、消费习惯和市场规则，重视为所在国的经济、民生作贡献，才能走得更稳、更远。广东玖龙纸业公司在越南投资设厂，从事各类工业用纸生产，注重在守法、诚信、尊重当地风俗习惯等方面，加强对员工的培训教育，积极捐资助学，和当地人融合在一起，形成了和谐的经营环境。在越南发生“打砸”事件时，当地员工自发地保护中国籍员工和公司财产，避免了损失。红豆集团、华坚集团、华立集团、特变电工公司等企业在投资国从事捐资助学、扶贫济困、服务社区等社会公益活动，对于树立企业良好形象，增强可持续发展后劲，具有十分积极的意义。

（三）民营企业走出去面临的主要问题

调研显示，尽管民营企业走出去和参与“一带一路”建设的积极性越来越高，规模不断扩大，一些企业实现了较高水平的走出去，已成为行业的领跑者。但自发、零散、“单打独斗”的走出去仍较突出，总体水平不高。民营企业走出去的道路仍艰难坎坷，面临不少困难和问题。

1. **政策体系仍不完备**。现有政策法规难以满足企业走出去需要，存在着一事多政、政策规定滞后、操作性不强等问题。金融服务瓶颈凸显，存在着获得贷款难、融资成本高、融资渠道少、境外保险业务覆盖面小和保费高等问题。外事服务和领事保护力度不够，部分国家签证不便，申请时间长，有效期短，需要多次办理，给企业带来极大不便。我国律师、会计、税务、知识产权、风险评估、咨询等中介服务机构国际化水平较低，缺乏处置境外法律纠纷、知识产权、产品认证、贸易摩擦、反倾销应诉和公共服务等方面的能力和经验，很难为企业走出去提供有效服务。工商联及商（协）会组织的国际化程度低，服务企业走出去的方式还局限于组团出访考察、举办项目洽谈对接等，服务能力和效果很有限。

2. **境外风险防范难度较大**。有的企业亲身经历了投资国的国家政变、社会动乱、恐怖袭击等政治风险。有的企业遭遇投资国因政策频繁调整和变化带来的风险。有的企业由于不了解当地文化习俗、宗教和生活习惯，难以较快较好地“融入”当地社会，遭遇文化习俗风险。一些欠发达国家司法环境较差，社会契约意识薄弱，法律制度不健全，企业面临法律风险。一些经济体和国家汇率波动较大，并实施较严格的外汇管制，使企业在结算和利润回国汇兑过程中受到很大损失。

3. **民营企业自身素质有待提高**。目前走出去的企业还不同程度地存在准备不足、人才匮乏、获取信息难、经营管理跟不上，行为不规范，风险意识、责任意识和法治意识淡薄等问题。有的同行业企业在走出去的过程中相互杀价、恶性竞争，造成两败俱伤；有的企业不遵守所在国法律法规，不尊重当地风俗习惯，造成不良影响；有的企业套用国内做法，走出去后在经营管理方面存在严重的“水土不服”；有的企业走出去前缺少对投资国的法律、政策、市场等信息的了解，造成难以挽回的损失；有的企业不熟悉国际规则，又不善于借助国际中介机构的服务，走出去后难免会陷入困境。

三、切实做好民营企业走出去引导服务工作

（一）努力提升工商联的引导服务能力

近年来，各级工商联和商（协）会在引导服务民营企业走出去方面开展了一些有益探索，但总体上还处在摸索阶段，依然存在一些困难和问题。一是工商联系统引导服务民营企业走出去的手段和载体不多，人员素质难以适应走出去工作需要；二是工商联的境外服务和延伸平台严重不足，影响了工作的有效开展。新形势下，各级工

商联和行业商（协）会要把引导服务民营企业根据自身特点健康有序走出去和参与“一带一路”建设摆上重要议事日程，制定工作计划，明确引导职责，落实工作任务。要提高干部队伍素质，重视吸纳专门人才，加强人员培训，全面提升引导服务的能力和水平。要加强对各级工商联和商（协）会的指导力度，形成系统工作合力。要在深入调研的基础上，重点针对目前制约企业走出去的体制机制和政策法规方面的问题，通过协商会、座谈会、议案提案、情况反映等渠道，积极建言献策，为民营企业走出去营造良好的发展环境。

（二）搭建民营企业走出去服务平台

要继续发挥工商联的桥梁纽带作用，加强与发改、商务、外事、工信、海关等相关职能部门的沟通协调，整合资源，共同搭建企业走出去服务平台。一是要搭建综合性服务平台。如加强与外交、商务等部门合作，提供签证、办理 APEC 卡等方面的外事服务；有条件的省市可举办经贸活动和市场考察。加强与专业服务机构合作，为企业提供法律、财务、信息、咨询、知识产权和认证等服务。二是要搭建信息服务平台。及时从相关政府部门获取政策信息，并加大对政府有关政策法规的宣传力度。逐步建立境外投资信息系统，帮助企业了解所在国政治形势、投资法律、产业政策和行业标准，为企业牵线搭桥，创造合作机会。三是要搭建培训交流平台。与政府相关部门合作举办企业走出去培训活动，组织相关领域专家、政府官员、驻外使领馆工作人员以及有经验的企业家授课，重点帮助民营企业用全球化的视野分析自身的特点和比较优势，在管理理念、管理机制等方面逐步与国际接轨。分析交流企业走出去的经验和教训案例，形成互相启发、互相警示、健康发展的良好氛围。

（三）发挥大型企业和行业商（协）会的组织带动作用

大型民营企业实力雄厚，是走出去的主力军。要充分发挥他们在资金、技术、管理、品牌、商誉、渠道、网络等方面的优势，鼓励他们到海外建设园区，为中小企业搭建平台、提供服务，带动产业链上下游的中小企业协同发展。发挥商（协）会的组织引导作用，鼓励中小企业抱团发展，增强抵御走出去风险能力。有条件的行业商（协）会可尝试拓展服务网络，在境外设立商（协）会组织或办事机构，提高民营企业走出去的组织化程度，推进行业自律，维护市场秩序，避免出现企业间的恶性竞争。鼓励商（协）会之间开展交流与合作，使商（协）会成为工商联引导服务民营企业走出去的载体和依托。

（四）引导走出去企业努力提升综合素质

工商联和行业商（协）会要引导走出去企业不断提高自身素质，使企业充分认识到企业自身还承载着讲好中国故事、传播好中国声音的重要使命。要加强守法诚信教育，增强走出去企业的风险意识、责任意识和形象意识，引导企业按照国际惯例办事，遵守所在国法律法规，主动与东道国政府部门、工会组织等加强联系，依法表达利益诉求，避免利益冲突。引导民营企业规范经营，维护国家形象和中国企业的整体利益，要自觉尊重当地文化习俗，节约资源、保护环境，促进东道国经济发展、社会和谐，承担应尽的社会责任，树立中国民营企业的良好形象。

同志们，中央统战工作会议的胜利召开，为进一步推动工商联事业科学发展提供了难得的历史机遇。下半年，我们要重点抓好会议和《条例》精神的学习贯彻落实，深入开展以守法诚信为重点的非公有制经济人士理想信念教育实践活动，切实增强对中国特色社会主义的信念、对党和政府的信任、对企业发展的信心和对社会的信誉；组织开好工商联商会建设工作经验交流会，加强工商联对商会的引导、指导和服务；组织开展《国务院关于扶持小型微型企业健康发展的意见》贯彻落实情况的第三方评估工作。下半年的工作任务多、责任重，任务就是信任，责任催生贡献，压力激发内力，内力成就担当。民营企业家是中国特色社会主义的建设者，是敢担当、能担当的群体。大家要以严的精神、实的作风，勇于担当、积极作为，认真抓好各项工作的落实，为巩固壮大新时期爱国统一战线、推动工商联事业发展作出新贡献。

全哲洙同志在全国工商联十一届六次常委会议上的讲话

（2015 年 6 月 25 日）

这次常委会议的重要任务，是认真学习贯彻中央统战工作会议精神。在中央统战工作会议上，习近平总书记发表重要讲话，中共中央政治局常委、全国政协主席俞正声同志作总结讲话，中共中央政治局委员、中央统战部部长孙春兰同志就《中国共产党统一战线工作条例（试行）》（以下简称《条例》）作了说明。中央统战工作会议特别是习近平总书记的重要讲话，集中体现了党的统一战线理论方针政策，为新形势下统战工作提供了行动指南，在党的统一战线历史上具有里程碑意义。中央统战工作会议和《条例》还专门就非公有制经济领域统战工作作出新的理论阐释和政策规定，对工商联工作提出新要求，工商联事业由此站上新的历史起点。明天，王钦敏主席将围绕民营企业走出去和参与“一带一路”建设作重要讲话。下面，我就工商联学习贯彻中央统战工作会议精神需要把握的重要问题，讲几点意见。

一、把握好两个健康主题

促进非公有制经济健康发展和非公有制经济人士健康成长（以下简称两个健康），是非公有制经济领域统战工作和工商联工作的主题，是事关工商联全局的方向性问题。2000 年第十九次全国统战工作会议首次提出两个健康这一重要观点，2006 年第二十次全国统战工作会议强调要重视发挥工商联在促进两个健康中的作用，2007 年初全国工商联机关工作务虚会从探索工商联性质特征出发得出工商联所有工作以促进两个健康为出发点和落脚点的结论，2010 年《中共中央国务院关于加强和改进新形势下工商联工作的意见》（以下简称中央 16 号文件）指出工商联在促进两个健康中具有不可替代的作用，2012 年全国工商联十届九次常委会议提出把两个健康作为工商联工作的主题。两个健康主题本质上是由工商联三性有机统一基本特征决定的，坚持三性有机统一就要坚持两个健康主题。2015 年中央统战工作会议和《条例》明确，工商联是具有统战性、经济性、民间性有机统一基本特征的人民团体和商会组织，应当围绕促进非公有制经济健康发展和非公有制经济人士健康成长的主题履行职责、发挥作用，从坚持完善我国基本经济制度和培养合格中国特色社会主义事业建设者两个角度，进一步拓展了三性有机统一和两个健康的时代内涵，从党内法规上确立了两个健康的主题地位，这就赋予了工商联落实两个健康主题的政治任务和法规职责。工商联贯彻落实中央统战工作会议精神，首先要把握好两个健康主题。

一要领会“两个重大”。习近平总书记强调，促进非公有制经济健康发展和非公有制经济人士健康成长是重大经济问题，也是重大政治问题。社会主义基本制度和市场经济有机结合、公有制经济和非公有制经济共同发展，是我们党推动解放和发展社会生产力的伟大创新，也是社会主义生产关系不断完善的动力和活力所在。经过改革开放 30 多年发展，非公有制经济已经成为我国社会主义市场经济的重要组成部分，非公有制经济人士已经成为我们党执政的群众基础和社会基础。两个健康不仅直接关系到我国基本经济制度和“两个毫不动摇”方针的坚持完善，社会主义市场经济体制改革的深入推进，国民经济的可持续发展；而且也直接关系到爱国统一战线的不断扩大，建设中国特色社会主义力量的不断增强，我们党执政地位的不断巩固。中央统战工作会议把两个健康作为工商联工作的主题，是党中央站在协调推进“四个全面”战略布局高度作出的重要论断，是对中央 16 号文件关于工商联工作是党的统一战线工作和经济工作重要内容、工商联具有三性有机统一基本特征、工商联工作要坚持八字方针、发挥工商联五项职能作用等重要理论观点的进一步丰富和发展。“两个重大”充分表明，工商联工作不是可有可无的，而应该是大有可为的。各级工商联都要认清新形势，增强使命感和责任感，切实担负起党交给我们的促进两个健康这一重大任务。

二要做到“两个关注”。习近平总书记强调，做非公有制经济人士工作，既要关注他们的思想，也要关注他们的困难。“两个关注”体现了马克思主义认识论，要求我们落实两个健康主题必须立足于时代，立足于企业生产经营实践和非公有制经济人士思想实际。我们越来越清晰地看到，能不能适应经济发展新常态，对企业是一个严峻考验。当前市场上几家欢喜几家愁，高新技术产业、战略性新兴产业、现代服务业等增长势头强劲，不少坚持技术创新、有特色品牌、率先转型的企业日子比较好过；但同时，许多技术含量低、产品大路货、转型不及时的企业生产经营出现困难，感觉到日子不好过、“熬不住”了。新的科技革命和产业变革正在兴起，只有夕阳技术没有夕阳产业。走出困境关键要靠创新，创新就要用心。企业要扭住自主创新这根主线，抓住战略创新、技术创新、商业模式创新、管理创新等，尽快建立现代企业制度，着力提升质量和效益。在经济全球化深度融合的时代，企业必须具有国际视野，有实力有条件的要抓住“一带一路”战略新机遇，积极稳妥走出去，不断提高利用两种资源两个市场实现可持续发展的能力。我们要看到，适应经济发展新常态是一个长期过程，现在才刚刚起步。在这一过程中，不少企业对转型升级既渴望又迷茫，想转不会转，不知往哪里转，看不清方向，一些企业家由此感到焦虑，思想上产生各种困惑，有的因心里有各种“不托底”还产生了不安全感，精神迷失，发展信心动摇，对未来缺乏稳定预期。精神状态好，办法总比困难多。企业活力是经济持续发展的重要动力。企业家心理预期稳定，才能够安心从事生产经营，保持创业创新活力。我们要始终围绕两个健康主题，既帮助解决企业发展中的具体困难，又关注回答他们的思想困惑。各级工商联都要主动与企业家接触，走进企业家内心，同他们在思想上真诚沟通、真心交流，为他们解疑释惑、鼓劲加油，努力成为他们的益友、挚友，缓解他们的心理压力，激发他们的发展热情，发挥他们的才能。在这里我还要强调，有热情更要有理性，有激情但不能冲动，企业扩张不能盲目，四面出击往往导致四面楚歌。一段时间以来，一些大企业抱守发展就是铺摊子、求做大的陈旧思路，感觉不到互联网时代市场环境、客户需求、消费结构等变化，没有考虑自身在资金、技术、人才、管理等方面的能力边界，因扩张过快深陷困境，企业生存出现系统性危机，很值得企业深思，也需要工商联更加关注。

三要坚持“两手抓”。习近平总书记强调，要坚持团结、服务、引导、教育的方针，一手抓鼓励支持，一手抓教育引导。“两手抓”体现了马克思主义方法论，要求我们落实两个健康主题既要见物又要见人，把教育引导寓于鼓励支持的具体服务中，用鼓励支持的实际行动强化教育引导实效，防止“两张皮”。实践中，有的同志习惯于就事论事，做经济服务工作脱离企业家的思想困惑，做思想政治工作脱离企业的实际困难，两个健康被割裂成一个健康，最终会导致两手软、两手空。鼓励支持与教育引导相辅相成，两手抓才能两手硬。我们既要坚持对非公有制经济鼓励、支持和服务，实实在在地帮助企业解决融资、人才、管理、发展环境等方面遇到的实际困难；也要坚持对非公有制经济人士教育、引导和培养，把解决思想问题与解决实际问题结合起来，真正把两个健康互相融入、互为促进的要求落到实处。

二、把握好理想信念教育

作为贯彻落实党的十八大精神的重要举措，我们从 2013 年上半年起，在全国非公有制经济人士中开展以“四信”为主要内容的理想信念教育实践活动。习近平总书记明确指出，非公有制经济领域统战工作要深化中国特色社会主义理想信念教育实践活动，大力弘扬和践行社会主义核心价值观；《条例》把开展理想信念教育、引导非公有制经济人士增强“四信”列入其中，这既是以党内法规对我们两年多开展的理想信念教育实践活动的肯定，也是对新形势下非公有制经济人士思想政治工作规律的概括。对非公有制经济人士来说，坚定理想信念，筑牢中国特色社会主义共同思想政治基础，就要坚定“四信”。工商联贯彻落实中央统战工作会议精神，重中之重是抓住深化二字，以“四信”为主要内容，扎实有效推进理想信念教育实践活动。

一要抓认识，用理想信念教育统领工商联各项工作。抓认识就是抓问题，认识跟不上，工作就上不去。统战工作是团结人、争取人的工作，解决的就是人心和力量的问题。非公有制经济要健康发展，前提是非公有制经济人士要健康成长。非公有制经济人士主流是好的，为建设中国特色社会主义事业作出了重要贡献。目前，私营企业和个体工商户数量已经占到市场主体的90%以上，非公有制经济创造的国内生产总值超过60%，民间固定资产投资占比超过60%。但也要看到，非公有制经济发展始终伴随着一些争论和不同声音，社会上有些人对非公有制经济人士还有偏见成见；同时，个别非公有制经济人士也确实存在这样那样的问题和不足，有的相信有钱能使鬼推磨，甚至搞官商勾结、权钱交易。无论是建设良好的政治生态环境，还是建设良好的企业发展环境，都要求加强对非公有制经济人士的教育引导，任何时候都不能放松。做思想政治工作是统战工作的主要内容，要把思想政治工作作为贯穿工商联工作始终的生命线，用理想信念教育来统领工商联的各项工作。目前，有些工商联干部不愿做、不会做、推着做思想政治工作。有的觉得思想政治工作是虚功，白费劲；有的知识面不宽尤其欠缺经济工作知识和经验，与非公有制经济人士对不上话；有的畏难情绪大，感到没法做通“富人”的工作。工商联做非公有制经济人士工作，主要是思想政治上的教育引导。深化中国特色社会主义理想信念教育实践活动是非公有制经济人士思想政治工作的首要任务，不抓理想信念教育就是工商联最大的失职。开展理想信念教育实践活动，目的是要增强非公有制经济人士的政治认同和价值观认同，巩固共同思想政治基础，坚守政治底线。只要把政治底线这个圆心守住，包容的多样性半径越长，画出的同心圆就会越大，就越能发挥理想信念教育的统领作用。

二要抓重点，突出代表人士和年轻一代两个群体。统战工作的重点是代表人士，要注重发挥非公有制经济人士中的先进人物在理想信念教育实践活动中的示范带动作用。担任各级人大代表、政协委员和工商联执委、常委、副主席、副会长的企业家是非公有制经济人士中的骨干，要带头参加到理想信念教育实践活动中来。特别是党员出资人同本行业、本领域的非公有制经济人士联系密切，是我们开展理想信念教育实践活动的重要参与者和组织者，更要带好头。有一些影响比较大的知名企业家，我们还接触不多。要拓展视野，不能只局限于老面孔、老朋友，而要主动登门拜访，想方设法广泛联系，结识更多新面孔，交更多新朋友。当前，一大批高校毕业生自主创业，留学人员归国创业，其他领域人员离开原岗位再创业，加之改革开放过程中的第一代创业者逐渐交班，年轻一代非公有制经济人士正在成长起来。他们大多数具有爱国创新精神，但许多人长期在国外接受教育，价值观多元，有的对世情国情党情不了解或一知半解，有的还存在模糊认识，如何做年轻一代的思想政治工作是一个新的课题。在理想信念教育实践活动中，要善于把握年轻一代的个性特点和成长规律，坚持一把钥匙开一把锁，注重贴近他们的思想实际和企业发展实践，开展有针对性的教育引导，积极帮助解决他们创业创新中的问题和困难，努力回应他们的合理需求。

三要抓内容，把“四信”具体化。把“四信”内化为非公有制经济人士的精神追求，外化为实际行动，是一个长期艰巨的过程。“四信”内容丰富，涵盖面广，不同地区、不同行业、不同类型企业的非公有制经济人士情况各有不同，思想问题也不尽相同。有的可能信念模糊，有的可能信任不够，有的可能信心不足，有的可能信誉缺失。一具体就深入，深化意味着细化、具体化。各级工商联必须着眼非公有制经济人士思想状况，因地制宜、因人而异，细化理想信念教育实践活动的具体内容。哪个方面的“信”出现偏差就把哪个方面作为重点，什么问题突出就重点解决什么问题，绝不能不加分析、不分轻重，绝不能笼而统之、大而化之。理想信念不是空的，“四信”都可以具体化到非公有制经济人士的思想、工作和生活等方面。能不能把“四信”内容具体化，立足企业发展找准实践载体，直接关系着理想信念教育能否取得实效。下半年深入开展理想信念教育实践活动，总体上还是要以守法诚信为重点，围绕形成健康政商关系、建设企业文化、构建和谐劳动关系、完善企业规章制度、管控企业风险等方面进行细化，引导非公有制经济人士自强自律，自觉遵守国家法律法规，提高依法治企、依法经营、依法维权的能力和水平，增强活动的紧迫感和贴近感。

四要抓方法，在继承基础上力求创新。当前，要推动理想信念教育从集中性活动向经常性教育转变，抓住长常二字，解放思想、大胆创新，不断研究探索管用有效的方式方法和机制，努力使理想信念教育实践活动长期化、经常化。创新机制才能坚持经常。在两年多的教育实践活动中，我们总结形成了“摸底调查、正面引导、政企沟通、培训互动、协调推进”等思想政治工作新机制，富有非公有制经济领域统战工作的鲜明特色。这是我们共同探索的实践成果，来之不易。大家对这些成果的最大珍惜，就是在实践中去主动运用并不断完善。典型示范是思想政治工作正面引导的重要方法，也是引导教育和自我教育的重要结合点。企业在平时普遍渴望相互交流，交流的目的在于相互借鉴、相互启发。我们提倡典型示范就是要促进企业相互交流，发挥非公有制经济人士的主体作用。在加快企业转型升级的实践中，涌现出了一批体现“四信”、各有特色、生动鲜活的先进典型，这是进一步深化理想信念教育实践活动的宝贵资源。要发挥好这些典型作用，注重宣传推广企业好故事，把他们的先进经验转化为引导非公有制经济人士坚定“四信”的强大正能量。继续用好光彩事业等载体，引导非公有制经济人士致富思源、富而思进，是中央统战工作会议提出的一个重要任务。下半年，中国光彩事业促进会要进行换届。我们要抓住这一有利契机，在新形势下引导非公有制经济人士踊跃投身光彩事业和公益慈善活动，积极履行社会责任，做到爱国、敬业、创新、守法、诚信、贡献。当前，互联网已经成为宣传思想工作的主阵地。要适应信息化快速发展的态势，研究借助新媒体，充分利用线上线下各类平台，努力扩大理想信念教育实践活动覆盖面。

三、把握好非公有制经济人士政治参与

工商联作为党的统一战线的重要组织和人民政协的重要界别，在引导非公有制经济人士参与国家政治生活和社会事务中，一直发挥着主渠道作用。中央统战工作会议强调，要畅通非公有制经济人士有序政治参与渠道，帮助提高议政建言水平，这对工商联提出了更高要求。工商联贯彻落实中央统战工作会议精神，引导非公有制经济人士政治参与，要把政治纪律和政治规矩挺在前面，着眼于有序畅通议政建言渠道，着眼于规范做好政治安排。

建言献策讲政治纪律和政治规矩，就是围绕中心、服务大局，立足于推动落实党的路线方针政策建言出力。要继续做好参与专题协商、提交提案议案、报送情况反映、参加立法协商、组织第三方评估等工作，完善受政府委托征询非公有制经济人士意见的制度，及时反映非公有制经济人士的意见建议，引导企业合理表达诉求，推动形成有利于非公有制经济发展的政策环境、法治环境、市场环境、社会环境。建睿智之言、献务实之策，人云亦云不行，闭门造车不行，信口开河更不行，必须学会调查研究基本功。要始终坚持问题导向，深入基层和企业，努力把真实情况掌握得更多一些、把客观规律认识得更透一些、把意见建议提得更实一些。要充分调动非公有制经济代表人士和基层参与积极性，特别是发挥好企业家执委、常委、副主席、副会长和工商联各专门委员会、各类商会等方面的作用，汇聚众智、群策群力，推动形成多层次、多领域合作调研的良好局面，提升系统合力。要重视理论研究工作，加强对事关工商联发展的全局性、基础性、前瞻性问题的研究，善于利用现代信息技术丰富研究手段、探索研究方法，不断提高研究成果的实际转化率，为工商联的建言献策奠定扎实的工作基础。各级工商联要通过中小企业监测点、新媒体等多种途径，加强与非公有制经济人士的沟通互动；更要探索通过推动定期召开地方党政领导座谈会、部门联席会等方式，协助各级党政部门建立与非公有制经济人士经常性联系机制，在经常性联系中为非公有制经济人士议政建言搭建平台、畅通渠道。

政治安排讲政治纪律和政治规矩，就是在非公有制经济人士政治安排中始终突出政治性和政策性，坚决按照中央有关规定开展工作。中央统战工作会议强调，在非公有制经济人士政治安排方面，要坚持标准、严格程序、认真考察，做好综合评价。各级工商联要按照中央要求，认真排查廉政风险，建立和完善制度措施，规范政治安排。

一要坚持标准。欲知平直，则必准绳。中央统战工作会议对政治安排中非公有制经济人士作出界定，明确提出思想政治强、行业代表性强、参政议政能力强、社会信誉好的“三强一好”标准。坚持标准，就要坚持以德为先，把思想政治素质放在首位；坚持标准，绝不能降格以求，更不能单纯以企业规模大小、财富多少来确定人选。

二要严格程序。要规范初始提名推荐程序，坚决反对拉选票、打招呼、搞权钱交易等违纪违法行为，防止个人点名推荐，把好入口关。综合评价是非公有制经济人士政治安排的必经程序，凡进必评是首要原则。各级工商联要在党委统一领导下，配合做好人选考察工作，严格综合评价，特别是要征求企业所在地工商联、企业党组织、非公有制企业党建工作机构和工会组织的意见，力求全面客观准确掌握人选实际表现。同时，要探索提出人选公示制度，提高选人用人的透明度和公认度。

三要加强后备队伍建设。善于通过日常联系、调查研究、开展活动、教育培训，从各个行业领域了解掌握一批后备人选，有针对性地物色培养一批符合“三强一好”标准的非公有制经济代表人士骨干队伍，防止政治安排时“少数人中选人”“拿着帽子找人”。

四、把握好基层组织建设

工商联全部工作的重点在基层，难点也在基层。在贯彻落实中央16号文件过程中，我们提出面向基层、重心下移的工作思路，大力推进县级工商联和商会建设。工商联是党和政府联系非公有制经济人士的桥梁纽带，桥梁纽带不是空洞的概念，基层就是桥梁，商会就是纽带。中央统战工作会议强调县级统战工作是基层统战工作的重点，非公有制经济人士工作是县级统战工作的一个重点，要求推动统战工作向商会组织有效覆盖，确保商会发展的正确方向；《条例》还专门对工商联所属商会作出规定，明确了工商联做好商会工作的职责和任务。这表明大统战格局下，县级工商联和商会在基层统战工作中具有重要的地位和作用。工商联贯彻落实中央统战工作会议精神，就要继续把抓基层、打基础作为长远之计和固本之策，把改革创新的重点放在基层，丝毫不能放松。

2010年中央16号文件提出培育和发展中国特色商会组织的任务，2011年全国工商联召开首次商会建设工作会议，围绕如何建设中国特色商会组织，重点回答了商会的属性问题，提出中国特色商会组织的最显著特征就是坚持党的领导，工商联所属商会既不同于旧商会，也不同于国外商会，其鲜明特色和本质属性就是三性有机统一。三性有机统一问题，关键是统战性；没有统战性，就没有不可替代性。但是一些人在政社分离、行业协会商会与行政机关脱钩的社会组织管理制度改革新形势下，认识出现偏差，失去了定力，没有把所属商会作为工商联的基层组织，认为商会的统战性应该淡化，可以放手脱钩。放手不管就是放弃阵地。《条例》从党内法规上明确工商联所属商会是工商联的基层组织和工作依托，这对于夯实工商联组织基础、实现工商联事业长远发展具有极其重要的现实意义。中央统战工作会议强调，工商联同商会不能切断工作渠道，要发挥指导、引导和服务职能，推动统战工作向商会组织有效覆盖。这是党中央从政治和战略高度考虑作出的重要决定，实现统战工作有效覆盖就是新形势下工商联所属商会的“特殊职能”。特殊职能，就是特殊使命。有效覆盖，就是要把统战工作贯穿于商会组建和管理的各个环节，通过指导商会工作、引导商会活动、服务商会发展，在围绕中心服务大局、促进两个健康上起作用、作贡献。中央统战工作会议在考核商会主要负责人、开展商会会员思想政治工作、教育培训以及做好会员企业和各类商会党组织组建工作等方面都对工商联党组提出了明确要求，这些都是推动统战工作向商会组织有效覆盖的重要方面。

一要抓班子。首先要选好配强会长和秘书长两个关键人。会长要体现思想政治强、行业代表性强、参政议政能力强、社会信誉好的要求，并热心商会工作；秘书长要政治上可靠，热爱商会工作，有较强的协调能力和服务能力，确保商会既要坚持正确方向，又要增强组织竞争力。抓班子很重要的是通过考核来体现。要研究提出体现三性有机统一特征、两个健康主题的考评指标体系，坚持客观全面。既注重日常工作中考核，又注重在重要活动中考核；既要听取所在商会的会员意见，也要听取企业所在地工商联的组织意见。直属商会会长一定要积极主动参加企业所在地工商联的必要活动，发挥带头作用，为当地发展多作贡献，树立良好社会形象。

二要抓思想政治工作。商会是非公有制经济人士最集中的地方，也是引导教育与自我教育相结合的主渠道。抓思想政治工作特别是理想信念教育实践活动，关键看商会有没有行动、能不能充分发挥作用；商会体现统战性，必须以理想信念教育为统领，引导商会会员增强“四信”，做合格的中国特色社会主义事业建设者。要鼓励和指导商会结合自身实际，探索创新行之有效的方式方法，积极发挥会员的主体作用，使理想信念教育实践活动取得实效。

三要抓服务。服务直接决定着商会的凝聚力和影响力。各类商会都要把会员服务放在突出位置，不断探索拓展服务功能，在宣传政策、提供服务、反映诉求、维护权益、加强自律等方面发挥作用，为会员提供富有特色的有效服务。目前，政府职能转移正在加快推进，一些地方已经开始试点。这是商会提高办会能力、扩大公信力的有利契机，要鼓励和指导各类商会特别是行业商会在这方面做好前期准备工作。

四要抓教育培训。能不能推动统战工作向商会覆盖，既与工商联组织的指导、引导、服务能力有关，也与商会班子、会员队伍的整体素质有关。要分层次、分类别对商会会长、副会长以及秘书长等专职工作人员开展理论政策培训和办会能力培训，特别是要把中央统战工作会议精神作为培训的重点内容，充分利用社会主义学院、培训中心、高等院校等统一战线和社会培训资源，利用光彩事业等实践载体，提高商会班子和会员的综合素质。

五要抓党建。非公有制企业党建和商会党建是当前党的基层组织建设的一个重点，也是一个薄弱环节。各级工商联党组要在同级党委领导下，积极参与非公有制企业党建工作，支持和配合有关部门做好所属会员企业和各类商会党组织组建工作，探索推动成立行业性或者区域性党组织，努力扩大党的组织和党的工作双覆盖。

商会是工商联的组织细胞。会员面决定着覆盖面，吸引力决定着影响力。各级工商联要把商会建设作为当前紧要的基础性工程，坚持积极组建与规范建设并重，指导推进商会在非公有制经济领域的组织覆盖。要制定商会发展规划，高度重视根据国家有关产业政策导向，结合本地产业布局、行业特点、企业状况，有计划、有步骤地在高新技术产业、战略性新兴产业、现代服务业、新经济组织中组建成立商会组织。要按照中央关于特殊职能商会另行制定改革办法的要求，在深入调查研究基础上尽快与有关部门研究制定工商联所属商会改革办法，加强对已有商会和新建商会的规范化建设，指导依据工商联章程制订商会章程，完善法人治理结构，建立健全各项规章制度。下半年，全国工商联将召开商会建设经验交流会，总结经验，并研究新形势下工商联如何加强对商会的指导、引导和服务等重要问题，对今后一段时期的商会工作进行具体部署。

2012年筹备全国工商联第十一次会员代表大会时，我们对工商联组织建设进行了认真研究，本着实事求是、有利于加强自身建设的原则，在《中国工商业联合会章程》中明确了县级工商联既是地方组织也是基层组织。这几年我们为从根本上解决县级工商联建设薄弱状况，提出“一个设立、五个有”的阶段性目标，紧紧依靠地方党委政府领导和指导，基本解决了县级工商联没有设立党组、人员编制缺、工作经费少、办公场所无、办公设备差、活动内容空等突出问题。截至2014年底，全国县级工商联已经达到2982个，其中2716个基本实现了“一个设立、五个有”目标。下一步，全国工商联将着重从领导班子、会员发展、商会建设、作用发挥、工作保障五个方面，深入推进“五好”县级工商联建设，力争到2017年三分之一的县级工商联实现“五好”目标。从“无”到“有”易，从“有”到“好”难。基层组织建设是一个动态的过程，永远在路上。建设“五好”县级工商联，要巩固“一个设立、五个有”成果，及时把重点转到激发活力、发挥作用上来，转到增强凝聚力、影响力和执行力上来。“五好”，第一位的是班子要好。2015年，为了加强县级工商联班子建设，全国工商联决定举办4期培训班，在已开展的3期培训中，有600多名县级工商联主席和党组书记参加了集中学习。当前，要以学习贯彻中央统战工作会议精神为契机，尤其要抓好理想信念教育实践活动和商会建设这两个重中之重，带动“五好”县级工商联建设取得实实在在的成果。

五、把握好机关建设

加强机关建设，首先要加强党组班子建设。《条例》提出工商联党组要发挥领导核心作用，保证党的路线方针政策和党委决策部署的贯彻落实，明确了工商联党组的领导体制、主要职责和工作任务。在国家机关、人民团体、经济组织、文化组织、社会组织和其他组织领导机关中设立党组，是我们党从国情出发创造的一项重要制度，体现了我们党独特的政治优势、组织优势和制度优势。最近颁布实施的《中国共产党党组工作条例（试行）》，作为党组工作方面的基础主干党内法规，是党组设立和运行的总依据总遵循。各级工商联党组要增强法治意识，按照党章和两个条例以及中央16号文件开展工作，紧紧依靠党委政府统一领导和党委统战部的直接领导，坚持民主集中制，将发挥党组领导核心作用与领导班子依法依章程履行职责统一起来，支持主席工作，发挥党外干部作用，搞好合作共事。要加快建立健全党风廉政建设责任制，自觉履行主体责任和班子成员一岗双责，切实把全面从严治党要求落实到机关建设特别是党建工作中去。

中央16号文件提出工商联干部要做到政治强、业务精、作风正，中央统战工作会议提出统战干部要做到政治坚定、业务精通、作风过硬，都从思想政治、能力素质、工作作风三个方面为我们加强干部队伍建设明确了目标。

要把思想政治建设放在首位。工商联干部是代表我们党去做非公有制经济领域统战工作的，没有坚强的党性、没有坚定的政治立场是不能胜任的。越是做统战工作，越要心中有党。要善于从政治上观察和处理问题，在坚持什么、提倡什么、防止什么、反对什么上做到心中有数，保持清醒头脑，坚定理想信念，始终做政治上的“明白人”。

要把**能力建设作为关键**。解决本领恐慌、推动工作创新，最直接的方法就是学习。学习与创新是紧密结合的。各级工商联干部都要努力学习多方面知识，尤其要加强政治、经济、法律等各领域业务知识的学习。要继续加强干部教育培训，通过调查研究、岗位工作、基层锻炼等多种途径培养干部，帮助干部在学习和实践中形成科学的思维方式，提高政治把握能力、调查研究能力、群众工作能力、落实推进能力。

要把作风建设作为保障。工商联干部的作风直接关系党在非公有制经济人士中的形象。各级工商联要深入推进“三严三实”专题教育，认真执行中央八项规定精神，大力改进思想作风、学风、工作作风，营造工商联机关风清气正的良好氛围。工商联干部密切联系非公有制经济人士，就要善于联谊交友，但要分清“公谊”和“私谊”，任何情况下都不能向工作对象索取利益。

当前，党中央对新形势下统一战线工作作出全面部署。我们要在以习近平同志为总书记的党中央坚强领导下，在党委统战部的组织领导和工作指导下，牢牢把握两个健康主题，始终突出问题导向和实践导向，勇于担当干实事，主动作为谋新篇，推动工商联事业再上新台阶。

全国工商联十一届四次执委会议

会议综述

2015年12月23日至24日，全国工商联十一届四次执委会议在江西省南昌市召开。

全国政协副主席、全国工商联主席王钦敏受常委会委托作工作报告。中央统战部副部长，全国工商联党组书记、常务副主席全哲洙发表讲话。江西省委主要领导致辞，省政府主要领导、省委有关领导和有关部门负责同志出席会议。

会议认真学习贯彻了党的十八届五中全会和中央统战工作会议、中央党的群团工作会议、中央扶贫开发工作会议、中央经济工作会议精神，围绕两个健康主题，总结了2015年工作，部署了2016年工作，并审议通过了有关人事事项的决定，对全国工商联十一届六次常委会议通过的人事事项进行了确认。会议还邀请全国政协委员、国务院发展研究中心原副主任卢中原作了党的十八届五中全会精神辅导报告，圆满完成各项议程。

全国工商联副主席谢经荣、黄荣、安七一、杨启儒、王志雄、卢文端、史贵禄、许健康、孙荫环、苏志刚、李河君、陈经纬、何俊明、张建宏、茅永红、周海江、徐冠巨，中国民间商会副会长刘志强、许连捷、许荣茂、黄代放、傅军、霍震寰，中央统战部、全国工商联及全国工商联执委共400余人出席会议。

王钦敏同志在全国工商联十一届四次执委会议上的工作报告

（2015年12月23日）

受常委会的委托，我向中华全国工商业联合会第十一届执行委员会第四次会议作工作报告，请予审议。

一、2015年的工作总结

一年来，各级工商联全面贯彻党的十八大和十八届三中、四中、五中全会精神，深入学习贯彻习近平总书记系列重要讲话精神，认真落实中央统战工作会议、中央党的群团工作会议、中央扶贫开发工作会议精神，围绕中心、服务大局，坚持两个健康主题，广泛开展非公有制经济人士理想信念教育实践活动，通过多种服务方式助推民营企业转型升级，积极建言献策优化民营经济发展环境，着力加强基层组织建设，切实改进机关工作作风，各项工作取得新进展。

（一）以守法诚信为重点开展理想信念教育实践活动

我们紧密结合民营企业发展实际和非公有制经济人士思想状况，深入贯彻落实党的十八届四中全会精神，将守法诚信作为理想信念教育实践活动的重点，着力引导非公有制经济人士尊法学法守法用法，增强诚信意识。

活动中，各地工商联按照中央统战部和全国工商联统一部署，紧紧依靠党委政府的领导，积极争取有关部门支持，发挥“摸底调查、正面引导、政企沟通、培训互动、协调推进”五个方面的长效机制作用，进一步推动了活动有效开展。通过党政领导干部联系企业、意见建议直通车、干部进民企促发展等方式，畅通政企沟通渠道。

有20个省级党委政府主要负责同志主持召开民营企业座谈会，听取意见建议；9个省召开促进民营经济发展大会并下发政策性文件。许多地方工商联与政府部门、金融机构组成工作组，深入商会和企业调查走访，为企业办实事、解难题。

各地工商联把加强教育和为企业营造良好法治环境、引导企业依法治企依法经营依法维权结合起来，不断丰富活动内容和载体。全国工商联作为社会信用体系建设部际联席会议成员单位，积极参与信用体系建设工作；出台《关于加强工商联法律服务工作的意见》，举办4期法律培训班，提升了工商联法律服务工作水平。许多地方工商联与法院、纪检、检察、司法等部门共同开展法律进商会、进企业等活动，向民营企业普及法律知识，开展安全生产警示教育；有的通过非公有制经济人士诚信宣誓承诺、民营企业防范风险法律体检、“反行贿防腐败做廉洁诚信企业”专题培训等，推动建设守法诚信的企业文化；支持和引导商会加强行业自律，签署诚信公约，开展诚信企业和品牌创建，增强企业守法诚信的自觉性；有的通过开展巡回演讲、媒体进企业、讲“守法诚信好故事”等特色活动，加强典型宣传，扩大引导教育效果。守法诚信教育提升了企业社会形象，促进了企业健康发展，得到了非公有制经济人士的积极响应。

各地工商联从本地实际出发，通过多种形式，积极引导广大非公有制经济人士投身扶贫开发、光彩事业等活动，在履行社会责任中接受教育、提升境界。全国工商联与国务院扶贫办、中国光彩会开展调研，联合制定下发《“万企帮万村”精准扶贫行动方案》，举行“万企帮万村”启动仪式；举办了“中国光彩事业黄冈（红安）老区行”，组织非公有制经济人士学习老区精神，接受革命传统教育；与人力资源和社会保障部、中华全国总工会、中国企业联合会共同召开全国电视电话会议，部署落实中共中央、国务院《关于构建和谐劳动关系的意见》，引导民营企业积极构建和谐劳动关系。

（二）助推新常态下民营企业转型升级

我们继续发挥自身优势，把争取小微企业政策支持、推动优化企业发展环境作为主要服务内容，把国家发展战略与企业发展实际结合起来，抓重点、解难点、提建议，推动民营企业适应经济发展新常态，实现转型升级。

今年上半年在全系统开展了“民营企业走出去和参与‘一带一路’建设”重点调研。调研报告总结了民营企业走出去的方式和途径，从政策环境、金融支持、风险防范、外事服务、企业自身素质等方面分析了影响民营企业走出去的突出问题，提出了对策建议。中央领导同志对调研报告作出重要批示，要求有关部门主动和全国工商联衔接，指导帮助民营企业参与“一带一路”建设；要求工商联掌握情况、反映意见、协调关系，采取多种形式做好服务工作。为落实中央领导同志的批示，全国工商联与中央推进“一带一路”建设工作领导小组办公室建立起了工作联系，与国家发改委围绕服务民营企业参与“一带一路”建设、推动国际产能和装备制造合作进行会商，与商务部签署《关于推动民营企业参与“一带一路”建设和走出去合作机制》，与外交部共同举办“亚洲合作对话——共建‘一带一路’合作论坛暨亚洲工商大会”，参与主办全国政协“民营企业走出去”双周协商座谈会。一些地方工商联也主动协调沟通，出主意、想办法，积极为民营企业走出去搭建平台、提供服务。

受国务院办公厅委托，全国工商联于今年下半年开展了“全面支持小微企业发展政策措施落实情况”第三方评估，重点对支持小微企业发展的财税、金融、普遍性降费和清理规范涉企收费、商事制度改革等政策措施的贯彻落实情况进行评估。我们动员各地工商联，多方面听取企业意见，认真完成了评估任务。国务院常务会议听取了我们的评估情况汇报后，要求有关部门认真进行整改。我们还有效利用评估成果，就评估和调研中发现的一些突出问题，通过多种渠道和方式，积极建言献策。其中，降低制造业成本、延长小微企业税收优惠政策实施时限、加快设立国家中小企业发展基金、扩大固定资产加速折旧适用范围等建议，在中央和国务院的有关文件中得到了体现；在实行市场准入负面清单制度、推动国际产能和装备制造合作、鼓励和扩大社会资本投资建设铁路等多个文件征求意见过程中，我们提出的如“同步推进市场准入负面清单、政府权力清单、简化行政审批三项制度改革”和“规范负面清单制定过程中的地区性差异”等建议被采纳。

为激发民间投资活力，我们还与国家发改委联合举办“政府和社会资本合作项目”推介培训会，共推出涉及市政、公路、机场、能源等多个领域的287个项目；首次与总装备部联合举办军民融合政策和全军武器装备采购信息网宣讲培训会，进一步推进“民企参军”；积极服务民营企业参与区域经济建设，举办或参与举办了“民企吉林行”等10余项经贸活动，本次执委会议期间还将举办民营企业助推江西转型发展大会。

（三）着力加强基层组织建设

我们坚持重心下移、面向基层，着力推动工商联所属商会改革，持续加强“五好”县级工商联建设。

为贯彻落实中央统战工作会议精神，推进统战工作向商会组织有效覆盖，我们组织开展了商会工作专题调研；加强对所属商会的指导、引导和服务，在商会换届工作中，开展对主要负责人的考察工作试点。就工商联所属商会的特殊性，我们与有关部门反复沟通协调，在中办、国办下发的《行业协会商会与行政机关脱钩总体方案》中，提出个别承担特殊职能的全国性行业协会商会另行制定改革办法，明确了工商联所属商会不脱钩。目前，全国工商联正在研究制定改革办法。

在巩固县级工商联“一个设立、五个有”成果基础上，我们组织推进“五好”县级工商联建设。确认了首批499家“五好”县级工商联，召开全国“五好”县级工商联建设暨会员发展工作推进会议，由全国工商联组织委员会委员带队在全国范围内开展互查，注重发现先进典型，推动建设目标落实。举办了4期县级工商联主席、党组书记培训班，860多人参加培训。为认真贯彻落实中央党的群团工作会议精神，严格防止会员发展中存在设置资产门槛等问题，对直属会员工作进行调研，提出了改进措施。

一年来，我们着力加强机关作风建设，认真开展“三严三实”专题教育，健全各项规章制度，加大干部培训力度，持续改进机关工作作风。在取得成绩的同时，我们也要看到，面对新形势、新任务和新要求，工商联工作还存在一些不足。主要是在开展非公有制经济人士理想信念教育实践活动中，思想政治工作与经济服务工作还存在“两张皮”现象；服务意识还须进一步增强，服务方式和内容与党和政府的要求和非公有制经济人士的期望还有一定差距；机关干部队伍的能力素质有待进一步提高，思想观念、工作思路、工作方法的创新不够，存在不会作为、不善作为的现象。对于这些突出问题，必须高度重视，采取有效措施加以解决。

二、准确把握党的十八届五中全会精神，促进民营经济发展

党的十八届五中全会通过的《中共中央关于制定国民经济和社会发展第十三个五年规划的建议》，是动员全党全国各族人民夺取全面建成小康社会伟大胜利的纲领性文件。各级工商联和广大民营企业要深入学习、全面领会、准确把握五中全会精神，进一步认清形势、增强信心，推动事业发展和企业发展。

（一）践行发展新理念

理念是行动的先导。五中全会提出的创新、协调、绿色、开放、共享五大发展理念，是事关我国经济社会发展全局的深刻变革，集中体现了今后五年乃至更长时期我国的发展思路、发展方向、发展着力点，深刻揭示了实现更高质量、更有效率、更加公平、更可持续发展的必由之路。

五大发展理念坚持目标导向和问题导向相结合，既抓住了制约发展的症结，又开出了解决问题的良方。我们要深刻认识创新是引领发展的第一动力，把创新作为企业发展的根本出路，通过开展技术创新、模式创新和管理创新等，提高企业核心竞争力；深刻认识协调是持续健康发展的内在要求，通过参与区域协同和城乡一体化发展，拓展企业发展空间；深刻认识绿色是永续发展的必要条件，通过走绿色、低碳的可循环发展之路，引导企业加快走出不可持续的“死胡同”；深刻认识开放是国家繁荣发展的必然选择，通过努力参与全球产业分工与合作，不断提升企业利用两个市场、两种资源的能力；深刻认识共享是中国特色社会主义的本质要求，致富思源、富而思进，积极履行社会责任，为实现共同富裕贡献力量。

各级工商联要紧密联系形势发展和工作实

际，引导和服务民营企业在生产经营实践中践行五大发展理念，以创新为动力推动发展方式转变，以产业迈向中高端为方向实现质量和效益的同步提升。这是当前和今后一个时期工商联促进两个健康的重要任务，也是为全面建成小康社会贡献力量的内在要求。

（二）培育发展新动力

“十三五”期间要按照五中全会的要求，积极培育发展新动力，以新动力推动民营经济实现新发展。

要提升民营企业全要素生产率。近年来，民营经济的发展环境出现了新变化，劳动力、土地、技术等要素成本持续上升，企业融资成本与流通成本居高不下，要素跨区域流动面临多重梗阻。五中全会提出，要优化劳动力、资本、土地、技术、管理等要素配置；深化市场配置要素改革，促进人才、资金、科研成果等在城乡、企业、高校、科研机构间有序流动。这将有助于打破要素流动壁垒，提升民营企业要素配置效率；有利于抑制部分行业产能过剩，有效释放低效企业占有的大量资金和资源，为民营企业发展创造有利条件；对于降低民营企业成本，减轻企业负担，提升盈利能力产生积极作用。

要推动民营企业转方式调结构。目前，民营经济发展的产业结构和布局不尽合理，资源环境代价过大，发展质量和效益不高。五中全会提出，要拓展产业发展空间，支持新兴产业发展，支持传统产业优化升级，引导消费朝着智能、绿色、健康、安全方向转变。这将加快民营经济转方式调结构步伐，促进产业迈向中高端；有利于带动旅游、休闲、体育、文化娱乐等领域的服务需求，对于扩大消费需求，有效拉动民间投资，推动改造提升传统产业与培育发展新兴产业更好地结合意义重大。

要依靠大众创业万众创新。五中全会提出，要激发创新创业活力，推动大众创业、万众创新，释放新需求，创造新供给，推动新技术、新产业、新业态蓬勃发展。这将有效破除制约创业创新的思想障碍和制度藩篱，加快推进科技、投融资等领域改革，为激发民营经济创业创新活力营造更加宽松的制度环境；有助于发展以技术、品牌、质量为核心的新产品、新产业和新市场，培育发展众创、众包、众扶、众筹等新模式，促进生产与需求对接、传统产业与新兴产业融合；有利于壮大民营经济发展规模和非公有制经济人士队伍，提振发展信心，筑牢社会主义市场经济的微观基础。

要实现更高水平对外开放。随着全球产业分工的深刻调整，我国传统的比较优势正在弱化，民营企业利用两个市场、两种资源的能力亟待提升。五中全会提出，要加快对外贸易优化升级，从外贸大国迈向贸易强国，推动外贸向优质优价、优进优出转变；支持企业扩大对外投资，推动装备、技术、标准、服务走出去，推进国际产能和装备制造合作，积极有效引进境外资金和先进技术，培育一批跨国企业。这将为民营企业开展跨境电子商务、外贸综合服务等新型贸易，提高传统优势产品的竞争力创造更为有利的条件；将促进民营装备制造业走出去，在国际市场竞争中不断提升技术和标准；对于形成市场、能源资源、对外投资深度融合的对外开放新格局，提升民营企业全球资源和市场配置能力、产业链整合延伸能力和国际竞争能力具有重要意义。

（三）贯彻落实新举措

五中全会以五大发展理念为引领，提出了30余项重大新举措和300多项具体措施，对实现未来五年我国经济社会全面发展宏伟蓝图作出了重要部署，为新形势下民营经济实现新发展提供了新的机遇。

从区域布局看，将拓展民营经济发展空间。改革开放以来，国家相继实施了东部沿海开放、西部大开发、东北等老工业基地振兴、中部崛起等区域战略，形成了区域发展的四大板块。五中全会提出，以区域发展总体战略为基础，以“一带一路”建设、京津冀协同发展、长江经济带建设为引领，形成以沿海沿江沿线经济带为主的纵向横向经济轴带。这四大板块和三大战略有机结合，将培养发展重点城市群，依托中心城市及其周边地区，加快生产要素跨区域自由流动，促进民营经济产业协作和功能互补；将推动城际交通、能源、水利、信息等基础设施建设，为民营企业带来更多机遇；将更快融入全球产业链、价值链和物流链，为民营企业获取境外矿产、能源、农牧等资源，获取先进技术、人才、优质品牌和营销网络等竞争优势创造更为有利的条件。

从产业升级看，将加快民营企业迈向中高端。五中全会就构建产业新体系，实施《中国制造2025》和“互联网+”行动计划，提出实施工业强基工程、支持战略性新兴产业、实施智能制造工程、开展加快发展现代服务业行动、推动低碳循环发展等一系列重要举措。这将为民营企业在新一代信息通信技术、高档数控机床和机器人、节能与新能源汽车、电力装备、农机装备、新材料、生物医药等领域带来众多新机遇。随着一批关键共性技术和先进基础工艺难题的攻克，制约民营企业迈向中高端的技术瓶颈将得到有效破解。随着生产性服务业向专业化和价值链高端延伸、生活性服务业向精细和高品质转变、制造业由生产型向生产服务型转变，对民营企业开拓新兴市场领域，如社会养老、工业设计、现代物流等将产生积极影响。随着能源体制改革进一步推进，制约民间资本进入石油、天然气、电力等领域的体制机制障碍将被破除。

从民生保障看，民营经济将发挥更大作用。五中全会提出了一系列新举措：加强义务教育、就业服务、社会保障、基本医疗和公共卫生、公共文化、环境保护等基本公共服务；支持和规范民办教育发展，鼓励社会力量和民间资本提供多样化教育服务；完善鼓励回馈社会、扶贫济困的税收政策；鼓励社会力量兴办健康服务业，推进非营利性民营医院和公立医院同等待遇；实施脱贫攻坚工程等。这将进一步释放民间资本在文化教育、医疗卫生、新农村建设、新型城镇化建设等领域的投资潜力，提升民营企业履行社会责任的积极性，在弥补全面建成小康社会的短板中发挥更加积极的作用。

从政策环境看，困扰民营经济发展的突出问题将加快解决。在行业准入方面，鼓励民营企业依法进入更多领域，引入非国有资本参与国有企业改革，更好激发非公有制经济活力和创造力。在促进实体经济发展方面，开展降低实体经济企业成本行动，有助于民营企业优化运营模式，增强盈利能力；清理和规范涉企行政事业性收费，适当降低社会保险费率，减轻企业负担。在促进公平竞争方面，限制政府对企业经营决策的干预，减少行政审批事项；加快形成统一开放、竞争有序的市场体系，建立公平竞争保障机制，打破地域分割和行业垄断；减少政府对价格形成的干预，全面放开竞争性领域商品和服务价格。在产权保护方面，推动产权保护法治化，依法保护各种所有制经济权益；激发企业家精神，依法保护企业家财产权和创新收益。随着这一系列改革举措的贯彻落实，民营经济的发展环境将会得到进一步优化。

同志们，刚刚闭幕的中央经济工作会议，既是对2016年经济工作的全面部署，也是对推进结构性改革的重点部署，将为民营经济发展提供强大动力和重大机遇。2016年是全面建成小康社会决胜阶段的开局之年，也是推进结构性改革的攻坚之年。做好经济工作，战略上坚持持久战，战术上打好歼灭战，着力加强结构性改革，在适度扩大总需求的同时，去产能、去库存、去杠杆、降成本、补短板，提高供给体系质量和效率，提高投资有效性，加快培育新的发展动能，改造提升传统比较优势，增强持续增长动力，推动我国社会生产力水平整体改善，努力实现“十三五”时期经济社会发展的良好开局。推进供给侧结构性改革，是适应和引领经济发展新常态的重大创新，是适应国际金融危机发生后综合国力竞争新形势的主动选择，是适应我国经济发展新常态的必然要求。2016年及今后一个时期，要着力加强供给侧结构性改革，实施相互配合的五大政策支柱，即宏观政策要稳、产业政策要准、微观政策要活、改革政策要实、社会政策要托底。要坚持创新驱动，注重激活存量，着力补齐短板，加快绿色发展，发展实体经济。要做好为企业服务工作，在制度上、政策上营造宽松的市场经营和投资环境，鼓励和支持各种所有制企业创新发展，保护各种所有制企业产权和合法利益，提高企业投资信心，改善企业市场预期。要营造商品自由流动、平等交换的市场环境，破除市场壁垒和地方保护。要提高有效供给能力，通过创造新供给、提高供给质量，扩大消费需求。要开展降低实体经济企业成本行动，打出“组合拳”。要坚持调动各方面积极性，注重调动企业家、创新人才和各级干部的积极性、主动性、创造性。这些改革发展的重要举措，对民营企业家是极大的鼓舞，将进一步增强发展信心。我们一定要认真学习、深刻领会，把思想统一到党中央决策部署上来，按照中央经济工作会议的要求和确定的目标、任务，紧密结合自身实际，以踏石留印、抓铁有痕的劲头抓好贯彻落实，促进两个健康。

三、2016 年的重点工作

2016 年工商联工作的总体要求是：全面贯彻党的十八大和十八届三中、四中、五中全会精神，深入学习贯彻习近平总书记系列重要讲话精神，认真落实中央统战工作会议、中央党的群团工作会议、中央扶贫开发工作会议、中央经济工作会议作出的决策部署，按照“四个全面”战略布局，牢牢把握两个健康主题，深入开展以守法诚信、增强发展信心为重点的理想信念教育实践活动，做好以制造业为重点的经济服务工作，实施“万企帮万村”精准扶贫行动，加快推进商会改革，不断加强工商联自身建设，为“十三五”开好局、起好步作出新贡献。

（一）以“守法诚信、增强发展信心”为重点，深化理想信念教育实践活动

习近平总书记在中央统战工作会议上指出，要深化中国特色社会主义理想信念教育实践活动，《中国共产党统一战线工作条例（试行）》明确将开展理想信念教育、增强“四信”写入其中。各级工商联要把深化理想信念教育实践活动作为非公有制经济人士思想政治工作的长期任务，坚持不懈地抓实抓好。

在 2015 年的教育实践活动中，许多企业家反映，守法诚信教育契合企业实际，很有必要继续深入开展。同时，他们也感到，当前经济下行压力持续加大，实体经济面临诸多困难，一些企业“发展没有方向，转型没有办法”，发展信心不足。越是在这种情况下，越要发挥理想信念教育实践活动的作用，引导企业坚守法律底线、守法诚信经营，帮助他们增强信心、创新发展。因此，2016 年要以“守法诚信、增强发展信心”为重点，深化非公有制经济人士理想信念教育实践活动，既关注他们的思想困惑，又关注他们的实际困难，一手抓教育引导，一手抓鼓励支持。

要着力激发企业家精神，发挥企业家才能。改革开放以来，在一大批企业家身上集中体现着创新、执着、责任的精神。正是这种精神，激励他们攻坚克难、创新发展。我们要通过理想信念教育实践活动进一步激发企业家精神，使他们的才能得到充分发挥。要通过报告会、研讨会、培训班等方式，宣传实施“十三五”规划给民营经济发展带来的机遇，引导他们自觉践行五大发展理念，找准发展方向，增强发展活力，提高发展的质量和效益；推动党政部门和非公有制经济人士经常性联系，不断完善政企沟通长效机制，增进政企互信，促进建立健康的政商关系；加强法治宣传和法律服务，为困难企业尤其是处于成长期的小微企业提供法律援助，依法保护企业家财产权、创新收益和各种合法权益，不断为企业发展营造良好的市场环境和法治环境；积极宣传转型升级、创业创新、守法诚信经营、履行社会责任等方面的先进典型，发挥企业家的主体作用，激发他们的创业激情和创造活力。

要加强对年轻一代非公有制经济人士的教育培养。许多非公有制企业进入新老交替关键时期，大批年轻的接班人和创业者走上舞台，年轻一代已成为非公有制经济人士队伍的生力军。加强对他们的教育培养是工商联工作面临的新的历史任务。要根据年轻一代非公有制经济人士的特点，在理想信念教育实践活动中，加强国情党情教育，帮助他们解决在创业创新中遇到的困难和问题，引导他们继承发扬老一代企业家的创业精神和听党话、跟党走的光荣传统，致富思源、富而思进。与中央统战部共同开展年轻一代非公有制经济人士教育培养专题调研，着重了解他们的群体特点和成长规律，总结各地工作经验，探索建立教育培养工作载体和平台，发现和培养一批代表人士，提出加强和改进年轻一代思想政治工作的任务和措施。

要进一步发挥商会的主阵地作用。商会与非公有制经济人士的联系最经常、最直接，对会员的思想和生产经营情况了解最清楚，是扩大活动覆盖面、增强活动针对性的关键，是引导非公有制经济人士自我教育的重要阵地。要按照统战工作向商会组织有效覆盖的要求，将理想信念教育实践活动贯穿商会建设和发展的全过程，把活动开展情况作为所属商会及其主要负责人年度考核内容，发挥商会在宣传政策、提供服务、反映诉求、规范行为方面的作用，建立健全商会调解机制，推动商会建立完善行业自律规则。开展对全国工商联和省级工商联直属商会会长、秘书长的培训，提高商会服务和教育会员的能力。

（二）以创新服务为引领，促进实体经济健康发展

2016年各级工商联的经济工作要在创新服务上下功夫，把服务与理想信念教育实践活动紧密结合起来，增强信心，促进两个健康。

要服务以制造业为重点的实体经济。实体经济是经济实力的基石，制造业是实体经济的主体，引导服务民营制造业企业加快迈向中高端，对于推动实体经济和整个民营经济提质增效升级具有重要意义。开展民营制造业企业发展状况重点调研，继续开展上规模民营企业调研，聚焦制造业，了解发展现状、存在问题、制约因素及有关政策措施的贯彻落实情况，提出推动民营制造业企业发展的意见建议。开展科技综合服务，推动制造业企业技术创新。要多措并举，努力推动降低制造业企业成本。

要服务民营企业参与“一带一路”建设、京津冀协同发展、长江经济带建设三大战略。“三大战略”是引领中国经济增长的新引擎，是民营经济发展的新空间。各地工商联要抓好将要出台的《全国工商联关于引导服务民营企业参与“一带一路”建设的若干意见》的贯彻落实，支持民营境外工业园区建设和跨境并购，在政策、金融、信息、法律、外事等方面提供服务；建立和完善民营企业参与“一带一路”建设及国际产能和装备制造合作的企业库、重大项目库、案例库，与有关部委共同举办民营企业走出去培训。要围绕服务民营企业参与京津冀协同发展、长江经济带建设，组织开展形式多样的活动。

要服务民营经济发展环境改善，继续做好第三方评估工作。第三方评估是政府工作的改革和创新，是工商联新时期发挥助手作用的新载体和新手段。要深入总结工商联开展第三方评估的经验和做法，在提高评估质量和推进成果应用上下功夫。进一步深化与有关部委的合作，发挥合作机制作用。围绕“十三五”规划的落实，开展非公有制经济发展环境评价，通过高层协商、提案等多种形式，积极反映民营企业意见，推动政策措施落实。

（三）全面实施“万企帮万村”精准扶贫行动，引导非公有制经济人士积极参与脱贫攻坚

工商联系统组织民营企业开展“万企帮万村”精准扶贫行动已写入《中共中央国务院关于打赢脱贫攻坚战的决定》。各级工商联要把思想统一到中央决定上来，与扶贫办、光彩会密切配合，把组织民营企业实施“万企帮万村”精准扶贫行动，作为一项重要的政治任务，抓好落实。2016年1月份，全国工商联、国务院扶贫办、中国光彩会将召开电视电话会议，提出《关于深入推进“万企帮万村”精准扶贫行动实施意见》。各级工商联要结合地方实际制定具体实施方案，保证目标精准、定位精准、措施精准，逐年细化分解工作任务和目标，提出具体建档立卡贫困人口的帮扶脱贫计划和落实时间表，将帮扶重点向建档立卡贫困户、贫困人口聚焦，因企制宜、因村施策、因户施法；要发挥商（协）会作用，发动会员企业积极参与“万企帮万村”行动，商（协）会也可以作为帮扶主体，直接对贫困村进行结对帮扶；要引导企业家副主席、副会长和执委、常委在“万企帮万村”精准扶贫行动中发挥带头引领作用；要做好服务保障，努力协调党委政府有关部门，为企业争取各方面优惠政策，帮助企业解决行动中遇到的困难和问题；要结合“万企帮万村”精准扶贫行动，开展光彩行、援藏援疆、定点扶贫、公益慈善等工作。

（四）推进工商联所属商会改革，加强基层组织建设

工商联所属商会是工商联的基层组织和工作依托，实现统战工作向商会组织有效覆盖，是中央赋予工商联的重要政治任务，是不断推进工商联事业发展的现实需要。工商联要不断扩大商会组织覆盖面，提升自身工作能力和水平，切实担负起指导、引导、服务的职责，配合推动商会党组织建设，加强对所属商会及会员的思想政治工作。要深刻认识和理解工商联是具有特殊职能的商会组织的内涵，深入分析工商联所属商会的中国特色、组织特性和时代特征。要针对商会改革工作中面临的工商联所属商会范围界定、不同类型商会分类指导、商会党建工作等难点问题开展深入调研，提出具体措施。要主动与有关部门加强沟通，抓紧制定改革办法，推动尽快出台。

各级工商联要增强会员队伍的广泛性和代表性，加大会员发展力度，优化会员结构，更加关注和发展战略性新兴产业、先进制造业、现代服务业、文化创意产业企业入会，适应大众创业、万众创新的形势，积极吸纳小微企业入会，在入会条件上不能设置资产门槛，避免“贵族化”等倾向。配合有关部门研究制定关于非公有制经济代表人士综合评价工作的意见，完善综合评价体系，努力做好非公有制经济代表人士工作。继续推进“五好”县级工商联建设，激发县级工商联工作活力。加强上级工商联对下级工商联的指导，配合党委统战部门做好县级工商联换届工作，选好配强领导班子，切实帮助解决制约县级工商联建设的主要问题，确保换届工作顺利完成。

（五）加强工商联干部队伍建设，进一步提高服务两个健康的能力

要按照“信念坚定、为民服务、勤政务实、敢于担当、清正廉洁”的好干部标准，切实加强工商联干部队伍建设。要加强学习提升素质，根据形势发展和任务需要，利用集中培训、座谈讨论、网络学习、请进来等多种形式，聚焦热点前沿问题以及工作中的重点难点，加强干部教育培训工作，扩大培训范围，提高培训质量，坚定工商联干部理想信念，全面提升服务两个健康的能力。要勇于创新善于创新，破除惯性思维，不断创新工作思路和工作方法。要增强调研力度深度，深入企业，密切与非公有制经济人士的联系，加强典型案例积累和剖析，提升调查研究工作水平，充分发挥工商联智库作用。要进一步加强作风建设，严格制度落实，切实执行各项规章制度，强化制度督查问责，用制度规范推进各项工作，把从严从实作为作风建设的长期要求，推动机关建设再上新台阶。以建立会员数据库为重点，加强信息化建设。

同志们，2016 年工作的目标、任务、要求已经明确，让我们更加紧密地团结在以习近平同志为总书记的党中央周围，高举中国特色社会主义伟大旗帜，坚定信心、开拓进取、改革创新、奋发有为，为全面建成小康社会作出新贡献！

全哲洙同志在全国工商联十一届四次执委会议上的讲话

（2015 年 12 月 24 日）

这次执委会议就要结束了。昨天，我们听取了王钦敏主席作的工作报告，大家经过认真的讨论，进一步统一了思想、明确了任务；今天，我们又听取了卢中原同志作的党的十八届五中全会精神辅导报告，通过了有关人事事项，圆满完成了各项议程。2016 年是实施“十三五”规划的开局之年，也是全面建成小康社会决胜阶段的起步之年，同时是推进结构性改革的攻坚之年。党中央深刻把握发展新形势，科学提出发展新理念，持续推出发展新举措。全面贯彻落实党中央重大决策部署，切实加强和改进新形势下工商联工作，必须牢固树立创新、协调、绿色、开放、共享发展理念，紧紧围绕两个健康主题，始终坚持问题导向、实践导向和基层导向。这三个导向紧密关联，既体现思想方法和工作方法，也是对能力素质和作风建设的要求，是各级工商联在工作中必须牢牢把握的重要遵循。下面，我就坚持三个导向，以严的精神和实的作风，推进落实工商联各项工作，开创工商联事业新局面，谈几点意见。

一、坚持问题导向

习近平总书记指出，要以重大问题为导向，抓住关键问题进一步研究思考，着力推动解决我国发展面临的一系列突出矛盾和问题。问题是事物的矛盾、发展的短板，是时代的声音、现实的反映。历史无非就是问题的消亡和解决，现实也无非是问题的存在和发展。坚持问题导向，就是坚持马克思主义矛盾论，始终保持发现问题的敏锐、正视问题的清醒、解决问题的自觉。

一要善于发现问题。问题是不以人的意志为转移的客观矛盾，工作就是不断面对问题和矛盾。我们必须具有强烈的问题意识，敢于正视问题，对问题不掩盖、不回避、不推脱，否则就会使小问题演化成大问题。问题意识就是忧患意识、底线思维。登高才能望远，深谋才能远虑。只有明大势、识大局，才能尽早发现事关全局的带有方向性、长远性、苗头性的新情况新问题。感觉不到问题是最大的问题，危机就隐藏在形势一片大好之中，这一点对企业来说也是同样重要。早发现问题早主动，晚发现问题就被动。当前和今后一个时期，认识新常态、适应新常态、引领新常态是我国经济发展的大逻辑，这是党中央综合分析世界经济长周期和我国发展阶段性特征及其相互作用作出的重大判断。我们要善于在认识新常态中适应新变化，看到发展中高速已经成为现实并将保持较长过程，迈向中高端已经成为我国经济转型升级和产业优化升级的必经之路，跨越"中等收入陷阱"则是实现两个百年目标必须爬的坡、必须过的坎。要善于在把握大逻辑中发现新问题，既对重要战略机遇期没有根本改变和经济基本面长期向好有坚定信心，也必须充分估计结构性产能过剩、企业利润普遍下滑、对外贸易持续萎缩等一些困难因素，清醒看到农村贫困人口脱贫、社会事业发展、生态环境保护、民生保障、基础设施等方面存在的一些明显短板，对中央强调坚持稳增长、调结构、惠民生、防风险，从供需两端加大结构性改革等决策部署有深刻认识，做好打硬仗、打持久战的准备。中央的形势判断和决策部署，就是当前要把握的大局，规定着我们发现问题的基本脉络和主要方向。发现问题不能高高在上、靠想当然，也不能道听途说，必须迈开双脚，深入下去进行调查研究。调查不深、案例不清、情况不明，就会头脑发空、心里发慌、无处发力。近些年来工商联围绕党和国家中心工作、聚焦两个健康主题，每年开展重点调研，摸清了一些情况，发现了一些问题，为中央制定政策和我们部署工作提供了客观依据。2016 年，全国工商联将重点开展制造业民营企业发展状况和年轻一代教育培养状况调研。要把年度重点调研工作机制坚持好、发展好、运用好，多到企业接地气，多到现场摸实情，多到一线长见识，发现并提出企业发展亟待解决、企业家普遍关注的实际问题。

二要找准主要问题。找准问题是对共性问题抽象概括的过程，是抓住事物的主要矛盾和矛盾的主要方面、突出重点难点的过程，也是调查研究工作中至关重要的去粗取精、归纳分析过程。只有找准，才能抓住症结、牵住"牛鼻子"，才能扭住关键、掐住"蛇三寸"。找准问题就要研究问题。只调查不研究，就会迷失在纷繁复杂的现象"迷宫"之中，理不清头绪，找不准问题，抓不住重点。全国工商联每年都要确立若干重点工作，抓重点工作就是抓主要问题。近几年，我们形成了理想信念教育实践活动、服务企业发展、"五有"及"五好"基层建设、第三方评估等特色活动，正是因为通过深入调查研究，找准了党的十八大以来非公有制经济人士思想状况集中反映在"四信"上、改善发展环境重在推动政策落地、工商联自身建设短板突出表现为"高位截瘫"等关键问题，在针对性和实效性上有了重要突破。新形势下，非公有制经济领域和工商联工作面临的问题错综复杂；有来自内部的，也有来自外部的；有老问题，也有新情况。这就要求我们具体问题具体分析，既要保持战略定力，把情况吃透，把问题找准，又要及时做好预警、预案、预控，努力保持战略主动。实体经济是我国经济实力的根基、财富创造的来源。非公有制企业大多数集中在实体经济领域，当前普遍面临需求不足、成本上升、库存增长、利润下滑等生存困境。要发挥非公有制经济在实现稳中求进方面的积极作用，就需要我们更加注重引导企业市场行为和非公有制经济人士心理预期。非公有制经济人士思想状态与企业发展状况和守法诚信情况息息相关。过去靠粗放式要素投入、低劳动力成本、低附加值产品就能赚钱度日的，有些撑不住想"歇业""套现"了；过去靠开"偏门"、走"夜路"、依托不健康政商关系获取资源的，有些不踏实、信心不足甚至想"一走了之"了。但同时，许多企业敢为人先，依靠自主创新、品牌建设、科学管理、守法诚信，更加充满激情、奋发有为、辟出新径。这些表明，强化创业创新意识和法治意识、拓展新空间、增强社会责任感才能帮助企业渡过当下难关，才能有利于企业长远发展。我们把守法诚信、增强发展信心作为2016年深化理想信念教育实践活动的重点，把促进制造业企业迈向中高端作为2016年经济服务工作的重点，把“万企帮万村”精准扶贫行动作为参与脱贫攻坚战的重点，目的就在于引导企业守法诚信、坚守实业，在提质增效发展制造业、参与“一带一路”建设、京津冀协同发展、长江经济带建设和新型城镇化建设、产业扶贫中增强发展信心和创新勇气。各级工商联都要围绕地方党委政府中心工作和全国工商联重点工作，聚焦制约两个健康的关键问题，找准企业所急、社会所需、自己所能的重点领域，精准发力，以点带面，不断提升整体工作水平。

三要主动解决问题。发现问题，找准问题，最终都是为了解决问题。发现问题是贡献，解决问题是能力。只要精神状态好，办法总比困难多。当前和今后一个时期，非公有制经济领域面临的发展困扰和思想困惑可能比以往任何一个时期都更突出、更集中、更复杂。各级工商联都要把企业困难当作自己的困难，将服务挺在前面，着力解决不懂企业服务需求的问题和自身不会服务的问题。越是经济下行、企业困难的时候，越是环境复杂、企业迷茫的时候，就越是工商联主动服务、履职尽责、发挥作用的时候。要发挥桥梁纽带作用，既吃透上情服务于中心大局，当好党委政府的助手；也把准下情服务于两个健康，当好企业和企业家的帮手，不能把两者割裂开来，也不能畸轻畸重。要坚持“团结、服务、引导、教育”方针，在服务中体现教育，在引导中贯穿服务，靠雪中送炭结识患难之交，靠服务引导凝聚更多人心。要落实两个健康主题，既要紧贴企业服务需求、回应企业服务期待，依托建言献策渠道多做反映诉求，推动政策制定、完善、落实等工作，依托商会多帮企业排忧解难，为非公有制经济健康发展营造良好环境；也要把解决思想问题与解决实际问题结合起来，广泛宣传党和政府关于非公有制经济发展的方针政策，帮助非公有制经济人士解疑释惑，加大正面舆论引导，为非公有制经济人士健康成长创造更好条件。要切实转变作风，增强服务意识，把握企业需求，提高服务能力，做到供需对路、精准服务，摆脱机关衙门做派，尤其要防止把服务作为交易，严禁向工作对象索取利益，真正为企业办实事、解难事，通过优质高效的服务来增强工商联的凝聚力、影响力和执行力。

二、坚持实践导向

习近平总书记指出，全面建成小康社会要靠实干，基本实现现代化要靠实干，实现中华民族伟大复兴要靠实干。实干是实践的精髓，不干半点马克思主义也没有。问题总是产生于实践当中，解决问题最终还要依赖于实干。坚持实践导向，就是坚持马克思主义实践论，以创新的精神、担当的胆略、务实的作风，见诸行动、付诸实践，一个问题一个问题地解决，一项工作一项工作地落地，不断推动事业进步和企业发展。

一要敢于担当。工作就是责任，领导就要担当。新形势下，中央作出了促进非公有制经济健康发展和非公有制经济人士健康成长既是重大经济问题，也是重大政治问题的深刻判断，从而把促进两个健康纳入了党和国家的全局性工作之中，对工商联提出了落实两个健康主题、深化理想信念教育实践活动、服务民营企业转型升级创新发展、开展“万企帮万村”精准扶贫行动、制定工商联所属商会改革办法、推动统战工作向商会组织有效覆盖等重要任务，明确了既关注非公有制经济人士思想，也关注他们困难的工作要求。近些年来，工商联的地位作用越来越重要，社会影响越来越大，这与各级工商联干部敬业奉献、认真负责是分不开的。要看到，面对越来越繁重的工作任务，正如习近平总书记所强调，各级领导干部要努力学习实践，防止出现“新办法不会用、老办法不管用、硬办法不敢用、软办法不顶用”的情况。当前，有一些干部缺乏攻坚克难的责任担当，这其中有不作为的问题，但更主要的是面对新的形势任务无所适从，不会为不善为的问题。各级工商联领导干部要提振精气神、树立好作风、增强执行力，把促进两个健康、服务全面建成小康社会的历史责任扛在肩上，把具有全局性、引领性的重点工作抓在手上，遇到难题敢于碰硬，发现矛盾主动解决，一步一个脚印地走下去。为此就要注重学习提高，掌握方针政策，吸纳各方信息，加强实践锻炼，克服“本领恐慌”，增强落实五大发展理念的素养和能力。不容回避的是，现在有些地方和部门干部出现了与企业家不接触、不联系、不办事的情况，一些工商联干部在与企业家交朋友方面既存在不会交、不慎交的老问题，又出现了不愿交、不敢交的新问题。作为民营企业的“娘家人”，我们有责任按照“两个关注”的要求，主动担当、积极作为，同企业家交思想上的朋友，以自己的辛苦指数换取企业和企业家的健康指数。

二要注重创新。创新是实践的本质，是实践、认识、再实践、再认识的过程。抓创新就是抓发展，谋创新就是谋未来。党的十八届五中全会把创新摆在国家发展全局的核心位置，强调创新是第一动力，要求让创新贯穿党和国家一切工作。企业是社会主义市场经济的主体，也是大众创业、万众创新的主体。创新是产业升级的主引擎，是企业参与中国制造2025、实现提质增效、迈向中高端的根本途径。任何时候都不要忘记，必须把发展实体经济、培育有核心竞争力的创新型企业作为服务中心工作的出发点和落脚点，真正打牢社会主义市场经济的微观基础。企业家不是一种职务，体现的是素质，是社会的宝贵资源，在推动经济发展中发挥着重要作用。要为企业家营造透明的法治环境、宽松的市场环境特别是健康的政商环境，改善市场预期，提振投资信心，保护企业家财产权和创新收益，给以“定心丸”。要为企业家营造有利于创业创新的舆论氛围和社会环境，鼓励探索、宽容失败，善待企业家、尊重企业家。作为适应和引领新常态的重大创新，中央强调推进供给侧结构性改革，其重要内容就是优化存量、引导增量、主动减量，全面提升质量和效益、动能和效率；其重要着力点就在企业，打出“组合拳”，为企业降低制度性交易成本和税费负担、财务成本、电力价格、物流成本，目的就是让企业轻装上阵。这要求我们非公有制经济人士积极学习践行中国特色社会主义政治经济学，弘扬以“创新、执着、责任”为主要内容的企业家精神，发挥创业创新才能，围绕国家区域发展战略增加有效投资，瞄准国内外市场需求增加产品有效供给，在增强自主创新上加大研发投入，善于运用“互联网+”和“+互联网”进行创新突破。在多年来的实践中我们也有切身体会，创新是推进工商联工作不断取得新突破的不竭动力，过去取得的一些成绩无不源自改革创新。实践发展永无止境，工作创新永无止境。创新就要用心，最大的消极怠工就是照搬照抄、生搬硬套，最大的资源浪费就是循旧例、依旧规、低水平简单重复。把创新贯穿工商联服务两个健康的全过程，关键是要从落实“两手抓”入手，在防止空对空、“两张皮”上提出创新思路和举措，做到一手抓鼓励支持，推动解决制约企业发展的普遍问题，一手抓教育引导，及时解开非公有制经济人士思想上的疙瘩。

三要狠抓落实。实践是检验真理的唯一标准，实效是追求真理的最终目的。检验工作实践，关键看落实效果；衡量落实成效，主要看质量和效益。做事不算落实，成事才算落实。目前，各级工商联普遍面临的一个问题是工作质量和工作效率有待于提高，有的只会简单应付，而不善于举一反三、推陈出新，特别是调研肤浅、表面化、不深入不具体，没有精准分析和科学判断，不认真诊断就乱开药方。面对繁重叠加的工作任务，不能“萝卜快了不洗泥”，必须处理好快与深、实的关系，把提高工作质量作为狠抓落实的第一要求。开展调研时，不能只求用了多少天、去过多少地方、开过几次座谈会，而要深入企业和企业家当中，真正摸到新情况新问题，真正研究分析新矛盾新趋势，提出富有建设性的政策建议和工作举措。制定文件时，不能搞简单的文字堆砌，提出措施一定要具有前瞻性和可操作性，同时要注重分类指导、符合实际，做到出台的文件务实管用。举办各项活动时，不能只求数字政绩、轰动效应，而要注重解决实际问题，确保在服务中心大局和促进两个健康上有实效。近三年来，全国工商联受国务院和综合部门委托组织开展了6次第三方评估。开展第三方评估，是政府工作机制的创新举措，也是工商联工作创新的一个重要成果，是工商联服务政府和企业的一个工作品牌。下一步，要着力提高评估工作的质量，主动开展对工商联第三方评估工作的评估，请别人来评估我们的工作。实践是具体的，一具体就深入，细节决定成败。我们要在落细落实上下功夫，在任务谋划部署、活动设计安排、工作责任分工上通盘考虑，细化措施、找准载体，一环扣一环、持之以恒地抓。抓“四信”教育就要融入企业生产经营实践，落到参加活动的商会和具有特点的活动上；抓制造业企业调研就要聚焦传统产业技术改造、设备更新和新兴产业培育发展，落到正反两方面的典型案例和降低成本等措施建议上；抓商会改革就要做好统战工作有效覆盖的顶层设计，落到改革对策研究和改革办法制定上。“万企帮万村”精准扶贫行动是党中央国务院在《中共中央国务院关于打赢脱贫攻坚战的决定》中明确交给工商联系统的一项重要任务，必须真抓实干，抓好落实，当务之急是因地制宜制定具体实施意见，推动出台并落实相关扶贫政策，鼓励企业围绕“精准”创新扶贫方式，确保扶贫行动取得实实在在的成效。不会结合就没有创新，不会合作就没有合力。要更加注重在结合上做文章，把贯彻落实中央决策部署与创造性开展工商联工作结合起来，把促进两个健康结合起来，把思想政治工作、经济服务工作、社会服务工作、基层建设工作结合起来，防止单打一、各自为战。做好这些工作，光靠全国工商联不行，光靠工商联机关某个部门更不行，必须要做到工商联系统上下一盘棋，同时要善于争取党委政府的领导和支持，充分借助社会力量，尽可能地调动一切积极因素，共同形成推动工作落实的最大合力。

三、坚持基层导向

习近平总书记指出，党的工作最坚实的力量支撑在基层，最突出的矛盾问题也在基层。基层处于实践第一线，不到基层就是回避问题，脱离基层就是远离实践。坚持基层导向，就是坚持马克思主义群众观，把抓基层打基础作为长远之策和固本之举，始终重视基层、关心基层、服务基层，从基层汲取源头活水，为工商联事业发展打下坚实基础。

一要强化基层意识。工商联承担着促进两个健康的繁重任务。面对1800多万家非公有制企业和8000多万名非公有制经济人士，离开广大基层组织，工商联就成了空架子，无法挑起重担。《中共中央国务院关于加强和改进新形势下工商联工作的意见》把商会和县级工商联作为工商联的组织基础和重要依托，中央统战工作会议明确商会是工商联的基层组织，把商会工作作为加强和改进基层统战工作的重点，强调工商联同商会不能切断工作渠道，这是党中央从战略高度考虑提出的重要制度安排。工商联所属商会是非公有制经济人士最为集中的地方，是促进两个健康的主阵地，是工商联的组织资源和组织优势，直接关系着党执政的群众基础和社会基础。在国务院关于行业协会商会与行政机关脱钩总体安排中，工商联所属商会不存在脱钩任务。不脱钩，就是要明确商会作为工商联基层组织的基本定位，坚持并深化工商联所属商会统战性、经济性和民间性有机统一的鲜明特色和本质属性。“三性”有机统一问题，关键是统战性。没有统战性，就不能充分体现党的领导，就没有不可替代性。在这一点上，我们必须保持清醒的头脑。有的同志没有把工商联所属商会作为工商联的基层组织，认为商会的统战性应该淡化、在商言商，可以放手不管或放松管理。放手不管就是放弃阵地，放松管理就是动摇根基。强化基层意识，建好商会阵地，是各级工商联应尽的政治责任、应有的政治担当，绝不能在这个问题上有丝毫犹疑或摇摆。我们要牢牢把握商会的中国特色、组织特性和时代特征，引导各方面把思想统一到中央统战工作会议精神上来，牢固树立基层意识，更加重视基层建设，通过各类大大小小的商会，延长工商联工作手臂，形成纵横交错的组织网络，让商会像毛细血管一样延伸到非公有制经济领域各行业各角落，成为促进两个健康的基础力量。

二要激发基层活力。基层的生命力在于其活力。基层活则工作活，基层兴则组织兴。从理想信念教育实践活动来看，开展不活跃、实效性不强的地方主要是商会和县级工商联没有动起来。激发基层活力，就要抓改革。工商联所属商会改革的重要任务，是实现统战工作有效覆盖，就是要发挥商会统战性的特殊职能，这是衡量工商联所属商会与一般协会商会组织的根本区别。要推动统战工作有效覆盖，基本途径是依托工商联加强对商会的指导、引导和服务，基本要求是把统战工作贯穿商会组建和管理的各个环节，基本内容是考核商会主要负责人、开展商会会员思想政治工作、教育培训以及参与会员企业和各类商会党组织组建工作。当前，我们正抓紧研究制定工商联所属商会改革办法，既要着力破解当前制约商会发挥“三性”有机统一综合优势的各种障碍，明确提出推进统战工作有效覆盖的政策举措，也要按照国家总体改革要求，用改革的办法推动解决许多商会治理结构不健全、监督管理不到位、创新发展不足、作用发挥不够等行业协会商会发展中的突出问题。中央党的群团工作会议提出了深化群团组织改革的任务，特别强调要将力量配备和服务资源向基层倾斜。这对县级工商联来说，是发展机遇，也是改革挑战。目前，县级工商联建设已经取得了明显成效，但仍有许多薄弱之处。要准确把握改革内涵，顺应改革发展趋势，克服“等靠要”心理，用改革倒逼我们革除机关化、行政化、贵族化、娱乐化倾向，保持并增强政治性、先进性和群众性，通过促进商会工作的活跃来激发自身活力。激发基层活力，就要抓班子。要把选好配强主席和党组书记作为指导2016年县级工商联换届工作的重要任务，把考核、选配会长和秘书长两个关键人作为加强和改进商会建设的重要工作，把开展基层班子培训作为提升基层素质的重要途径，通过建设一个强有力的班子来带动基层工作的活力。县级工商联的企业家兼职副主席和商会的副会长作为基层班子的重要成员，并不是摆设，要充分发挥他们的作用，让他们都来出主意、出力气，真正让工商联工作的神经末梢敏感起来。激发基层活力，就要抓典型。榜样的力量是无穷的。先进典型是有形的正能量，能够起到示范带动作用。要继续用好“五好县级工商联”创建、“百强商会”推选等活动载体，按照可信、可比、可学的要求，树立一批县级工商联和商会的先进典型，让基层学有榜样、争有方向、赶有目标。要加强先进典型的宣传推广，组织一些现场观摩、交流互动，通过典型宣传带动整个基层建设全面推进。

三要做好基层服务。基层任务重，困难多，人手少。做好基层服务是改进工商联机关作风和加强干部能力建设的重要方面。贯彻落实中央党的群团工作会议精神，要重点解决脱离群众的问题，帮助基层积极反映并推动解决一些实际困难。各级工商联都要坚持眼睛往“下”看、身子往“下”沉、劲头往“下”使，更多考虑基层真实需求，谋划工作请基层一起研究，部署任务请基层一起参与，组织活动请基层一起设计，少搞一些强加于基层的活动，多提供一些对路的服务。下基层要常态化、制度化，不能只坐在机关里做工作，不能以文件落实文件、以会议落实会议，要把主要精力用到深入基层深入企业中去，用到指导基层服务企业中去。基层是最好的学校。要鼓励干部到基层一线加强实践锻炼、练就服务本领，上级工商联包括全国工商联也要为基层干部往上走挂职锻炼创造条件，全面提升工商联干部整体素质，为促进两个健康提供队伍保障。

再过几天又是新的一年。我们要深入学习贯彻习近平总书记系列重要讲话精神，牢牢把握两个健康主题，转变作风、埋头苦干、扎实工作，为夺取全面建成小康社会决胜阶段伟大胜利作出新的贡献。

第四部分　调研报告

商会工作专题调研总报告（节选）

为贯彻落实中央统战工作会议和《中国共产党统一战线工作条例（试行）》（以下简称《条例》）精神，深入了解并准确把握商会工作存在的主要问题，研究社会组织管理制度改革新形势下加强工商联商会工作的新思路新举措，2015 年 7 月，全国工商联由 6 位会领导带队，分赴 11 个省市开展了商会工作专题调研。

一、工商联商会工作的积极探索

本次调研正值各省份认真组织学习贯彻中央统战工作会议精神。大家普遍认为，这次会议特别是习近平总书记的讲话和《条例》就非公有制经济领域统战工作作出了新的理论阐释和政策规定，对工商联商会工作提出了新的要求，为工商联事业提供了更广阔的发展空间。

随着非公有制经济的快速发展，以非公有制企业为主的各类商会组织日益增多，目前各级工商联所属商会已达 4 万个。近年来，各地工商联坚持问题导向和实践导向，不断加强对所属商会的指导、引导和服务，积极推动统战工作向商会组织有效覆盖，围绕两个健康工作主题进行了不少积极探索。

（一）商会工作与县级工商联建设协调推进

县级工商联和商会都是工商联的基层组织，各级工商联坚持重心下移、抓基层打基础的工作思路，在推进“一个设立、五个有”工作和开展“五好”县级工商联建设的同时，不断创新工作方法，积极推进商会工作有效开展。

1. **争取党委政府支持**。一些省市工商联积极争取地方党委政府支持，解决县级工商联建设薄弱问题，通过加强县级工商联建设推动商会工作。

2. **重点抓好商会工作**。专门制定了有关商会工作的考核指标，要求各县级工商联制定商会发展规划，行业商会要覆盖当地主导产业。加强对商会班子人选的考察和培训，帮助商会提升服务能力，密切工商联和商会的联系。

（二）推动非公有制经济人士理想信念教育实践活动向商会深化

各地工商联注重把加强商会建设与深入开展理想信念教育实践活动紧密结合起来，将商会作为主阵地，发挥商会密切联系会员的组织优势，在拓展活动广度和深度上下功夫。

1. **突出典型引导，注重发挥企业家主体作用**。各地工商联通过举办报告会、宣讲会、培训班等活动，邀请在守法诚信、转型升级、商会党建、企业文化、和谐劳动关系等方面表现突出的企业家宣讲，用切身体会现身说法。一些地方的宣讲活动由商会会长、副会长直接组织，这种企业家既当导演，又当演员的形式，有力增强了教育引导的效果。

2. **坚持问题导向，结合企业发展实际开展教育**。面对经济下行压力加大，企业生产经营面临困难的情况，各地工商联坚持问题导向，引导商会开展针对性教育，避免流于形式、浮于表面。通过做企业家思想政治工作，把可能出现问题的风险防控前移，不作“救火队”，而作“预防针”，将理想信念教育落到实处。

3. **抓住行业特点，开展守法诚信教育**。商会采取订立行规行约、建立产品质量信息反馈制度、重要零部件集中采购、加强质量标准培训、推动建立健全质量检测体系等措施，推动塑料饮料机械产品质量稳步提升。协助政府部门成功处理因自媒体传谣引发的公众舆论危机事件，在业内推行“不信谣、不传谣”公约，坚持正确政治方向，树立正确行业导向。

4. **关注年青一代，将其教育培养纳入重要议事日程**。很多省市工商联通过成立青年企业家联谊会等组织，促进年青一代之间的沟通交流；在学习培训中尽量多地安排青年企业家参加，提高他们对世情国情的了解；将有思想、政治觉悟高的年青一代杰出代表纳入考察视野，做好非公有制经济代表人士政治安排的梯队建设。

（三）积极探索工商联参与商会党建新模式

在商会中建立党的组织，开展党的活动，充分体现党的领导，发挥政治引领作用。各地工商联在同级党委领导下，配合有关部门积极推进有条件的所属商会和会员企业党建工作，把好商会发展的正确方向。

1. **创新工作机制，加强对商会党建工作的指导**。由省直机关工委授权，省工商联机关党委成为各直属商会党组织的主管部门，并制定直属商会党建工作规则，统一加强工作指导。把“党建＋会建”作为促进商会建设的重要途径，探索出总商会党委带商协会党组织、商协会党建推动商会班子建设的做法。相继成立总商会党委，牵头负责所属行业商协会党建工作，采取“基层商会＋会员企业”或选派党建指导员等方式抓基层商会党组织组建。

2. **注重两个结合，将商会党建与“四信”教育和商会服务工作有机融合**。北京市东城区工商联通过引导商会党组织举办职工技能大赛，建立行业人才信誉库、诚信联盟等活动，把党组织的政治优势转化为促进行业发展的优势。广州市番禺区南村镇总商会在成立党委的同时，还设立了纪委，对会员企业中的党员进行监督，并依托党组织成立团委和工会。

3. **强化政治引领，以商会党建带动企业党建**。通过商会党组织推动会员企业党建已经成为扩大党在非公有制企业中组织覆盖和工作覆盖的有效渠道。不少商会通过选派指导员、建立“船头党小组”等形式积极指导具备条件的会员企业成立党组织，在加强党建工作的同时带动会员企业开展工会和团组织建设，形成以商会党建带企业党建、以党建促工会和团组织建设的新模式。

（四）加强规范化建设，推进各类商会组织健康发展

各地工商联在全面深化改革特别是社会组织管理制度改革进程中积极探索，以商会规范健康发展、作用有效发挥为目标，加强班子建设，规范商会管理，针对不同商会的不同特点开展分类指导。

1. **注重建章立制**。许多地方工商联结合实际，对商会建设以及工商联联系指导商会工作作了具体规定，商会管理逐步规范化。

2. **加强领导班子建设**。上海市工商联制定《关于直属商会领导班子成员考察工作的意见》，北京市工商联探索商会会长述职制度，广州市工商联在会长人选推荐方面与市委统战部事先沟通、双重把关。南京市工商联在商会成立、换届时深入商会和企业调研，听取各方面对商会班子成员意见，对会员意见大、反响差、不符合任职条件的人选做好劝退工作。各地工商联还举办形式多样、内容丰富的商会会长、秘书长培训班。

3. **加强分类指导**。各地工商联针对行业商会、乡镇街道商会、异地商会的不同特点开展分类指导，不求统一模式，但求实际效果。行业商会方面，重点推动在当地形成产业集群或发展较好的行业中组建商会，指导行业商会更加注重行业自律。乡镇街道商会方面，依托乡镇街道党委主导组建商会，指导商会紧紧围绕党委政府中心工作，服务新农村建设，维护市场秩序，调解矛盾纠纷。异地商会方面，引导商会摒弃传统“同乡会”的一些陋习，指导具备条件的商会建立现代管理制度，完善商会法人治理结构，使商会以乡情凝聚会员、以服务联系会员、以教育引领会员，更好促进会员企业成长和经贸交流。

（五）创新工作载体，推动商会服务水平有效提升

服务是实现统战工作向商会覆盖的重要途径。各级工商联通过加强服务，密切与商会的工

作联系和组织关系，扩大了工商联服务两个健康的范围。

1. **指导商会参与工商联重点工作**。依托商会开展调查研究，为各级工商联向各级两会报送团体提案、议案提供重要依据。商会越来越多地参与工商联组织的重大经贸交流、外事访问、光彩事业、扶贫开发等活动。

2. **搭建服务平台推动商会切实发挥作用**。很多地方工商联与政府有关部门建立了工作联系制度，通过组织商会参加座谈会、工作协调会等，加强政府部门与商会的沟通，帮助商会解决实际问题。各地工商联结合“四信”教育，依托商会为中小企业提供资金、技术、人才、政策咨询，市场开拓等服务，帮助企业渡过难关，提振发展信心。

3. **引导商会承接公共服务职能**。一些地方工商联主动配合政府有关部门帮助有条件的商会积极承接转移职能。

二、工商联商会工作的主要问题

经过多年探索，工商联商会工作成绩明显，但在实现统战工作向商会组织有效覆盖过程中，仍然存在一些亟待解决的突出问题。

（一）对统战工作向商会组织有效覆盖存在模糊认识

1. **对向商会有效覆盖的认识不到位**。各级工商联和商会对贯彻落实中央统战工作会议精神充满期盼，认为统战工作向商会组织有效覆盖必要而迫切，但不少工商联还停留在被动观望上，没有认识到工商联的主体责任，没有结合自身实际提出如何有效覆盖的工作思路和举措。有的商会还存在着片面理解统战工作内涵的情况。

2. **对脱钩与改革的关系认识模糊**。《行业协会商会与行政机关脱钩总体方案》已经出台，很多同志对文件中“个别承担特殊职能的全国性行业协会商会”指的是哪些商会不清楚，也不知道这一类行业协会商会如何改革，各地对工商联所属商会脱不脱钩、改不改革存在迷惑，对脱钩以后行业协会商会工作具体怎么开展找不到头绪。一些工商联干部对下一步如何指导、引导和服务商会承担和履行“特殊职能”感到茫然。

3. **对工商联与商会关系认识不清楚**。一些地方工商联负责人将改革后商会与工商联“渐行渐远”看作理所应当，没有认识到商会是工商联的基层组织。

4. **对工商联所属商会范畴认识不统一**。工商联所属商会涵盖哪些商会，有什么基本要素与特征，是工商联干部普遍不清楚的问题。有的同志认为仅由工商联主导成立的商会才是所属商会；还有的认为工商联的二级商会完成登记后就不是所属商会了，只是工商联团体会员。

（二）商会作为理想信念教育实践活动主阵地作用发挥不充分

1. **商会作为主阵地开展活动的覆盖面不够广**。一方面，理想信念教育实践活动仍存在盲区。尽管活动已开展两年多，但仍有许多商会会长不知何为“四信”，在工作计划中没有列入“四信”教育内容。另一方面，会员参与度不高。多数商会主要是参加工商联的活动，会后仅在商会领导班子中进行传达，在会员中引起的反响不大。

2. **工商联指导商会开展教育实践活动存在误区**。一方面，片面以会员服务代替理想信念教育实践活动，把商会开展的各种服务都往“理想信念”的“筐”里装，认为组织活动就是理想信念教育，弱化了对会员的思想政治引导。另一方面，对活动开展指导不够，使得有的商会负责人对教育实践活动的认识概念化，认为“四信”教育只是开展政治理论学习和讲大道理。

3. **对商会开展经常性理想信念教育缺乏有效指导**。各级工商联对理想信念教育在从集中性教育转入经常性教育后抓什么、怎么抓还缺乏谋划，对“四信”和本地非公有制企业发展实际结合的思路还不清晰，五个长效机制在商会如何落地缺乏有效做法。尽管不少地区非公有制经济人士和商会对活动都有热情，但工商联对于根据商会特点开展长期化、常态化教育的方式、方法和工作载体没有深入研究，没有组织和指导好商会开展活动。

（三）商会组织覆盖面不够

1. **商会组建覆盖面不广**。各地工商联所属商会多集中在传统产业，许多行业还没有建立商会，特别是一些支柱行业和新兴产业商会组建不够。

2. **商会吸引力不强**。新成立的新兴行业商会，发展尚处于初级阶段，商会会员在行业中所占比例不高，还属于“小众型”商会。有些商会龙头企业和行业领军人物不多，代表性不足；还有些商会吸引力不强。

（四）商会党建工作薄弱

从调研情况来看，商会党组织覆盖率普遍不高，商会党建工作比较薄弱。

1. **对商会党建工作指导不力**。个别商会存在着“党组织建与不建、党建工作抓与不抓与商会发展关系不大”的错误认识。有些工商联与商会党组织日常联系不多，指导较少，部分商会党组织活动不多，活力不够。有些工商联对商会党建面临的问题缺乏研究，对党员数量较少、达不到成立党组织条件的商会如何开展党建工作，一些商会党组织没有发挥应有的政治引领作用等问题，提不出具体的解决办法。

2. **工商联参与商会党建的体制不顺**。很多商会没有党员发展指标，新党员发展比较困难。一些地方还存在拒绝接纳商会党员组织关系转入的情况。

（五）工商联自身建设不适应新要求

一些工商联仍然存在人员不足、年龄偏大等问题，缺少熟悉社团政策、懂得商会管理的干部，调查研究不够深入，基层情况摸不上来，商会工作规律性把握不准。这就导致工商联对商会的指导、引导、服务缺乏针对性和有效性。有些工商联重视对商会负责人的入门把关，忽视日常引导教育，未建立考核和退出机制。有些工商联在商会急需的经贸合作、法律维权服务等方面作为不大，为会员服务锦上添花多、雪中送炭少。

产生以上问题，有工商联组织建设薄弱，商会工作能力不强等自身原因，也有商会管理体制机制方面的原因。一方面商会管理体制不顺。另一方面，一些地方党委政府对商会组织“不重视、不放心、不放权”，只是作为招商引资和慈善捐资的工具，忽视商会的统战功能，只见物不见人。

“五好”县级工商联建设调查问卷分析报告

2015年4月至7月，为更全面了解推进“五好”县级工商联建设的基本情况，了解省级、地市级工商联对县级工商联工作推动指导情况，剖析“五好”县级工商联建设中的情况问题，为下一步推进县级工商联建设寻求更为贴近基层工作实际的思路和路径，中央统战部、全国工商联在共同举办的县级工商联主席、党组书记培训班上印发了“五好”县级工商联建设调查问卷，对参训学员进行不记名问卷调查，共收回问卷427份，并对问卷进行数据汇总分析，形成此分析报告（各项情况以实际填写人数为准）。

一、调查基本情况

此次调查兼顾了东中西部，参与调查人员所在县级工商联处于东部地区的145人，占调查人数的34.28%；中部地区111人，占调查人数的26.24%；西部地区167人，占调查人数的39.48%（见图1）。

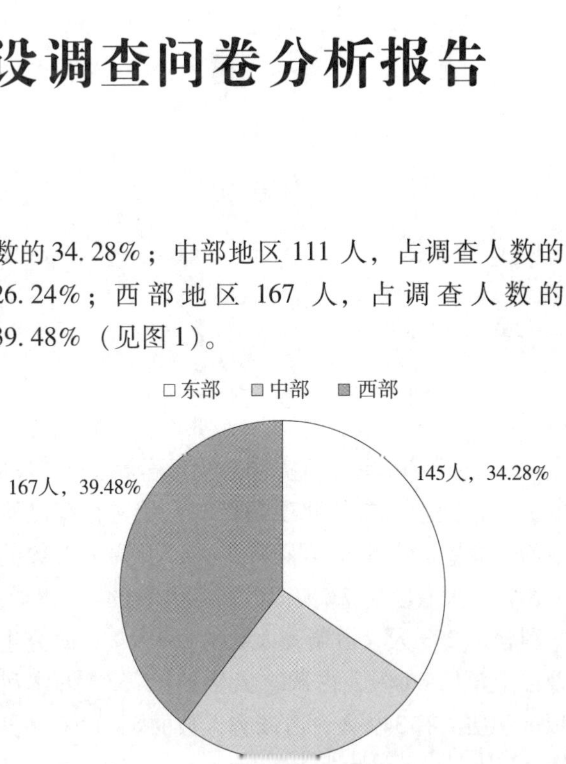

图1 参与调查人员所在县级工商联所处地区

从参与此项调查的人员性别构成看，男性301人，占调查人数的70.99%；女性123人，占调查人数的29.01%（见图2）。

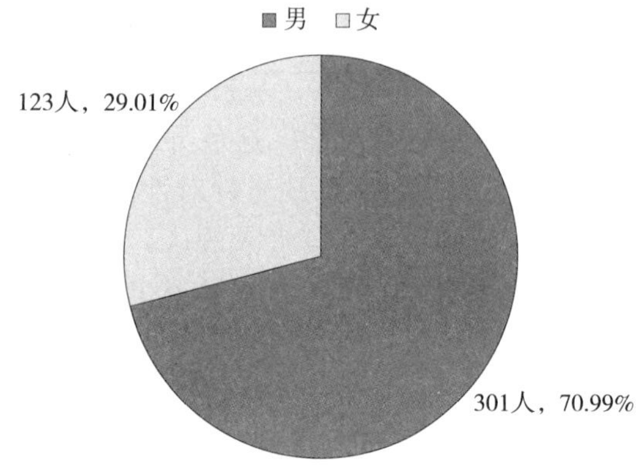

图2　参与调查人员性别情况

县级工商联主要负责同志年龄较为合理。参与此项调查的人员29岁至35岁13人，占调查人数的3.34%；36岁至45岁100人，占调查人数的25.71%；46岁至55岁262人，占调查人数的67.35%；56岁以上14人，占调查人数的3.60%（见图3）。

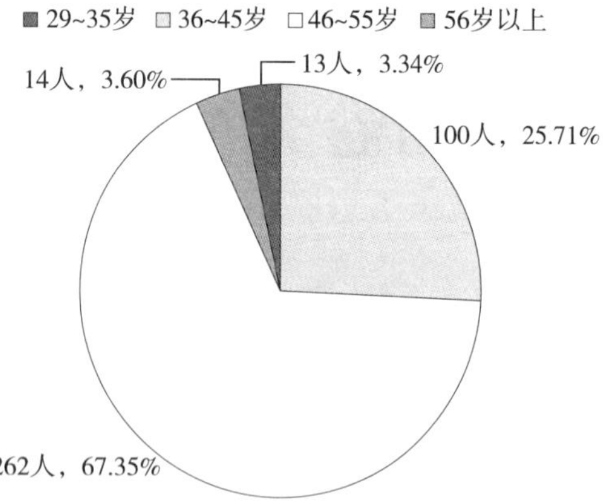

图3　参与调查人员年龄情况

县级工商联主要负责同志大部分都具有较高的文化程度。从参与此项调查的人员文化程度构成看，高中、中专学历只有3人，占调查人数的0.70%；大专学历73人，占调查人数的17.18%；本科学历283人，占调查人数的66.59%；研究生及以上学历66人，占调查人数的15.53%。本科以上学历共有349人，占调查人数的82.12%（见图4）。

从参与此项调查的人员政治面貌构成看，中共党员287人，占调查人数的67.37%；民主党派成员33人，占调查人数的7.75%；无党派106人，占调查人数的24.88%（见图5）。

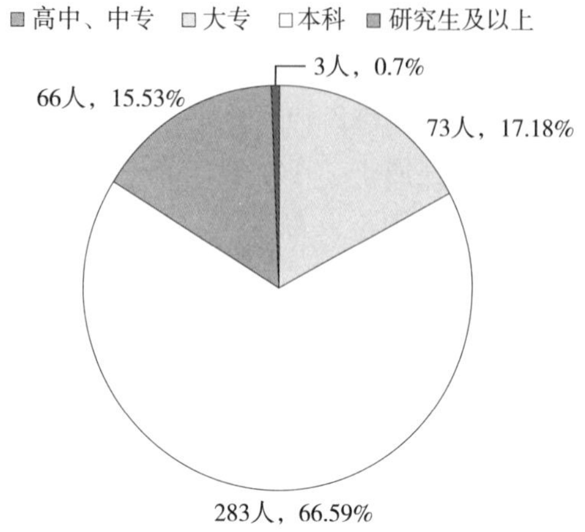

图4　参与调查人员文化程度

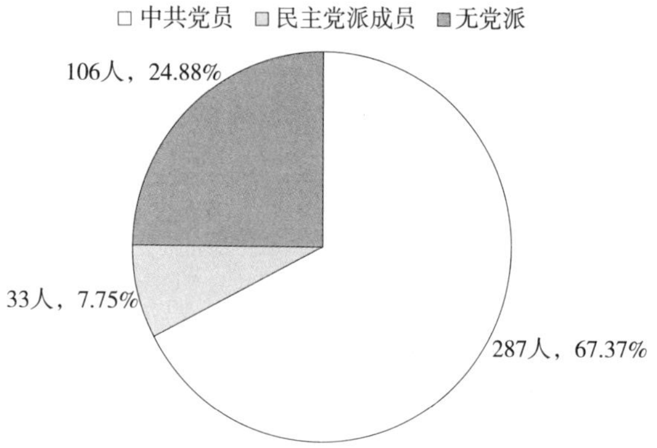

图5　参与调查人员政治面貌

超过半数的县级工商联主要负责同志到工商联工作年限相对较长，具有一定的工商联工作经验。参与此项调查的人员到工商联工作1年以内的54人，占调查人数的12.71%；1年至3年的138人，占调查人数的32.47%；4年至6年的115人，占调查人数的27.06%；7年至10年的72人，占调查人数的16.94%；10年以上的46人，占调查人数的10.82%。到工商联工作4年以上的总共有233人，占54.82%（见图6）。

从参与此项调查的人员所担任的工商联职务构成看，主席210人，占调查人数的49.53%；党组书记179人，占调查人数的42.22%；副主席31人，占调查人数的7.31%；其他职务4人，占调查人数的0.94%（见图7）。

县级工商联主席进入同级人大、政府或政协

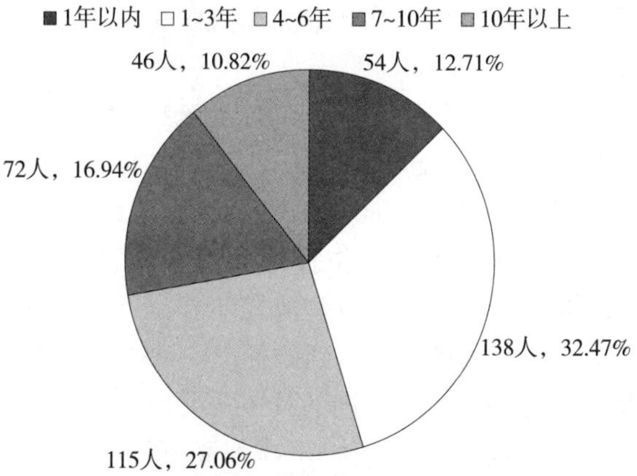

图6　参与调查人员到工商联工作时间情况

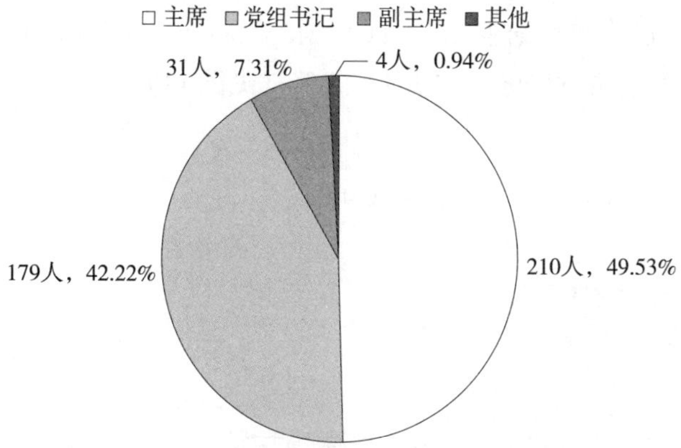

图7　参与调查人员担任工商联职务情况

领导班子比例不高，只占总数的三分之一。从210名主席担任同级人大、政府、政协职务构成看，担任县（区、市）人大常委会副主任11人，占调查人数的5.24%；副县（区、市）长3人，占调查人数的1.43%；县（区、市）政协副主席64人，占调查人数的30.47%；未担任职务132人，占调查人数的62.86%（见图8）。

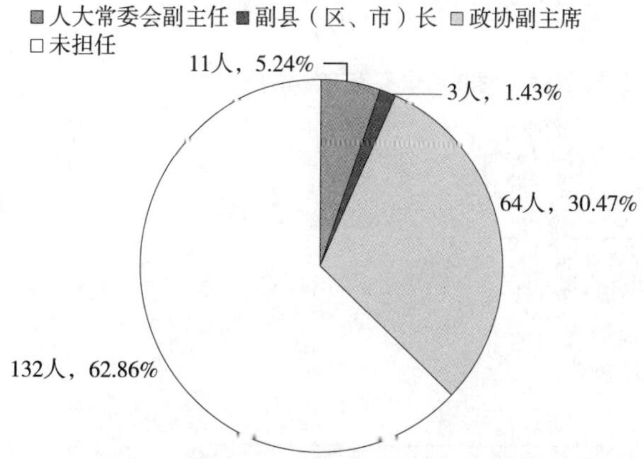

图8　参与调查人员所在县级工商联主席担任同级人大、政府、政协职务情况

近95%的县级工商联党组书记由党委统战部分管经济领域统战工作的副部长担任。从179名党组书记担任同级党委统战部职务构成看，担任常务副部长22人，占调查人数的12.29%；副部长147人，占调查人数的82.12%；未担任职务10人，占调查人数的5.59%（见图9）。

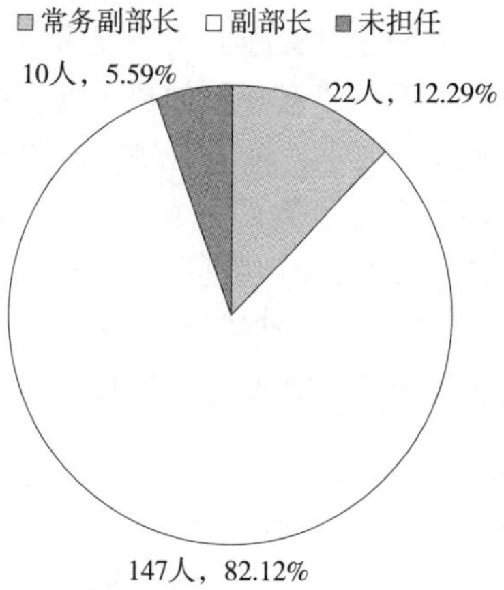

图9　参与调查人员所在县级工商联党组书记担任同级党委统战部职务情况

大部分县级工商联主要负责同志能够把主要时间、精力用于工商联工作。时间、精力主要用于工商联工作的367人，占调查人数的88.65%；用于统战部工作的29人，占调查人数的7.00%；用于人大或政协工作的11人，占调查人数的2.66%；用于党委政府工作的7人，占调查人数的1.69%（见图10）。

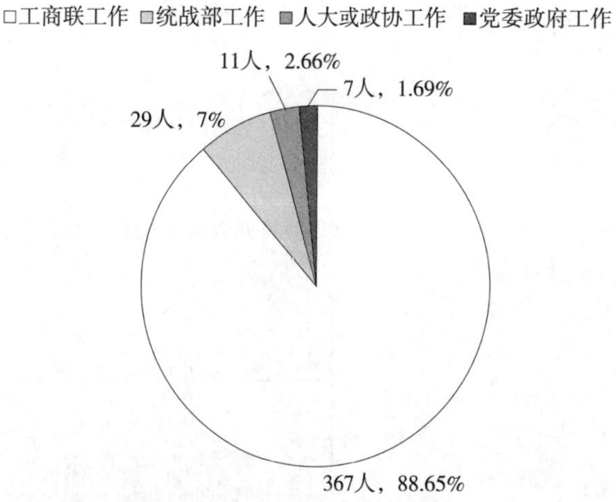

图10　主要负责同志投入工商联工作时间、精力情况

二、主体问卷

大部分县级工商联主要负责同志了解“五

好”县级工商联建设的目标要求，但也有部分同志表示对“五好”县级工商联标准不太清楚。参与此项调查的人员对“五好”县级工商联的标准“清楚，可以完整表述”比例最高，占61.94%；其次是“比较清楚”，占34.75%；“不太清楚”占比3.31%（见图11）。

从参与此项调查人员所在工商联制定“五好”县级工商联建设实施方案情况看，大多数县级工商联比较重视“五好”创建工作，按照省级或地市级工商联要求，每年均制定了“五好”县级工商联建设实施方案的占63.03%；其次是未每年制定实施方案，但有建设目标、工作措施及步骤的占34.36%。但仍有2.61%的县级工商联从未制定实施方案，且没有建设目标、工作措施及步骤，表明对这项工作根本就不重视，也没抓起来（见图12）。

参与调查人员认为所在的县级工商联达到了“五好”标准的超过半数，占62.74%；认为还没达到“五好”标准的占37.26%（见图13）。

县级工商联的工作保障和商会建设是“五好”建设的难点、重点和薄弱环节，会员发展则是县级工商联较容易达到的标准。认为所在工商联未达到“五好”标准的具体情况是：认为未达到“商会建设好”和“工作保障好”的占比较高，分别为49.37%和50.00%；其次是认为未达到“作用发挥好”，占比为40.51%；认为未达到“领导班子好”的占21.52%；认为未达到“会员发展好”的占17.09%（见图14）。

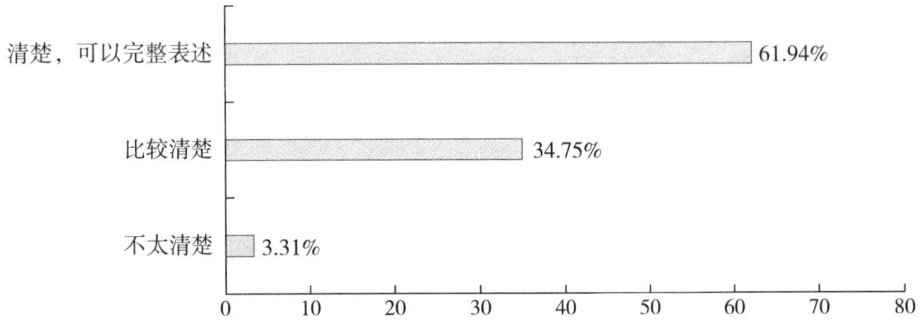

图11　对“五好”县级工商联标准的了解程度

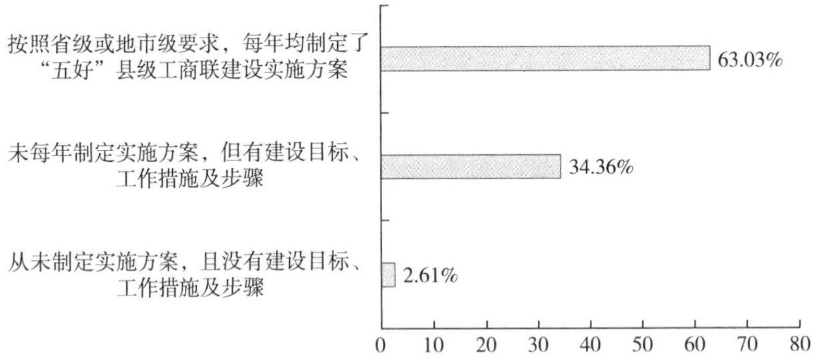

图12　参与调查人员所在工商联制定“五好”县级工商联建设实施方案情况

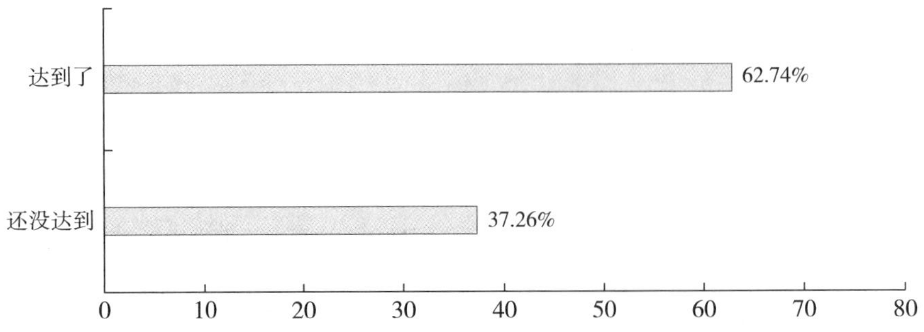

图13　参与调查人员认为所在工商联是否达到“五好”标准情况

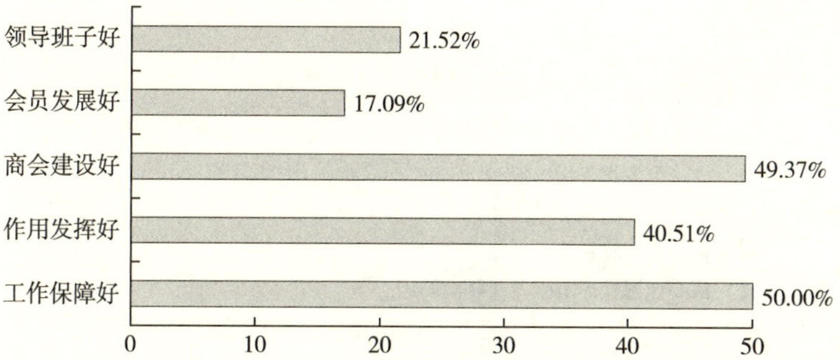

图 14　参与调查人员所在县级工商联未达到“五好”标准的具体情况

参与此项调查的人员认为造成所在工商联未达到“五好”标准主要有以下几方面原因：一是当地党委政府主要领导同志不够重视工商联工作；二是工商联工作保障不好，编制少、人员少，经费不足，办公条件较差；三是受当地经济发展水平制约；四是工商联组织主动作为意识不强，领导班子缺乏活力，缺少工作经验。

参与此项调查的大部分同志认为全国工商联开展“五好”县级工商联建设对促进所在县级工商联工作有成效，占 83.77%，认为没有成效的占 16.23%（见图 15）。在不同地区分布中，东部地区认为没有成效的比例明显高于中部、西部地区。

从调查结果看，超过半数的县级工商联开展非公有制经济人士理想信念教育实践活动较为扎实，制定了开展以守法诚信为重点的理想信念教育实践活动工作方案，并取得了实效，占 56.50%；制定了工作方案，但效果不够好，非公有制经济人士参与不够的占 38.06%；只在工商联机关作了动员部署，尚未在所属商会和会员中开展活动的占 3.55%；不了解 2015 年活动重点及内容，还未开展理想信念教育实践活动的占 1.89%（见图 16）。

中央 16 号文件明确要求：发挥工商联党组领导核心作用。从调查结果看，超过半数参与此项调查的人员认为所在工商联党组发挥了领导核心作用，党组议事规则和决策程序完备，很好地发挥了核心作用的占 54.68%。但仍有将近半数的人员认为所在工商联党组发挥领导核心作用一般或不够。其中，认为发挥作用一般的占 32.13%；认为议事规则和决策程序不完备，核心作用发挥不够的占 13.19%（见图 17）。

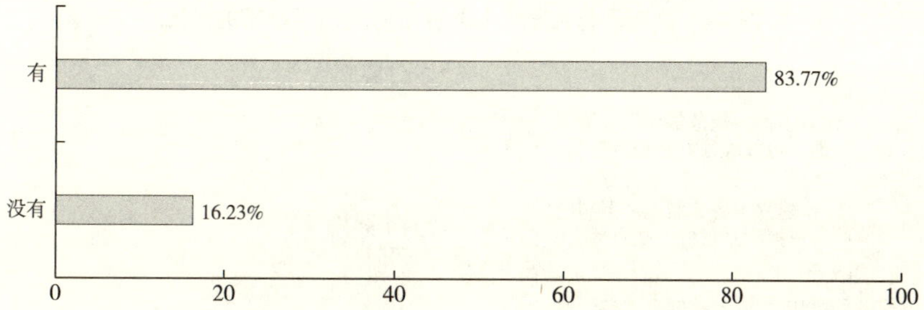

图 15　参与调查人员认为全国工商联开展“五好”县级工商联建设对促进工作是否有成效

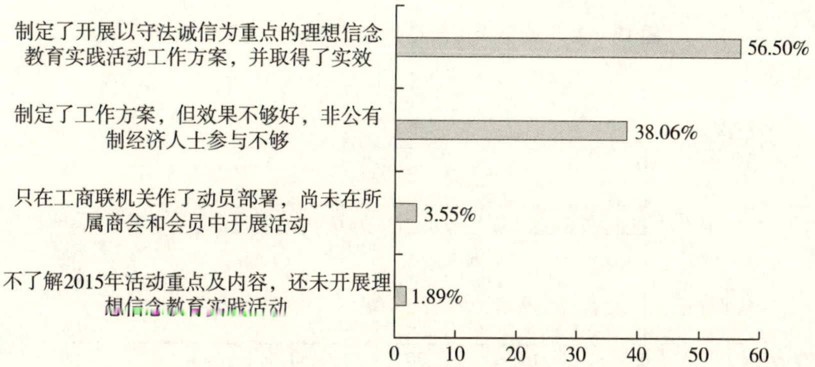

图 16　参与调查人员所在县级工商联开展非公有制经济人士理想信念教育实践活动情况

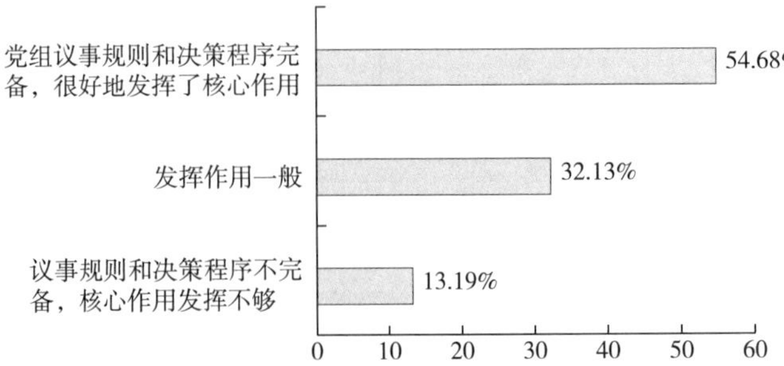

图 17　参与调查人员所在工商联党组发挥领导核心作用的情况

从调查结果看，大部分参与此项调查的人员认为所在工商联领导班子政治坚定，文化素质高，结构合理，占 64. 05%；其次是认为班子素质高，但年龄老化，缺乏活力，占 34. 76%；认为班子不团结，政治素质不高的占 1. 19%（见图 18）。

从调查结果看，近七成参与此项调查的人员认为所在工商联完善并落实了议事程序和规则，建立了民主规范的议事决策规则，也能够很好地执行落实，占 69. 19%；认为所在工商联建立了各项制度，但制度得不到很好的执行落实的占 27. 02%；认为所在工商联制度建立不够健全，且已建立的制度执行落实情况较差的占 3. 79%（见图 19）。

从调查结果看，省级、地市级工商联组织召开县级工商联建设经验交流会或座谈会的比例不高，每年召开一次的占 46. 67%，召开过的占 47. 14%，从未召开过的占 6. 19%（见图 20）。

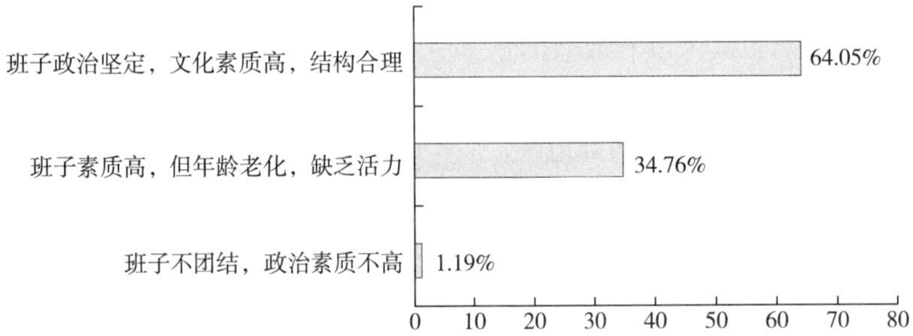

图 18　参与调查人员所在县级工商联领导班子的情况

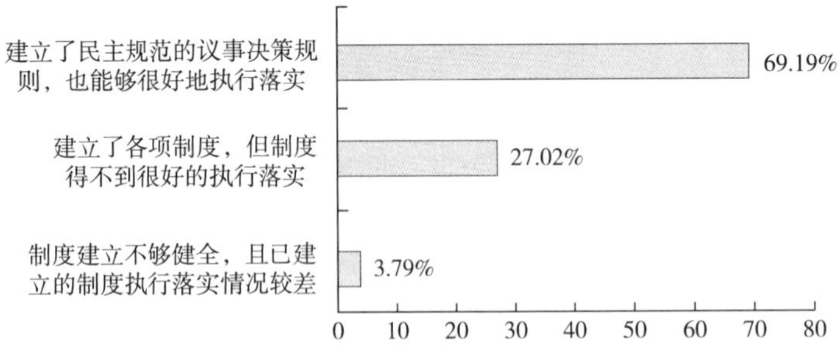

图 19　参与调查人员所在县级工商联制度建设情况

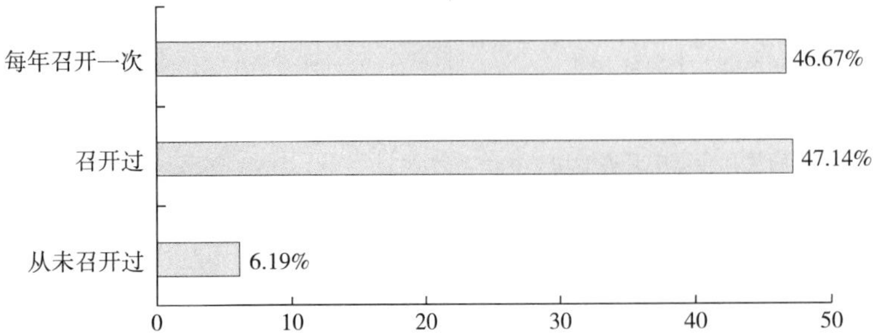

图 20　参与调查人员所在省级或地市级工商联组织召开县级工商联建设经验交流会或座谈会情况

从调查结果看，将近九成参与此项调查的人员参加过所在省级或地市级工商联组织的培训班或观摩学习等，占87.23%，但仍有少部分人从没参加过，占12.77%，这也反映出仍有部分省级、地市级工商联组织培训班或观摩学习较少，覆盖面不广（见图21）。

从调查结果看，超过半数参与此项调查的人员认为省级工商联能够有针对性地明确“五好”县级工商联建设目标，工作指导和实际支持力度较大，占51.54%；认为省级工商联指导工作停留在表面，不够深入的占36.17%；仍有12.29%的人员认为省级工商联对县级工商联工作没有指导和帮助（见图22）。

从调查结果看，参与此项调查的人员有67.15%认为地市级工商联能够有针对性地明确“五好”县级工商联建设目标，工作指导和实际支持力度较大；认为地市级工商联指导工作停留在表面，不够深入的占29.71%；还有3.14%的人员认为地市级工商联对县级工商联工作没有指导和帮助（见图23）。

对比省级工商联和地市级工商联对县级工商联工作指导力度可以看出，地市级工商联对县级工商联的帮扶指导力度强于省级工商联，指导更有针对性，目标更加明确（见图24）。

从调查结果看，参与此项调查的67.63%的人员所在地党委政府重视工商联工作，召开专门会议听取县级工商联建设情况汇报；但仍有32.37%的地区党委、政府未听取过汇报（见图25）。在不同地区分布中，西部地区党委政府召开专门会议听取汇报的比例显著高于东部地区。

从党委政府听取县级工商联建设汇报的频率看，大多数党委、政府每年召开1次专门会议听取县级工商联建设汇报，占74.90%；每年召开2次至3次专门会议的占19.56%；每年召开3次以上专门会议的占5.54%（见图26）。

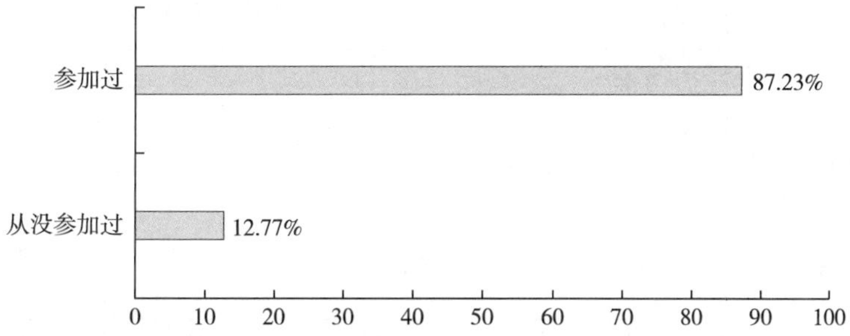

图21　参与调查人员参加所在省级或地市级工商联组织的培训班或观摩学习等情况

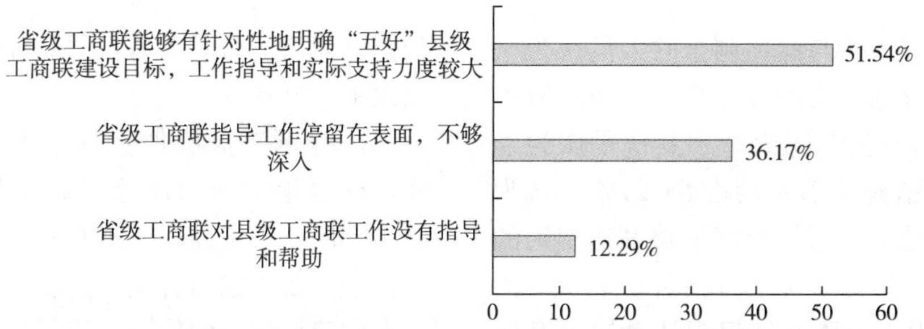

图22　省级工商联对参与调查人员所在县级工商联工作指导力度情况

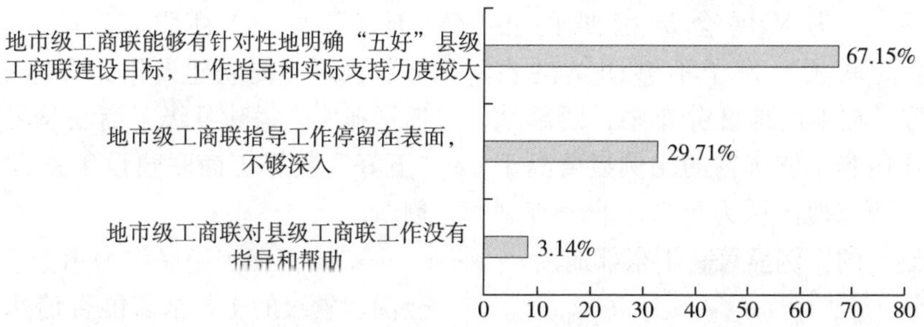

图23　地市级工商联对参与调查人员所在县级工商联工作指导力度情况

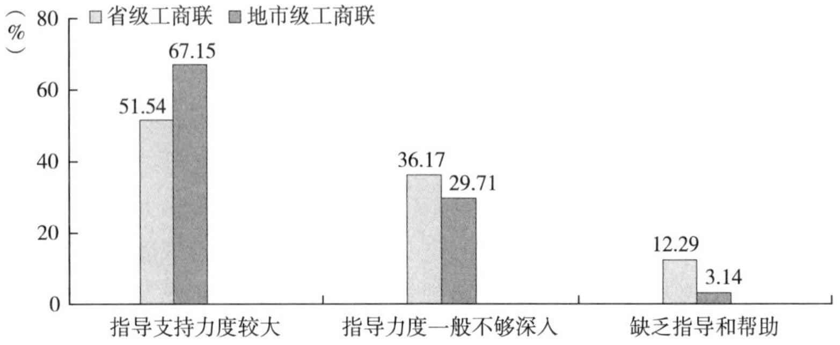

图 24　省级、地市级工商联对参与调查人员所在县级工商联工作指导力度对比情况

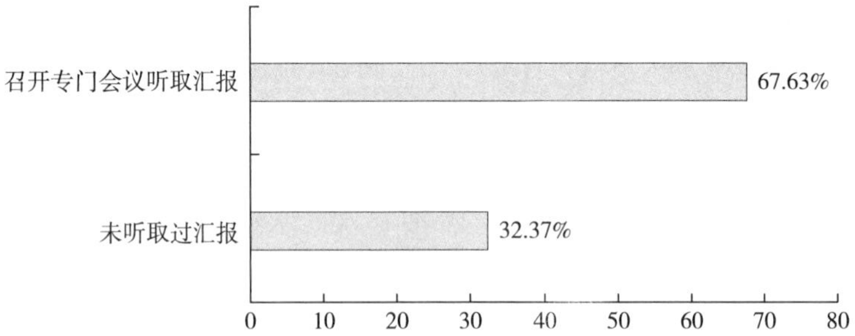

图 25　参与调查人员当地党委、政府听取县级工商联建设汇报的情况

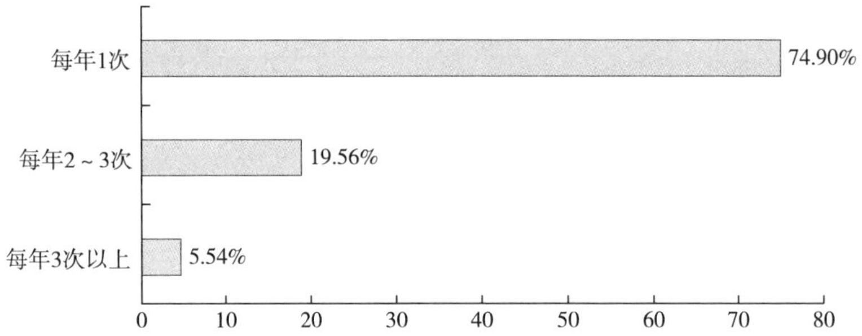

图 26　党委、政府召开专门会议听取汇报的频率

从调查结果看，参与此项调查的人员认为所在县级工商联面临的最大困境是当地党委政府不够重视工商联工作的占 53.75%；其次是认为经费、人员等保障措施未落实的占 53.27%；认为工商联工作受当地非公有制经济不够发达制约的占 50.36%；认为会员参与工商联活动不积极的占 49.64%；认为工商联开展组织活动缺乏有效载体的占 43.34%；认为工商联工作内容不够丰富的占 37.77%；认为发展会员困难的占 17.68%；认为工商联领导班子不够团结的占 2.91%（见图 27）。在不同地区分布中，西部地区认为工商联工作内容不够丰富的比例显著高于东部地区，中部和西部地区认为受当地非公有制经济不够发达所制约的比例显著高于东部地区。

三、意见建议

根据问卷所反映出的问题以及参与调查人员的意见建议，对“五好”县级工商联建设工作提出以下意见建议。

1. 全国工商联加强顶层设计，重在检查落实。确定年初全国部署明确工作目标，年中推动，年底省级工商联互查和全国工商联抽查的工作流程，要加强对省级工商联推动“五好”县级工商联建设情况的检查，确保工作实效。

2. 省级工商联要切实担负起推动本地区“五好”县级工商联建设的主体责任，将“五好”县级工商联建设作为常抓不懈的一项工作，抓紧抓实，搭建县级工商联学习交流平台，推动“五好”县级工商联建设工作方式、工作载体的创新。

3. 地市级工商联作为承上启下的枢纽，对于全国、省级的工作部署能否传达到县一级至关重要，要把全国、全省加强“五好”县级工商联建

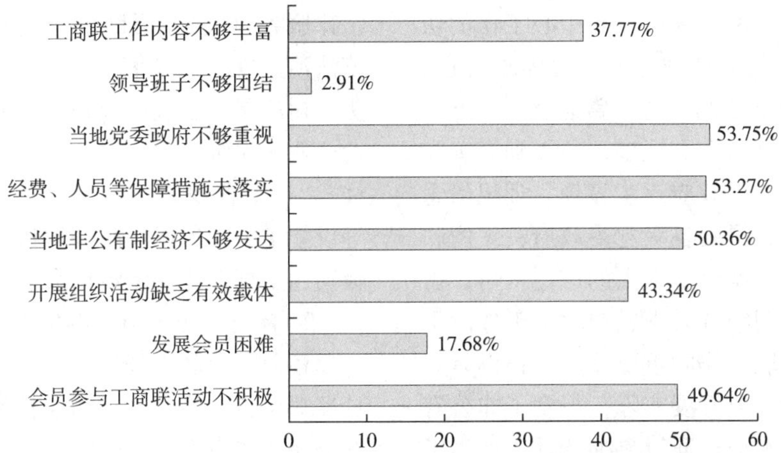

图 27　参与调查人员所在县级工商联建设面临的困难或存在的薄弱环节

设的压力“传导”到县级工商联，就要加强对地市级工商联工作的指导和督促，总结推广好的经验做法。

4. 加大县级工商联领导班子和干部培训。把县级工商联领导班子建设作为抓好县级工商联建设的关键，以县级工商联换届为契机，配合党委统战部推动党委政府选好配强县级工商联领导班子。与此同时，全国、省级、地市级工商联要分层次、分重点做好县级工商联领导班子和干部培训。

5. 商会建设是县级工商联建设的薄弱环节，要贯彻落实好中央统战工作会议和统战工作条例精神，进一步统一思想，加强工商联组织对商会建设的指导、引导、服务，分析新形势下商会工作存在的问题，发现典型，总结经验，形成加强新形势下中国特色商会组织建设的新思路新举措，形成商会建设与县级工商联建设互为促进的良好局面。

6. 更加注重分类指导。东中西部县级工商联建设情况差异较大，特别是西部地区相对困难比较大、问题比较多，全国工商联下一步应侧重加大对西部地区县级工商联的支持指导力度，同时省级、地市级工商联对本地区困难大、问题多的县级工商联指导应更具体、帮扶应更注重实效。

关于深化理想信念教育实践活动的调研报告

为了解掌握各地守法诚信教育开展情况，研究提出 2016 年深化非公有制经济人士理想信念教育实践活动的思路，中央统战部副部长，全国工商联党组书记、常务副主席全哲洙，全国工商联副主席谢经荣、杨启儒等在 2015 年下半年分别带队前往北京、河北、四川、山东、陕西等省（市）深入调研。

一、守法诚信教育的基本情况

各地统战部、工商联对以守法诚信为重点开展理想信念教育实践活动高度重视，广大非公有制经济人士和商会积极参与，取得了较好成效。主要有以下特点。第一，初步形成了齐抓共管工作格局。3 月 20 日，理想信念教育实践活动动员部署会议召开后，各地按照中央统战部、全国工商联统一安排，结合本地特点，迅速部署，许多地方调整加强了领导小组，并积极争取各有关部门的支持配合。地方党委政府对开展守法诚信教育高度重视，加强组织领导，整合资源，形成合力，营造活动氛围，形成了一定声势。第二，长效机制得到进一步巩固。各地在总结过去经验的基础上，注重找准开展教育活动与中心工作的切入点和结合点，创新活动载体，充分体现特色，一些工作措施已经陆续制度化、常态化，“五个机制”在实践中不断丰富和发展，并得到完善和巩固。第三，活动品牌效应逐步显现。理想信念教育开展三年以来，得到各级党委政府、工商联和商会、广大非公有制经济人士的广泛认可，已经成为加强非公有制经济人士思想政治工作的重要载体，也是工商联工作的重要品牌。特别是守法诚信教育，贴近企业发展实际，得到了非公有制经济人士的积极响应，通过参加活动，增强了遇事找法、解决问题靠法的意识。

1. 加强法治宣传，创新法律服务

各地以多种形式开展法律知识宣传教育，增强企业守法诚信意识和风险防控能力。北京市工商联在北京电视台、《北京日报》等主流媒体开辟专栏和专版，利用微信微博、官方网站开办法律服务窗口，出版《工商界》法治专刊，在会员企业中广泛宣传非公有制经济领域法律法规。安徽省工商联和省纪委、省监察厅、省检察院共同开展非公有制经济人士法纪教育活动，邀请相关领导围绕“反行贿防腐败，做廉洁诚信企业”开展专题培训，以案释法。四川省工商联启动四川省非公有制经济人士“与法同行·诚信经营”宣誓接力活动，近万名非公有制经济人士参与。广州市番禺区沙湾镇商会通过建立“商会网＋微信公众号＋微官网”一体化的网络交流平台开展法治宣传。河北省廊坊市工商联在法律服务中心微信平台开设“每日一法”栏目，向会员企业普及法律知识。各地不断加强和改进法律服务水平，化解企业潜在法律风险，增强企业法律风险防范意识。浙江省工商联组织浙商律师服务团成员开展“法律服务进商会进民企”活动。重庆市工商联开展“法律进区县工商联、进商会、进企业”的“三进”活动，重庆市渝北区工商联与区法院、区司法局共同成立“渝北区民营企业商事纠纷人民调解委员会”，为全区民营企业提供调解服务，同时开展“民营企业规范管理、防范风险”法律体检专项活动，针对企业用工风险、融资风险加大排查力度。上海市奉贤区工商联与司法部门合作，推进“一站一室一热线”（民营企业司法工作站、民营企业纠纷调解工作室、小江法律服务热线），帮助企业化解内部纠纷和提高依法治企能力。成都市青羊区建立由工商联牵头，司法局、法院、律师事务所等单位参加的民营企业法律维权中心，开通“法律服务时时通热线”。广东省湖北商会、深圳外商投资企业协会等设立了劳动争议预防调解机构，引导企业提高劳动用工规范化、法治化水平。

2. 注重政企沟通，解决企业实际困难

各地工商联充分发挥桥梁纽带作用，畅通意见反馈渠道，建立政企沟通长效机制。安徽省委办公厅、省政府办公厅制定下发《关于建立“工商联直通车”工作机制的通知》，在全省各级党委、政府层面以制度化方式确保企业言路畅通。甘肃省兰州市工商联研究制定并报市政府办公厅下发《市长定期联系商会会长制度》《市政府部门定期联系非公经济人士制度》《定期通报非公有制政策信息工作制度》，促进政企沟通协调的常态化和制度化建设。各地积极推动党政部门和民营企业的相互了解，协助解决企业在生产经营中遇到的困难和问题，改善发展环境。山东省工商联把牵头推进17市科学发展综合考核民营经济营商环境定量考核作为促进教育实践活动的一项“牛鼻子”工程。北京市工商联联合政府部门和金融、法律服务等机构组成联合工作组，以“办实事、解难题、促发展”为主题，开展服务会员企业的“大走访”活动。重庆市、河北省唐山市开展“干部进民企促（保）发展”活动，在民营企业和政府职能部门之间搭建沟通平台。

3. 加大典型宣传，发挥主体作用

各地通过树立和宣传典型，用企业家的身边人、身边事增强教育引导的实效性。湖南省工商联选树了100位守法诚信企业家典型、100家守法诚信标杆企业，并组织开展巡回演讲，在全省范围内大力传播守法诚信好声音。山东省工商联与宣传、统战、政策研究等部门和新闻媒体建立民营经济宣传工作协调联系制度，把“遵纪守法、诚信经营”作为基础和重点，在非公有制经济人士中大力推进“厚道鲁商”倡树行动。四川省工商联在全省开展“守法诚信好故事”征集活动。甘肃省工商联与省工信委、省文明办合作，评选并授予13家工商联会员企业“甘肃省诚信企业”称号，为全省非公有制企业树立学习榜样。各地充分利用新媒体和新载体、新平台，丰富守法诚信教育的活动方式和传播途径。浙江建成省工商联微信平台，建立全省工商联系统微信公众号和省工商联执常委企业微信公众号，增进工商联与企业家之间的互动交流，通过先进典型的示范带动作用增强活动实效。四川省安岳县工商联会同县委宣传部在县电视台开设“非公有制经济人士风采系列报道”栏目，江油市开展“媒体进企业”活动，大力宣传非公有制经济领域依法治企、诚实守信的先进典型。河北省廊坊市开展“双十”评选活动，举办非公有制经济人士理想信念教育实践活动汇报会。

4. 重视商会作用，加强行业自律

各地将商会作为活动主阵地，支持和引导商会通过加强行业自律参与诚信体系建设。安徽省工商联会同省民政厅等 10 家单位，联合下发《推进行业协会商会诚信自律建设工作的实施意见》，推动商会在加强行业管理、推进行业自律等方面发挥作用。上海市工商联积极参与社会信用体系建设，设立商会企业增信体系试点，探索将商会诚信体系纳入全市信用体系的有效办法。商会根据本地区本行业实际情况开展活动，加强行业自律，增强会员守法诚信经营的自觉性。全国工商联金银珠宝业商会组织会员企业签署《行业企业诚信公约》和《企业守法诚信经营承诺书》，开展诚信会员单位和诚信品牌评选。全国工商联美容化妆品业商会针对会员企业积极向电子商务领域拓展的情况，以“理想、信念、守法、诚信”为主题在电子商务领域开展活动，促进本行业“品质微商”形象塑造。浙江温州市商业零售业商会推进“商业诚信联盟”建设，树立零售企业守法诚信形象。重庆市餐饮商会举办“破除食品行业潜规则，保障消费安全”系列活动。甘肃省张掖汽贸商会制定行业自律公约，建立以网站和微信为平台的“服务曝光台”。北京市木业商会发起成立“木业行业诚信联盟”、什刹海商会组织开展“正品牌”活动、南锣鼓巷商会推出诚信经营的 96 字“南锣公约”等，为民营企业牢固树立守法诚信意识起到了推动作用。

5. 融入企业文化建设，加强依法治企

各地坚持将守法诚信教育与企业文化建设相结合，积极弘扬社会主义核心价值观。北京市工商联发布由民营企业家总结提炼、形成共识的《诚信宣言》和《商会宣言》，200 家民营企业向社会公开承诺，做“守法诚信”示范单位，并对示范单位集中授牌。四川省自贡市工商联下发《关于进一步加强企业文化建设的意见》，举办首届民营企业文化建设成果展。陕西省延安市工商联充分利用红色资源，加强对非公有制经济人士的革命传统和理想信念教育，倡导将红色基因融入企业文化。重庆东雁实业股份有限公司把守法诚信教育活动引入企业，专门成立活动领导小组，召开以“做人诚实、做事诚信——做合格的东雁人”为主题的动员大会，开展“东雁人——诚实守信”宣誓。企业自觉强化法律意识、制度意识，规避职务犯罪风险，保障在法治轨道上有序健康发展。华夏幸福基业把理想信念教育作为企业的必修课，建立健全预警防范机制，完善内部治理，目前已梳理高风险岗位 376 个，并计划在年内开展 129 个学时的法治课程。四川省成都阳光铝制品公司把 5 月确定为“与法同行、诚信经营”主题活动月。广汉市新升集团成立由董事长任组长、总经理任副组长、部门负责人为成员的依法治企工作小组，通过建立定期法律体检制度、重大项目审查制度、大客户发展制度和商业秘密保护制度等，规范企业内部治理。河北省唐山市荷花坑农副产品批发市场经营管理公司为商户建立可追溯的专有二维码标签，增强商户的守法诚信意识。

6. 加强组织督导，探索长效机制

各地注重对活动的安排部署和督促指导，确保活动取得实效。湖北省将理想信念教育实践活动纳入各级党委政府总体工作部署和重要议事日程，与其他重要工作同安排、同落实。河北、重庆、甘肃对活动进行分片督导。河北省保留并调整加强教育实践活动领导小组，下发《关于做好督导检查以守法诚信为重点的理想信念教育实践活动开展情况的通知》，由省工商联主席、党组书记和专职副主席带队，深入全省对守法诚信教育开展情况进行专项督导检查。重庆市部分区县工商联邀请当地法院或检察院领导担任守法诚信教育活动领导小组副组长，市工商联专门成立活动指导组，深入区县和商会、企业进行分类指导，全市有 16 个区县获得财政专项活动经费。

各地充分发挥长效机制作用，增强教育实践活动的针对性和实效性。重庆市工商联与市法院共同起草《重庆市民营企业商事纠纷调解中心工作办法》，推动建立全市民营企业商事纠纷诉调对接机制；联合市司法局共同起草《关于发挥律师作用深化以守法诚信为重点的理想教育实践活动的通知》，使民企律师服务团工作制度化。河北省工商联分别与省法院、省司法厅签订诉调对接合作备忘录、中小企业法律服务合作框架协议，建立了民营企业法律服务合作机制，畅通了法律维权渠道。广东省根据本地民营企业发展特点，结合活动的常态化要求，在守法诚信教育中注重“五个结合”：与省依法治省办的普法工作相结合，与省工商联和省经信委联合开展的推动企业法人治理结构完善、家族式企业公司化改造相结合，与省委宣传部开展的建立社会主义核心价值观示范点相结合，与加强行业信用体系建设、开展商（协）会“诚信联盟”活动相结合，与组建小微企业服务团、坚持教育与服务并重相结合。在调研中，也发现教育实践活动中还存在一些需要重视的问题。

一是一些企业家和工商联干部认识上还存在误区。目前一些民营企业生产经营困难，企业家思想波动较大，发展信心不足，参加活动的积极性不高。一位企业负责人认为，现在的经济形势不容乐观，一些企业已经在裁员，很多企业是在保生存，而不是谋发展，不理解为什么在这个时候讲理想信念。有企业家说，现在很多企业在亏损经营，借钱发工资，企业是生不能生、死不能死，他认为活动就是搞一些思想教育和培训，参加活动会耽误时间、影响经营。也有市级工商联反映，有的企业家对参加活动有顾虑，认为自己亮相过多，会对自身企业造成负面影响。

二是部分工商联活动浮于表面。有的地方开展活动仅限于一般化的学习培训，活动吸引力不够。有的县级工商联由于自身建设薄弱、招商引资任务繁重，影响了活动开展。还有干部反映说，理想信念教育实践活动开展近3年，有的地方工商联已经疲沓。一些企业家反映，有的地方政府和部门仍然存在不诚信、不守诺的现象，有的政府官员对企业家避而远之，出现“不办事”的懒政现象，官员和企业家之间还存在着“玻璃门”“弹簧门”“旋转门”，有的工商联没能很好地起到桥梁纽带作用。一些地方工商联没有很好地将解决思想困惑与解决实际困难相结合，没能通过帮助企业转型升级、创新发展达到增强“四信”的目标，导致部分企业家参加活动的热情和积极性不高。

三是对商会的指导帮助不到位。有商会负责人反映，商会目前只能倡导、引导，作用发挥还不够明显，对会员的吸引力不足。也有商会负责人反映，思想教育很重要，但在基层商会开展很难，许多商户更重视入会有什么好处，没有好处他不来。有的工商联负责人认为，商会如何做好非公有制经济人士的思想政治工作，还需要统战部、工商联的指导和帮助。

各地对2016年深化理想信念教育实践活动也作了一些思考。有的地方反映，以守法诚信为重点，找准了理想信念教育与非公有制经济人士的结合点，应该持续深入抓下去。建议积极推广教育实践活动中形成的好经验、好方法，不断创新服务内容和活动形式，形成长效工作机制。也有地方工商联建议，深化理想信念教育实践活动要结合贯彻落实党的十八届五中全会精神、“十三五”规划和民营企业生产经营实际，在增强企业发展信心、帮助企业创新发展上下功夫。

二、深化理想信念教育的几点建议

党的十八届五中全会提出创新、协调、绿色、开放、共享的发展理念，对协调推进“四个全面”战略布局、如期完成全面建成小康社会战略任务作出了部署。2016年是“十三五”规划的开局之年，根据新形势、新要求，结合各地的意见建议，2016年深化理想信念教育实践活动，要深入贯彻党的十八届五中全会精神和中央统战工作会议、中央党的群团工作会议精神，坚持以“四信”为主要内容，适应活动经常化开展的要求，将理想信念融入各项日常工作，以“守法诚信、坚定信心”为重点，充分运用并不断充实完善“五个机制”，激发企业家精神，发挥企业家才能，为如期完成全面建成小康社会的战略任务作出更大贡献。

1. 开展形势政策宣讲和培训

开展各种类型的学习培训，做好训前调研，创新培训内容、方式方法和师资选择，以学习报告会、政策形势大讲堂等方式开展党的十八届五中全会精神和“十三五”规划宣讲，大力宣传“十二五”时期发展成就、“十三五”规划和党委政府有关促进非公有制经济发展的政策措施，引导非公有制经济人士明确发展方向，把握发展机遇，增强发展信心，做到政治上自信、发展上自强、守法上自觉。

2. 加大服务力度，解决企业实际困难

开展调查研究，摸清民营企业在生存发展中遇到的实际困难和面临的突出问题，向党委政府提出解决困难问题的意见建议，推动有关促进非公有制经济发展的政策落地。推动建立政银担风险分担合作机制，组织银企对接，帮助企业解决融资难、融资贵等迫切需要解决的困难。积极搭建信息、技术、人才等服务平台，支持和帮助企业更多依靠创新驱动，找准转型升级切入点，提高创新发展的能力和水平。

3. 教育企业守法诚信

继续与司法、执法部门和社会法律服务机构合作，充分利用全国法制宣传日等重要节点开展普法宣传，推动法治宣传进商会、进企业。教育引导非公有制经济人士树立红线、底线意识，依法诚信经营，共同构建健康政商关系。支持和帮助民营企业建立健全法律风险防范机制，完善内部治理结构，加快建立现代企业制度，提高依法治企的能力和水平。加强法律服务，为困难企业提供法律援助，依法保护企业家财产权和创新收益。积极参与信用体系建设，引导企业把守法诚信作为企业文化建设的重要内容。

4. 引导非公有制经济人士积极履行社会责任

引导民营企业家将“作贡献”与“受教育”相统一，提高履行社会责任的主动性和自觉性。用好三方协调机制，开展和谐劳动关系评选表彰，教育引导民营企业关爱员工，积极构建和谐劳动关系。组织引导民营企业家积极参与“万企帮万村”等精准扶贫行动，发扬光彩精神，加大对革命老区、民族地区、边疆地区、贫困地区的帮扶力度，促进城乡区域协调发展，促进共同富裕。

5. 加强对年轻一代非公有制经济人士的教育培养

开展年轻一代非公有制经济人士思想状况与教育培养工作调研，把握他们的价值取向、个性特点和成长规律，研究制定加强和改进年轻一代非公有制经济人士思想政治工作的具体措施。积极帮助解决年轻一代非公有制经济人士创业创新中的困难和问题，努力回应他们的合理诉求。教育引导年轻一代非公有制经济人士继承和发扬老一代企业家艰苦奋斗的创业精神和听党话、跟党走的光荣传统，提高思想政治素质。

6. 发挥商会的主阵地作用

按照统战工作向商会有效覆盖的要求，增强商会的政治引领作用，把理想信念教育贯穿到商会建设和发展的全过程，组织和动员更多的非公有制经济人士参与到活动中来。加大对工商联所属商会的指导、引导和服务，将理想信念教育实践活动开展情况纳入所属商会的年度考核内容。加强商会党建，推动有条件的商会成立党组织，扩大党组织覆盖面，以商会党建推动商会自身建设和教育实践活动的深入开展。

民营企业走出去和参与“一带一路”建设调研报告

实施走出去和“一带一路”战略，是党中央、国务院科学研判全球局势，统筹国际国内两个大局作出的重大战略决策和部署。为全面了解掌握民营企业走出去和参与“一带一路”建设的情况，2015 年 3 月至 5 月，全国工商联由会领导带队赴 13 个省区市进行了重点调研。调研期间，共召开企业、商会、工商联、政府部门各类座谈会 165 场，实地调研企业 592 家、商会 116 家，汇总走出去企业有效调查问卷2933份。

一、基本情况

在我国经济发展进入新常态，国家大力实施走出去和“一带一路”战略的背景下，民营企业走出去的步伐不断加快，总体数量和投资额度逐年加大，占比持续提升，已成为实施走出去和“一带一路”战略的重要力量。据商务部统计，2014年，在新增境外投资企业中，大多数为民营企业的地方企业占94%，其中非金融类对外投资451亿美元，占总额的43.8%，同比增长36.8%，增幅是全国平均水平的两倍多；有进出口实绩的民营企业占外贸企业总数的比重超过70%，进出口总额占全国的36.5%，对进出口增量的贡献率55.9%；在商务部批准和考核的13家境外经济贸易合作区中，由民营企业控股的有7家，占53.85%。当前，民营企业走出去已遍布全球多数国家和地区，其中“一带一路”相关国家是重点。在东南亚、中亚、南美、非洲等地主要以建设工业园区、开展产能合作、并购资源为主；在北美、欧洲等地主要以建立营销网络、研发中心和获取核心技术为主；在港澳地区主要以设立平台和窗口公司为主。问卷调查显示，在走出去的民营企业中，主要是资金、技术、人才、品牌上具有一定优势的大中型企业，涌现出了华为、联想、吉利、复星、百度、阿里巴巴、腾讯等一批优秀企业代表，他们着眼全球发展，实施国际化战略和资本运作，成为民营企业走出去的先行者和引领者。民营企业基于自身生存发展的需要，采取了不同的方式和途径走出去。

1. 建立境外工业园区，抱团走出去集群发展

近年来，民营企业在境外建立的工业园区，已成为助推民营企业特别是中小企业抱团走出去集群发展的重要平台。浙江华立集团在泰国建设的泰中罗勇工业园，迄今已有62家企业入驻园区，近40家企业投产，创造5000多个就业岗位，带动中国企业对泰国直接投资已超过11亿美元，向当地政府累计纳税已超过7000万美元。江苏红豆集团在柬埔寨建设的西哈努克港经济特区，吸引了来自中国、欧美、日本、韩国等国家和地区的81家企业入驻，解决当地就业1.2万余人，截至2015年5月已累计实现投资2.86亿美元，实现销售总额2.7亿美元，进出口总额4亿美元。无锡金五星针纺公司在国内的年销量不足1000万美元，入驻西哈努克港经济特区后，利用当地生产成本优势和关税优惠政策，迅速拓展国际市场，所获的单个订单就超过1500万美元。浙江康奈集团在俄罗斯建设的乌苏里斯克经贸合作区，新疆华凌集团在格鲁吉亚建设的华凌国际经济特区和免税工业园等，都为带动中小企业抱团走出去和促进当地经济发展、解决就业作出了贡献。有些企业还建立了中小型特色园区，如北京瀚海智业公司在美国硅谷、德国慕尼黑等地建立6家科技孵化器和企业创新中心，利用全球先进的创新资源，服务科技型中小企业成长，实现“国外创新孵化、国内加速转化”。

2. 获取境外矿产、能源、农牧等资源，延伸产业链

问卷调查显示，有21%的民营企业走出去是为了获取各类境外资源。新疆广汇集团在哈萨克斯坦投资建设斋桑和南依玛谢夫两个油气田，已探明原油和天然气储量分别达11.6亿吨、1254亿立方米和7413万吨、1102.6亿立方米，建设了第一条民营跨境输气管线，已累计向国内输送天然气近8亿立方米；辽宁罕王集团收购了印度尼西亚镍金属储量453万吨的红土镍矿；重庆博赛集团收购西非加纳铝矿公司，获得约1亿吨储量的优质高铝低硅铝矿资源；青岛恒顺众昇集团在印度尼西亚购买了大规模的煤矿、镍矿和锰矿等矿产；伊利集团与美国最大的牛奶公司DFA合作在当地建设奶粉生产厂，又在新西兰建设乳业一体化生产基地；四川新希望集团收购澳大利亚大型肉牛企业KPC公司，并建设万头奶牛牧场；天津聚龙集团在印度尼西亚建设了近20万公顷的棕榈种植园，并形成配套产业；上海鹏欣集团在新西兰购买了50个牧场等。

3. 获取先进技术、优质品牌和营销网络等要素，增强国际竞争力

随着发达国家经济增长趋缓、国际资本市场价值重估，一些拥有业内领先技术、优秀研发团队及销售网络的外国企业，因市场、资金等多重压力，发展陷入困境。国内一批民营企业抓住契机实施并购。浙江卧龙集团以1.44亿美元并购欧洲第三大电机生产商ATB集团，获得了高端电机的核心技术、市场份额和研发团队，突破了发达国家在该领域的技术垄断。大连远东工具公司采取“净资产收购、不承担劳资包袱及债权债务”的方式，以4630万美元并购德国、美国的3家工具制造企业，一跃成为全球规模最大的高速钢刀具生产企业。江苏三胞集团旗下的南京新百公司以1.6亿英镑收购了英国历史最悠久的百货公司福来德，通过引入福来德成熟的运营模式和供应链体系，实现从传统百货到现代百货的转型。浙江万事利集团通过收购世界著名的法国丝绸企业，获得了先进的设计理念、团队和制造工艺，实现了中国丝绸与法国品牌的融合。三一集团并购德国普茨迈斯特公司后，与奥地利帕尔菲格集团成立合资公司，深度整合海外销售网络，在70多个国家和地区建立了办事机构和销售渠道，产品出口100多个国家和地区。一些高新技术企业将境外技术并购与自主创新并举，如深圳光启创新技术公司依托其在超材料、智能光子等领域的世界领先技术，与澳大利亚、加拿大等国的企业“联姻”，实现了颠覆性创新。

4. 在境外投资建厂，实现产业转移产能合作

问卷调查显示，在走出去的民营企业中，出于转移优势产能的占12%。中国泛海集团联手中国电力建设集团，与印度尼西亚本土企业KBN、KEN合作，利用国产设备，在雅加达努山达拉保税区投资30亿美元建设2×100万千瓦发电厂项目。福建圣力集团利用越南的铁矿石和焦炭资源，投资3650万美元在当地建厂，年产钢坯100万吨，现已成为该国最大的钢铁企业。福建福耀集团在美国、俄罗斯等国家建立汽车玻璃生产基地，直接面向终端市场布局产能，海外市场占有率上升为20%左右。河北长城汽车公司通过在俄罗斯投资建设整车工厂，在保加利亚、厄瓜多尔、马来西亚等10余个国家建立散件组装厂，有效降低了生产成本，2014年境外销售达3万余辆。广东华坚集团将国内制鞋业的优势产能和技术与非洲的生产要素优势结合，投资近5亿美元在埃塞俄比亚自主开发工业园，逐步形成制鞋产业集群，截至2015年4月共向欧美等国家出口384万双成品鞋，创汇4449万美元，解决当地就业3600余人。

5. 承接对外工程和劳务合作，建立商贸城，带动产品、技术走出去

新疆特变电工公司在塔吉克斯坦、印度、巴基斯坦、赞比亚等国家承接了电网、火电站、太阳能光伏电站等工程项目，把电力建设的节能化、智能化、自动化技术、标准和经验带出国门。上海港湾集团将其软地基处理工程领域的创新技术，在20多个国家和地区注册了专利，用科技服务提升工程建设的附加值，打破了外国公司对该市场的垄断。辽宁远大集团依托建筑幕墙系列产品优势在国际市场承包工程，在海外设立32个分公司，产品销往138个国家和地区，产销规模和技术水平连续8年居世界同行业之首。山东青建集团在30多个国家和地区开展建筑业工程承包和劳务合作，平均每年劳务输出5000余人。温州民营企业在境外建立了17个中国商品城，带动产品出口，逐步实现了从发展中国家到发达国家、从占领低端市场到进入中高端市场的布局。

调研表明，民营企业走出去呈现一些鲜明的特点。一是机制活。民营企业市场反应迅速，决策高效，善用人才，能更好地把握国际市场稍纵即逝的商业机会。二是民间性。民营企业走出去能较好地规避政治因素，便于获取战略性资源和高新技术，通过带动当地就业和增加民众收入，赢得民心，是不可忽视的民间外交力量。三是互补强。民营企业走出去大多从事的是与民生密切相关的产业，与国有企业走出去相得益彰、互为补充。

调研中民营企业普遍反映，党中央、国务院出台的“一带一路”建设战略规划、进一步做好境外投资工作若干意见、推进国际产能和装备制造合作等一系列重要举措，进一步加大了对企业走出去和参与“一带一路”建设的支持力度，为民营企业提供了新的重大机遇，使他们倍受鼓舞。

二、主要问题

调研显示，尽管民营企业走出去和参与“一带一路”建设的积极性越来越高，步伐越来越快，规模不断增大，不少企业实现了较高水平的走出去，成为行业的领跑者。但自发零散、“单打独斗”的走出去仍较突出，总体水平不高。目前，民营企业走出去的道路仍艰难坎坷，面临不少困难和问题。

1. 政策体系仍不完备

第一是存在一事多政。企业普遍反映，按照

《境外投资项目核准和备案管理办法》（国家发展改革委2014年第9号令）和《境外投资管理办法》（商务部2014年第3号令）规定，企业对外投资的同一个项目仍需分别向两个部门备案或申请核准。

第二是有的政策规定滞后。北京桑德集团等多家企业反映，对不涉及敏感国家和地区、敏感行业的境外投资项目，已经实行备案制，取消了征求驻外使领馆经商处意见的规定，但仍在执行的《对外承包工程项目投标（议标）管理办法》（商务部、银监会、保监会2011年第3号令）中规定，不低于500万美元的境外建设工程项目仍需核准，且核准前要由驻项目所在国使领馆经商处出具意见。山东歌尔声学公司生产的自控式3D眼镜，由于海关没有对应的编码，只能按玩具眼镜报关，不能享受出口退税。广东玖龙纸业公司等企业反映，按照《国家外汇管理局关于进一步改进和调整资本项目外汇管理政策的通知》（汇发〔2014〕2号）规定，放款人境外放款余额不得超过其所有者权益的30%，影响了企业境外投资并购对资金的需求，且办理时限长。

第三是存在政策障碍。企业反映，用已被中资收购或控股的境外公司名义回国投资尚存在政策障碍。沃尔沃轿车公司被吉利集团收购后，回国投资建厂时，仍被按外资企业对待，且受限于《汽车产业发展政策》（国家发展改革委2004年第8号令）的规定，吉利集团被迫与沃尔沃公司在大庆设立合资工厂，该项目至今仍饱受地方行政审批困扰。上海复星集团收购的国外金融、保险企业也因政策障碍，致使获取的低成本资金不能回国投资。

第四是有的政策操作性不强。辽宁省国际税收研究会及部分企业反映，虽然我国已与许多国家签署了双边税收协议，但企业在部分国家难以获得缴税凭证，取得的境外凭证地方税务部门无法甄别，致使有的企业难以享受税收抵免。

第五是有的配额设置不尽合理。黑龙江华信集团、山东锦纺棉业科技公司等企业反映，在境外获取的棉花、粮食、蔗糖、原油等各种资源受进口配额限制，不能运回国内。此外，一些地方政府对企业走出去认识不足、重视不够，认为走出去既不能增加GDP，又不能解决就业和贡献税收，对企业走出去持观望态度。

2. 金融服务瓶颈凸显

问卷调查显示，在企业走出去的资金来源中，78%是依靠自有资金；在问及影响企业走出去发展的因素中，“缺资金”的比例最高，接近50%。“难、贵、少”已成为制约民营企业走出去的瓶颈。

第一是从政策性银行获得贷款难。潍坊福田雷沃重工等企业反映，政策性金融机构每年境外投资贷款额度有限，在支持国有企业的项目后，留给民营企业的额度很少，而且申请获批难度大、时间长。

第二是融资成本贵。民营企业在国内银行的实际贷款成本一般在10%以上，而国外则比较低，中国企业与外国企业竞争在资金成本上就处于劣势。

第三是融资渠道少。许多企业反映，国内银行境外分支机构少、覆盖面小且能力有限，再加之国内金融监管制度的限制，服务水平和质量明显不足。即便是已占五大银行境外布局总数90%的中国银行和工商银行，在境外设立的分支机构也只覆盖了40多个国家和地区，且在发展中国家布局更少。由于缺乏境外资产处置能力，一般不接受境外资产抵押贷款，“外保外贷”很难实施。北京四达时代集团反映，公司在非洲发展数字电视网络，用户超过450万，已经成为在非洲传播中国文化的重要平台。该公司正在实施1000万用户的建设目标，但因投资大、项目建设周期长，国内资产已全部用于抵押贷款，境外价值4亿美元资产又因银行出于风险考虑无法抵押，国内有关部门答应支持的资金因缺乏相应政策而无法兑现，导致公司资金缺口较大。

第四是境外投资保险业务覆盖面小、保费高。企业普遍反映，国内政策性保险机构存在费率高、投保难、境外服务能力滞后等问题，对于“一带一路”沿线国家投资的一些项目，出于防范风险的考虑甚至拒绝承保。

3. 外事服务和领事保护力度不够

尽管我驻外使领馆在服务民营企业走出去方面做了大量工作，但由于体制机制和人员配备等多种因素的影响，其服务和保护能力难以满足走出去企业需要。企业反映，境外投资、承包工程、劳务合作、申请外经贸发展专项资金等，商务部门都要事先征求驻外使领馆意见，一些使领馆存在对民营企业的偏见，不愿为民营企业出具意见函，甚至直接提出否决意见。浙江正泰集团反映，公司参与巴基斯坦、埃塞俄比亚、哥斯达黎加等国的发电站项目投标，使馆经商处以防止恶性竞争为由，只给国有企业开具意见函，而不给民营企业开具。浙江一些企业反映，有的驻外使领馆把经济服务的主要精力都放在国有企业的项目上，对民营企业基本不闻不问。同时，很多国家签证难度大，申请时间长，有效期短，需要多次办理，给企业带来极大不便，而有关部门商签谈判力度不够。广州番禺钢管公司技术骨干派驻沙特阿拉伯，半年多都没有办下签证。新疆三宝集团反映，中亚国家中除哈萨克斯坦和吉尔吉斯斯坦的驻华使馆在新疆设有签证代办点，其他国家的签证要到北京办理，且签证速度慢，需要1个月左右的时间。此外，有些地方申请APEC商务旅行卡手续繁杂，办理时间长达半年，有的还增加额外手续，如要求提供无犯罪证明等资料，等同于变相审批，影响了企业办卡的积极性。

4. 中介组织和商（协）会发展滞后、作用有限

调研表明，我国律师、会计、税务、知识产权、风险评估、咨询等中介服务机构国际化水平较低，基本上走不出去，缺乏处置境外法律纠纷、知识产权、产品认证、贸易摩擦、反倾销应诉和公共服务等方面的能力和经验，很难为企业走出去提供服务。同时，企业走出去的组织化程度不高。一方面我国商（协）会组织的国际化程度低，服务企业走出去的方式还局限于组团出访考察、举办项目洽谈对接等，服务效果有限。另一方面各级工商联组织服务走出去的能力不足，自身走不出去，工作手臂和组织优势难以延伸境外，在引导服务民营企业走出去方面的作用有限。已成立的境外中资商会，为民营企业提供的服务不多。

5. 境外各类风险难以防范

第一是政治风险。广西聚亿矿业公司、济南域潇集团等许多走出去企业都经历了投资国的国家政变、社会动乱、恐怖袭击等，遭受很大损失。福建国隆集团自2007年起投资菲律宾最大的铁矿，经营权却因总统更换而被剥夺，企业几乎破产，后虽与其他企业联合夺回经营权，但大量股权被迫转让，付出了极大代价。还有些企业在发达国家收购企业和先进技术时，受到较大的政治因素干扰，常因安全审查而导致收购失败。华为公司开拓美国市场收购有关企业时，屡次因“国家安全风险”被否决，在澳大利亚和印度也因所谓“安全”问题被禁止参与项目竞标。

第二是法律风险。一些欠发达国家法制环境较差，社会契约意识薄弱，法律制度不健全，使走出去企业“有理无处讲，有冤无处申”。

第三是政策风险。一些在印度尼西亚投资的企业遇到该国矿产政策的调整和变化，导致需不断增加投资，给企业发展带来许多不确定性因素。

第四是汇率与外汇管制风险。青岛普尧国际贸易公司、新疆国际实业公司等企业反映，一些经济体和国家汇率波动较大并实施较严格的外汇管制，使企业在结算和利润回国汇兑过程中受到的损失超过30%。

第五是文化习俗风险。厦门萤火虫集团、广东碧桂园集团、青岛松源木业公司等企业反映，由于不了解当地的文化习俗、宗教和生活习惯，企业走出去后难以较好地“融入”当地社会，对企业发展影响较大。

6. 走出去企业素质参差不齐

调研表明，走出去企业不同程度还存在着准备不足，人才匮乏，经营管理跟不上，行为不规范，风险意识、责任意识和法治意识淡薄等问题。有些企业相互杀价、恶性竞争；有些企业不遵守当地法律法规，不尊重宗教和风俗习惯，造成了不良影响；有的企业套用在国内的一些做法，走出去后存在严重的“水土不服”；有的企业不熟悉国际规则，又不善于借助国际中介机构的服务，走出去后即陷入困境。

三、意见建议

中央实施走出去和“一带一路”战略以来，由国家发改委、商务部牵头的走出去工作部际联席会议发挥了统筹和协调作用。特别是国家发改委与全国工商联建立了部际合作机制，定期举行高层会晤，并通过第三方评估、联合开展调研、

培训等活动，积极助力民营企业走出去。

通过调研发现，采取有效措施支持民营企业进一步加快走出去，是实施走出去和“一带一路”战略的重要内容。有利于引导民营企业适应经济发展新常态，加快转型升级；有利于利用“两个市场、两种资源”，促进产能合作，带动国内的产业升级和提升创新能力；有利于民营企业充分发挥民间大使作用，增进民心相通、文化融合。在全面深化改革的大背景下，破解民营企业走出去和参与“一带一路”建设遇到的突出问题，必须以改革的思路和办法，注重在系统性、整体性、协同性上下功夫，在创新政策支撑、体制机制、服务保障上做文章。

1. 抓好政策梳理、衔接、完善和落实，形成支持企业走出去的合力

加快推进对“一带一路”战略、“国际产能和装备制造合作”、“做好境外投资工作”等重要文件的任务分解和落实，细化目标，明确责任，加强督查。提升走出去工作部际联席会议制度层级，成立国务院走出去工作领导小组。整合部门管理职能，将现行的境外投资项目需分别向两个部门备案或核准合并为由一个部门备案或核准。民营企业走出去程度较高地区的省级政府应建立工作协调机制。本着精简数量、注重质量、相互衔接的原则，梳理已出台的支持企业走出去政策，废止、修订和完善与新形势不相适应的政策条款。加快《海外投资促进法》立法，制定《境外投资条例》。对大型民营企业围绕“一带一路”战略联合实施的境外投资重大项目，列入国家计划，并予以政策支持。研究制定有效措施，解决以被中资收购或控股的境外公司名义回国投资存在的政策障碍。强化走出去事中事后监管，建立境外投资不诚信行为黑名单制度，建立国内与国外相衔接的企业信用体系。

2. 加强财政支持，鼓励民营企业建立境外工业园，获取稀缺资源

民营企业建立境外工业园区，有利于中小企业抱团走出去，防范和规避风险，有利于带动国内装备和产能走出去，有利于与投资国深度融合，解决就业，改善民生，赢得民心。应在国家层面制定具体的财政、金融、保险、外交、商务等方面的扶持政策，设立专项资金，支持民营企业在境外从事大规模农业开发和获取稀缺资源。

3. 强化金融、保险、外汇对民营企业走出去的支持

加快国内金融机构走出去步伐，特别是做好“一带一路”沿线国家金融服务布局，扩大覆盖面，提高服务能力。进一步降低政策性金融机构境外投资贷款利率，增加贷款额度，并对民营企业一视同仁。加快落实走出去企业以境外资产和股权、矿权等权益为抵押获得贷款的措施。进一步发挥政策性保险机构作用，采取降低费率、扩大覆盖面、创新保险产品、提高理赔效率等措施，加大对企业境外投资特别是“一带一路”沿线国家投资的保险支持力度，适时增设新的政策性保险机构，研究制定支持民营保险机构为走出去企业服务的政策措施。进一步推动资本项目下境外投资便利化，放宽境内企业境外放款限制，由不超过企业所有者权益的30%提高到50%。

4. 提高商务外事服务民营企业走出去的能力

商务和外交部门应在有关谈判中增加签证条款，加大工程技术和劳务人员签证的商签力度。加强以“一带一路”沿线国家为重点的驻外使领馆力量配备，提升服务民营企业走出去的质量和水平。驻外使领馆应建立健全与走出去民营企业的沟通机制，定期召开座谈会，听取他们的意见建议，对民营企业发出的函件应限期回复。简化APEC商务旅行卡申领手续，加快办理速度。加强经贸领域预测预警工作，及时收集、调查和发布反倾销、反补贴、贸易壁垒等信息。加强领事保护，协助企业妥善防范和化解风险。

5. 加强民营企业走出去培训

针对走出去民营企业自身存在的问题，应加强培训和引导工作，切实提高企业走出去的能力和水平。在走出去工作部际联席会议框架下，建立联合培训协调机制，多渠道实施走出去培训工程，设立专项资金，制定近期和中期的培训工作规划，明确各部门职责，抓好落实。应注重发挥驻外使领馆和涉外智库在为民营企业走出去培训中的独特作用，并将其纳入联合培训协调机制中。要引导民营企业增强本地化经营意识、守法诚信意识、环境保护意识，履行社会责任，提高他们的风险防范和应急处置能力，建立他们与驻外使领馆联系的畅通渠道，使他们自觉接受指导

和服务。

6. 支持中介机构走出去，发挥工商联等商（协）会组织作用

加快律师、会计、税务、知识产权、信息服务、风险评估、咨询等中介机构走出去和国际化进程，是实施走出去和“一带一路”战略的必然要求，是更好地服务民营企业走出去的客观需要。各有关部门应研究制定具体的工作计划和措施，抓好落实，尽快提高中介机构服务企业走出去的能力和水平。应注重发挥工商联等商（协）会组织在行业自律、引导中小企业抱团出海、组建境外中资商会、开展培训和引导等方面的作用，适当放宽对民营企业走出去程度较高地区工商联的出访限制。

全国支持小微企业发展政策措施落实情况的第三方评估报告

按照国务院统一部署，全国工商联于2015年7月至8月开展了对“全面支持小微企业发展政策措施落实情况”的第三方评估。按照统一部署，在16个省级工商联开展评估的基础上，全国工商联组成5个调研组，赴8省区市进行重点调研。期间，召开小微企业座谈会88场，参会企业1184家；召开政府部门座谈会32场；实地走访小微企业745家；回收有效问卷3043份。

一、全面支持小微企业发展政策措施的落实情况

李克强总理在《2015年政府工作报告》中提出，要把大众创业、万众创新打造成推动经济发展的新引擎。2015年8月，李克强总理又在国务院常务会议上指出，小微企业是就业的主渠道、发展的生力军，要进一步加大对小微企业的税收扶持，让积极财政政策更大发力，可以为创业创新减负，让今天的“小微企”赢得发展的大未来。调研表明，2014年下半年以来，国务院及有关部门出台的一系列全面支持小微企业发展政策措施，在落实中已取得明显成效。

（一）小微企业对各级政府重视扶持他们的发展，推动政策措施落实给予积极评价

在国务院高度重视和各项政策措施的大力推动下，各地对扶持小微企业发展的重视程度普遍提高。一是因地制宜，制定贯彻落实的实施意见。调研的省区市都先后出台了贯彻落实的意见，从提高认识、破解难题、搭建平台、创新机制、营造环境等多方面提出具体支持举措。二是加大政策宣传，积极营造创业创新氛围。许多地方政府开展了“下基层、进园区、进企业”巡讲，并借助新媒体积极向企业宣传政策，让企业从过去“跑项目、要资金”转向“靠政策、要兑现”。三是加大财政投入，实实在在扶持大众创业创新。云南省对投资10万元以上且实际货币投资达到7万元的初创企业，给予3万元补助，并设立“两个10万元”微型企业培育贷款担保基金，2015年投入4.5亿元。国务院及地方政府出台的一系列新举措，赢得了广大小微企业的普遍赞誉。安徽蛰动体育运营公司总经理刘西海感慨：“扶持政策超出了我们的想象。”重庆学正环保污染治理公司总经理栾学聪表示：“政府的关怀让企业有信心。”2015年下半年，国务院又决定将减半征收企业所得税的受惠面放宽到年应纳税所得额30万元以内，将小微企业免征增值税、营业税的优惠政策期限延长至2017年底。小微企业普遍反映，国务院如此重视他们的意见和呼声并及时完善，备受鼓舞。

（二）商事制度改革成效显著，进一步激发了大众创业、万众创新热情

对商事制度改革推出的注册资本实缴改认缴、简化经营场所要求、先照后证、“三证合一”、简化年检等一系列改革举措，小微企业满

意度很高。他们普遍认为，得益于商事制度改革，创办企业门槛降低了，工商登记手续简化了，办事效率提升了，特别是许多初创小微企业感受最深。昆明康索科技公司负责人喻阳涛表示，商事制度改革使创业变得简便，能够“跑更少的腿，办更多的事”，注册时“一站式”服务就办完了全部手续。河南行之有道汽车租赁公司总经理张博表示，过去简化行政审批流程只是说说，现在是真正感受到了。商事制度改革使市场活力进一步迸发。

（三）减税清费政策措施逐步落实，小微企业发展环境进一步改善

各级政府积极落实国务院和有关部门的税收优惠、普遍性降费及清理规范涉企收费政策措施，减轻了小微企业负担，环境得到进一步改善。2015 年上半年，江苏省小微企业享受税收减免 32 亿元。河南省实行涉企行政事业性收费目录清单管理，上半年为 15. 55 万户小微企业减免教育费附加 1537. 2 万元、文化事业建设费 517. 24 万元。云南省出台加快推进价格改革方案，将涉企经营服务性收费项目由 34 项减至 9 项。企业普遍反映，涉企乱收费行为较前两年有明显改观。

二、政策措施落实存在的突出问题

小微企业普遍反映，政策措施虽然取得了明显成效，但在落实中仍存在一些具体问题，以及影响落实和实施效果的突出问题。

（一）政策措施落实中存在不系统、不统一、不到位等问题

1. **政策系统性不强，存在碎片化**。小微企业普遍反映，出台的政策措施比较分散，衔接整合不够，尚未形成合力；有的政策措施不够成熟，导致落实出现问题，效果打折。某省不少小微企业反映，企业享受免征增值税的优惠后，由于不能给下游企业提供增值税专用发票，影响了产品销售。某市有关部门反映，2014 年 4 月印发的《中小企业发展专项资金管理暂行办法》，执行仅一年多，就于 2015 年 7 月又出台了新的暂行办法，导致地方措手不及。

2. **政策执行的标准不一致**。小微企业普遍反映，现行政策措施在执行中，各部门掌握的企业划型标准不统一。如所得税优惠政策，是按照所得税法及其实施条例中规定的“小型微利”企业划型标准执行，而借款合同免征印花税政策，又是按照《中小企业划型标准规定》的“小型微型”企业执行。人民银行、银监会等机构以及各商业银行之间，对小微企业贷款的统计标准也各不相同。某市工商局反映，一些初创企业由于没有营业收入，无法划型，只能将启动资金小于 15 万元的企业视为微型企业。此外，有关部门反映，中小企业划型标准中的“其他未列明行业”，仅以从业人员数划分不科学，会导致错划。

3. **政策落实不到位**。有的地方落实政策主动性不强，习惯只靠会议和文件落实政策，一些有“含金量”的优惠政策措施落实还不到位。一些小微企业反映，税收减免政策虽好，但由于基层税务人员对政策掌握尺度不同，往往出现一项政策多种解读。某企业负责人说：“免税的时候，征管员不来找你；补税的时候，却总能找到你。”某文化公司反映，注册资本实行认缴制后，按规定印花税应在注册资本实缴后办理，但基层税务人员在公司注册后就收取。

4. **政策宣传不到位**。大部分小微企业对政策措施的知晓度不高，有的虽然获知了有关政策，但由于缺少政策解读和指导，仍不知道如何申请，如何享受。小微企业普遍反映，一些地方政府对政策宣传和解读，仍沿用以往的渠道和做法，没有考虑小微企业获取政策的意识和能力不强等实际问题。以创业担保贷款贴息政策和高校毕业生社会保险补贴政策为例，问卷调查显示，不了解该政策的企业分别占 31. 86% 和 34. 34% 。

（二）财税政策措施存在力度不够、受惠面窄、手续复杂等问题

1. **专项资金缺口较大**。部分省人社厅反映，创业担保贷款贴息政策要求由中央和地方财政按一定比例分摊，由于中央财政拨付不及时，且地方财政又普遍紧张，因此资金缺口较大。某自治区有关部门反映，去年第三、第四季度的中央贴息资金仍未到位，全区贴息资金缺口达 2. 94 亿元，有些市目前已暂停发放创业担保贷款。部分省财政部门反映，专项资金名额太少，经过省、市层层分配，到县一级也就 1 ~ 2 个名额，寥寥无几。

2. **有的税收政策受惠面窄**。某省一企业反映，月营业额低于 3 万元的小微企业免征营业税

和增值税政策优惠，餐饮业小微企业要享受政策，平均每天流水不能超过 1000 元，这类餐饮企业几乎没有，即使有也很难存活。企业普遍反映，小微企业多数为轻资产型，固定资产加速折旧政策仅适用于六类行业的小型微利企业，覆盖面较低，能享受政策的企业很少。据统计，2014 年某省只有 167 户次小微企业享受了固定资产加速折旧优惠，另外两个省市享受该政策的也仅有 68 户次和 248 户次，累计加速折旧额仅有 189.04 万元和 94.83 万元。

3. **申请手续复杂，企业负担重**。小微企业反映，所得税优惠申请手续复杂，且优惠额有限，许多企业放弃申请。某省科技公司反映，在申报中小企业发展专项资金时，企业需提供环评、财务审计和可行性研究等报告，且报告须由政府部门指定的中介机构出具，企业为申请 35 万元的专项资金，需要花费 10 多万元；如果委托代办机构，还要再支付 30% ~40% 的提成。此外，调研中，企业和地方政府对国家中小企业发展基金比较关注，并对基金一直未设立反应较大。

（三）金融政策措施尚未有效缓解融资难融资贵问题

1. **银行惜贷、抽贷、压贷问题依然严重**。受国内经济下行、部分行业经营困难影响，小微企业贷款不良率有所上升，加之小微企业经营不稳定、风险大，诚信体系建设滞后，银行对小微企业贷款动力普遍不足。据东部某省银监局统计，截至 2015 年 6 月，小微企业不良贷款率达 1.55%，比年初上升了 0.37 个百分点。西南某省一家小微企业负责人说：“现在找银行贷款，不是把企业逼死，就是让企业因不能续贷，背上不良信用记录。”某省大学生创业孵化中心负责人甚至说：“许多创业企业都死在了贷款路上。”

2. **银行贷款以承兑汇票支付现象凸显**。东部某省一机械公司反映，2015 年 6 月向银行贷款 1000 万元，银行只给了 500 万元现金，并要求将其中的 250 万元存在银行，另外 500 万元则开具承兑汇票，企业用钱必须提前贴现，融资成本上升 5% 左右，虽无奈但也只好接受。

3. **政银担合作模式难以推进**。一些试点省市反映，银行普遍对分担风险责任态度消极，常常通过与贷款企业签订补充协议，增加担保或抵押转嫁风险，加重了企业负担。某省小微企业普遍反映，虽然政府部门联合金融机构推出了一些免抵押的金融产品，但实际操作中仍要求企业提供抵押或担保。据某省统计，该省银行与保险公司签订合作协议 11 个，但执行不好，实际贷款只有 12 笔，总额仅 410 万元。

4. **金融产品和服务创新不足**。小微企业普遍反映，银行贷款仍以土地和房产抵押为主，适合小微企业发展特征的金融产品和服务创新不足，无法满足小微企业发展需求。某市科技公司反映，公司属轻资产企业，因无抵押品银行拒贷，只好以月息三分的高息向小贷公司贷款 40 万元。

（四）清费减负政策措施落实中存在制度障碍和不透明、不规范等问题

1. **行政许可收费仍较多**。地方政府部门普遍反映，现有的涉企收费项目地方自主权不大。有的省反映，在对中介服务收费项目进行梳理时，有 111 项都有法律法规依据，致使普遍性降费难以推动，小微企业对此反映强烈。

2. **个别政府部门仍存在不合理收费**。部分省份小微企业反映，使用网上税务申报系统，每年须向税务机关缴纳 380 元认证费，还须向指定供应商购买 800 元的税卡，以及制式打印机、电脑等设备，全部成本约 7000 元。一些省份小微企业反映，企业注册时要求刻制防伪章，需花费约 1700 元，且要购买指定印油，价格昂贵。

3. **部分中介机构、行业协会乱收费现象仍然存在**。某省小微企业反映，该省口岸管理部门仍允许中介机构收取已明确取消的过磅、仓储等费用，有些检测检疫费不透明。据某省份口腔医院反映，牙片机每年必须做辐射检测才能通过年检，而全省仅有两家机构具备资质，售价 6000 元的牙片机每年检测费就需 5000 元。某省汽车维修中心反映，企业自行提交年审材料，年审通不过，只有向汽车维修协会交 1000 元并通过他们提交材料，才能获得通过。

4. **拖欠小微企业资金现象严重**。小微企业普遍反映，经常被政府部门、国有企业和大型民营企业拖欠工程款，企业为争取项目还需垫资并缴纳保证金。某市一家小微企业反映，该公司参与地铁项目建设，应收工程款 1400 万元，目前地铁已通车两年，仍被拖欠 500 多万元。据某省电

子公司反映，给大中型企业供货，资金回收期长达3～6个月，且久拖不付现象屡有发生。小微企业还反映，不少大企业经常用承兑汇票支付应付款，使原本资金短缺的小微企业无法及时拿到钱，或不得不提前贴现，增加资金成本。此外，小微企业还普遍反映，缴纳“五险一金”的压力非常大，感到难以承受。

（五）商事制度改革后存在监管不到位、不协调等问题

1. **事中事后监管责任落实还不到位**。小微企业反映，“先照后证”实行后，一些部门仍存在重审批轻监管、只审批不监管的现象。有的部门缺乏事中事后监管能力，在查处取缔无照经营工作中监管边界模糊，互相推诿扯皮。一些政府部门反映，由于部门间尚未实现业务信息协同合作与互通，企业信息不能共享，使事后监管难以有效开展。

2. **“三证合一”存在不协调问题**。据某省一家小微企业反映，“三证合一”试点后，新证照在外地得不到承认。据另一省份小微企业反映，办理“三证合一”时工商部门只要求有办理人员信息，而到税务部门又要求是财务人员信息，如果不符，必须重新录入信息。部分省份工商部门反映，“三证合一”涉及工商、质检和税务部门的数据整合，由于没有操作细则和统一格式，无法形成有效数据联网。

3. **初创企业注册容易，注销难**。某市工商局反映，企业注销程序复杂，导致大量“名存实亡”的企业不愿主动注销，现在这一比例由过去的30%上升到38%。某省一家小微企业反映，企业注册一年后由于经营难以维系，也未发生任何业务，没有开具过任何发票，在注销时仍需按流程办理，为此企业跑了一个半月，比注册都难。

三、进一步支持小微企业发展的建议

（一）完善政策措施，加强统筹协调，推动贯彻落实

要充分发挥国务院促进中小企业发展工作领导小组在统筹协调、研究问题、督导检查、推动落实中的作用。国务院办公厅应对税务、金融、统计等部门执行的小微企业不同划型标准予以协调，在具体政策措施中执行统一标准。要梳理完善已出台的政策措施，切实解决政策系统性不强、碎片化、受惠面窄等问题。要多渠道、多形式加强政策措施的宣传解读，提高小微企业的知晓度。要加强企业信用体系建设。要科学合理界定政策措施的执行期限，增强衔接，对行之有效、深受小微企业欢迎的政策措施，适时以法规形式固化。

（二）进一步加强财政支持力度，切实增强税收优惠政策受惠面

充分发挥刚设立的国家中小企业发展基金作用，整合中央各类专项资金，形成合力。要加大对地方政府建立的创业园、孵化器、众创空间等小微企业服务平台的支持力度，进一步简化税收优惠申办手续，并制定缩小征收临界点税负差异的具体办法。对年应纳税所得额超过30万元的微型企业应研究制定税收优惠办法，以扩大受惠面。

（三）多措并举，切实缓解小微企业融资难、融资贵问题

要客观面对小微企业的发展特征，创新金融产品、改进服务方式，增强金融扶持政策措施的针对性和有效性。要加快降准降息等措施向小微企业的传导，采取有效措施，清理整顿以开具承兑汇票支付企业贷款等隐性收费行为。加快建立政银担风险分担合作机制，力争2016年建立国家融资担保基金。

（四）进一步推进普遍性降费和清理规范涉企收费，减轻小微企业负担

各级政府要进一步减少行政许可收费，加强对非行政许可收费事项的清理力度，尽早出台涉企收费目录清单。要继续清理整顿中介机构高收费、乱收费、变相收费等行为，要高度重视并研究解决拖欠小微企业资金的问题。要研究扩大对小微企业免征政府性基金的项目范围，研究制定不同规模企业差异化社会保险费率。

（五）加快推进商事制度改革后的监管举措

要着力做好商事制度改革后事中事后监管工作，切实解决“三证合一”进程中工作不协调和各部门信息共享、互联互通等基础性问题。要加强对大众创业热情的引导和创业辅导，针对一些地区普遍存在的新注册登记但已“名存实亡”的小微企业，尽快制定程序简化、易于操作的注销

办法。

（六）注重发挥商（协）会作用

要充分发挥商（协）会在了解诉求、反映情况、政企沟通、政策宣传等方面的作用，积极开展创业辅导培训。要着力加强行业自律，引导小微企业守法诚信经营。要完善服务手段，为小微企业提供融资、人才、纠纷调解，以及法律维权等方面的服务。

2015 中国民营企业 500 强调研分析报告

2014 年，我国国民经济呈现增长平稳、结构优化、质量提升、民生改善的良好态势。经营规模方面，2014 年中国民营企业 500 强营业收入总额达到 146915.71 亿元，比 2013 年增长 11.20%；资产总额为 138227.40 亿元，增幅为 25.40%。企业效益效率方面，民营企业 500 强的税后净利润、销售净利率和劳动生产率较上年上涨，总资产周转率和净资产收益率则略有下降。社会贡献方面，民营企业 500 强纳税总额占全国税收的比重为 4.81%；同时员工人数为 751.28 万人，占全国就业人员比重为 0.97%，已成为吸纳劳动力的重要力量。从行业分布看，民营企业 500 强仍以制造业为主导，江浙地区仍为 500 强企业集中地区，但营收及资产规模占比略有下降，其他省市如广东、山西等地入围企业数量有所增加。然而用工成本上升、税费负担重、资金成本高、融资难等导致的“缺人”“缺钱”的问题依然在一定程度上影响着民营企业的发展。

一、2014 年民营企业 500 强整体规模明显增大

从入围门槛看，2014 年，民营企业 500 强入围门槛为 95.09 亿元，较 2013 年增加了 3.87 亿元，增速为 4.24%（见表 1、图 1）。

从营业收入看，2014 年，民营企业 500 强营业收入总额达到 146915.71 亿元，户均 293.83 亿元。增长速度比上年降低了 13.71 个百分点，为 11.20%（见表 1、图 2）。

表 1　2014 年民营企业 500 强收入情况

项目指标		2014 年	2013 年	增长率（%）
入围门槛（亿元）		95.09	91.22	4.24
营业收入（亿元）	总额	146915.71	132122.46	11.20
	户均	293.83	264.24	

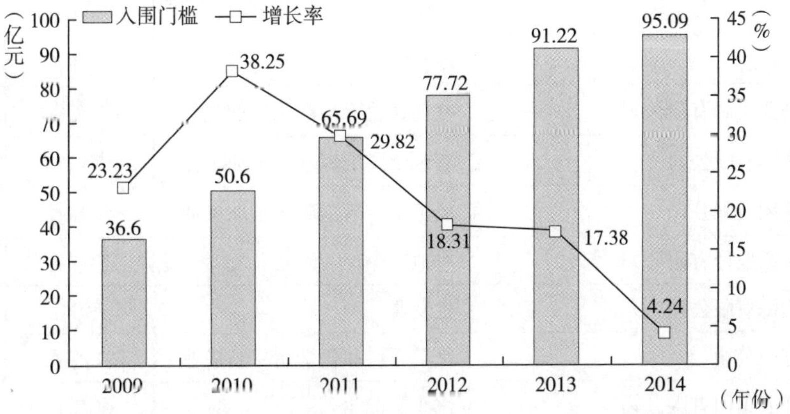

图 1　2009 ~ 2014 年民营企业 500 强入围门槛变化情况

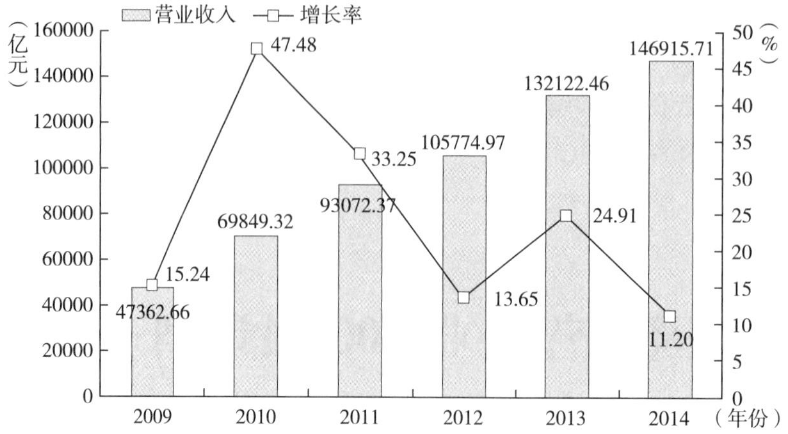

图 2　2009 ~ 2014 年民营企业 500 强营业收入变化情况

从资产规模看，2014 年，民营企业 500 强的企业资产总额为 138227. 40 亿元，户均 276. 45 亿元，较上一年增长 25. 40%。固定资产 24938. 19 亿元，户均 49. 88 亿元，较上一年增长 15. 37%；净资产 46338 亿元，户均 92. 68 亿元，较上一年增长 20. 37%。资产总额的增长率大于营业收入的增长速度（见表 2）。

从营业收入的分布看，有 17 家企业营业收入超过 1000 亿元，其中营业收入最多的是联想控股股份有限公司，达到 2894. 76 亿元。随着民营企业 500 强整体规模的壮大，更多的民营企业进入 2000 亿元营业收入俱乐部（见表 3、表 4）。

表 2　2013 ~ 2014 年民营企业 500 强资产情况

项目指标		2014 年	2013 年	增长率（%）
资产总额（亿元）	总额	138227. 40	110227. 03	25. 40
	户均	276. 45	220. 45	
固定资产（亿元）	总额	24938. 19	21615. 99	15. 37
	户均	49. 88	43. 23	
净资产（亿元）	总额	46338	38495. 91	20. 37
	户均	92. 68	77. 00	

表 3　2014 年民营企业 500 强营业收入前 20 家

序号	企业名称	所属行业	所在地	营业收入（亿元）
1	联想控股股份有限公司	计算机、通信和其他电子设备制造业	北京市	2894. 76
2	华为投资控股有限公司	计算机、通信和其他电子设备制造业	广东省	2881. 97
3	苏宁控股集团	零售业	江苏省	2829. 42
4	山东魏桥创业集团有限公司	有色金属冶炼和压延加工业	山东省	2819. 31
5	正威国际集团有限公司	有色金属冶炼和压延加工业	广东省	2687. 12
6	江苏沙钢集团有限公司	黑色金属冶炼和压延加工业	江苏省	2485. 36
7	大连万达集团股份有限公司	房地产业	辽宁省	2424. 80
8	中国华信能源有限公司	批发业	上海市	2139. 95
9	恒力集团有限公司	化学原料和化学制品制造业	江苏省	1635. 28
10	浙江吉利控股集团有限公司	汽车制造业	浙江省	1539. 53
11	万科企业股份有限公司	房地产业	广东省	1463. 88

续表

序号	企业名称	所属行业	所在地	营业收入（亿元）
12	美的集团股份有限公司	电气机械和器材制造业	广东省	1423.11
13	海亮集团有限公司	有色金属冶炼和压延加工业	浙江省	1300.31
14	恒大地产集团有限公司	房地产业	广东省	1113.98
15	中天钢铁集团有限公司	黑色金属冶炼和压延加工业	江苏省	1052.05
16	TCL 集团股份有限公司	计算机、通信和其他电子设备制造业	广东省	1012.97
17	新疆广汇实业投资（集团）有限责任公司	零售业	新疆维吾尔自治区	1008.20
18	广厦控股集团有限公司	房屋建筑业	浙江省	986.81
19	泰康人寿保险股份有限公司	保险业	北京市	983.89
20	苏宁环球集团有限公司	房地产业	江苏省	971.01

表 4　2013～2014 年民营企业 500 强营业收入结构表

营业收入总额标准（亿元）		2014 年	2013 年	增长率（%）
≥1000	企业数量（家）	17	16	6.25
	占 500 强比重（%）	3.40	3.20	
[500，1000)	企业数量（家）	38	27	40.74
	占 500 强比重（%）	7.60	5.40	
[100，500)	企业数量（家）	431	413	4.36
	占 500 强比重（%）	86.20	82.60	
<100	企业数量（家）	14	44	-68.18
	占 500 强比重（%）	2.80	8.80	

从资产规模的分布来看，民营企业 500 强资产实力稳步提高。2014 年企业资产总额突破 1000 亿元的共有 21 家企业，比 2013 年增加 7 家，其中大连万达集团股份有限公司以 7320.54 亿元的规模居资产总额榜首；2014 年有 285 家企业的资产规模在 100 亿元至 1000 亿元，比 2013 年增加 23 家，108 家企业的资产规模在 50 亿元至 100 亿元（见表 5、表 6）。

表 5　2014 年民营企业 500 强资产总额前 20 家

序号	企业名称	所属行业	所在地	资产总额（亿元）
1	大连万达集团股份有限公司	房地产业	辽宁省	7320.54
2	泰康人寿保险股份有限公司	保险业	北京市	5108.35
3	万科企业股份有限公司	房地产业	广东省	5084.09
4	恒大地产集团有限公司	房地产业	广东省	4744.62
5	包商银行股份有限公司	货币金融服务	内蒙古自治区	3028.68
6	联想控股股份有限公司	计算机、通信和其他电子设备制造业	北京市	2890.02

续表

序号	企业名称	所属行业	所在地	资产总额（亿元）
7	碧桂园控股有限公司	房地产业	广东省	2680.32
8	华为投资控股有限公司	计算机、通信和其他电子设备制造业	广东省	2440.91
9	上海复星高科技（集团）有限公司	综合	上海市	1852.06
10	苏宁控股集团	零售业	江苏省	1676.41
11	山东魏桥创业集团有限公司	有色金属冶炼和压延加工业	山东省	1451.79
12	江苏沙钢集团有限公司	黑色金属冶炼和压延加工业	江苏省	1425.22
13	新疆广汇实业投资（集团）有限责任公司	零售业	新疆维吾尔自治区	1411.33
14	浙江吉利控股集团有限公司	汽车制造业	浙江省	1301.33
15	重庆龙湖企业拓展有限公司	房地产业	重庆市	1289.94
16	雅居乐地产置业有限公司	房地产业	广东省	1236.48
17	美的集团股份有限公司	电气机械和器材制造业	广东省	1202.92
18	正威国际集团有限公司	有色金属冶炼和压延加工业	广东省	1157.35
19	苏宁环球集团有限公司	房地产业	江苏省	1128.96
20	三一集团有限公司	专用设备制造业	湖南省	1100.69

表6　2013～2014年民营企业500强资产总额结构表

资产总额标准（亿元）		2014年	2013年	增长率（%）
≥1000	企业数量（家）	21	14	50
	占500强比重（%）	4.20	2.80	
[100，1000)	企业数量（家）	285	262	8.78
	占500强比重（%）	57.00	52.40	
[50，100)	企业数量（家）	108	130	-16.92
	占500强比重（%）	21.60	26.00	
<50	企业数量（家）	86	94	-8.51
	占500强比重（%）	17.20	18.80	

二、2014年民营企业500强经营效益稳步提升

2014年民营企业500强在企业规模增长的同时，经营效益和效率较2013年有明显回升。2014年民营企业500强税后净利润达到5928.95亿元，户均11.86亿元，与2013年相比增长19.12%，销售净利率由2013年的3.77%提高到4.04%，资产净利率出现小幅下滑，由4.52%降至4.29%，净资产收益率由14.35%回落到14.04%（见表7）。

表7　2013～2014年民营企业500强盈利情况

项目指标		2014年	2013年	增长率（%）
税后净利润（亿元）	总额	5928.95	4977.36	19.12
	户均	11.86	9.95	
销售净利率（%）		4.04	3.77	
资产净利率（%）		4.29	4.52	
净资产收益率（%）		14.04	14.35	

2014年共有11家民营企业500强发生亏损，比2013年增加8家。亏损企业分别属于黑色金属冶炼和压延加工业、金属制品业和从事大宗商品贸易的批发业等（见表8）。

表8　2013～2014年民营企业500强亏损企业

单位：家，万元

年份	亏损企业数量	亏损总额	户均亏损
2014	11	528754	48068.55
2013	3	62925	20975

从经营效率看，除总资产周转率以外，民营企业500强的人均营业收入、人均利润均有上升。2014年民营企业500强总资产周转率为115.30%，与2013年的131.395%相比降低16.09个百分点；人均营业收入为195.55万元，连续六年上升，较2013年高出16.52万元，增幅为9.23%（见表9、图3）。

表9　2013～2014年民营企业500强运营情况

项目指标	2014年	2013年	增长幅度（%）
总资产周转率（%）	115.30	131.39	-12.25
人均营业收入（万元/人）	195.55	179.03	9.23

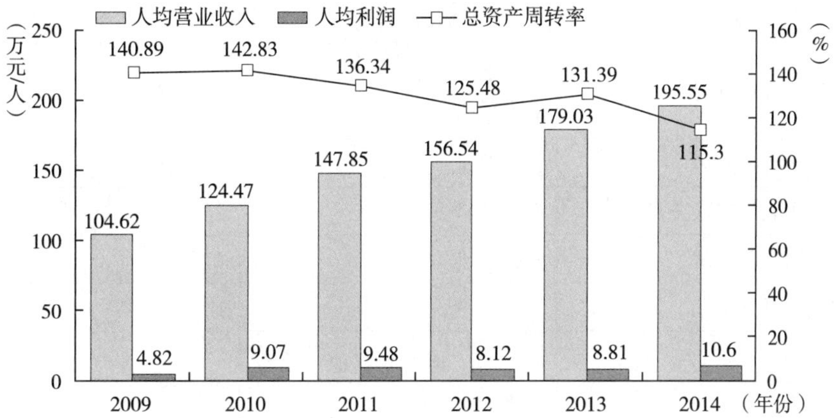

图3　2009～2014年民营企业500强经营效率情况

三、民营企业500强社会贡献继续加大

从纳税总额看，民营企业500强纳税总额呈上升趋势，占全国税收的比重微幅上升。国家统计局网站统计公报显示，2014年，民营企业500强纳税总额达到5727.51亿元，比上年增长了20.72%，占全国税收的比重为4.81%，比上年升高了0.52个百分点（见图4、表10）。

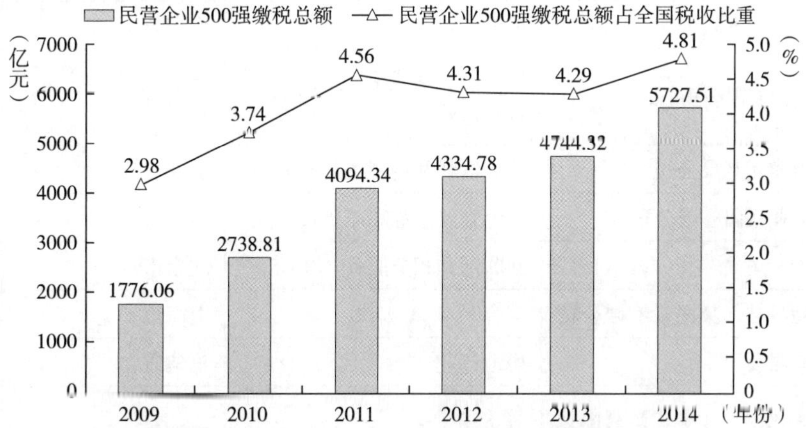

图4　2009～2014年民营企业500强纳税情况

表 10　2013～2014 年民营企业 500 强税收情况

项目指标		2014 年	2013 年	增长率（%）
纳税（亿元）	总额	5727.51	4744.32	20.72
	户均	11.46	9.49	

从纳税额结构分布看，纳税 1 亿元以上的民营企业 500 强数量为 453 家，占比为 90.6%。2014 年有 51 家民营企业 500 强纳税规模在 20 亿元以上，比 2013 年增加 6 家（见表 11）。纳税总额位居第一的是华为投资控股有限公司，为 337 亿元，万科企业股份有限公司和大连万达集团股份有限公司纳税总额均超过 200 亿元，分别为 288 亿元和 274.2 亿元（见表 12）。

表 11　2013～2014 年民营企业 500 强纳税额结构分布

单位：家

纳税总额标准	2014 年企业数量	2013 年企业数量
20 亿元以上	51	45
10 亿～20 亿元	80	83
1 亿～10 亿元	322	329
1 亿元以下	47	43

表 12　2014 年民营企业 500 强纳税前 20 家

序号	企业名称	所属行业	所在地	缴税总额（亿元）
1	华为投资控股有限公司	计算机、通信和其他电子设备制造业	广东省	337.00
2	万科企业股份有限公司	房地产业	广东省	288.00
3	大连万达集团股份有限公司	房地产业	辽宁省	274.20
4	恒大地产集团有限公司	房地产业	广东省	171.00
5	碧桂园控股有限公司	房地产业	广东省	130.18
6	联想控股股份有限公司	计算机、通信和其他电子设备制造业	北京市	130.17
7	美的集团股份有限公司	电气机械和器材制造业	广东省	100.34
8	浙江吉利控股集团有限公司	汽车制造业	浙江省	91.66
9	正威国际集团有限公司	有色金属冶炼和压延加工业	广东省	79.80
10	重庆龙湖企业拓展有限公司	房地产业	重庆市	79.54
11	恒力集团有限公司	化学原料和化学制品制造业	江苏省	73.59
12	山东晨曦集团有限公司	批发业	山东省	73.29
13	雅居乐地产置业有限公司	房地产业	广东省	71.72
14	TCL 集团股份有限公司	计算机、通信和其他电子设备制造业	广东省	59.60
15	杭州娃哈哈集团有限公司	酒、饮料和精制茶制造业	浙江省	59.15
16	山东魏桥创业集团有限公司	有色金属冶炼和压延加工业	山东省	54.84
17	百度公司	互联网和相关服务	北京市	53.45
18	上海复星高科技（集团）有限公司	综合	上海市	45.19
19	正荣集团有限公司	房地产业	福建省	42.27
20	新疆广汇实业投资（集团）有限责任公司	零售业	新疆维吾尔自治区	41.66

近年来，民营企业安置的就业人员继续增加，已成为吸纳劳动力的重要力量。2014 年民营企业 500 强员工人数为 751.28 万人，同比增加 1.8%，占全国就业人员比重为 0.97%，比 2013 年增加 0.01 个百分点。苏宁控股集团已连续三年成为员工人数最多的民营企业，员工人数达 18 万人（见表 13）。

表 13　2013～2014 年民营企业 500 强就业情况

项目指标		2014 年	2013 年	增长率（%）
员工人数（万人）	总额	751.28	737.99	1.80
	户均	1.50	1.48	

四、民营企业 500 强产业结构持续优化

2014 年民营企业 500 强产业结构调整加快，虽然多数企业依然集中在第二产业，但集中度持续降低。第二产业入围企业数量从 2013 年的 372 家降至 2014 年的 364 家。第三产业入围企业数量继续增加，从 2013 年的 124 家增至 2014 年的 130 家。在国家高度重视"三农"问题的大背景下，第一产业入围企业从 2013 年的 3 家增至 2014 年的 6 家，现代农牧业对民营企业的吸引力有所增加（见表 14）。

表 14　2013～2014 年民营企业 500 强产业分布情况

项　目	2014 年	2013 年	增长率（%）
第一产业（家）	6	3	1
第二产业（家）	364	372	-2.15
第三产业（家）	130	124	4.84

民营企业 500 强制造业仍占主导地位。2014 年，民营企业 500 强有 291 家制造业企业，比 2013 年减少 8 家，营业收入、资产总额、缴税总额、员工人数、研发费用在民营企业 500 强中的占比略有下降，但税后净利润有所增加，民营企业制造业资产、人员规模占比均降到 50% 以下，民营企业产业结构调整初见成效。

2014 年，民营企业 500 强前十大行业共包含 314 家企业。188 家企业集中分布在冶金、电气机械和器材制造业、房地产业、化学工业、石油工业等资金和技术密集型行业及批发、零售等流通行业。建筑行业仍位于榜首，比上年略有增加。黑色金属冶炼和压延加工业企业家数减少 13 家，国内经济增速趋缓、钢铁行业产能过剩的问题对该行业民营企业影响较大。

2014 年民营企业 500 强行业经营效益存在明显差异。货币金融服务、租赁、房地产、互联网和相关服务业的销售净利率、资产净利率和净资产收益率相对较高；一些制造业如化学纤维制造业、通用设备制造及黑色金属冶炼和压延加工业等，经营效益则较低。

从销售净利率来看，2014 年共有 24 个行业的平均销售净利率高于民营企业 500 强的平均水平 4.04%。其中有 4 个行业的销售净利率高于 10%，比 2013 年减少 3 个行业，但行业结构发生较大变化。货币金融服务销售净利率居于首位，与 2013 年 18.47% 的销售净利率相比，同比降低了 4.36 个百分点。互联网和相关服务业仍居前列，但 10.18% 的销售净利率低于 2013 年的 22.73%（见表 15）。

表 15　2014 年民营企业 500 强中销售净利率超过 10% 的行业

所属行业名称	入围企业数量（家）	营业收入（亿元）	税后净利润（亿元）	销售净利率（%）
货币金融服务业	1	204.49	28.86	14.11
租赁业	1	136.47	15.87	11.63
房地产业	32	12785.41	1381.01	10.80
互联网和相关服务业	2	1213.52	123.59	10.18

从资产净利率看，2014 年民营企业 500 强资产净利率为 4.29%，较上年的 4.52% 下降了 0.23 个百分点。但有 28 个行业资产净利率高于民营企业 500 强的资产净利率平均水平。其中有 5 个行业资产净利率在 10% 以上，分别为租赁业，酒、饮料和精制茶制造业，软件和信息

技术服务业，食品制造业，互联网和相关服务业。各行业资产净利率均较上年有所下滑。2013年资产净利率超过10%的医药制造业，皮革、毛皮、羽毛及其制品和制鞋业在2014年已低于10%，由租赁业、食品制造业取代（见表16）。

表16　2014年民营企业500强资产净利率超过10%行业

所属行业名称	入围企业数量（家）	资产总额（亿元）	税后净利润（亿元）	资产净利率（%）
租赁业	1	61.61	15.87	25.76
酒、饮料和精制茶制造业	6	875.83	134.46	15.35
软件和信息技术服务业	3	219.76	30.67	13.96
食品制造业	5	646.18	67.5	10.45
互联网和相关服务业	2	1218.72	123.59	10.14

五、民营企业500强投资稳步发展

近年来，国家连续出台鼓励投资特别是民间投资的政策，民营企业500强积极向“民间投资36条”及实施细则鼓励领域、战略性新兴产业等领域开展投资。

从投资事件来看，2014年有近半数的民营企业500强有重大项目投产，占比为46.4%；其次为重大技术突破，有97家，占比为19.4%；进行并购的有113家，占比为22.6%（见图5）。

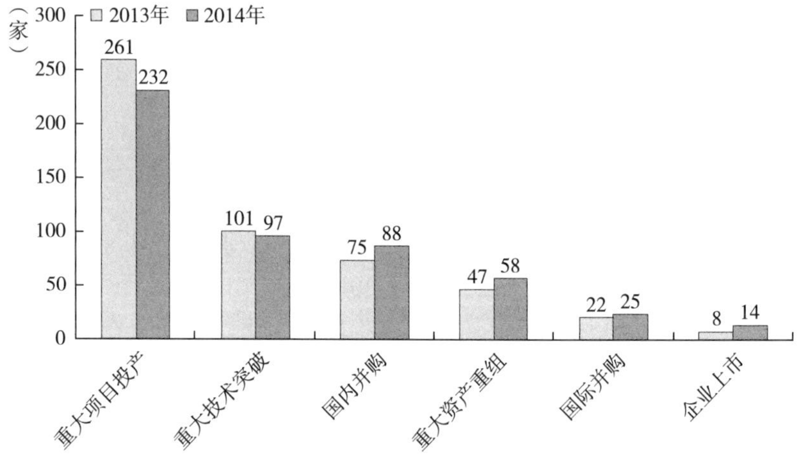

图5　2013～2014年民营企业500强发生的重大事件

PPP模式近年来日渐升温，政府引导社会资本进入公共服务及基础设施建设与运营领域，双方分享利益共担风险，最终提高公共产品服务的质量和供给效率，“公私合作”前景广阔。调研数据显示，已通过PPP等方式进入公共服务及基础设施建设与运营领域的民营企业500强共有58家，占比11.60%；有意向进入的民营企业有136家，占比27.2%（见表17）。

表17　民营企业通过PPP等方式进入公共服务及基础设施建设与运营领域的情况

是否已通过PPP等方式进入公共服务及基础设施建设与运营领域	企业数量（家）	占500强比重（%）
是	58	11.60
否/有意进入	136	27.20
否/无意进入	242	48.40

注：统计的各项有未填写的，以实际填写数字为准。

民营企业快速响应《中共中央关于全面深化改革若干重大问题的决定》中提出的“积极发展混合所有制经济”。调研数据显示，2014年民营企业500强中已涉及混合所有制的企业共有157家，占比31.4%；有意向参与混合所有制的企业共有175家，占比35%（见图6）。

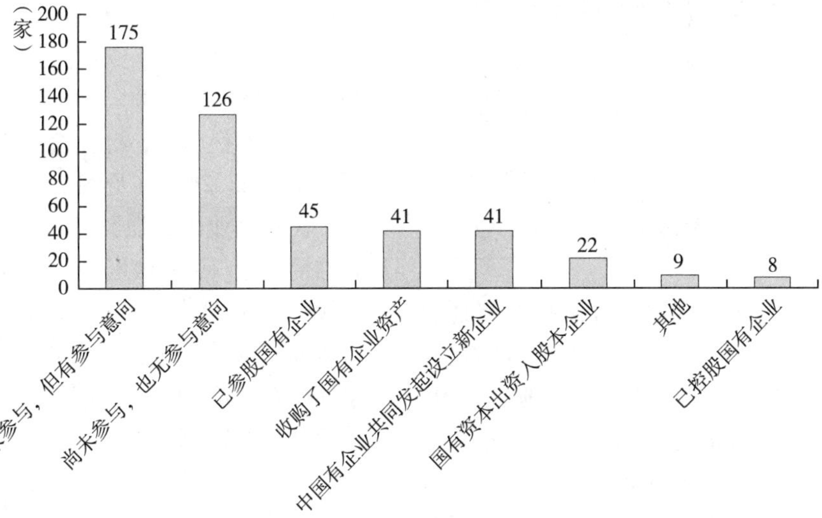

图6　企业参与发展混合所有制的情况

发展混合所有制经济对于加快国企改革和扩大民间资本投资领域具有重大意义，但目前还存在不少困难。调研数据显示，2014 年民营企业 500 强中 47.40% 的企业认为混合所有制改革的具体细则尚不明确，不敢贸然进入，39.60% 的企业认为可参与的混合所有制项目不多，另外有 15.60% 的企业觉得目前参与的混合所有制项目没有话语权（见表 18）。

表 18　2014 年民营企业参与发展混合所有制面临的突出障碍

突出的障碍	企业数量（家）	占比（%）
混合所有制改革的具体细则尚不明确，不敢贸然进入	237	47.40
可参与的混合所有制项目不多	198	39.60
目前参与的混合所有制项目没有话语权	78	15.60
其他	33	6.60
现有的混合所有制项目规模大，无能力参与	32	6.40

注：此为多选。

六、民营企业 500 强品牌建设与技术创新力度加大

2014 年民营企业 500 强拥有的商标总量为 71823 个，其中国内商标数为 53018 个，国外商标数为 18805 个，相比 2013 年商标数量实现平稳增长。

拥有自有商标的企业数量呈现维持态势，自有品牌形成的收入贡献比重也大体保持不变。2014 年拥有自有商标的民营企业 500 强中以自有品牌形成的收入比重为 100% 的民营企业 500 强为 230 家，占自有商标企业总数的 64.25%（见表 19）。

随着研发费用的不断投入，民营企业 500 强专利数量保持高速增长。调研数据显示，2014 年，民营企业 500 强共拥有有效专利 159329 项，比 2013 年增长 20.95%，其中国内有效专利 136408 项，国外有效专利 22921 项（见表 20）。

表 19　2010～2014 年民营企业 500 强自有商标产品占总收入比例

自有商标产品占总收入比例	自有商标的企业数量（家）				
	2014 年	2013 年	2012 年	2011 年	2010 年
＝100%	230	232	231	242	244
[60%，100%)	86	98	84	82	61
[30%，60%)	18	11	10	12	13
＜30%	24	26	19	18	14
总　计	358	367	344	354	332

表 20　2013～2014 年民营企业 500 强专利数量

	2014 年	2013 年
国内专利（项）	136408	116801
国际专利（项）	22921	14931
合　计	159329	131732

民营企业 500 强获得国家及各级科技奖励的企业数量较多。2014 年，有 8 家企业获得国家科学技术奖，获得省部级科技奖励的企业达到 95 家。被国家有关部门认定为“国家级企业技术中心”的有 107 家，比上年增加 8 家；设立博士后工作站的有 165 家，比上年减少 3 家；被国家有关部门认定为“行业重点实验室”的有 38 家，比上年减少 7 家；被国家有关部门认定为“国家重点实验室”的有 30 家，比上年减少 5 家。

七、民营企业 500 强国际化经营不断深化

民营经济为稳定对外贸易作出了重要贡献。2014 年民营企业 500 强出口总额实现大幅增加，达 1443.24 亿美元，比上年增加 559.10 亿美元，同比增长 63.24%（见图 7）。

民营企业 500 强海外投资总体规模增长、分布结构优化。调研数据显示，2014 年民营企业 500 强累计海外投资额为 255.15 亿美元，同比增长 53.83%。从海外累计投资额结构分布来看，海外累计投资在 100 万美元以下及 100 万美元到 1000 万美元以上的企业数量略有下降。1000 万美元以上各投资区域的企业数量均有增加，1000 万美元到 1 亿美元之间的企业数量从 2013 年的 64 家增加到 2014 年的 72 家，1 亿美元到 10 亿美元的企业数量从 41 家增长到 2014 年的 42 家，10 亿美元及以上的企业数量从 2013 年 2 家增加到 2014 年的 4 家（见图 8）。

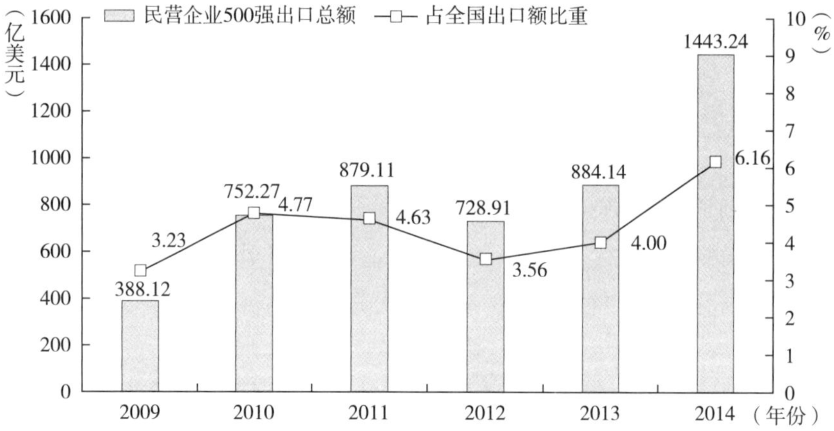

图 7　2009～2014 年民营企业 500 强出口情况

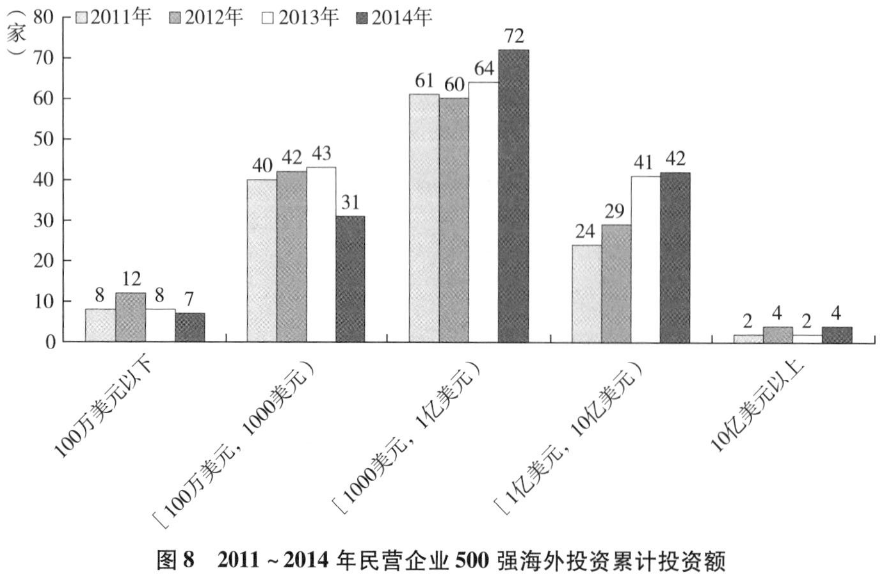

图 8　2011～2014 年民营企业 500 强海外投资累计投资额

“一带一路”战略的提出，为中国企业参与海外发展提供了新的机遇，2014 年民营企业 500 强积极响应“一带一路”战略，充分利用国内国外两个市场，谋求企业发展。2014 年，民营企业 500 强中有 106 家企业参与“一带”，有 89 家企业参与“一路”，参与“一带一路”的积极性显著提高（见表 21）。民营企业走出去的步伐不断加快，总体数量和投资额度逐年加大，占比持续提升，已成为实施走出去和“一带一路”战略的重要力量。

表 21　民营企业 500 强在“一带一路”涉及国家的投资状况

	2014 年	2013 年
“一带”（家）	106	53
“一路”（家）	89	53

2014 年民营企业 500 强走出去最主要的动因是拓展国际市场和实现企业跨越式发展，其次是获取品牌、技术、人才等战略要素和获取国外原材料等资源，优势产能转移和利用当地劳动力等要素降低产品成本也是民营企业 500 强走出去的重要原因（见表 22）。

表 22　2014 年民营企业 500 强走出去的主要动因

动因	企业数量（家）	500 强中占比（%）
拓展国际市场	296	59.2
实现企业跨越式发展	208	41.6
获取品牌、技术、人才等战略要素	147	29.4
获取国外原材料等资源	113	22.6
优势产能转移	61	12.2
利用当地劳动力等要素降低产品成本	57	11.4

八、民营企业 500 强管理更加科学规范

根据调研数据，大部分民营企业已建立现代企业制度。2014 年民营企业 500 强已建立现代企业制度的企业数量为 476 家，占民营企业 500 强的比重为 95.2%，计划未来三年建设现代企业的企业数量为 15 家（见图 9）。

调研数据显示，2014 年民营企业 500 强中有 301 家企业的决策权掌握在董事会手中，36 家掌握在经营团队手中，26 家掌握在董事长或 CEO 手中，分别占 500 强的 60.2%、7.2%和 5.2%（见图 10）。

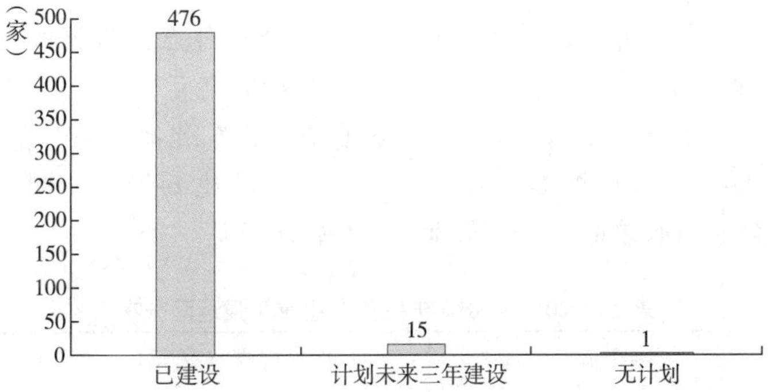

图 9　2014 年民营企业 500 强现代企业制度建立情况

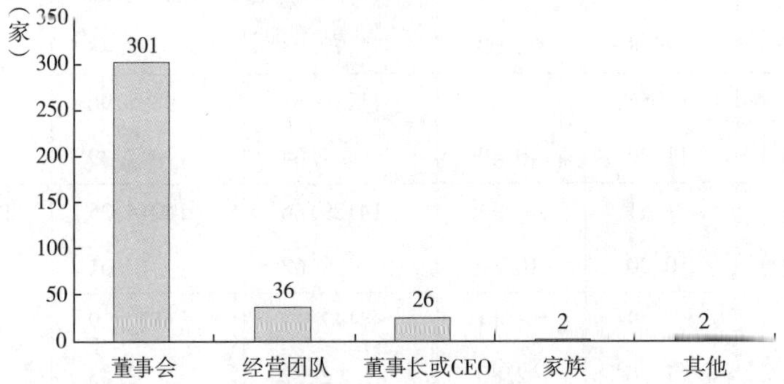

图 10　2014 年民营企业 500 强决策机制

电子商务作为新兴的营销模式，在民营企业500强中应用越来越广泛。调研数据显示，2014年民营企业500强中共有205家民营企业运用电子商务取得营业收入，占500强的41%，比2013年增加29家。其中，14家企业的电子商务收入占比达到50%以上，18家企业电子商务占比在30%～50%，41家企业电子商务占比在10%～30%（见图11）。

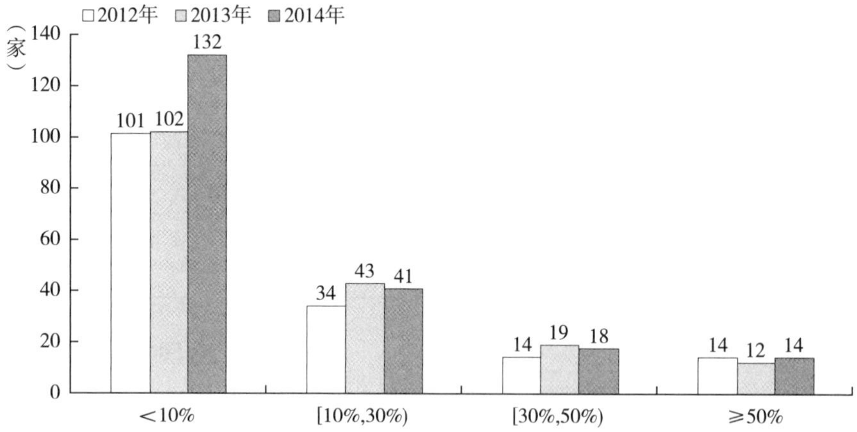

图11　2012～2014年民营企业500强电子商务销售模式收入比率

九、民营企业500强相对集中于东部地区

在2014年入围的民营企业500强中，东部地区企业为384家，同比增加4家；中部地区企业56家，同比增加4家；西部地区企业51家，同比减少3家；东北地区企业9家，同比减少5家。东部地区企业数量仍占主导优势。

从营业收入总额占比来看，2014年中国民营企业500强中，东部地区民营企业营收总额达到117423.09亿元，占比79.93%，同比增长1.45个百分点。中部地区民营企业营收总额为11220.61亿元，占比7.64%，同比增加0.15个百分点。西部地区民营企业营收总额为14129.86亿元，占比9.62%，同比减少0.99个百分点。东北地区民营企业营收总额为4142.14亿元，占比2.82%，同比减少0.61个百分点。

从资产总额占比来看，2014年东部地区民营企业资产总额为98728.81亿元，占比71.42%，同比增加2.89个百分点；中部地区民营企业资产总额为8745.07亿元，占比6.33%，同比减少0.92个百分点；西部地区民营企业资产总额为21379.05亿元，占比15.47%，同比减少1.69个百分点；东北地区民营企业资产总额为9374.47亿元，占比6.78%，同比减少0.29个百分点（见表23）。

表23　2013～2014年民营企业500强地区分布

地区		入围企业数（家）		收入规模（亿元）		资产规模（亿元）	
		2014年	2013年	2014年	2013年	2014年	2013年
东部	数量（家）	384	380	117423.09	103688.86	98728.81	75534.09
	占500强比重（%）	76.8	76.00	79.93	78.48	71.42	68.53
中部	数量（家）	56	52	11220.61	9891.96	8745.07	7986.89
	占500强比重（%）	11.20	10.40	7.64	7.49	6.33	7.25
西部	数量（家）	51	54	14129.86	14014.25	21379.05	18915.14
	占500强比重（%）	10.20	10.80	9.62	10.61	15.47	17.16
东北	数量（家）	9	14	4142.14	4527.39	9374.47	7790.90
	占500强比重（%）	1.80	2.80	2.82	3.43	6.78	7.07

从省市分布看，2014 年民营企业 500 强分布于我国内地 29 个省、自治区、直辖市和新疆生产建设兵团。浙江和江苏两省仍为民营企业 500 强主要集中地，浙江入围企业为 138 家，与 2013 年持平。江苏入围企业为 91 家，比 2013 年减少 5 家。河北入围企业 15 家，比上年减少 4 家。湖南入围企业 7 家，比上年减少 4 家。广东入围企业 40 家，比上年增加 16 家。另外，河南、北京、江西、重庆、安徽、山西等地入围企业数量均有所增加。新疆生产建设兵团首次有 2 家企业入围，民营企业 500 强仍主要集中于东部沿海省份。

十、民营企业 500 强法制建设情况专题

2014 年，民营企业 500 强内部重视依法治企，普遍根据《中华人民共和国劳动合同法》《国务院关于建立统一的企业职工基本养老保险制度的决定》《社会保险费征缴暂行条例》等法律法规与员工签订劳动合同。签订劳动合同占职工总数的比例达 98.96%，缴纳养老保险、医疗保险、失业保险、工伤保险和生育保险的占职工总数的比例分别为 95.82%、97.13%、94.34%、97.31% 和 93.09%。民营企业职工的合法权益得到较好的维护（见表 24）。

2014 年，民营企业 500 强中，有 449 家设立了党委（支部），占比达到 89.8%，党建在公司治理中的地位和作用得到加强。有 440 家企业设立了工会，占比达到 88%，职工民主参与决策、维护自身合法权益已具有一定组织基础（见表 25）。

表 24　民营企业 500 强签订劳动合同与缴纳“五险”情况

五险缴纳情况	占职工总数的比例（%）
签订合同	98.96
养老保险	95.82
医疗保险	97.13
失业保险	94.34
工伤保险	97.31
生育保险	93.09

表 25　民营企业 500 强基层党组织和工会建设情况

	企业数量	占 500 强比例（%）
设立党委（支部）	449	89.8
设立工会	440	88

2014 年，民营企业 500 强中，有 447 家企业认为自身已建立现代企业制度，确保依法决策、民主决策、科学决策（见表 26）。注重在合同审核、决策论证等环节注意防范法律风险的企业数量较多。但在厂务公开和民主管理、建设企业法治文化方面仍有较大的改进空间。

表 26　民营企业 500 强建设法治企业进展情况

建立法治企业进展	企业数量（家）	占 500 强比例（%）
已建立现代企业制度，确保依法决策、民主决策、科学决策	447	89.4
已推进厂务公开和民主管理，妥善处理劳动争议，在法治框架内构建和谐劳动关系	370	74
已形成讲法治、讲规则、讲诚信的企业法治文化	375	75
已建立健全合同审核、决策论证等相关环节法律风险控制体系和预警防范机制	402	80.4

在企业内部法律机构设置方面，民营企业普遍认识到法律维权工作的专业性，通过设置法律机构、专职法律员工及聘请法律顾问等形式处理自身法律事务。2014 年民营企业 500 强中有 360 家有法务部等专设法律机构，占 500 强的 72%，有 236 家企业聘请常年法律顾问，占 500 强的 47.2%（见表 27）。

表 27　民营企业 500 强法律机构设置情况

法律机构设置	企业数量	占 500 强比例（%）
有法务部等专设法律机构	360	72
没有专门的机构，但有专职法律员工	46	9.2
聘请常年法律顾问	236	47.2

2014 年，民营企业 500 强中，认为民营企业在司法审判过程中地位与其他法律主体较为平等的有 377 家，占 500 强的 75.4%。也有少部分企业认为不平等，占比 6%，认为存在歧视现象的占 500 强的 3.4%，显示在局部地区或个案处理上，司法公正性仍有待提高（见表 28）。

在私有财产保护方面，认为好或较好的企业有 415 家，占比达 83%，显示民营企业的私有财产得到较好保护。但有 54 家企业认为私有财产保护的法治环境一般或较差，说明在局部地区或个案处理上，仍有相当程度的私有财产受到侵犯（见表 28）。

在市场秩序方面，认为现有市场秩序规范的企业有 242 家，占比 48.40%；认为市场秩序一般的企业有 188 家，占比 37.60%；认为市场秩序存在恶性竞争的有 27 家，占比 5.4%。显示民营企业的市场竞争环境仍有较大的改善空间（见表 28）。

在知识产权保护方面，认为现有知识产权保护法律环境好的企业有 161 家，占比 32.20%；认为较好的企业有 207 家，占比 41.40%；认为一般的企业有 52 家，占比 10.40%；认为差的企业有 2 家，占比 0.40%。显示知识产权法律环境仍有较大的改进空间（见表 28）。

在依法行政方面，认为政府依法行政情况好或较好的企业有 377 家，合计占比 75.4%，显示政府在依法行政方面取得民营企业的认可。但也仍有 15% 的企业认为政府在依法行政方面处于一般或较差的状态，显示局部地区政府依法行政仍需改进（见表 28）。

表 28　民营企业 500 强对法治环境的评价

法治环境	评价	企业数量	占 500 强比例（%）
私有财产保护	好	208	41.60
	较好	207	41.40
	一般	52	10.40
	差	2	0.40
市场秩序	规范	242	48.40
	一般	188	37.60
	恶性竞争	27	5.40
知识产权保护	好	161	32.20
	较好	207	41.40
	一般	52	10.40
	差	2	0.40
依法行政	好	194	38.80
	较好	183	36.60
	一般	71	14.20
	差	4	0.80
民营企业在司法审判中的地位	平等	377	75.40
	不平等	30	6.00
	存在歧视	17	3.40

中国民营企业社会责任报告 2015（节选）

2014 年，我国民营企业普遍面临转型升级、创新发展的共同问题。本报告从企业社会责任的视角，借助国际通行的“三重底线”和利益相关方企业社会责任理论分析方法，运用大量翔实的数据和丰富生动的案例，全面论述了 2014 年在我国经济发展进入新常态的大背景下，民营企业在经济、环境和社会三方面，如何对各利益相关方履行社会责任。

一、民营企业社会责任绩效表现整体向好

社会稳定与进步是企业发展的根本前提，企业持续发展是推动社会不断进步的重要力量，而企业社会责任则是企业通向可持续发展的重要途径。企业的发展不仅要追求利润，还必须承担相应的社会责任，能力越大，责任越大，也符合中

国企业家“达则兼济天下”的传统理念与情怀。

经济责任是民营企业履行其他社会责任的基础。调研发现，尽管2014年外部环境变化使民营企业的生存和发展压力变大，但民营经济发展势头依然良好。整体看来，2014年我国民营企业开始以较高的站位，优化布局企业社会责任工作，规范完善企业社会责任组织和机制，持续提高社会责任报告编制水平，逐步拓展社会责任信息披露边界。

在履行消费者责任方面，民营企业越来越重视产品和服务质量，从完善质量管控体系入手，引入标准化管理理念和技术，企业管理体系进一步完善。同时，在互联网经济助推下，很多民营企业敏锐地捕捉到体验经济的信号，并开始系统化地研究和改善客户消费体验，提升服务质量。

在履行员工责任方面，民营企业顶住经济下行压力，稳定就业岗位，努力做到不减薪不裁员，劳动用工规范程度进一步加强。多数民营企业较为注重人才培养，不断完善员工各项权益保障制度，采用多种措施关心关爱员工，为员工提供多样化的福利保障，利用民主化管理方式带动员工与企业共同成长。

在党和政府全面推进诚信体系建设的大背景下，广大民营企业家和民营企业的商务诚信水平进一步提高，不少企业将诚信作为企业的核心价值观注入企业文化，并要求企业全体员工严格执行诚信体系的规章制度。在与商业合作伙伴往来的过程中，一些企业开始利用社会责任理念管理供应链合作伙伴，提升供应链企业综合素质，影响和带动供应链企业共同发展。

在履行环境责任方面，随着党的十八大把生态文明建设放在突出地位，并纳入中国特色社会主义事业总体布局，生态文明建设理念已深入人心。民营企业的环境保护和可持续发展意识普遍加强，逐步实现了理念和技术上的共同进步。

在参与社区建设方面，民营企业始终积极响应党和政府的号召，以满腔的热情投身扶贫开发、公益慈善和光彩事业，同时不断创新工作方法，带动贫困地区脱贫致富效果显著，为促进社会和谐发展发挥了重要作用。

二、民营企业履行社会责任年度特征

1. 民营企业良好发展态势传递正能量

国家统计局数据显示，2014年我国的民营经济总体保持持续发展和稳步上升的趋势。私营企业数量达到1546.4万户，同比增长23.3%，注册资本59.2万亿元，同比增长50.6%；规模以上私营企业实现利润总额22323亿元，同比增长4.9%。在固定资产投资（不含农户）中，民间固定资产投资321576亿元，增长18.1%，高于固定资产投资增幅，民间固定资产投资占固定资产投资（不含农户）的比重为64.1%。与此同时，2014年，民营企业创造了我国60%以上的GDP，税收贡献超过全国税收总额的一半以上。各项数据表明，非公有制经济正持续成为带动国民经济增长，缓解就业压力，稳定财政收入的重要力量。

2. 民营企业改善民生，促进社会和谐发展贡献大

民营企业在实现各项经济指标均衡增长的同时，持续回馈社会，促进民生改善。一方面，民营企业通过稳定就业岗位、创业带动就业，解决了我国大部分的新增就业。国家统计局数据显示，2014年，全国个体私营经济从业人员实有2.5亿人，相对2013年底增加3117.7万人，同比增长14.3%。另一方面，光彩事业已成为民营企业履行社会责任的特色。民营企业大力发扬光彩精神，广泛参与“信阳行”“南疆行”等光彩活动，带动贫困地区脱贫致富，在“促进贫困地区就业”和“扶贫开发”方面的贡献较大。本次调研结果显示，2014年民营企业通过光彩事业安置就业达33.4万人，比2013年安置就业人数多2万人，带动脱贫人数增至187.5万人，创历年新高。

民营企业不遗余力地大力支持慈善事业，参与社会救助，创新公益模式，捐赠已成多数民营企业常态。据中民慈善捐助信息中心发布的《2014年度中国慈善捐助报告》显示，2014年，我国境内接受国内外社会捐款捐物共计1042.26亿元，较2013年增加52.9亿元。其中企业捐赠约占捐赠总量的七成。民营企业仍然是捐赠主体，共捐赠291.73亿元，占企业年度捐赠总额的40.43%；外资企业共捐赠约259.62亿元，占比35.98%；国有企业共捐赠约151.45亿元，占比20.99%。捐赠最多的100家企业平均捐赠额超过亿元，而民营企业贡献了大额捐赠的四成，

成为捐赠的主力军。

3. 民营企业创新求变，转型升级初见成效

2014 年，中国政府将“一带一路”提升为国家战略，民营企业借势创新，寻求发展新机遇，在探索产业升级路径方面做出诸多尝试，主要体现在以下几方面：

第一，民营企业成为对外投资的生力军。据商务部数据显示，2014 年我国企业对外投资存量中，非国有企业占比已达 45%，其中非金融领域的对外直接投资中，民营企业占比 40%，同时，民营企业海外并购数量领跑其他类型企业。

第二，民营企业主动进军战略性新兴产业。一些企业通过涉足电子信息、生物医药、新能源、新材料、节能环保、高端装备制造等众多战略性产业，探索出一条带动和引领传统产业升级的道路，并逐步成为我国战略性新兴产业的发展主体。2014 年上半年，民营企业在战略性新兴产业上市公司中比重高达 63.5%。

第三，传统行业企业转型升级成效显著。一些劳动密集型企业，以及从事基础设施建设的传统企业，积极开拓海外市场，在国外安营扎寨，降低企业生产成本，转移过剩产能，为企业可持续发展寻求新路径。国家统计局数据显示，2014 年，规模以上工业企业中，高技术制造业增加值比上年增长 12.3%，占规模以上工业增加值的比重为 10.6%，其中传统产业的转型升级发挥了重要作用。

4. 民营企业社会责任体系建设取得新进展

民营企业诚信经营、关爱员工、尊重商业合作伙伴的社会责任基本理念日趋成熟，一些企业还主动运用 SA8000，ISO26000 等国际社会责任标准加强企业自身的社会责任体系建设。

本次调研企业中，有八成的民营企业设立了社会责任工作部门，配备了工作人员，并建立有相应的运行制度。为数众多的民营企业在具体的社会责任实践上，注重以党建工作引领企业社会责任建设，将企业社会责任理念与企业文化相融合。民营企业以企业文化建设推动企业社会责任的落实，企业社会责任又丰富了企业文化内涵。在内外部信息交流方面，企业发布社会责任报告已成为民营企业进行信息披露的主要渠道之一。有近三成的被调查民营企业发布了社会责任报告，一些企业还通过了社会责任报告第三方评价。社会责任报告在促使企业关注和回应利益相关方期望，加强对外交流方面，发挥了非常有效和独特的积极作用。

5. 中西部地区企业对社会责任重视程度明显提高

针对东部、中部、西部、东北四个地区民营企业整体社会责任履行情况的对比分析发现，东部地区民营企业履行社会责任整体水平最高，中部地区民营企业多项社会责任指标绩效排名仅次于东部地区，其中，劳动合同签订率、社保缴纳率和研发投入三项指标绩效超过地区平均值，反映出中部地区民营企业履行社会责任基础趋于牢固。

在履行社会责任方面，西部地区民营企业与东部、中部地区差距进一步缩小，但各项指标绩效均低于地区平均值。值得注意的是，西部地区“户均员工培训”的指标绩效在四个地区中排名第二，仅低于东部地区。

6. 不同行业民营企业履行社会责任重点突出

整体来看，2014 年民营企业社会责任绩效均有不同程度提高，但不同行业因自身优势不同，在社会责任实践方面呈现出不同特点。

调研结果显示：金融业和采矿业的民营企业在纳税方面的贡献远高于其他行业。尤其是金融业，其“纳税金额”是全国纳税平均值的 2 倍以上。建筑业在促进就业方面的贡献突出，其“户均员工人数”为 952 人，明显高于其他行业。电力、燃气及水的生产和供应业、制造业在环保投入方面位居前列，其环保投入是全国均值的 4 倍左右。信息传输、计算机服务和软件业在“劳动合同签订率”“社保缴纳率”“研发投入”“专利数”四个方面表现优异。批发零售业、交通运输业在“员工培训”方面表现突出，户均员工培训分别为 2.7 人次、2.8 人次。卫生、社会保障和社会福利业属于公益性事业，该类民营企业在公益慈善方面表现优异，户均慈善投入多达 193 万元。

三、全国工商联积极推动民营企业履行社会责任

多年来，全国工商联将推进民营企业社会责任体系构建视为自身职能所在，注重发挥引领作用，不断总结经验，结合民营企业新时期的发展

趋势及特点，准确把握每个发展阶段的工作方针，引导和推动民营企业积极承担社会责任。

党的十八届四中全会首次将“加强企业社会责任立法”上升到全面依法治国的国家战略层面。全国工商联把推进民营企业依法履行社会责任作为贯彻落实党的十八届四中全会有关精神的具体举措，促进两个健康的创新载体和平台。依托各级工商联、行业商会和协会组织，推动民营企业履行社会责任。

2014 年 7 月，全国工商联经过深入的调查研究，首次编制发布了《中国民营企业社会责任研究报告》，对改革开放以来特别是开展光彩事业二十年来，我国民营企业勇于担当、回馈社会的履责实践做了全面客观的回顾与总结。通过树立具有社会责任感的民营企业家新形象，凝聚了社会各界对促进民营企业履行社会责任的共识，在社会上引起了良好的反响。2014 年 12 月 9 日，全国工商联召开社会扶贫工作座谈会，安排部署落实国务院《关于进一步动员社会各方面力量参与扶贫开发的意见》的实施方案。推进民营企业履行社会责任是这次会议的重要主题之一。全国工商联副主席谢经荣在工作讲话中特别强调了引导、推动民营企业履行社会责任工作的重要意义，并阐明了做好此项工作要正确把握的三个问题，即纠正一个误区，不能把企业社会责任片面理解成慈善捐赠；明确一个目的，这项工作最终的落脚点是促进民营企业健康发展和经济社会的和谐发展、可持续发展；坚持一个原则，推动民营企业履行社会责任必须要坚持“依法尽责，勇于担当”。

四、民营企业履行社会责任趋势展望

2014 年是中国经济发展进入新常态的第一年，经济下行压力渐趋加大，三期叠加压力持续显现，人口红利逐渐消失，企业遭遇转型挑战，生存和发展成为民营企业所要解决的核心问题。同时，全球经济增长依旧缓慢，消费增长动力不足，环境问题和资源危机引发一波更大的有关企业社会责任的讨论热潮，从国内到国外，从政府到企业，从社会到个人，多方都在为实现全球经济社会的可持续发展备战，企业社会责任发展因此呈现出新的变化趋势。

1. 守法诚信企业将越来越多

党的十八届三中全会提出“建立健全社会征信体系，褒扬诚信，惩戒失信”。2014 年 6 月 14 日，国务院印发了《社会信用体系建设规划纲要（2014—2020 年）》。2015 年是全面依法治国的开局之年，随着党和政府、全国各地有关部门对于守法诚信企业和违法失信企业赏罚分明政策的进一步落地实施，未来企业信用将成为完全开放的公开信息，违法失信的企业将无处藏身，守法诚信的企业将前途无量，构建重信义、讲诚信的商业秩序将成为众多求生存、谋发展企业的共同选择。

2. 新常态下企业环保责任备受瞩目

2014 年 12 月召开的中央经济工作会议，首次将环境保护放在经济发展新常态中进行考量。2015 年 1 月 1 日开始实施的新《环保法》对新时期的环境保护工作提出更严格的要求，明确提出对各类环境违法行为“零容忍”，推出“按日连续处罚”等一系列规定，企业环境违法成本将明显提高。此外，新《环保法》增加了信息公开与公众参与的内容，要求企业如实公开环境信息，对企业履行环保责任提出更高的要求。

经济发展新常态下，能否切实履行环境责任将直接影响到民营企业的生存与发展。如果说过去民营企业还存有侥幸心理，那么现在民营企业必须将环境责任列入自身发展的战略规划中，统筹布局，不断提高环境管理水平。

3. 企业对员工责任重视程度逐渐加深

中共中央国务院于 2015 年 4 月印发了《关于构建和谐劳动关系的意见》（以下简称《意见》），指出当前社会上存在的一些违法用工现象，部分企业劳动关系形势不容乐观，并要求企业必须做到规范劳动用工，切实保障劳动者合法权益。《意见》的出台给一些不法用工企业敲响了警钟，同时也为大多数守法合规的企业明确了履行对员工的责任需要遵循的基本原则。企业只有以人为本，关爱员工，心系员工发展，才能在未来一个时期内实现平稳发展。

4. 民营企业社会责任逐步国际化

随着“一带一路”战略的实施，中国将以更加开放的姿态参与国际竞争，将有更多的民营企业加入国际市场，参与跨国经营。从某种程度上说，企业社会责任是民营企业开拓海外市场的“敲门砖”。海外市场对于企业社会责任的重视程度体现在很多方面，其中劳资关系、人权、环境、反腐败和商业贿赂等领域是国外市场关注的重点内容。以ISO26000、SA8000、GRI4等为主流的国际企业社会责任通用标准是民营企业走出去绕不开的市场门槛。

用社会责任探索出与海外利益相关方相符的相融之道，在走出去的过程中积极践行海外企业的社会责任，勇于打破走出去的重重阻碍，将成为促进民营企业履行社会责任发展的新引擎。

5. 新型政商关系推动社会责任法治化

党的十八届三中全会提出的“要发挥市场对资源配置的决定性作用”是构建新型政商关系的核心思路。政商关系的本质是厘清政、商在资源配置作用中的主次关系。

党的十八届四中全会提出要加强企业社会责任立法，这标志着企业社会责任建设将进入法治化进程。随着依法治国进程的深入推进以及改革红利的不断释放，反商业贿赂、合规经营将成为企业的基本社会责任内容。市场对资源配置的决定性作用将为新型政商关系打下坚实的法治基础，促使民营企业重新审视政商关系，借助企业社会责任建设，厘清政府、企业、市场三者之间的权利与义务关系，使政商关系伴随企业的创新升级共同走向新型的法治化道路。

6. 社会责任沟通方式多样化

在信息技术推动媒体革命的今天，企业社会责任沟通也突破了单一、枯燥的程式化传播模式。民营企业与利益相关方的沟通工具趋于多元化，在借助传统媒体进行信息披露的基础上，也充分利用微博、微信、论坛、社区、贴吧等自媒体平台实现信息的分级传播和分类传播。

与此同时，越来越智能化和人性化的社交工具打破了民营企业与利益相关方之间沟通的时间和空间壁垒，使得沟通的“交互性”特点更加明显，沟通过程更倾向于以“对话”“交流”为前提，沟通双方更加强调彼此的认知度和体验感。

全国工商联代表团访问柬埔寨、新加坡和印度尼西亚调研报告

应柬埔寨发展理事会、新加坡中华总商会和印度尼西亚中华总商会的邀请，以全国政协副主席、全国工商联主席王钦敏为团长的全国工商联代表团，于2015年9月18日至27日圆满完成对上述三国的访问。此次出访旨在贯彻落实中央建设“21世纪海上丝绸之路”精神，深化全国工商联与三国相关机构、商会组织的务实合作，拓展服务民营企业走出去渠道和平台，促进民营企业与三国企业的投资合作，助推民营企业转型升级。

一、主要活动

访问期间，王钦敏主席出席了由印度尼西亚中华总商会主办的“第十三届世界华商大会”开幕式并致辞。国务院侨办主任、中国海外交流协会常务副会长裘援平在开幕式上宣读了全国政协主席俞正声的贺信。印度尼西亚前总统梅加瓦蒂，印度尼西亚总统特使、政治法律与安全事务统筹部部长鲁胡特，印度尼西亚人民协商会议主席祖尔基弗利，印度尼西亚中华总商会总主席、大会主委会主席纪辉琦等出席并致辞。来自世界各地的3000余名华商代表出席了本届大会。王钦敏主席在致辞中指出，本届华商大会的主题是“融聚华商·共赢在印尼”。“融聚”体现了全球华商无论在天涯海角都有千丝万缕的亲情，“共赢”则表达了全球华商始终秉持的理念。他强调，习近平主席提出了“一带一路”战略构想，这一战略契合时代特点和发展趋势，符合沿线国家和地区的发展愿望，具有广阔发展空间和巨大发展潜力。王钦敏主席指出，海外华商在开拓海外市场方面拥有得天独厚的优势，熟悉驻在国的语言、

文化和法律制度、社会习俗，可以减少和消除中国企业在走出去过程中出现的文化冲突，帮助中国企业迅速融入当地社会，全球华商必将在推进“一带一路”战略的过程中发挥独特的优势和作用。王钦敏主席希望海外华商与中国民营企业能够进一步沟通交流，形成共识，顺应时代潮流，抓住时代机遇，在更多领域、更深层面、更高水平上携手发展，共创未来。

在三国访问期间，王钦敏主席分别会见了柬埔寨发展理事会秘书长索庆达，新加坡资政吴作栋、前副总理黄根成、高级政务部部长李奕贤，新加坡中华总商会会长蔡其生，新加坡联合总会会长张松声，印度尼西亚总统代表鲁胡特，印度尼西亚中华总商会总主席纪辉琦等，就加强双边经贸合作，推动务实、互惠、共赢发展进行了深入交流与探讨。访问期间，在与外方的会谈中，代表团了解到外方对我国“一带一路”战略有高度评价，表现出积极的参与热情和支持态度。代表团还分别拜会了中国驻柬埔寨、新加坡大使馆和中国驻印度尼西亚登巴萨总领事馆，在三国分别召开了中资企业座谈会，先后调研了福建峰亿柬埔寨公司、红豆西哈努克港工业园、天津优联七星海项目、北京江河创建集团金沙项目、天津聚龙集团新加坡公司、北京握奇数据集团新加坡公司，深入了解企业在海外经营、本地化管理和融入当地经济社会的情况以及遇到的主要问题，以及大家对“一带一路”政策和举措、对工商联和商会组织服务民营企业走出去参与“一带一路”的意见建议。

二、主要收获启示

这次出访虽时间短，但收获大，有许多有益启示，发现了一些问题，主要有以下方面：

1. 海外建设的工业园区成为投资国“一带一路”重点项目

近年来，民营企业在境外建立的工业园区，已成为助推民营企业特别是中小企业抱团走出去集群发展的重要平台。在访问柬埔寨期间，代表团调研了红豆西哈努克港工业园和天津优联七星海滨海旅游特区。2006 年，红豆集团在中国商务部首批境外经贸合作区招标中中标。2007 年 4 月，红豆集团聚合 3 家无锡企业和 1 家柬埔寨企业共同投资组建西港特区。首期已开发 5.28 平方公里，以纺织服装、五金机械、轻工家电等为主要发展产业，引入来自中国、欧美、日本等国家及地区的企业 85 家，其中中资企业 71 家，62 家已生产经营。截至 2015 年 5 月，西港特区已累计实现投资 2.86 亿美元，实现销售总额 2.7 亿美元，进出口总额 4 亿美元，已成为柬埔寨规模最大、环境最优的工业园区，是中国民营企业抱团走出去的典范，得到中柬两国政府高度肯定。柬埔寨首相洪森多次表示，希望将其建成“柬埔寨的深圳”。2015 年 4 月，国家主席习近平会见洪森时明确提出：“要在‘一带一路’框架内加强基础设施互联互通合作，运营好西哈努克港经济特区。”2007 年，天津优联集团与柬埔寨商务部签订了投资柬埔寨大型旅游地产的合作意向。项目位于柬埔寨西南海岸，总占地面积为 360 平方公里，海岸线 90 多公里，土地租赁期限 99 年，拥有世界第二大红树林保护区。目前，该项目总投资已超过 7.5 亿美元，已经完成土地整理的前期工作、示范区及基础设施建设，包括 2000 吨吨位货运码头、酒店、高尔夫球场等多项设施，被柬埔寨政府批准为国家级“滨海旅游特区”。2015 年，柬埔寨政府将七星海项目确定为“柬中综合投资开发试验区”，并纳入柬埔寨国家发展战略和“一带一路”战略。中国是不锈钢的消费大国，消费量占全球的 60%，但我国制造不锈钢的原材料镍矿却长期从印度尼西亚进口。2009 年，青山国际在印度尼西亚苏拉威西省购买了 4.8 万公顷的红土镍矿矿区，并于 2013 年购买 1659 公顷土地建起青山工业园，生产不锈钢。2013 年 10 月，在习近平主席和时任印度尼西亚总统的苏西诺的见证下，双方签署了一系列合作协议。截至调研结束，共有入园企业 8 家，总投资额 32 亿美金，已经开工建设 5 家，总投资 26 亿美金。其中，年产 30 万吨镍铁项目已生产镍铁 12 万吨，销回中国。

2. 以新加坡为平台，实现产业与金融结合

新加坡政治稳定，政府高效、亲商，经济增长快速，制度稳健，社会包容和谐，连续九年在世界银行的评比中被列为全球最适宜经商的国家，是世界上最重要的地区航空、海运、物流乃至金融枢纽之一，同时还是全球第二大离岸人民

币结算中心、世界主要大宗货品交易中心。将新加坡作为参与“一带一路”建设的重要平台，具有巨大潜力和优势。中国企业在新加坡设立了区域总部，可以通过它在新加坡投资、上市，到其他国家投资，也可以和新加坡企业合作，共同走出去，不少合作项目走到了印度、印度尼西亚、马来西亚，甚至非洲。新加坡将在“一带一路”的未来建设中成为一个重要支点。北京江河创建集团主要从事建筑幕墙的设计研发、生产制造、施工设计等一条龙服务，在新加坡建筑业发展高峰时期的2008年设立东南亚集团，凭借较强的技术人才、资金、物流链和质量优势，在进入新加坡市场三年内异军突起，市场份额连年成倍增长。7年内共承接了近30个项目的工程，总合同额近40亿元人民币。目前在高端市场做到第一位，业务范围扩展到马来西亚、菲律宾、印度尼西亚、越南。新希望集团是中国农业产业化国家级重点龙头企业，为实现产业与金融的结合，在新加坡设立了总部基地，顺利获得了融资和贷款，已在东南亚开办了20多家工厂。

3. 积极履行社会责任，为国家做了大量争取人心的工作

民心相通是互联互通的基础，调研中发现，一批优秀的中国民营企业严格遵守投资国的法律法规，诚信守法经营，尊重当地民俗，积极主动履行社会责任，融入当地文化，注重环境保护，热忱参与公益事业，为国家做了大量争取民心的工作。福建峰亿轻纺有限公司2011年在柬埔寨投资800多万美元自建了3万多平方米的生产基地，是福建省在柬埔寨投资规模最大的服装生产企业，雇用了当地2200名工人，增加了当地百姓的就业机会。优联集团不但为当地居民提供了3250个就业岗位，还多次为柬埔寨红十字会捐款，为当地免费建设道路、桥梁，免费开挖河道，免费建设泵井62个、管井45个，义务建设了乡政府办事处、寺庙、警察所、卫生所和5所学校，并义捐了医疗用车、摩托车等交通用车；常年定期为数百户村民捐赠大米和其他生活物资。当地政府对优联集团的公益行为表示了高度的赞许和欢迎。西港特区吸纳1.2万名柬籍员工入区工作，对解决柬埔寨当地的就业、人民的脱贫致富起到了推动作用。特区捐助当地学校，培训老师，开设中文课，选派7位当地优秀青年到中国学习，对1.7万名柬埔寨员工进行技能培训。天津聚龙嘉华投资集团有限公司在印度尼西亚投入3.6亿美元开发河流，修建道路、桥梁、信号塔，建设发电厂、学校、幼儿园、医院、卫生诊所、民族宗教设施，极大地改善了当地村民的生产生活条件。聚龙与当地村民大规模开展“合作种植”，将企业发展成果与当地民众共享，合作种植总面积已近1万公顷，覆盖周边40多个村庄，5000多个家庭，2万多人从中受益。聚龙还下大力气培养跨文化管理人才，不仅开办了聚龙学院，在印度尼西亚本地规模化培养种植管理人才，还每年选派30名印度尼西亚籍优秀大学毕业生赴中国的重点大学进行为期1年多的系统学习，为印度尼西亚种植行业培养了大批优秀的跨文化管理人才。

三、主要问题

1. 海外融资难成为阻碍“一带一路”项目发展的重要因素

调研中，大多数走出去的民营企业反映遇到了融资瓶颈。很多企业走出去后，国外成为发展中心，资产集中于国外，而国外资产无法用于外保内贷，企业较难获得融资，迫切需要盘活海外资产、取得金融资本的支持。聚龙集团问题最为突出，作为中国唯一的棕榈油全产业链企业，在国内棕榈油贸易领域中所占市场份额最大，年经营棕榈油100余万吨。棕榈油在国际上被视作战略性物资，我国棕榈油进口量位居全球第二，每年进口量600万吨左右，主要的来源地为印度尼西亚和马来西亚。目前，聚龙在印度尼西亚有20万公顷种植用地，员工9000人，已种植油棕6万公顷，年产棕榈毛油近10万吨，配套有压榨厂、物流和深加工基地。棕榈的产业型开发具有前期投入巨大，回报慢的特点，每开发一万公顷棕榈园总投资达1.5亿美元，且需在前4年投入80%以上，回报期一般要8至10年，然而聚龙在国外150亿元的资产不能在国内金融机构进行抵押，国内政策性银行对民营企业的中长期贷款偏少，大多需要在3年以内就还本付息，导致聚龙不得不投入了数十亿的短期流动资金，以弥补政策性中长期贷款的不足，目前聚龙“内保外

贷”“短贷长投”的问题已集中显现。2012 年以来，金融机构对贸易融资采取“一刀切”措施，纷纷抽贷，仅 2015 年上半年，聚龙被缩减的授信规模就有 20 亿元人民币，直接导致境外原有开发建设模式被破坏，工业建设暂停，6 万公顷农作物停止施肥，减产 50% 并严重影响后续若干年产量，并有可能产生区域性金融风险。

2. 海外投资风险不断加大

一是非经营性因素日益成为走出去中国企业的最大困扰，在建项目履约风险增加。2014 年 10 月，印度尼西亚总统佐科就职后，大力推动基础设施建设，但受民粹主义影响，政府的政策导向左右摇摆，不可延续性、随意性强，如出现强制使用印尼盾交易规定，以及大规模清查中国企业非法劳工行动等情况。新政府既要吸引投资发展经济，同时也要平衡内部关系，这将导致未来存在政策频繁变动风险，进而导致在建项目在税务、劳工、准证、汇率等方面的风险。二是投资国市场在发生变化。印度尼西亚政府主导的基础设施开发逐步转向私人投资，模式也逐步变成 PPP 模式，从单一施工服务开始向产业链的两端延伸，对传统承包商的能力提出更高要求，对走出去企业的发展提出了新的挑战。

3. 走出去企业间重复投资情况严重

调研表明，走出去企业素质参差不齐，有些企业在海外相互杀价、恶性竞争，不但削弱了利润空间，使合理利益得不到保证，还会给所在国造成中资企业掠夺资源的假象。晟佳纺织有限公司反映，纺织业是柬埔寨龙头工业，但市场很小。中国纺织行业的个体、民营及大型国有企业都来柬投资，造成重复投资和恶性竞争，挤占了利润空间，希望行业协会提供投资信息和政策方面的资讯，让新来的投资者了解当前项目投资情况，从而避免恶性竞争，进行优势互补、资源整合。

4. 公共外交问题凸显

大多数民营企业公共外交能力比较弱。在柬埔寨投资的民营企业反映，当地反对党和非政府组织非常活跃。反对党在国会非常有煽动性和影响力，对中国政府实施和支持的项目一贯采取反对态度，非政府组织借机煽惑，对中国在柬投资项目负面影响比较大。面对复杂的政治环境，企业缺乏公共外交的能力和手段。一家在柬埔寨投资水电的企业反映，中国企业投资建设水电站解决了当地百姓用电的问题，却被外方说成是污染环境。虽然企业在当地刊物发表文章进行反驳，但由于缺乏应对媒体的经验，发声不及时，使得这一有利于柬埔寨人民的工程被渲染为破坏生态环境的工程，影响了中国企业在海外的形象。

四、对策建议

1. 对民营企业围绕“一带一路”战略联合实施的境外投资重大项目给予重点扶持

聚龙集团是“一带一路”标杆企业，该集团印尼产业合作区项目正面临严重危机，现需增加 3.65 亿元流动资金，13.8 亿元开证额度，才能保证业务运转和付息。聚龙与丝路基金已进行几轮会谈，但丝路基金表示未投过此类项目，可以跟投。建议央行等相关政府部门重点研究聚龙问题，加快投资进度，加大投资力度，使丝路基金切实有效地服务于“一带一路”重大项目。同时，要研究产业与金融结合走出去，降低境外投资贷款利率，增加贷款额度，推动资本项目境外投资便利化；要加快落实走出去企业以境外资产和股权、矿权为抵押获得贷款的措施，盘活企业境外资产。

2. 进一步发挥驻外使领馆作用

代表团在三国访问期间感受到，我驻外使领馆在围绕“一带一路”战略服务民营企业走出去方面积极作为，他们熟悉当地情况，了解投资项目，与当地政府、投促部门联系紧密，建议其加强与外交部、商务部等相关部门的工作联系，发挥我驻外使领馆在政策咨询、信息渠道和领事保护方面的重要作用，邀请“一带一路”沿线驻外大使介绍所在国政治形势、投资法律环境、产业政策和行业标准，提高民营企业对外投资的针对性、可靠性，降低风险。引导民营企业积极开展公共外交活动，为民营企业走出去营造良好的外保环境。

3. 扩大对境外工业园区的宣传力度

民营企业建立境外工业园区，有利于中小企业抱团走出去，防范和规避风险；有利于带动国内装备和产能走出去；有利于与投资国深度融合，解决就业，改善民生，赢得民心。对于境外工业园区等开发体量大的项目，仅靠企业自身招商效果有限，建议相关政府部门、商会组织建立专门平台，扩大项目宣传力度，让有海外投资需求的企业进行全面对接，整合国内外相关行业优势资源，共同开发，抱团到境外发展。力争建设一批民营企业主导、基础设施相对完善、具有集聚和辐射效应的境外园区。

4. 发挥工商联和商会组织在参与“一带一路”建设中的作用

引导服务民营企业参与“一带一路”建设是工商联围绕中心、服务大局的重要职责和具体行动，是工商联落实两个健康主题的重要任务和必然要求，是工商联服务民营企业转型升级的现实需要和有效途径。建议进一步发挥工商联在引导服务民营企业参与“一带一路”建设中的积极作用，引导民营企业根据自身特点，积极利用两个市场两种资源，开拓国际市场，增强国际竞争力，为企业融入和深化与沿线国家的产业合作搭建平台，使工商联在引导服务民营企业走出去方面发挥更大作用。

2015 年民营企业劳动关系问题研究报告

为加强对民营企业劳动关系状况研判，增强对民营企业构建和谐劳动关系的指导和服务，促进民营企业劳动关系和谐稳定，全国工商联于 2013 年启动每两年一次的民营企业劳动关系状况课题研究。2015 年民营企业劳动关系问题研究报告主要基于当年民营企业劳动关系状况监测的调查数据，并结合在广东省、内蒙古自治区和天津市的实地调研情况形成。现将有关情况报告如下：

一、2015 年民营企业劳动关系基本状况

（一）民营企业用工情况

1. 私营和个体经济的用工总量持续扩大。2014 年[①]，私营企业就业人员 1.44 亿人，个体工商户就业人员 1.1 亿人，总计 2.5 亿人，占全部就业人员的 32.3%，其中，城镇私营企业就业人员 0.99 亿人，个体经济就业人员 0.7 亿人，总计 1.69 亿人，占全部城镇从业人员的 42.9%。

2. 劳动合同签订率明显提高，劳动合同短期化情况有所改善。企业劳动合同签订率为 91.7%，与工商联 2013 年调查结果的 83%、2014 年监测结果的 86% 相比有了显著提升。企业与职工签订的劳动合同中，三年以上固定期限劳动合同和无固定期限劳动合同的比重达到 55%，显示民营企业劳动合同短期化情况有所改善。

3. 企业裁减人员和缺工并存。调查期内，7.7% 的监测企业出现了减员情况，企业裁减人员情况尚不严重。结合人力资源和社会保障部门就业岗位监测数据和实地调研获得的信息来看，在经济下行背景下企业用工规模出现压缩，但是总体来看并未形成区域性、行业性、普遍性的“裁员潮”。

28.8% 的监测企业存在缺工现象，平均缺口为 14%，招工难仍然困扰企业。中部地区缺工企业的比例略高，达到 31.9%，东部和西部地区缺工的企业比例分别为 28.8% 和 26.3%。在主要行业中，住宿餐饮业和制造业的缺工现象相对普遍，缺工企业比重分别达到 36.5% 和 33%。大型企业和微型企业的缺工现象比中、小型企业更普遍，分别有 43.8% 的大型企业和 34.8% 的微型企业存在缺工现象。

（二）工资收入情况

1. 职工工资支付有保障，但部分企业支付的非全日制小时工资低于法定标准。94.7% 的监测

---

① 私营企业就业人员数据来源于国家统计年鉴，该年鉴通常每年 9 月、10 月出版，发布上一年度的数据，因此目前相关数据最新只能更新到 2014 年。

企业能够按月足额支付工资，5.3%的监测企业不能按月足额支付工资。但是，在使用了非全日制用工的监测企业中，有超过四成支付的小时工资低于当地小时最低工资标准①。

2. **职工工资收入水平有所提高**。2009 年到 2014 年，城镇私营单位就业人员平均工资与非私营单位就业人员平均工资的比分别为 0.56，0.57，0.59，0.61，0.64 和 0.65，显示出城镇私营单位就业人员平均工资与城镇非私营单位就业人员平均工资的差距逐步缩小。

从监测企业来看，2015 年一线职工的月平均工资为 2970 元，与 2013 年调查数据相比增加了近 200 元。不同地区、行业、规模和存续时间的企业一线职工平均工资存在明显差距，东部地区工资水平高于中西部地区。东部地区监测企业一线职工的月平均工资为 3578 元，高于中部地区的 2940 元和西部地区的 2561 元。主要行业中，房地产业的一线职工月平均工资最高，为 3597 元，住宿和餐饮业最低，仅为 2226 元，最高行业约是最低行业的 1.6 倍。企业规模越大，平均工资水平越高。大型企业一线职工的月平均工资为 3340 元，是微型企业的 1.2 倍。

（三）职工带薪年休假情况

1. **有近四成企业为全部职工提供带薪年休假，超过两成企业为部分职工提供带薪年休假**。在主要行业中，信息传输、软件和信息技术服务业及批发零售业企业执行带薪年休假情况最好，分别有 67.4%和一半的企业为全部职工提供带薪年休假。大型企业执行带薪年休假制度情况较好，为全部职工提供带薪年休假的比例达到 51.4%，比其他规模企业高出十几个百分点。

2. **相当比例企业未向职工提供未休年休假补偿或者补偿不到位**。在提供了带薪年休假的企业中，有 2/3 的企业为职工提供未休年休假的补偿，1/3 的监测企业没有提供补偿。在提供补偿的企业中，仅有 34.3%的企业按照法定标准支付补偿。

（四）社会保险参保情况

1. **企业参加社会保险情况总体较好，但是职工全员参保率不高**。在五项社会保险中，工伤保险的平均参保率最高，为 82.4%，其余四项保险的平均参保率差距不大，在 68%至 70%，但只有 35.1%的监测企业为全部职工缴纳了五项社会保险。

2. **民营企业特别是小微企业社会保险负担偏重**。就为全部职工缴纳了五项社会保险的企业来看，其社会保险缴费占人工成本的比重为 18.9%。其中，大型企业社会保险占人工成本的比重为 15.2%，中型企业为 17.4%，小型企业为 20.4%，微型企业为 22.5%，小型和微型企业的社会保险成本占人工成本比重明显偏高、缴费负担较重。

二、民营企业劳动纠纷的基本情况和特点

（一）民营企业劳动争议基本情况

2011～2015 年，劳动人事争议仲裁机构受理的劳动争议案件中，私营企业劳动争议同比增长率分比为 15.9%、16.6%、8.5%、11.6% 和 19.8%；其占全部劳动人事争议案件的比重分别为 58.8%、63%、65.8%、68.4%和 72%，显示出 2015 年民营企业劳动争议案件总量和同比增长幅度处于近五年以来最高点。这一情况固然与近年来民营企业数量快速上升有关，但也反映出民营企业劳动关系管理不规范、劳动保障法律法规执行不到位的问题。

（二）民营企业劳动纠纷的新特点

1. **法定权利争议和法外利益争议并存，法外诉求增加成为劳动纠纷发展新动向**。民营企业不与职工签订劳动合同、违法解除劳动合同、欠缴或不足额缴纳社会保险费用、拖欠工资等引发的权利争议多发，因职工要求改善管理、改善劳动条件、增加加班时间以提高收入，以及职工因企业股权变化、裁员索要经济补偿或提高经济补偿金等问题引发的法外利益争议也有所增加。

2. **劳动纠纷原因多元化，经济补偿金和社会保险缴费成为劳动争议新焦点**。虽然劳动纠纷原因还是以劳动报酬、解除或终止劳动合同经济补偿金、确认劳动关系、工伤赔偿等为主，但是多地反映其他劳动争议数量也有所上升。经济补偿金和社会保险缴费引发劳动关系群体性事件数量

① 与试点地区非全日制职工的小时最低工资标准比对可以发现，在使用了非全日制职工的 497 家企业中，57.2%的企业支付的非全日制小时工资等于或高于地区小时最低工资标准，42.8%的企业支付的非全日制小时工资低于地区小时最低工资标准。

增多，涉及人数多、对其他企业职工具有较强的传导性和示范效应、处理难度大。

3. 用工调整过程中劳动关系矛盾频发，企业裁员成为劳动关系矛盾新触点。部分企业出现开工不足、停工、倒闭、搬迁等情况，职工面临工作岗位调整、工作地点变动、劳动合同终止或者解除等情况。由于职工在劳动关系中处于相对弱势地位，其在职时对于企业违法违规行为往往采取隐忍态度，在劳动关系解除时这些矛盾和问题便集中爆发出来。在企业调整过程中，也存在部分职工要求超出法律规定的高额补偿标准，在达不到要求时以极端方式表达诉求，向企业施压的情况。经营性原因导致的欠薪有所增加，劳动密集型企业成为新的欠薪风险源。2015 年，建筑业仍然是欠薪案件发生的主要领域。同时，因企业亏损、货款未能及时回收、为其他企业联保而承担代偿责任等经营性原因导致的企业欠薪案件有所增加。一些劳动密集型制造业、煤炭等行业的企业生产经营遇到困难，逐步成为新的欠薪风险源。

三、影响民营企业劳动关系和谐的主要因素

（一）经济新常态下企业生产经营压力加大，增加了民营企业构建和谐劳动关系的难度

2015 年，实体企业盈利下降，尤其是小微企业，效益普遍下滑，企业持续改善职工待遇的能力受到限制。一些本处于维持状态的小微企业和劳动密集型企业更加举步维艰，职工权益落实出现困难。同时，受淘汰落后产能和化解过剩产能等影响，企业停产、搬迁、重组等情况增加，劳动关系的稳定性受到冲击，发生劳动纠纷的风险加大。

（二）企业用工成本压力加大、利润空间进一步压缩，限制了企业改善职工待遇的能力

2011 年到 2015 年，各地最低工资的平均增速为 22%、20.2%、17%、14.1% 和 14%。最低工资标准的调整不仅推动了部分以最低工资标准为基本工资的企业工资水平上涨，也发挥了较强的传导效应，带动了其他企业工资的增长。2010 年到 2014 年，城镇私营单位就业人员月平均工资年均增长率为 14.9%，显示了企业工资成本快速增长的趋势。社会保险方面，尽管 2015 年国务院先后下调了失业保险、工伤保险和生育保险费率，但是五项社会保险的缴费比例仍在 39% 左右，加之各地社会保险缴费基数根据社会平均工资水平进行调整，企业普遍感到缴费负担重。在企业盈利能力一定的前提下，用工成本的上涨压缩了企业利润空间，导致企业进一步提高职工工资的意愿和实际能力都受到限制。

（三）劳动保障法制建设不到位，加大了依法协调劳动关系的难度

劳动关系相关法律法规有待完善，部分规定不适应经济社会发展变化需要，部分条文规定模糊、操作性不强给企业和职工准确理解相关法律法规带来了难度。部分劳动标准对于劳动密集型小微企业来说偏高，导致相关标准落实难。劳动保障普法宣传不到位，一些企业尊法守法意识淡薄、不能自觉依法用工甚至钻法律的空子，部分劳动者不能按法定渠道维权，过激、过度维权的现象也时有发生。

（四）劳动力市场发生新变化，劳动者需求与企业能力不相适应，为构建和谐劳动关系带来隐患

劳动年龄人口数量和比重呈现双下降趋势，这种人口结构转变态势反映了在劳动力市场上。劳动力从无限供给转为相对有限剩余，企业招工难问题比较突出。这种变化进一步表现在劳动关系上，劳动者在劳资关系中博弈力量增强，劳动者的预期值有所提升。此外，16 岁至 24 岁年轻劳动力总量下降，带动总体劳动力人口向大龄化转变。劳动者对社会保险的关注度进一步提升，既往社会保险历史欠账问题也逐步浮出水面，成为影响劳动关系和谐的重要因素。

劳动力的代际变化使协调劳动关系难度加大。与老一代劳动者相比，新生代劳动者权利和平等意识明显增强，维权方式也逐步由被动表达向积极主张转变。与此同时，部分企业，尤其是小微企业没有充分考虑到新生代劳动者心理特点和诉求需要，采用粗放式的用工管理方式，劳动关系协调制度机制不健全甚至有缺失，加大了发生劳动关系矛盾的风险。

四、2016 年民营企业构建和谐劳动关系的建议

（一）2016 年推动民营企业构建和谐劳动关系的主要措施建议

1. 加快建立劳动关系形势监测预警机制

整合人力资源、工会、企业代表组织与经济

促进、工商、税务、海关、建设、安监、环保等部门的信息，建立劳动关系形势监测预警机制，及时掌握经济社会形势对劳动关系的影响，预判劳动关系发展走势和矛盾隐患的风险点。针对一些可能引发区域、行业劳动关系不稳定的倾向性、苗头性问题研究应对预案。

2. **推动民营企业建立健全内部劳动关系协调机制**

监督指导民营企业加强用工管理。督促指导企业依法与职工签订劳动合同，进一步提高劳动合同签订率和履行质量。探索通过政府补贴等方式支持基层劳动关系协调员、企业社工、人力资源管理公司等社会力量为小微企业提供劳动用工管理咨询服务，帮助其规范劳动关系管理，从源头上为构建和谐劳动关系奠定基础。加强对产业结构调整过程中企业劳动关系调整的监督、指导和服务，为关停并转、搬迁企业及其职工提供包括法律法规政策宣传咨询，成功经验介绍，职工就业岗位信息、培训信息、失业保险领取指导等方面服务。

推进企业民主协商制度建设。推动具有一定规模的民营企业健全职工代表大会制度，落实职工代表大会职权，督促企业在处理涉及职工重大利益事项时充分征求职工意见。指导企业建立健全劳资协商委员会、劳资恳谈会等多种形式的劳资沟通机制，就广泛议题与职工开展经常性沟通对话，进一步健全职工诉求表达渠道。

推进企业争议预防调解机制建设。推动企业劳动争议调解组织建设，进一步强化其劳动争议预防预警功能，发挥其了解职工诉求、畅通劳资沟通渠道、调解劳动纠纷、及时报告群体性突发事件等方面作用。

3. **建立劳动关系双方遵守劳动保障法律法规的约束和激励机制**

健全劳动保障诚信制度，加大对失信企业的惩戒力度。加快劳动保障领域信用建设，建立企业劳动保障领域信用档案，将劳动保障信用记录纳入统一信用信息平台。建立失信企业约束机制，在政府资金支持、政府采购、招投标、生产许可、融资贷款等方面对于存在严重失信行为企业予以限制，提高企业违法成本。

加大对劳动关系和谐企业激励。推动民营企业积极参与和谐劳动关系企业创建活动，为参创企业提供“诊断式”服务，提高企业劳动关系管理水平。完善对劳动关系和谐企业的激励机制，在政府采购、招投标、资金和政策扶持等方面，对劳动关系和谐企业给予优先地位或适当倾斜，形成示范引领效应。

加强法律法规宣传和对劳动关系双方的引导教育。加强对企业经营者和职工的法律法规宣传和教育，引导企业和职工树立利益共同体意识。教育引导企业自觉遵守法律法规，维护职工合法权益，加强对职工的人文关怀。教育引导劳动者树立良好的职业道德，增强对企业的责任感、认同感和归属感，自觉遵守法律法规，努力提高岗位技能，自觉遵守单位规章制度，合理表述利益诉求。

4. **健全劳动关系群体性事件的处置机制**

分类处置不同类型的群体性劳动关系事件。对于属于法外利益争议案件的，积极引导职工与企业开展协商，达成双方可以接受的方案；对职工的法定权利诉求，指导、帮助其通过劳动保障监察、劳动争议调解、仲裁与诉讼程序解决。

5. **加大对企业的扶持力度，缓解企业人工成本压力**

启动阶段性降低社会保险费率政策，适度降低社会保险缴费比例、暂停缴费基数调整，降低企业成本压力，帮助企业渡过难关。允许新设立的小微企业在一定期限内优先参加工伤保险，同时参加城乡居民基本养老保险、城镇居民基本医疗保险或新型农村合作医疗。允许生育保险、失业保险和工伤保险基金有结余的地区进一步下调缴费比率。稳慎调整最低工资标准，降低调整幅度或者频率。引导行业工会和协会开展行业集体协商，在平等对话、充分协商的基础上，根据本地、本行业的情况确定科学、合理、灵活的行业最低工资标准。

（二）对2016年工商联开展劳动关系工作的建议

1. **加强组织建设，积极参与协调劳动关系三方机制**

积极推动民营企业普遍关注、反映强烈的社会保险缴费、特殊工时、劳动合同等方面立法和政策的完善。进一步加强区市、区（县）工商联、街镇商会以及行业商会建设，进一步扩大其影响力，增强代表性，推动其积极参与协调劳动关系三方机制的工作。

2. 通过多种渠道全面了解民营企业劳动关系状况，加强对劳动关系形势的研判

完善并继续推进民营企业劳动关系状况监测工作，根据监测情况适时调整、完善监测方案，保持监测企业相对稳定，定期开展监测调查。在民营企业集中的地区开展民营企业劳动关系状况的实地调研，深入了解民营企业构建和谐劳动关系面临的问题和挑战，收集民营企业的需求和政策建议。

3. 进一步发挥行业商（协）会在劳动关系协调中的作用

推动行业商（协）会开展行业劳动关系动态监测预警，研判行业劳动关系形势，分析评估劳资纠纷群体性事件风险，及时向有关部门提供信息，并与有关部门合作为企业提供降低风险的建议指引。进一步推进行业性劳动争议调解工作，指导有条件的行业商（协）会建立行业性调解组织。鼓励行业商（协会）选聘律师，为会员企业提供规范用工管理咨询、促成劳资纠纷双方和解等方面的服务。

（三）2016年民营企业构建和谐劳动关系应重点关注的问题

1. 关注并及时应对化解过剩产能对民营企业劳动关系产生的影响

钢铁、煤炭、水泥等产能严重过剩行业面临去产能压力增大，企业关闭停产、转型升级进程加快。过剩产能行业企业的调整，会对产业链上关联企业的生产经营产生冲击，或将引发产业链上小微企业效益下滑，甚至关停并转。这些变化可能会导致劳动者岗位调整、收入变动，甚至劳动关系的解除。企业应事先制定劳动关系处理方案，加强与职工之间的沟通，降低产生纠纷和冲突的风险。

2. 关注并及时应对相关政策规章对民营企业劳动关系的影响

《劳务派遣暂行规定》对于企业使用劳务派遣工比例设定了截至2016年2月的过渡期，使用被派遣劳动者数量超过用工总量10%以上的企业，应依法妥善处理劳务派遣工问题。2016年1月17日，国务院办公厅颁布了《关于全面治理拖欠农民工工资问题的意见》，提出全面落实企业对招用农民工的工资支付责任、严格规范劳动用工管理、推行银行代发工资制度等具体措施。企业应按照有关要求规范用工管理，支付职工工资。

3. 关注并及时应对国际产业分工格局对民营企业劳动关系的影响

当前，美欧日实施“再工业化”政策，吸引中高端制造业回流，低收入国家凭借成本优势承接产业及资本转移，对我国制造业形成双重压力。制造业企业出现订单减少、业务收缩、用工调整等情况的可能性增加。一方面，职工工资下降的企业应加强与职工的沟通，取得职工的理解；另一方面，在企业转型升级过程中，要稳妥解决劳动关系问题，实现平稳过渡，同时大力加强对职工的技能培训，为转型升级提供智力支持。

4. 关注《跨太平洋伙伴关系协定》（TPP）对劳动关系领域的影响

2015年10月5日，美国、加拿大、澳大利亚、新西兰、日本、新加坡、越南等12个国家签署了《跨太平洋伙伴关系协议》（TPP）。协定不仅涵盖国际贸易领域，还对劳工标准设定了较高标准的规范，并通过争端解决机制将劳工问题与贸易制裁挂钩。目前，部分TPP成员国是我国重要贸易伙伴，协议生效后可能对我国对外贸易产生一定冲击，进而影响外贸及相关企业的生产经营。TPP开启了将劳工标准与贸易制裁挂钩的先河，树立了新标杆，将对其他多、双边国际贸易与投资谈判产生深远影响。尽管我国并未加入TPP，但是TPP的许多参与国是我国海外投资、工程建设的目标国，这些国家将按照TPP要求调整其国内立法和执法，进而影响我国走出去投资、办厂、承包工程建设的企业。因此，企业应密切关注所在国劳工法律政策的变化，及时调整用工管理策略。

民营企业走出去法律风险专题研究报告

当前，我国加快实施走出去战略步伐，推进“一带一路”建设，民营企业加快走出去恰逢其时，越来越多的民营企业把开拓国际市场、开展国际化经营作为重要的经营战略。实践表明，民营企业在走出去过程中，法律风险荆棘遍地。为充分发挥工商联在服务民营企业走出去中的积极作用，全国工商联成立专题组，就民营企业走出去法律风险防范问题，开展实地调研、剖析典型案例，并深入研究相关法规政策，形成专题研究报告。

一、走出去的主要法律风险

企业走出去在本质上属于商业活动，可分为国际直接投资和国际间接投资。从事国际投资活动就是预测风险、防范风险的过程。国际投资风险分为商业性风险和非商业性风险两大类，但大多可归结为法律风险。据麦肯锡的一份研究报告，过去20年，中国企业海外投资有67%不成功，多数是因法律风险管理水平的低下所致。调研显示，民营企业走出去要过重重关卡，其面临的法律风险主要有：

（一）经受跨国并购规制

国际投资的主要方式为新设企业、收购东道国现有企业或参股经营，这也是东道国利用外国直接投资的主要形式。为维护国家安全和经济利益，东道国一般通过垄断审查、并购审批、行业限制、资本限制、国家安全审查等法律制度，对跨国并购行为予以规制。这是我国民营企业走出去面临的第一道法律风险。

1. **垄断审查**。跨国并购中的垄断行为一直是各国规制的重点，许多国家都有比较完备的反垄断立法和审查机构。德国《公司法》规定，跨国收购中，当一个人收购德国公司25%或50%以上股份或表决权时，必须通知联邦卡特尔局；当收购产生并加强市场控制地位时，这种收购将被禁止。美国的并购规范主要有《谢尔曼法》《克莱顿法》以及美国司法部颁布的一系列并购指南。

2. **并购审批**。凡是外资并购东道国重要的企业或国有企业，一般均需履行审批手续。东道国政府依据一定的程序、标准，对并购活动进行鉴定、评价，然后决定是否许可。欧美发达国家虽然对外资基本上给予“国民待遇”，但仍然有严格的审批制度，美国《国际投资调查法令》规定，凡是外国人建立、收购或处置在美国企业中的10%或10%以上的股权或相当于股权的活动，必须向商务部提交报告。

3. **抵制恶意收购规则**。为防止恶意收购，不少国家都制定了反恶意收购制度。英国政府在转让国有股份时，发行由政府或财政部持有的“黄金股”（Golden Share），对于重大事项具有一票否决权。法国制定了公开标价收购法案，规定一旦出现外资恶意收购法国上市公司，法国企业就可以免费方式发行股票认购券，增强企业自卫能力。

4. **行业限制**。几乎所有国家对外商直接投资的产业领域都进行了严格管制，无论是发展中国家还是发达国家，都有不对外开放的部门。美国对沿海和国内航运、原子能等行业禁止外商投资，对通信、矿业等限制外商投资。日本对原子能、公用事业、电力天然气、广播等行业禁止外商投资，对矿业等限制外商投资。发展中国家一般对那些十分重要的行业部门，或在本国已有一定发展基础、需要重点保护的行业的外国投资予以限制。

5. **国家安全审查**。美国为确保国家经济安全，成立了由内阁成员组成的美国外国投资委员会（CFIUS），还专门针对中国成立了美中经济与安全审查委员会。美国涉及国家安全审查制度的立法主要包括：《国防产品法》721条的修正案

Exon-florio 条款，授权总统暂停或禁止任何有损害美国国家安全威胁的“外国人”对“美国人”的收购、合并或接管；授权总统可以命令司法部长在美国地区法院采取包括售让在内的适当救济措施来执行本修正案。CFIUS 机构发展出一整套衡量和评估体系，来判断外国资本并购美国企业的后果及危害。

在走出去过程中，因不重视跨国并购规制风险，民营企业投资失败案例比比皆是。

一是交易被东道国政府否决。2012 年，三一集团关联方收购四家美国项目公司，计划在俄勒冈州兴建四个风电场，被美国总统以风电场选址距离美国海军限制空域范围过近而否决。

二是被附加苛刻条件导致交易失败。2008 年，因 CFIUS 对交易的批准提出了令人难以接受的条件，华为被迫放弃对 3Com 公司的股权收购。

三是遭受处罚甚至被迫撤资。在民营企业和我国政府有生意往来的情况下，外国政府对我国民营企业审查的严苛程度往往高于其他国家投资者。即使完成交易交割，企业仍有可能会因审批等规制问题遭受处罚，甚至被迫撤资。

（二）因知识产权问题承受“内忧外患”

民营企业走出去面临着诸多困难，其中知识产权问题尤为突出，既有自主知识产权水平低、知识产权战略及管理体系落后等“内忧”，又有频遭知识产权壁垒、涉及知识产权的海外并购困难重重等“外患”。“内忧”限制了走出去的规模与质量，而“外患”更是让企业受制于国外技术标准，饱受知识产权纠纷困扰。本报告侧重研究涉外知识产权问题。

1. **日益频繁的专利纠纷**。自加入 WTO 以来，我国企业频繁遭遇跨国公司发起的知识产权纠纷，知识产权纠纷已经成为中外贸易摩擦的热点，中国已经成为美国“337 调查”的最大目标，给我国企业造成了巨大经济损失。

2. **高额的专利使用费和特许费**。中国企业在走出去过程中频繁遭遇知识产权纠纷，大多以中国企业败诉或妥协而告终，其代价就是要么退出国际市场，要么支付高额专利使用费。据科技部的统计，我国企业不得不将每部国产手机售价的 20%、计算机售价的 30%、数控机床售价的 20% 至 40% 支付给国外专利持有者。知识产权纠纷和专利使用费的支付已成为中国企业走出去的严重障碍。

3. **受制于国外的技术标准**。在知识产权纳入技术标准，成为发达国家垄断和控制技术利器的竞争时代，中国企业面临重大挑战。我国企业缺乏自主知识产权，尤其是高新技术领域，许多企业走的都是仿制的道路，导致我国企业在走出去过程中面临森严苛刻的技术壁垒，特别是专利和标准壁垒，信息产业领域的“空芯化”是典型的例子。

4. **涉及知识产权的海外并购困难重重**。海外并购是企业走出去的主要方式，其中一个重要的动因就是为了获取知识产权，但是涉及知识产权的海外并购进展并不顺利。2001 年，华立集团收购飞利浦集团在美国的 CDMA 移动通信部门，但由于华立并没有取得飞利浦拥有的高通公司授权专利的所有权，而仅仅获得了“唯一使用权”。尽管可以回避高通公司的专利产品生产许可证的门槛，但是仍需要向高通缴纳专利使用费。此外，由于没有足够的考察和研究，华立难以应付收购后需要源源不断投入的研发资金，陷入窘境。

（三）劳工问题日益凸显

各国境外投资准入的法律规定具有相似性，但是各地的劳动法律制度却往往与当地历史文化环境结合相关，彼此间差异极大，有的中国企业陷入当地劳动法律制度的“泥潭”。

1. **忽视工会力量**。因不重视与工会维系良好关系导致的失败案例足以让每一个走出去的企业引以为戒。2005 年，上汽集团通过收购成为韩国双龙汽车最大股东，但应对频繁的罢工以及与工会的分歧使上汽集团筋疲力尽。2009 年 2 月，双龙汽车获得韩国当地法院的批准而进入了“回生程序”，上汽失去了对双龙汽车的控制权，上汽集团损失超过 30 亿元人民币。

2. **巨额裁员成本**。一些国家对解除员工合同的补偿标准要求很高，往往给中国投资者造成高额的裁员成本。TCL 集团 2006 年进行欧洲业务重组，裁员人数为 400 余人。由于欧洲裁员补偿标准高，TCL 的裁员成本高达人均 10 万美元。

3. **劳动争议多发**。据有关学者统计，劳动争议已经成为中非经贸往来中数量较多的一类纠纷，因劳动争议引发的劳工纠纷、工会罢工甚至更严重的暴力冲突，给企业运营带来了严重的法律风险和经济损失。在加蓬，如果一个临时工持续为某雇主工作一周以上，便自动转为长期工，雇主与其解除劳动关系应支付一定的工资及交通和失业补贴。中国某工程公司在加蓬的建设项目中，使用了大批“临时工”，在工程结束后予以解雇，最后遭工人抗议和起诉。当地法院判决该公司为解雇的临时工支付相当于已付全部工资的大笔补贴。

（四）合规风险

由于政府更迭、企业更替以及人员变化等各种不确定因素都可能随时出现，加之东道国的投资环境也会存在许多不完善和不规范之处，我国企业因对东道国国情和市场还不甚了解、风险防范意识淡薄，很容易陷入合规纠纷。以非洲为例，合规风险体现在：

1. **忽视东道国的法律运作，触犯当地法律底线**。许多企业错误地认为，非洲国家法治落后，在非洲承揽项目和施工主要靠权力和关系。事实上，非洲大多数国家在西方殖民统治以及近几十年的发展过程中，形成了以西方法律制度为主、以宗教法和当地法为辅的数量庞大的法律法规体系。新一代非洲国家领导人和企业高管，多数都有西方文化教育背景，对国家及经贸活动的管理法律意识非常明确。例如，前些年发生的加纳军警逮捕中国淘金工人事件、赞比亚政府关停中企某煤矿事件，主要原因都是我国企业明显违反当地法律遭到处罚。

2. **缺乏事前尽职调查，为项目运作埋下纠纷隐患**。近年来，非洲市场潜力巨大、投资机会多，吸引了众多民营企业投资者，但囿于其市场自身管理不规范等原因，商业欺诈仍然存在，特别是在基础设施项目领域，因参与主体多元，包括融资、投标、设计、施工、雇佣劳工等多项内容，我国企业除了要与当地政府合作外，还要与多个当地公司合作，而这些公司的实力、背景和商业信誉等都将成为影响项目运作的重要因素。现实表明，当地政府和企业往往为了招商引资，公示一些虚假信息。我国仍有很多民营企业片面相信当地政府和企业提供的资料，对项目和公司不作深入的尽职调查，为以后的合作留下了诸多风险隐患。

3. **低价中标项目，工程纠纷时有发生**。一些企业把国内建筑行业中低价竞争竞标、资金不够停工怠工、多层分包侵占资金、以次充好等有违商业道德和法律的做法带到非洲市场。虽然非洲国家经济相对落后，但其很多高层管理人员法律意识强，产品多数执行欧盟标准，由此引发的工程纠纷时有发生。例如，中国某公司承建国外一电站项目，层层分包，偷工换料，以次充好，验收时，四台机组有一台无法使用，据查该机组设备是二手货，造成恶劣影响。这些鲜活的反面标本，应引起走出去民营企业的高度重视。

（五）环境保护监管日益严格

1. **片面追求超额利润将付出高额代价**。民营企业应汲取国际上一些跨国公司在环保问题上的教训。如埃克森美孚 1989 年的石油泄露事件，导致了 40 亿美元的惩罚性赔偿；雪佛龙被指控在厄瓜多尔倾倒有毒废水，当地政府要求赔偿 10 亿美元的损失；壳牌在尼日尔三角洲破坏环境，当地政府处以 15 亿美元的惩罚。

2. **环境保护问题敏感**。发达国家在环境保护方面的法律都比发展中国家严格得多，环境问题在国外不仅是一个法律问题还是政治问题。很多发展中国家也颁布了较为完善的环境保护法律法规，制定了严格的监管程序。如赞比亚有《环境保护和污染控制法》《环境影响评估法》等法律，规定环境管理、环境保护和可持续管理以及对自然资源的使用等，有环境管理局和矿山安全局等专门机构负责环境的管理、监督以及防止环境污染。我国民营企业若处理不好环境保护问题，不仅会受到东道国的处罚，还很容易被西方一些别有用心地报道为奉行新殖民主义，给企业利益和声誉带来双重损失。

（六）争端解决胜诉难、执行难

以仲裁方式解决涉外民商事纠纷已成为我国企业的首选，但近些年来，民营企业国外仲裁之路却走得十分艰险。由于中外商事仲裁所追求的价值观、仲裁理念的不同，中外仲裁法、仲裁规则规定的差异，中外法律传统、文化传统以及中外仲裁员思维方式的不同，我国企业到外国仲裁的案件大多以失败告终，有的给予对方高额赔偿，有的甚至破产倒闭。至于我国企业在外国仲裁多为败诉的缘由，既有企业自身的原因，如选择律师或仲裁员不当、不适应外国仲裁程序和自身消极应诉或应诉不当，也有仲裁庭里外籍仲裁员不了解我国法律甚至歧视民营企业当事人的原因。

（七）法律变动风险

这种风险主要是指东道国改变有关国内政策而可能给外国投资者造成经济损失。例如，东道国在市场、行业准入、开放程度、允许投资行业和区域、税率、租金等方面规定的变动，及因政局动荡引起能源政策多变，导致财税稳定性条款失效。为控制有限的基础设施和矿业资源，从外国投资中获取更多的利润和税收，有些东道国经常修改或颁布新的税收法等法律制度，还有一些东道国要求外国投资者尽可能多地使用东道国生产或制造的设备材料等，并通过对海关法律法规等的修改，限制外国投资者进口所需的材料、机器和设备。这些法律的变化都会使企业的投资有巨大的潜在经济利益损失风险。

二、应对走出去法律风险中存在的问题

法律风险无处不在、无处不有，而法律风险引发危机、导致失败固然有诸多情况，但从根本上说，还是因为企业风险防范意识不强、风险管理能力低下所致。

（一）对走出去法律风险缺乏认识

企业投资决策者缺乏风险意识，对海外投资过程中的一系列风险并未充分重视。一些大型企业在海外投资决策前忽视或轻视系统的风险分析，对东道国的投资环境和法律环境、合作伙伴信誉等缺乏充分的可行性研究，从而造成实质性的经济损失。

（二）海外投资配套服务缺乏

很多投资者不能通过有效途径了解东道国情况，不熟悉东道国有关的法律政策，法律风险指数增高。对海外投资效果的评估机制不健全，许多评估流于形式，导致或错失投资机会，或增大投资风险。国内投行、律师、会计师事务所等中介机构不发达，缺乏真正熟通国外法律的专门人才，无法“有的放矢”“轻车熟路”地化解法律风险。

（三）民营企业法律意识或维权意识淡薄

发达国家多有完整的市场经济法律体系，人们形成了依法办事习惯和意识，而我国法治体系尚未完备，民营企业参与国际竞争的能力大多比较弱小，法律保护意识不强，对东道国的执法敏感度感知不高，一旦出现问题，完全没有办法来争取自己的合法权利或者进行最大化的利益补偿。

（四）企业知识产权管理与应用能力不足

一方面，多数民营企业设计产品时缺乏高质量的专利侵犯和规避法律分析，自身的专利保护范围小，对竞争对手不构成显著威慑，欠缺前瞻性的专利收购和许可布局。另一方面，民营企业的产品本身所涉及的技术不少是建立在“引进消化吸收再创新”模式下的，而再创新技术成果与引进技术的界限往往较难清晰地区分界定，甚至隐含引进技术的某些基本技术要素，可能造成企业在海外面临诸如技术引进合同违约、商业秘密侵权以及专利侵权等知识产权争议风险。

（五）东道国法律和政策稳定性不够

东道国如果没有健全和稳定的法律保障，越高的回报就可能伴随着越大的风险，企业稍有疏忽就可能陷入违法违规的窘境，导致合规成本偏高。而东道国政府改变国内法律和政策的行为更会给外国投资者造成意想不到的经济损失。因此，加强对投资所在地的政策环境、法律环境、社会环境、文化环境、投资环境，以及投资合作伙伴的主体合法性、财产合法性、项目合法性的了解和掌握非常重要而且必要。

（六）我国海外投资立法尚不健全

投资者母国的法律对海外投资进行规范和保障非常必要，否则势必影响海外投资的发展。目前我国的对外投资立法还存在不少问题。首先，立法层次不高。我国尚未出台一部海外投资法，各类规定散见于各部门规章，表现出零散、不配套、缺乏透明度的问题。其次，在立法主体上，其立法权分配混乱，缺乏统一的海外投资法律，更多的是国务院及其主管部门制定的各类行政法规和部门规章。该类文件发文机关多，时限和效力还存在前后矛盾的问题，从而造成海外投资法律规定的不统一、不协调。

最后从海外投资法规具体内容的设置上看，海外投资主要从投资项目内容、审批程序要点、外汇和境外财产管理等方面进行规定，而没有关于海外投资的保险与保护机制，加之国际条约和协定的有关规定滞后，对企业海外投资的保护更加不利。

三、关于加强走出去法律风险防范、维护合法权益的几点建议

法律风险是民营企业走出去过程中最严重的一种风险，防范不当将导致经济损失乃至投资失败，但法律的可预期性也决定了法律风险具有可防范性。切实做好民营企业走出去过程中的风险防范和权益维护工作，已经成为有关各方必须面对的新课题、新挑战。对于商业风险，主要靠投资者自己加以衡量并予以防范、克服，而对于非商业风险，国家从维护本国企业海外投资的利益和安全出发，应采取各种政策或法律的手段为国际投资提供保护。因此，着眼于法律风险的防范，要在政府、工商联（商会）等社会组织和企业三个层面着力，加强风险管理和维权工作，打造民营企业走出去的升级版。

（一）政府要积极发挥服务引导和保障功能

1. **加强投资保护**。对于非商业风险，尤其是政治风险，一般是投资者自身无法预测也无法避免的，因此国家要专门针对政治风险给予保护。要加快签署国家之间双边、多边条约，充分利用国际法保护手段，减少投资企业的政治风险。特别是促进东道国将政策保护措施固定化，用法律规范形式体现于其国内法或国际条约中，以创造良好、稳定的投资环境。

2. **加强投资引导**。商务部等相关政府部门应牵头加强对东道国国家法律和相关政策的研究，组织力量系统全面翻译各国相关法律，对重点国家和地区的政治经济形势、民族宗教矛盾等信息及时收集、整理、评估并发布，建立一套境外安全风险预警机制，让准备走出去的民营企业在开展海外投资贸易时能够及时掌握、准确了解各类权威信息，为做好投资经营决策提供参考。

3. **保障合法权益**。按照国际法和国际条约，充分发挥东道国使领馆作用，保障我国投资企业的合法权益。目前，我国的领事保护工作还存在一定的“供需矛盾”，即政府所能提供的实际保护与投资者对领事保护的需求之间还存在较大差距。

4. **完善境外投资保险制度**。目前，中国出口信用保险公司作为中国唯一承办出口信用保险业务的政策性保险公司，承保我国企业在海外投资中发生的征收险、汇兑限制险、战争险以及政府违约险等四类政治性风险。然而，还没有专门的机构承保法律风险，民营企业的法律风险承保只是“散落”于企业走出去过程中与商业保险公司签订的各类保险合同之中。特别是目前我国民营企业整体风险防范意识和能力还比较淡薄，很容易产生投资经营风险，使企业蒙受巨大损失甚至破产倒闭。因此，可考虑设立专门的机构承保法律风险，为民营企业走出去构筑起规范系统的法律风险防范屏障。

（二）社会组织要主动发挥行业协调和专业服务功能

1. **进一步完善走出去专业化咨询服务以及跨区域律师协助机制**。虽然我国企业在对外投资前能够通过国家出入境管理部门、东道国使领馆等途径获得一定资讯，但这些资讯往往不够系统和全面，许多还是一般性的提醒，并不涉及民营企业急需的对外投资、务工等专业领域信息。目前，针对我国企业赴欧美等发达国家进行投资活动已经形成了较为成熟的专业化咨询服务以及跨区域律师协助机制，但对于赴非洲、东南亚、拉美等发展中国家投资，这类服务和机制仍很欠缺，有必要从全球视野出发，全方位完善我国企业走出去专业化咨询服务以及跨区域律师协助机制，通过行业商协会等中介组织以及从事涉外事务的专业律师为我国企业提供不同国家、领域、行业以及投资形式等方面有针对性的事前咨询、政策性解读、方案制作、培训等，助力企业做好投资的科学决策，防范未来风险。

2. **充分利用东道国行业组织的作用**。赴外投资的民营企业应在东道国积极组建华人商会组织，商会既要维护和规范企业在当地的利益及经营行为，还要大力推动我国企业与当地文化的交流融合，与东道国社会各界发展友好合作关系，发挥好与东道国政府、企业和公民联系沟通的桥梁纽带作用。商会组织的运营经费以会员会费为主，或通过循环投资造血的方式充实商会组织资本，增强商会在当地的影响力和话语权。

3. **积极参与国际贸易争端解决**。政府不出面，行业商协会“打头阵”，是当前解决国际贸易争端一个新特点，但与国外行业商会相比，我国行业商会在这方面较为落后。为此，第一，行业商会要通过各种渠道参与国际贸易规则制定和谈判，积极表达企业利益诉求，并参与国际贸易规则履行过程中的执行环节，监督各成员方政府和企业的行政和贸易行为，从源头上将潜在的贸易争端消于无形。第二，针对我国企业在国外仲裁“水土不服”的问题，应认真研究国际商会仲裁规则，争取积极参与，同时要大力发展完善我国商会的仲裁职能，为企业走出去提供争端解决服务。第三，行业商会要加强与政府有关职能部门的合作，在帮助企业积极应对国际贸易摩擦中有更大作为。

4. **大力做好法律维权工作**。民营企业作为市场主体，在赴东道国投资经营，与当地政府、企业和自然人打交道的过程中，会遇到税收、合同、知识产权、劳动关系、环境保护等方面的法律纠纷。工商联组织作为民营企业的“娘家”，要坚持积极作为、多措并举，加强与东道国政府、当地使领馆、行业组织以及企业等的沟通联络，畅通企业诉求反映渠道；同时推动企业抱团走出去，合力开展法律风险防范，切实维护好企业合法权益。

（三）企业自身要更加注重提升法律风险防范意识，完善风险管理机制

1. **提高走出去法律风险防范意识和能力**。应当坚持“事前预防、事中控制、事后补救”的原则，并应“以防为主”。首先要对被并购方所在国的外资准入制度、公司法律框架、税务体制、劳动法律制度、环保要求、外汇管制要求等与企业运营和收益密切相关的法律法规做详尽的调研和确认。其次，要对被投资主体或目标资产的相关法律进行调查。在签署正式投资文件前，应确认未来合作方、被投资主体的法律资质、合规性，目标股权或目标资产是否存在任何瑕疵，完成相应法律尽职调查工作，有效避免海外投资的潜在法律风险。再次，要策划、设计交易结构和融资方式。根据国内企业未来着眼点的不同，从合理避税、退出机制等不同角度，分析各种交易结构的利弊，设计不同的交易结构、海外股权框架。同时，针对投资所在国公司注册资本制度、金融体制的不同，选择并购贷款、股东贷款、当地金融机构贷款以及私募股权基金注资等多种融资方式。

2. **制定并实施科学的企业知识产权战略**。努力提升自主知识产权水平和保护意识，积极应对专利纠纷，加快实施行业专利战略，组建自己的行业技术标准联盟，认真研究专利使用费标准及合理性问题。注意从涉外知识产权并购案例中总结经验与教训，借鉴国外著名公司经验，建立国际化经营的知识产权战略与管理体系等。

3. **积极履行社会责任**。民营企业在走出去过程中既要注重自身的发展和经济利益，也要积极承担社会责任。要将自身发展融入当地经济社会发展之中，积极帮助东道国建设基础设施；注重培养当地专业人才和管理人才，较多雇用当地人以增加当地就业，遵守当地劳工保护法律；重视环境保护，最大限度地减少环境污染；积极参与当地的各种社会公益事业；积极融入当地社会文化之中，实现与当地社会的和谐共处等，以最大限度地降低在东道国的法律风险。

4. **积极防范外国仲裁败诉风险**。要着力强化对争议解决条款的风险管理，慎重约定仲裁条款，不可习惯性地接受外方提供的格式条款。在合同中纳入仲裁条款时，可将仲裁地约定在东道国管辖范围之外，以规避东道国保护本国当事人。要尽可能地选择中国境内的仲裁机构或选择一个相对公平且有利于自己的第三方仲裁机构，同时积极谨慎应诉，力避败诉的法律风险。在特许经营中，若东道国与投资者母国签订的投资公约规定有争端解决条款，此时特许协议中无须另行约定，反之则更应在特许协议中明确规定争端解决方式。

关于非公有制企业商会（协会）劳动争议预防调解示范工作检查验收情况的报告

2013年7月，人社部办公厅与全国工商联办公厅共同下发了《关于开展非公有制企业、商会（协会）劳动争议预防调解示范工作的通知》，选择74家非公有制企业、商会（协会）作为示范单位，正式启动非公有制企业劳动争议预防调解示范工作（以下简称“示范工作”）。两年多来，人社部与全国工商联通过联合举办培训班、召开经验交流现场会、督查调研等方式，共同推动示范工作深入开展，并于2015年对示范工作进行了检查验收。

一、检查验收工作情况

两单位共同制定了包括调解组织、预防工作、制度建设、队伍建设、规范化建设、争议处理等6大项、近30小项的检查验收评估表。在组织示范单位先行自查整改的基础上，由省级人社部门和工商联组成联合验收工作组，深入示范单位逐项对照检查。其间，组成联合督查调研组赴江苏、福建、广东等地进行了抽查。全国工商联副主席谢经荣参加了在福建的督查调研活动，并对示范工作成果给予充分肯定。74家示范单位中，73家都通过了检查验收，云南高深集团因生产经营出现困难退出示范工作。

二、示范工作主要做法

1. 注重预防预警，源头化解争议

一是注重预防调解工作宣传。通过加强宣传咨询，引导企业依法民主管理，引导劳动者合法理性维权。天津市河东区工商联在《河东报》《河东商会》及自办网站等媒体开辟专栏，向会员企业广泛宣传《劳动合同法》《劳动争议调解仲裁法》等法律政策。开展“法律服务进百家企业”活动，聘请律师，走进企业免费开展相关宣传咨询。

二是注重建立沟通协商机制。通过搭建劳资沟通平台，促进矛盾纠纷在企业内部协商解决。武汉市小蓝鲸酒店管理公司开展“五必谈四必访”活动，要求在职工受到奖罚、发生矛盾、遭遇重大困难等情况下，主管负责人必须及时与职工谈话或进行家访。郑州市三全食品公司除采用传统的座谈会、意见箱等形式，还建立了QQ、微信、邮箱等多个平台，广泛收集职工诉求。

三是注重争议隐患排查预警。示范单位认真落实“调防结合，以防为主”的方针，建立健全争议预测预警机制。江西省赣州市浙江商会制定了《劳动争议预警制度》，通过系统的预测、预报措施，有效排查处理争议隐患60多起。

2. 健全组织网络，搭建工作平台

一是健全企业调解组织。示范企业均建立了劳动争议调解组织，规模较大企业普遍形成了多层次的调解工作网络。江西省方大特钢公司劳动争议调解委员会由工会、人力资源部、法务部、信访办和各二级单位主要负责人组成，各二级单位均成立了分会，各车间、工段、班组均设立了调解小组。公司还将调解组织工作情况纳入二级单位年终考核指标，确保工作落到实处。**二是**发挥行业商会（协会）调解组织作用。示范商会（协会）调解组织结合自身特点，有针对性开展工作。广东省湖北商会与湖北省人民政府驻深圳办事处联合组建农民工维权中心，重点调处化解本省农民工劳动争议。广东省美容美发化妆品行业协会要求50人以上的会员单位建立调解组织，50人以下的确定专人负责预防调解工作。此外，北京、吉林、山东等省市在本地区开展了示范工作，取得了积极效果。

3. 完善制度规范，提高工作质量

一是健全调解工作制度。贵州省指导示范单位制定了调解组织管理办法、重大集体劳动争议

应急预案和报告制度等多项统一制度规范，并将相关制度、工作流程、调解员公示牌等上墙公布、上网公开。吉林省钢铁贸易商会为会员企业制定了统一的调解制度模板和制式的申请书、协议书等调解文书。

二是加强调解工作规范化建设。山东、山西等省指导示范单位落实人社部下发的加强基层调解工作规范化建设和启用调解组织标识的通知要求，将调解程序、调解组织工作职责、调解员行为规范上墙公布，并制作了调解组织名称标牌、公章，建立了案件台账。重庆市人社局向财政申请专款为示范单位统一采购了调解组织标识、胸徽等。

三是进一步细化调裁衔接规定。北京、广东等省市制定了劳动争议调解协议仲裁审查确认的具体规定，通过加强引导、优化程序、规范文书，切实提高了调解协议的执行力。河北省大力开展委托调解工作，显著提高了仲裁案件的调解结案率，同时提高了调解组织的社会公信力。

4. 加强基础建设，提供有效保障

一是大力开展调解工作队伍建设。北京市两年来组织非公有制企业劳动争议预防调解培训班4次，累计培训2000多人次，覆盖900多家企业。北京市保洁商会劳动争议调解中心成立后，先后举办9期会员企业培训，累计培训600余人次。

二是加大基础保障投入。湖南省湘潭市华顺人力资源服务公司将劳动争议预防调解工作列入公司发展战略规划、年度工作计划和财务预算，对人财物给予充分保障。黑龙江省宝泰隆煤化工集团每年提供50万元专项经费，保障各级调解组织工作的开展。

示范工作开展以来，各示范单位领导对构建和谐劳动关系、加强劳动争议预防调解工作越来越重视，依法规范劳动用工的意识明显增强，将执行劳动法律政策与人力资源管理结合起来，“互利共赢、劳资两利”的劳动关系正在形成。同时，在示范工作中也存在以下一些问题：

一是企业、商会（协会）调解中立性受到质疑，难以得到职工认可。

二是对企业调解指导力度需要加强。人社部门调解仲裁机构、工商联组织仅与少数大型企业建立了经常性联系，乡镇街道调解组织受人员、经费限制很少主动开展工作。一些地区调裁衔接机制亟待加强。

三是调解工作部门联动有待加强。人社部门在调解工作中的主导作用发挥不够，一些地区还存在职责不清、沟通不畅等问题。

三、示范工作的启示

总体来看，示范工作进展顺利，有效发挥了示范带动作用。通过开展示范工作，我们也得到一些启示，最根本的一点，就是在非公有制企业劳动争议预防调解工作中，要形成人社部门、工商联组织、行业商会（协会）、非公有制企业既分工负责，又协调配合的工作机制。

1. 人社部门要注重发挥主导作用

一是会同工商联组织推动非公有制企业、商会（协会）劳动争议调解组织建设，指导调解组织履行职责。探索建立调解工作评价机制。

二是加强基层调解工作规范化建设，提升调解组织的社会公信力。

三是研究建立集体劳动争议应急调解和快速仲裁工作机制。

四是做好调解与仲裁有效衔接工作。

五是加大调解员培训力度，提高其法律素养和工作能力。

2. 工商联组织要注重发挥引导推动作用

一是会同人社部门加强对非公有制企业劳动争议预防调解工作的宏观规划与指导。

二是开展非公有制经济人士理想信念教育实践活动，提高企业依法用工、依法管理的意识和能力，加强对职工的人文关怀，建立有效的预防工作机制，自觉构建和谐劳动关系。

三是依托商会（协会）将示范工作向小微型企业延伸，支持商会（协会）建立行业性、区域性劳动争议协商调解机制，提供法律咨询、纠纷调解、权益维护等服务，发挥行业自律功能。

四是建立非公有制企业劳动关系状况监测机制，加强对劳动关系矛盾的研判和预警，参与重大集体劳动争议的协调处理工作。

3. 商会（协会）要注重发挥第三方促进作用

一是行业商会（协会）劳动争议调解组织主

要履行为非公有制企业提供服务、政策咨询、维护权益、行业自律等职责。

二是指导本行业小微型企业做好劳动争议预防调解工作，建立行业集体劳动争议预防预警机制，开展劳动保障法律政策咨询服务。

三是完善调解员选聘、培训、工作考评等管理制度，积极吸收企业家和商会（协会）资深人士参加调解工作，建立调解员激励和约束机制，稳定和发展调解员队伍。

四是建立重大集体劳动争议报告制度。主动与所在地人社部门和工商联组织加强沟通协调，定期分析争议隐患，及时化解争议苗头，参与处理集体劳动争议。

4. 非公有制企业要注重发挥主体作用

一是建立企业内部劳动争议调解工作网络。

二是建立预防在先的工作机制。建立劳资沟通对话机制，采取召开劳资恳谈会、劳资协商会以及设立意见箱、开展问卷调查等方式，研究解决劳动报酬、社会保险、劳动条件等涉及劳动者切身利益的问题，畅通企业经营者与劳动者之间的沟通交流渠道。

三是建立健全调解工作制度，总结非公有制企业劳动争议调解特有的方式方法。

四是配备专兼职调解员，支持调解员从事调解活动，给予调解员更多的学习培训机会。

四、下一步工作建议

1. 充分运用第一批非公有制企业示范工作成果

建议由人社部办公厅、全国工商联办公厅联合发文，对验收合格的示范单位进行通报。通过刊发工作信息、网站发布等方式，宣传示范工作成果，不断产生“放大”效应。

2. 启动第二批非公有制企业示范工作

建议第二批示范工作以行业商会（协会）为主，重点指导争议易发多发的小微型企业建立灵活有效的预防调解工作机制。明年，两部门拟共同举办一期行业商会（协会）劳动争议预防调解工作培训班。

3. 加强非公有制企业劳动争议预防调解理论研究

建议总结劳动争议预防调解工作规律，分类指导不同规模、不同行业企业预防调解工作等。

第五部分 省级工商联工作

北京市工商联2015年工作综述

2015年，北京市工商联在市委市政府的正确领导和全国工商联精心指导下，围绕中心，服务大局，认真贯彻落实中央、市委全会和统战工作会议精神，牢牢把握首都的战略定位，紧紧围绕建设国际一流和谐宜居之都和促进两个健康工作主题，突出“实、新、联”，一手抓鼓励支持，一手抓教育引导，着力推动非公有制企业加快转型升级，构建“高精尖”经济结构，为首都科学发展作出了积极贡献。

一、倡导守法诚信，积极引导非公有制经济人士践行社会主义核心价值观

一是深入开展理想信念教育实践活动。市工商联以守法诚信为重点，建立了守法诚信公示机制，把企业守法诚信的身份亮出来，自觉接受社会各方面的监督。在执常委代表人士中，推出首批200家非公有制企业代表，向社会公开承诺，做“守法诚信”的示范单位。为首批承诺示范的副主席副会长、执常委企业进行了集中授牌。5月18日，《北京日报》刊登了《非公企业把守法诚信身份亮出来》专刊。

二是加大法律服务力度。制定了《北京市工商联关于加强和改进法律服务工作的意见》，与市司法局签订了《关于共同推动行业性专业性人民调解组织的合作协议》，成立了16家维权调解中心，建立了调解组织与仲裁机关衔接制度，与市法院、司法局、人力社保局等部门完善了联席会议制度、协调劳动关系三方机制、劳动争议预防调解机制、诉前调解对接工作机制。

三是开展系列教育培训活动。与市委统战部联合举办两期北京市民营企业负责人培训班，选出全市150多名优秀青年企业家参加培训。与市委组织部、市委统战部、市委党校、北京社院联合举办了北京市非公有制经济领域代表人士高级理论研修班并首次将新媒体代表人士纳入培训。

四是引导非公有制企业履行社会责任。组织开展“甜蜜的事业——延庆光彩行”活动，组织蓝调庄园、珍贝集团、中复电讯等50余家非公有制企业共同捐资，通过蜂业养殖、捐资助学等项目，帮助农民脱贫致富，帮助困难学生完成学业，促进延庆新农村建设。组织近百家企业参与南水北调对口支援协作项目。组织百余家企业参与“十堰南阳光彩行”活动，为对口支援地区招商引资牵线搭桥。通过调研形成了《北京市工商联关于动员我市民营企业参与对口支援工作情况及实施意见建议》。

五是积极承接调研交流工作。2015年，中央政治局委员、中央统战部部长孙春兰，全国政协副主席、全国工商联主席王钦敏，中央统战部副部长，全国工商联党组书记、常务副主席全哲洙先后来京，就贯彻落实中央统战工作会议精神、加强商会建设和推进非公有制经济人士理想信念教育实践活动开展调研。北京市工商联协调各区县工商联、相关商协会、民营企业，多层面展现了北京非公有制经济领域工作成果。在9月17日召开的北京市委统战工作会议上，市工商联作了典型发言。

二、加大服务力度，促进非公有制企业转型升级和提质增效

**一是坚持问题导向，开展服务会员企业“大

走访”活动。由市工商联牵头，商会配合，与市发改委、商务委等政府部门组成联合工作组，以“办实事、解难题、促发展”为主题，深入会员企业了解企业家所思所想所需，采取现场办公的形式，上门送政策、送信息、送服务，有针对性地帮助企业解决实际问题。2015 年共走访 80 家商会和 398 家企业，挖掘出一批企业典型及发现了一批新的代表人士。

二是优化非公有制经济发展政策环境。参与制定的促进非公有制经济发展的政策措施达 20 多项。采取报告会、专家讲座等多种形式，对全市出台的新政策进行详细解读，促进各项政策与非公有制企业发展无缝对接。市发改委、商务委等部门相继到工商联组织召开企业家座谈会，专门听取行业商会、企业家代表就北京市出台的改革政策在落实执行过程中存在的问题及建议，促进相关政策及时落地。与市科委、市人力社保局联合主办了“企业科技创新与创业就业政策解读会”。在广泛调研的基础上，编制了《北京经济政策选编》《创新智慧》，为企业发展提供务实服务。连续 6 年开展非公有制经济金融服务周活动，2015 年以“京津冀协同发展金融服务”为主题，聚焦“双创”“互联网＋”等经济热点，开辟中小企业金融服务绿色通道，形成京津冀三地金融机构对企业跨区域发展进行服务的无缝对接。

三是鼓励有条件的民营企业建立现代企业制度。在民营企业中广泛开展调研，梳理总结企业在建立现代企业制度方面的现状、困难和需求，提出政策建议，供市委全面深化改革领导小组决策参考。联合有关政府部门，特邀专家及相关机构，完成了《鼓励非公有制企业建立现代企业制度调研报告》，制定了《首都民营企业建立现代企业制度工作指引》。

四是举办系列创业创新思想分享会。发挥首都企业家资源优势，组织企业家走进小米科技、瀚海智业等企业，与雷军、王汉光等企业家进行深度交流研讨，现场开展案例剖析，分享创业创新智慧，带动民营企业树立现代企业经营理念，加快企业转型升级。

三、发挥工商联优势，助力疏解非首都功能

一是为非公有制企业走出去搭建工作对接平台。与市发改委、市商务委、市友协等相关部门开展工作对接，建立服务非公有制企业走出去长效机制，搭建了政策对接、资金支持、信息共享的服务平台。与市发改委合作，共同建立北京企业参与“一带一路”工作项目库，将更多民营企业开展的符合相关政策规定的重大项目纳入其中。与市商务委合作，共同组织经贸交流活动，以东单菜市场 O2O 体验店为载体，实施“北京市工商联各省区市名特优产品 O2O 交易平台”项目。组织“北京企业香港投融资专场培训会”等活动。

二是组织开展京津冀多领域产业对接活动。先后组织 20 多批次民营企业赴天津、河北，进行科技、文化、经贸考察交流，北京石材商会、木业商会的产业转移项目均已成功落户天津、河北。在 10 月份组织开展的“携手共促京冀协同发展——走进唐山产业融合项目对接”活动中，北京的民营企业中国木偶剧院、朝聚眼科、惠民网等都表达了到唐山的投资意向。12 月份组织 60 余家首都企业家代表赴天津开展了对接活动。

三是打造京外境外两个服务基地。抓住京津冀协同发展和“一带一路”重大国家战略机遇，建立 42 家京外境外非公有制经济发展服务基地，并为其中 13 家进行集中授牌。7 月 23 日，“北京市工商联、北京市商会非公有制经济澳大利亚发展服务基地”授牌仪式在澳大利亚悉尼隆重举行，市委常委、统战部部长戴均良为服务基地进行了授牌。中央台财经频道、香港凤凰卫视、《澳洲日报》等媒体均在第一时间作出报道。

四、加强基层组织建设，夯实工作基础

一是加强基层商协会建设。指导推动 7 家原直属商协会完成登记注册手续，新吸纳 16 家商协会成为团体会员。指导成立北京市青年企业家商会，联系北京青年闽商促进会，加强对青年企业家的教育引导，发掘培育一批青年企业家代表人士。努力做好统战工作，向商协会组织有效覆盖，建立商协会秘书处联盟，编辑下发了《北京市工商联商协会组织建设工作手册》，引领商协会创新发展。

二是建立健全行业商会自律机制。在有条件的商会建立诚信联盟、信誉等级库、失信惩戒等信用管理制度。引导商会订立自律诚信公约。什刹海商会组织开展“正品牌”活动，全力打造正品特色商业街，带动商户诚实守信经营；南锣商会提出了“南锣公约”，以全体商户的名义承诺自律管理，接受社会监督，东城区政府决定，把在南锣鼓巷申请注册营业执照的第一道审核交由商会把关。

三是建立企业家副主席（副会长）述职机制。在全国范围内率先启动了企业家副主席（副会长）述职工作，12 月 7 日，市工商联召开第十三届十一次全体主席会议，6 位企业家副主席、副会长进行工作述职。

天津市工商联 2015 年工作综述

2015 年，天津市工商联深入学习贯彻党的十八届三中、四中、五中全会和习近平总书记系列重要讲话精神，按照市委十届六次、七次、八次全会及全国工商联十一届三次执委会部署，坚持两个健康主题，积极服务全市改革发展大局，不断加强组织建设，深入开展“三严三实”专题教育，全面提高工作科学化水平，为促进两个健康，建设美丽天津、法治天津作出了积极贡献。

一、围绕市委决策部署，服务全市改革发展大局彰显新作为

1. 全力推进“一助两促”活动

动员全市各级工商联商会组织开展“一助两促”活动。深入中小微企业调研，形成《市工商联在“一助两促”活动中调研汇集的各类问题情况报告》等上报市委市政府，得到市委主要领导同志重要批示。初步建成十个“津商创客空间”。围绕“促进大学生创业就业”开展专题调研。推荐 33 名民营企业负责人为创业导师，指导青年学子创业。

2. 积极投身法治天津、安全天津建设

认真落实全市安全生产工作会议精神，下发专项通知，督促民营企业安全生产责任体系落实到位。《法制日报》和《中华工商时报》在头版刊发文章，报道天津市商会调解工作，得到天津市委主要领导同志，中央统战部副部长，全国工商联党组书记、常务副主席全哲洙等领导批示。深入开展法律宣传和培训，组织法律知识宣传有奖竞答等活动，举办 5 期非公有制经济组织法律培训班。通过防范经济犯罪预警服务平台向基层商会企业发送预警服务信息 2 万余条。推荐 47 名非公有制经济代表人士担任人民陪审员、公安局特邀监督员。新成立 10 家基层商会组织人民调解委员会和 10 家基层劳动人事争议调解委员会。

3. 切实履行职能、参政议政

参加市委、市政府召开的各类座谈会、征求意见会，为天津市制定“十三五”规划、贯彻落实《京津冀协同发展规划纲要》建言献策。在市政协十三届三次会议上以“优化民企发展环境 增强民企发展信心”为题作大会发言，在市政协常委会上围绕助力小微企业发展、打造“众创空间”、发展民营经济等议题发言，产生强烈反响。在市政协十三届三次会议上提出 8 件团体提案，并得到市委市政府有关部门的高度重视和圆满答复，《关于支持商业银行更好服务小微企业的建议》等两份提案被列为全国政协十二届三次会议团体提案，得到国家有关部委的答复。

二、坚持教育引导为先，加强非公有制经济人士思想政治工作取得新成效

1. 深入开展以守法诚信为主要内容的理想信念教育实践活动

举办四期创新大讲堂，邀请知名企业家和专家学者作报告。与市政协文史资料委员会联合编撰《逐梦商海——天津民营经济发展亲历》，树立一批可信、可比、可学的先进典型。举办“守法诚信、学习宪法尊法守法”演讲比赛、民营企

业尊法守法主题辩论赛等活动，引导非公有制经济人士学法尊法守法用法。

2. 支持推动非公有制经济组织党建工作

截至2015年，全市非公有制企业党组织达7800多个，覆盖非公有制企业9.1万户。举办第六期非公有制企业党组织书记示范培训班及全市非公有制经济组织党组织纪念建党94周年暨学习焦裕禄同志先进事迹报告会，组织非公有制企业党员群众参观卢沟桥抗日战争纪念馆。“忆成长、话改革、讲诚信、追梦想”主题访谈活动，被中央统战部评为统战工作创新成果。

3. 鼓励支持非公有制经济人士积极投入光彩事业

组织动员民营企业积极参与“8·12”抢险救灾，举办“大灾无情，人间有爱——我们在一起”书画义卖活动，捐款捐物达1310万元。组织民营企业家参与扶贫工作，向蓟县孙各庄满族乡捐款捐物价值达70万元。与市有关部门联合举办“民营企业招聘会”和“残疾人招聘会”。举办天津市首届智障人士手工作品拍卖会。在商务楼宇内设立光彩事业捐款箱。10位民营企业家当选新一届中国光彩会理事，其中1位当选为副会长。

三、切实发挥助手作用，助推民营经济健康发展步上新台阶

1. 深入开展调查研究

在全市建立360家民营企业信息直报点。组织开展非公有制经济发展环境评价等专题调查。开展支持小微企业发展政策措施落实情况第三方评估。组织重点课题调研，形成10余篇研究成果。6篇成果在全国工商联、市政协、市统战系统研究成果评选中获奖。编印《天津市工商联优秀调研成果汇编（2014）》。

2. 切实发挥政府助手作用

认真履行市民营经济领导小组成员单位职责。积极参与第九届“中国企业国际融资洽谈会·科技国际融资洽谈会”相关工作，组织“新常态、新金融、新动力”金融投资论坛。举办“天津智造引领未来”主题论坛。举行2015“建行杯”天津市民营企业健康成长工程发布会。推进民营企业信用体系建设，通过人民银行天津分行向全市商业银行推荐86家优秀企业。

3. 提升商务联络工作水平

协助组织2015年“全国知名民企天津行”活动和第三届“全国民企贸易投资洽谈会”。举办“拥抱自贸区的春天——天津自贸试验区重大投资机遇高峰论坛暨政策解读会”和“一带一路”建设支持政策发布会。组织赴上海自贸区学习考察，举办第三届“青年企业家港澳研修班”“2015年新动力·津台企业家交流峰会”，取得丰硕成果。组织民营企业赴12个省区市、11个国家和地区开展商贸考察活动。

四、大力加强组织建设，增强工商联凝聚力影响力形成新优势

1. 努力加强基层工商联建设

对区县工商联领导机构现状进行调研，完成全国“五好”县级工商联建设互查工作，开展“五好”区县工商联示范单位考评互查。进一步加强乡镇街道基层商会建设。加强对区县工商联领导班子成员培训，组织区县工商联主席、党组书记参加全国工商联培训班，不断提升领导班子综合素质。

2. 切实加强商会建设

继续推进商会注册工作，推动天津市石油流通业商会、汽车经销商商会、互联网信息商会3家商会完成注册。成立天津市企业联合创业促进会。扎实有序推进天津市电子商店商会、基础设施商会成立工作。截至2015年底，全市工商联会员总数达32680家，行业商会74家，异地商会47家。

3. 创新组织活动载体

大力加强年轻一代非公有制经济人士引导教育工作，在《天津日报》理论版刊发《引导非公经济人士 造就年轻一代“接班人”》，市委主要领导同志给予充分肯定并作出重要批示。举行新一代企业家健康成长工程启动仪式。举办全市工商联系统乒乓球比赛。建立商会会长联谊会联席会议机制，组织“雅爱社”投身公益事业。

五、深入开展专题教育，提升机关工作科学化水平取得新成绩

1. 扎实开展“三严三实”专题教育

制定专题教育实施方案，开展一系列学习研讨、调查研究、对照检查等活动，努力解决“不严不实”问题。设立天津市工商联“三严三实暨理想信念教育”教育实践基地。专题教育期间，组织集中教育学习 8 次，开展专题研讨交流 5 次，开展各类调查研究 33 次，实地调研单位 60 余家，对民营经济发展现状、工商联组织发展等情况进行深入了解。

2. 加强干部培训，提高履职水平

制定干部教育培训方案和年度理论学习计划，以学习科学理论、政策法规、业务知识为主要内容，有计划组织机关干部开展各级各类教育培训。组织“寻访井冈之路，弘扬井冈精神”专题学习培训，举办工商联系统档案、信息、保密工作培训班，创新青年理论学习小组活动形式，不断提高机关干部的理论素质和工作能力水平。

3. 狠抓制度落实，加快信息化建设

进一步规范机关管理，完善机关干部考核工作，不断加强机关绩效管理。开通天津市工商联微信公众账号。加强工商联数据库建设，推广办公系统应用，加快系统网络和企业服务平台建设，提高信息化服务水平。

河北省工商联 2015 年工作综述

2015 年，河北省工商联认真学习贯彻党的十八大、十八届三中、四中、五中全会和习近平总书记系列重要讲话精神，深入贯彻落实省委中心组学习会、省委八届十二次全会精神，围绕中心、服务大局，坚持两个健康主题，充分发挥优势，积极主动作为，各项工作取得新进展。

一、扎实开展以守法诚信为重点的理想信念教育实践活动

认真按照中央统战部、全国工商联统一部署，将守法诚信作为理想信念教育实践活动的重点，积极引导非公有制经济人士尊法学法守法用法，增强诚信意识。

4 月，召开了全省守法诚信教育实践活动动员大会，传达中央统战部、全国工商联动员会议精神，对活动进行了全面动员和部署。之后，紧密结合民营企业发展实际和非公有制经济人士思想状况，不断丰富活动内容和载体，通过组织民营企业参加守法诚信与创新发展、新三板上市、创二代研讨班等系列培训，召开年轻一代民营企业家座谈会，举办“中国梦·冀商情”主题系列报告会，开展“春雨行动——光彩手拉手”帮扶活动，组织商会负责人和民营企业家赴乐亭县李大钊纪念馆接受革命传统教育等特色活动，进一步促进了全省广大非公有制经济人士健康成长。为确保活动取得实效，省工商联会同省委统战部组成专门指导检查组，对全省各地活动开展情况进行专项督导检查，推动了活动扎实有效开展。理想信念教育实践活动得到了中央统战部、全国工商联的高度评价，并使河北省被全国工商联主要领导确定为三个重点调研省份之一。

二、全力助推民营经济转型升级

为抓住京津冀协同发展重大机遇，推动河北省民营企业与全国知名民营企业交流合作，进而带动企业转型升级，省工商联充分发挥工商联和商会的组织优势，主办了首届世界冀商大会、知名商会走进河北、百家优秀民企进邢台等一系列规格高、影响大的招商活动，引进了一批大项目、好项目。特别是首届世界冀商大会得到了省委、省政府和全国工商联的大力支持，得到了广大海内外冀商的积极响应。全国政协、全国工商联领导，省主要领导出席大会并讲话，20 多个国家和地区的 64 个冀商商会、27 个省内商会及 700 余名冀商代表参加大会，并分别到石家庄、保定、沧州进行实地考察和项目对接，促成多项投资意向。大会的圆满召开，搭建起了海内外冀商联系合作的平台，促进了广大冀商与家乡河北的沟通交流，在海内外冀商中产生了巨大影响。

省工商联积极搭建服务平台，努力提高服务水平，为民营企业转型升级提供了实实在在的帮助。在金融服务方面，会同省工信厅与 18 家银行业金融机构签署融资合作协议，牵头组织部分会员企业筹建河北民营投资公司，完善了民营企业金融服务体系。在科技人才服务方面，召开科技进民企助转型促创新观摩会，考察交流了企业科技创新的经验做法；组织5431家民营企业参加民营企业招聘周活动，提供了11.02万个就业岗位，帮助3.25万名劳动者与用人单位达成就业意向。在法律服务方面，与省法院、省司法厅分别签订诉调对接合作备忘录、中小企业法律服务合作框架，建立了为民营企业提供法律服务的合作机制；举办“金色阳光法律服务行动”，进行了现场法律咨询和法律知识专题讲座。在走出去服务方面，从省内产能相对过剩的民营企业中筛选了部分企业，协调省直有关部门进行了重点帮扶；组织民营企业赴中东欧、南非、印度尼西亚开展项目考察洽谈，推动企业加快走出去。

三、紧紧围绕民营经济发展建言献策

针对河北省民营经济发展面临的新情况、新问题，省工商联积极开展调查研究，主动建言献策，努力推动民营经济政策的落实和发展环境的改善。发起成立了省民营经济研究会，组建了工商联专家智库，提高了工商联系统整体研究能力和建言献策水平。受省政府委托，组织开展了《关于大力推进民营经济加快发展的若干意见》贯彻落实情况的第三方预评估工作，比较全面地了解文件精神的贯彻落实情况，形成的预评估报告得到了省委、省政府的充分肯定。在各市工商联、商会组织、民营企业的支持配合下，围绕民营经济重点热点问题，组织开展了民营企业走出去、行政审批制度改革与企业法治环境、民营企业参与扶贫帮困、京津冀区域民营经济发展等多项调研，形成了一批较高质量的调研成果，得到多位省领导的肯定批示，其中有2篇调研报告被全国工商联评为优秀调研报告一等奖。同时，注重将调研成果转化为政协提案和大会发言，其中有1篇被全国政协大会选为书面发言，2篇被全国政协大会采纳为提案，积极履行了参政议政职责。

四、着力加强基层组织建设和机关建设

省工商联坚持重心下移、面向基层，持续加强“五好”县级工商联建设，着力推动工商联所属商会发展，切实转变机关工作作风，增强了工商联组织的凝聚力和影响力。在完善巩固“一个设立、五个有”阶段性成果的基础上，全面推进创建“五好”县级工商联活动，召开全省县级工商联建设工作视频会议，命名石家庄市长安区工商联等31家单位为全省“五好”县级工商联建设示范点，加大了县级工商联建设指导力度。会同省委统战部深入27个组织建设相对薄弱的县级工商联进行重点督导，向各市委统战部、市工商联通报当地县级工商联建设中存在的困难和问题，推动解决了实际困难。积极发挥工商联对商会组织的指导、引导、服务职能，修订完善非公有制经济领域社会团体管理办法，指导各市工商联新成立了一批商会组织，促进了商会的规范化和制度化建设，确保了商会发展的正确方向。

省工商联不断加强机关建设，认真开展“三严三实”专题教育、解放思想大讨论，通过深化学习、对标先进、专题研讨、查摆问题、剖析原因、立行立改等环节工作，践行“三严三实”，聚焦“八破八立”，严格纪律约束，转变工作作风，提高干部素质，努力形成“树正气、讲团结、聚合力、促转型”的新局面。

山西省工商联2015年工作综述

2015年，山西省工商联认真开展学习习近平总书记系列重要讲话精神和以习近平同志为总书记的中央领导集体“崇尚实干、勇于担当、廉洁自律”的优良作风，紧紧围绕省委省政府的中心工作，把握两个健康工作主题，深化理想信念教育实践活动，全力推动民营经济突破发展。

一、深化理想信念教育实践活动，重塑民营企业家队伍形象

按照中央统战部、全国工商联部署和省委、省政府要求，在全省民营企业中组织开展了以“守法诚信”为主题，以增强企业家“对中国特色社会主义的信念、对党和政府的信任、对企业发展的信心、对社会的信誉”为主要内容，以“重塑山西民营企业家队伍形象”为实践载体的非公有制经济人士理想信念教育实践活动。起草《重塑山西民营企业家队伍形象的意见》，与省委组织部、省委统战部联合举办了面向全省各级民营经济领导小组、统战部、工商联负责人的民营经济理论政策培训班、全省非公有制经济代表人士和优秀中青年民营企业家培训班，组织了6期“晋商大讲堂”，共培训非公有制经济人士2000余人次。发出《弘扬晋商精神、勇于责任担当，为重塑山西形象促进富民强省作出新贡献》的倡议书，组织部分民营企业家代表开展“重塑形象大讨论”活动，召开了构建新型政商关系研讨会，向上级有关部门专题报送《新常态下山西省构建新型政商关系研究》的课题报告。在《山西日报》、山西电视台等主流媒体对优秀民营企业进行宣传，在《中华工商时报》刊发六期“中国商帮·晋商”专版，开展“重塑山西民营企业家队伍形象”征文活动，组织优秀民营企业家赴各市巡回报告，全方位展示了山西民营企业家的良好形象。引导民营企业参与“百企千村产业扶贫开发工程”，举办全省工商联系统企业社会责任培训班，编制发布《山西省民营企业社会责任蓝皮书（2015年度）》，撰写的《发布社会责任报告·树立责任晋商形象》的调研报告获全国工商联2015年度优秀调研报告三等奖。

二、提升经济服务能力，促进民营经济突破发展

深入调查研究，形成了一系列促进非公有制经济发展的调研材料，借助“两会”平台，提交了《转型发展是“十三五”民营经济实现突破的关键》等政协大会发言和《关于大力支持民营企业发展战略性新兴产业的建议》等12个政协提案。其中《关于解决民营企业土地制约的建议》获评全国工商联2015年度优秀提案。设立“点对点”民营企业运行情况观察点，编印10期《山西非公经济情况专报》，向省委、省政府领导和相关部门反映情况，开辟了民营经济诉求快速反应和处理渠道。牵头起草了《全省领导干部联系民营企业工作方案》，探索建立省市县三级领导干部联系帮扶民营企业制度。

2015年，省委、省政府成立了省促进民营经济发展工作领导小组，省委、省政府领导同志任组长，办公室设在省工商联，按照省委省政府主要领导和领导小组的具体要求，根据省委常委会“出台一个文件、开好一个大会、抓好政策落实”的三项任务，牵头起草了《关于加快民营经济发展的意见》《关于推进民营企业办理完善土地使用和房屋产权登记手续的实施意见》《山西省民营企业创新转型投资基金设立方案》《关于促进中药产业发展若干措施》《山西民营经济统计监测制度（试行）》等制度措施。承办全省民营经济发展推进大会，起草党委主要领导同志提出的破解9个方面难题的讲话稿和责任分工方案，协调省直有关部门出台落实《意见》的实施细则。会同山西日报等主流媒体做好大会精神的宣传，开展政策解读；组织省宣讲团到11个市进行了12场巡回宣讲，听讲人数4000余人；梳理了近年来国家和山西省出台的有关促进民营经济发展的政策措施，编印政策解读问答，联合金融办、人行太原中心支行制定出台了金融支持重点民营企业筛选认定管理办法，推出59家民营企业作为第一批重点扶持对象，截至12月，59家民企共获得贷款93亿元。联合国土、住建等部门制定出台有关文件，盘活土地、房产存量资源，变资源为资本。为586户民营企业颁发了土地使用证书，为322户民企办理了他项权利证书。发起设立了山西省民营企业创新转型投资基金，基金总规模50亿元。与省国税局、地税局、金融办、银监局等部门和省城18家银行联合开展“银税”合作，为302户守信小微企业发放无抵押、无担保贷款8.42亿元。省委主要领导同志批示：“继续加大工作力度，力求取得更大成效。”省政府主要领导同志也给予了充分肯定。建立民营经济统计监测制度，完善了民营经济考核体系内容，省政府主要领导同志对此项工作高度肯定。在晋中市、灵石县、太谷县和长治市、长治县、襄垣县以及高平市等试点县市开展试点工作，率先探索落实大会精神、相关政策和破解9个方面难题的典型做法。在“冬季行动”中，启动“民营经济待批项目”大起底活动，积极推动符合条件的项目尽快落地实施，省委、省政府主要领导同志作出重要批示。全国政协副主席、全国工商联主席王钦敏对山西省工商联2015年的工作作出重要批示，认为“山西省工商联配合省委省政府出台了一系列促进民营企业健康发展的文件，在方案措施上作了很实在的配套工作，取得明显的成绩”。

三、践行“三严三实”，强化党的建设和党风廉政建设

开展“三严三实”专题教育，组织机关干部开展全面贯彻落实党的十八大和十八届三中、四中、五中全会精神，深入开展“双学”的专题学习研讨，共集中学习21次；党组书记及党组成员率先垂范，分专题讲党课；15名处级干部分三批次在机关大会上作交流发言；开展多种形式的警示教育。召开专题民主生活会，梳理出3个方面、10个问题，制定6条具体整改措施，全面推进机关干部的思想、组织、作风建设。落实“两个责任”，完善《党风廉政建设党委主体责任和纪委监督责任实施意见》《党组定期研究党风廉政建设会议制度》《落实“一岗双责”制度》，在省直工委、省直纪工委的关心下成立了机关纪委，强化履行“一岗双责”和“两个责任”。组织学习《中国共产党廉洁自律准则》《中国共产党纪律处分条例》，开展“廉政建设进家庭”活动，让每个党员干部及其家属共同签署了“廉洁家庭承诺书”，引导机关干部自觉坚持“高线”、坚守“底线”。配合省委第二巡视组开展工作，对巡视组提出的5个方面的问题和5个方面的意见建议，有针对性地研究制定了16项具体整改措施，明确了23项推进落实整改工作重点事项。巡视整改取得较好成效。开展了群团组织“机关化、行政化、贵族化、娱乐化”整顿工作，转变作风，加强组织建设。制定了《省工商联关于加强对党政“一把手”监督的规定》及重要岗位监督的规定；修改完善了《党风廉政建设制度》《省工商联党组会议制度》《党组议事规则》等有关党建、会务和内部管理的10多项规章制度；制定了责任清单和权力清单，扎紧扎牢制度笼子。建立健全干部学法用法的机制，提高干部法律意识，狠抓制度落实，切实纠正有法不依、有规不依、有制度不执行或执行不到位的现象，把“六权治本”精神真正落到实处。

四、加强自身建设，着力提高履职能力

制定了“五好”县级工商联建设工作实施方案和考评细则，全面开展“五好”县级工商联建设。目前，全省已经评定出32家“五好县级工商联”，其中有8家被全国工商联命名为“五好县级工商联”。制定《省级商会会长、秘书长联席会议制度》，并将该制度纳入《山西省工商联关于指导商会建设与发展若干问题的实施办法》，有效地推动了商会规范化建设。积极组织民营企业参加第十三届世界华商大会等经贸交流活动在活动中，一批民营企业和印度尼西亚、新加坡等国家的华商企业达成初步合作意向。扩大工商联商会的行业和区域覆盖面，推动组建多种形式的各类商会组织，将商会组织广泛吸收为工商联团体会员。发挥工商联机关党委在商会党建工作中的作用，指导15个省级商会建立党组织，加强对所属会员企业的服务。初步建立了与各市工商联、商会和会员企业一体化的信息办公系统，建立了会务数据库、会员数据库、执常委数据库、光彩事业数据库和档案数据库，为服务两个健康奠定了信息化基础。

内蒙古自治区工商联2015年工作综述

2015年，内蒙古自治区工商联深入学习贯彻习近平总书记系列重要讲话和考察内蒙古重要讲话精神，全面贯彻落实中央和自治区党委各项决策部署，围绕中心、服务大局，坚持两个健康主题，广泛开展非公有制经济人士理想信念教育实践活动，通过多种服务方式助推民营企业转型升级，积极建言献策，优化民营经济发展环境，着力加强基层组织建设，切实改进机关工作作风，各项工作取得新进展。

一、非公有制经济人士思想政治工作取得新成效

一是加强政治理论学习。组织开展了专题报告、辅导讲座、“大讲堂”等多种形式的学习活动13期，对中央和自治区党委、政府重大决策部署进行深刻解读，引导民营企业提振信心，主动认识新常态、适应新常态，为推动自治区非公有制经济发展奠定坚实的思想基础。

二是组织开展理想信念教育实践活动。按照中央统战部和全国工商联部署要求，在非公有制经济人士中开展了以守法诚信为重点的理想信念教育实践活动。印发了《内蒙古自治区工商联以守法诚信为重点、继续深入开展非公有制经济人士理想信念教育实践活动的贯彻实施意见》，召开了全区教育实践活动动员部署视频会议；举办了四场“坚定理想信念、发展非公有制经济”大讲堂，邀请有关领导、区内外知名学者作专题讲座，分析形势，解读政策，答疑释惑，有来自自治区、盟市两级工商联、商会组织及会员企业代表2000余人参加，反响热烈，效果良好；成立了教育实践活动巡视组，深入各地开展巡视检查和调研指导，确保教育实践活动取得实效。

三是积极开展社会实践教育。动员内蒙古山路能源集团有限责任公司、内蒙古河套酒业集团股份有限公司、内蒙古和信园蒙草抗旱绿化股份有限公司和呼和浩特天衡医院4家会员企业在内蒙古2015年全国扶贫日活动动员会上捐赠1357.2万元；协调内蒙古焱太集团为呼和浩特福利院捐赠儿童羊绒围巾150条，价值人民币8.7万元。

四是加大宣传工作力度。在《内蒙古日报》开辟了“非公有制经济人士谈理想信念”专版，16位商会会长就中国特色社会主义的信念、企业肩负的社会责任等方面内容发表了署名文章；在《中华工商时报》《内蒙古商报》等新闻媒体刊登学习、宣传文章19篇；在全国工商联网站发布政务信息59条，在自治区工商联网站发布政务信息77条，向自治区政协、自治区党委统战部报送信息67条；组织会员企业参加了自治区有关部门组织的“感动内蒙古人物”评选活动，金宇集团董事长张翀宇获奖。

二、助推新常态下民营企业转型升级

一是创新金融服务。与上海股权交易托管中心、上海铸瑜资产管理公司和北京金慧丰资产管理公司合作，共同推进自治区中小企业股权融资事宜；与华夏银行呼和浩特分行联合举办呼和浩特地区中小微企业银企对接会，100余家企业参加了洽谈。

二是开展经贸交流。组织多家会员企业参加了第十一届中俄蒙工商论坛暨2015中国（包头）第二届国际装备制造业博览会、首届中国—蒙古国博览会、外交官助力企业拓展海外市场暨内蒙古招商推介会等，为民营企业发展搭建经贸交流平台。

三是推动民营企业走出去。加强与“一带一路”沿线商会、俄蒙商会的联系，以考察、交流、参展等形式，组织企业家积极参与境外投资、并购，引导民营企业家开拓国际市场。2015年7月，组织会员企业10名高管赴俄罗斯参加了第六届俄罗斯国际创新工业展览会，展会期间与叶卡捷琳堡等俄罗斯相关地区工商界人士进行了座谈和交流。

四是做好法律维权服务。协调自治区人社厅等有关部门解决内蒙古医药商会反映的关于呼和浩特市城镇社区服务站申请同等享受城镇职工基本医疗统筹结算办法的有关事宜。向自治区信访局反映了内蒙古圣泰能源投资集团有限公司反映的通辽市中级人民法院调解程序存在问题一事。

三、调查研究能力不断提升

一是开展民营经济发展情况调研。按照全国工商联的统一部署，组织开展了2015年上规模民营企业调研工作，向全国工商联上报自治区规模民营企业101家，其中12家企业入围中国民营企业500强；在乌海市举办了“2015内蒙古民营企业100强”发布会，发布了2015内蒙古民营企业100强分析报告和100强名单。

**二是开展“非公有制经济70条”贯彻落实

情况调研。为全面了解自治区“非公有制经济70条”贯彻落实情况，分东、中、西三个片区开展评估调研，以召开座谈会和实地走访企业的形式，广泛听取意见，提出有关修改、补充、完善的具体建议，形成《自治区非公有制经济70条调查评估报告》，为自治区党委、政府的决策提供了参考。

三是开展民营企业走出去综合调研。组织三个调研组，赴呼和浩特市等七个盟市开展了调研，召开了政府、商会、企业三个层面8场座谈会，走访了20多家企业，广泛收集意见建议，撰写了《自治区民营企业走出去综合调研报告》并上报全国工商联，同时按要求提交了4份座谈会记录、10份典型材料和180份调查问卷。

四、着力加强基层组织建设

一是大力加强商会建设。印发了《自治区工商联关于加强商会建设的指导意见（试行）》；在中国人民大学分别举办了自治区工商联直属商会会长和商会秘书长培训班，100余名会长和秘书长参加了培训；命名了29个自治区“五好”商会，表彰了21名商会先进工作者，为建设中国特色商会组织起到了示范引领作用。

二是切实发挥县级工商联作用。印发了《2015年自治区“五好”县级工商联建设工作实施方案》，进一步细化量化“五好”标准和考核认定办法；召开了全区基层组织建设经验交流会，命名了17家自治区2015年“五好”县级工商联；选送26个旗县工商联共28名旗县工商联党组书记、主席参加了全国工商联组织的培训，并组织每名参训人员撰写了《如何创新县级工商联工作》体会文章上报全国工商联。

三是积极稳妥发展会员队伍。完善了自治区工商联会员入会程序、联系会员服务制度，增强会员队伍的广泛性和代表性。截至2015年底，全区工商联会员94470家，比2014年底的86548家增加7922家，增长率9.2%。各类商（协）会达到1312家。

四是切实加强非公有制经济组织党建工作。开展调研，形成了《关于加强工业园区党的工作建设指导意见》；举办全区非公有制企业党组织负责人培训班5期，培训党组织负责人300余人；召开了“两优一先”表彰会，表彰了“先进基层党组织”和“优秀共产党员”；指导2个直属企业党组织完成换届工作，发展企业员工党员5名。

五、扎实推进非公有制经济领导小组办公室工作

一是形成了《我区推进非公有制经济发展中存在的主要问题与建议措施》。二是向自治区政府起草报送了《设立首家自治区非公有制经济综合配套改革创新试验区工作汇报建议》。三是向自治区党委统战部起草报送《内蒙古自治区工商联（非公办）非公有制经济服务工作“十三五”规划》。

六、机关自身建设进一步加强

一是进一步加强机关党的建设。会党组把机关党建工作纳入重要议事日程，召开专题会议研究党建工作，定期听取党建工作汇报，党组书记做到重要工作亲自部署，会党组成员积极参加组织生活会，带头履职尽责，协助党组书记抓好党建工作。印发了《内蒙古自治区工商联贯彻落实自治区党委“1+3”制度的实施意见》，组织开展了机关支部书记党建联述联评联考、党组织“晋位升级”活动，有力地推动和促进了机关党建工作任务的落实。

二是进一步加强党员队伍理论素质培养。全年会党组中心组学习12次，开展了机关党员干部践行社会主义核心价值观学习培训，组织18名机关处级干部、12名党务工作者分别参加了直属机关工委举办的“学习习近平总书记系列重要讲话建设培训班”和“党务专题培训班”，在中国人民大学举办了“全区工商联系统干部培训班”。加强群团工作，建立健全机关工会、青年工作委员会和妇女工作委员会等群团组织，充分发挥群团组织联系职工、服务职工的桥梁纽带作用。

三是进一步加强作风建设。深入扎实开展了“三严三实”专题教育，党组书记作了专题党课辅导，组织“三严三实”专题学习会3次，查摆出三类“不严不实”问题6项，17名副处级以上干部按要求报告了个人有关事项，制定出台了《内蒙古自治区工商联企业家兼职副主席副会长工作述职办法》。

四是进一步加强党风廉政建设。制定出台

《内蒙古自治区工商联党组贯彻落实“三严三实”要求严格执行中国共产党廉洁自律准则和中国共产党纪律处分条例的有关规定》，与各支部签订了《党风廉政建设责任书》，有力推动党风廉政建设任务的落实。党组中心组召开党风廉政建设专题学习会2次，组织廉政警示教育1次。成立了机关纪委，重点强化了机关纪检工作。

五是召开了成立60周年座谈会。2015年是自治区工商联成立60周年，本着“节俭、隆重、热烈”的原则，组织召开了纪念座谈会，全国政协副主席、全国工商联主席王钦敏，自治区政协、党委统战部主要领导同志和自治区民主党派、商会、非公有制经济人士代表100余人出席了座谈会。

辽宁省工商联2015年工作综述

2015年，辽宁省工商联深入学习和贯彻落实党的十八大和十八届三中、四中、五中全会精神，紧紧围绕省委省政府中心工作，突出两个健康工作主题，开拓创新，履职尽责，圆满完成了各项工作任务。

一、以非公有制经济人士理想信念教育为着力点，切实抓好思想政治工作

一是积极开展培训工作。6月1日至5日，在大连举办全省非公有制经济骨干企业“创新发展·助推振兴”培训班，省委省政府主要领导同志分别作出批示。省委省政府领导到会讲话并作全省经济形势报告。

二是作好宣传工作。充分利用《中华工商时报》以及“东北新闻网”、《辽宁日报》、省电视台、《华商晨报》《辽沈晚报》《时代商报》等纸质媒体和全国工商联、省政协网，省委统战部及省工商联的网站等网络媒体平台，积极宣传辽宁省开展理想信念教育的各类活动，扩大活动的社会影响，为全面开展教育实践活动提供良好的舆论环境。

三是扎实推进民营企业信用体系建设，树立民营企业诚信品牌，建设信用辽宁。继续与省委宣传部、省文明办、省发改委、省信用办等党委和政府有关部门共同推进民营企业信用体系建设工作。深入开展“我诚信 我光彩”辽宁万名民营企业家诚信倡议活动、辽宁民营领域诚信示范企业争创工作和诚信教育基地的建设工作，得到了广大民营企业积极响应和参与，促进了民营企业家诚信意识的自觉树立，搭建了支撑“四信”教育的新载体，完善了辽宁省社会信用体系建设总布局，为信用辽宁建设提供了新引擎。活动取得了良好效果，巩固理想信念教育实践活动成果发挥了重要作用。

四是通过组织参观省反腐倡廉教育基地、开展“建立新型政商关系”专题讨论等形式，推动建立新型政商关系。

五是以点线面相结合方式，开展“送法下基层，送法进企业”系列法律风险防范培训，引导企业增强风险防范意识和危机意识。

二、以“服务民企·助力振兴”为主题，全力促进民营经济健康发展

1. 积极开展调查研究参政议政工作

针对辽宁省经济下行压力加大的现状，开展辽宁省民营经济运行情况调研，先后深入沈阳、大连等12个市，共实地走访120余户企业和13家商会，召开22次座谈会，发放调查问卷1000份，形成了《辽宁省民营经济运行情况调研报告》和《关于我省非公有制经济重点行业和企业运行情况的调研报告》，上报省委、省政府。省委、省政府多位领导同志先后做出批示，要求相关部门加强和改进服务非公有制经济工作，推动调研报告中的建议尽快、逐条落实。

为了推动建设优化的民营企业发展软环境，开展了民营经济法制环境调研，形成《辽宁民营经济法制环境调研报告》，并以报告为依据，形成了省工商联团体提案上报省政协全会，被省政协列为重点督办提案，受到省委、省政府高度重视。省政府在全省开展了规范涉企行政执法大检查，并在全省建立了行政执法监督点工作制度，省工商联推荐的145家企业被授予“行政执法监督联系点”牌匾。

2. 成功举办第四届“友好商会辽宁行”活动

通过加强与海外80多个国家和地区的960家友好商会的交流联系，有针对性地邀请了78家海内外商会社团500余名有投资意向的企业家和商会代表聚首辽宁。开幕式上，10个重点项目成功签约，金额79.7亿元，10家海内外商会与省工商联签订了友好商会协议。开幕式后，参会企业家和商会代表分别赴辽宁省沈阳市和平区、本溪市、阜新市等地区和辽宁省总商会创新创业基地深入考察，洽谈项目合作事宜。辽宁省工商联将全程跟踪签约项目，推动项目落地。

3. 开展创业创新服务工作

以青年企业家创业商会为扶持和服务青年人创业就业的组织载体和牵头商会，通过整合全省各级工商联组织和商会资源，积极开展创业就业服务工作，培养辽宁经济新增长点。通过与省各相关职能部门、院校及各商会合作开展“创业指导专家校园行”“大众创业、万众创新”全省14市巡回宣讲、辽宁省第三届大学生创业大赛、“助力中小微企业发展”系列公益讲座等丰富多彩、务实高效的活动，“大学生创业基地”在省工商联“双创”基地正式挂牌，大力服务青年人创业就业。

4. 多种渠道帮助企业解决融资难题

一是与哈尔滨银行、阜新银行、中国建设银行辽宁省分行、国家开发银行辽宁分行在共同支持中小企业、县域经济发展方面建立起了战略合作关系。二是与辽宁股权托管交易中心建立起战略合作关系。指导省工商联青创商会和金典公司共同引导广大的中小企业充分利用辽宁股交托管交易中心资本市场平台，挂牌上市融资。

三、大力加强组织建设，队伍不断扩大，职能逐渐完备

加强基层工商联和商会组织建设是省工商联长期以来的基础工作和重点工作。截至2015年底，全省会员总数已突破26万人，民营科技企业、新兴行业企业的入会比例不断提高，会员结构不断优化。

1. 扎实推进“五好”县级工商联建设

制定了《辽宁省“五好”县级工商联建设标准》和《辽宁省2015年“五好”县级工商联建设工作实施方案》，建立县级工商联建设评价标准和考评体系。目前，辽宁达到“五好”县级工商联标准的县区比例已突破20%，县级工商联面貌经过几年的努力已大大改观，工作条件和工作水平已全面提升。

2. 大力发展各类商会组织

截至2015年底，全省各级各类商会组织从2011年底的528个增加到2530多个。其中，省工商联直属的行业商会、异地商会从14个增加到103个。商会的覆盖面和代表性逐渐增强，涵盖了传统的五金机电、汽车配件、金属材料、农业产业、交通运输等行业商会，并逐步向新兴产业、高新技术产业和综合类商会延伸，陆续成立智能信息卡行业、易物行业、形象设计行业、互联网金融行业等新产业业态商会和青年企业家创业商会、中外企业家俱乐部、中小微企业促进会等综合性服务性商会。同时，省外的辽宁商会建设发展速度加快，已经相继在北京、湖北、浙江、海南等省和湖州市、宁波市成立辽宁商会。

3. 充分发挥执委会重要作用

相继制定了《辽宁省工商联关于加强执委会建设的意见》《辽宁省工商联执行委员会和常务委员会会议考勤规定》《辽宁省工商联执行委员会、常务委员会组成人员调整办法》，加强执常委日常工作制度建设，严格执行各项工作纪律，对一些不称职的执常委予以调整，不断补充新鲜血液，充实执委队伍，通过健全科学规范、运作有序而又务实高效的工作机制，促进各项工作进入良性发展轨道。

四、以党风廉政建设为保障，树立风清气正新形象

省工商联党组严格遵守党章和廉洁从政各项规定，切实抓好自身党风廉政建设，特别是通过“三严三实”专题教育，以学习端正思想，以问题明确努力方向，机关干部工作作风明显改进，精神面貌有效提升，进一步树立了廉洁自律的良好形象。

一是充分认识实行党风廉政建设主体责任的重要意义和必要性。工商联是中国共产党领导的人民团体和商会组织，必须进一步坚持用科学理论武装、不断提高反腐倡廉的必要性和紧迫性认识、进一步增强责任感和使命感。

二是加强理论武装，开展多种形式的党风廉政教育。认真开展“三严三实”专题教育，严格执行中央“八项规定”，坚决反“四风”，按照“三严三实”的要求，不断加强制度建设，坚持用正面典型感召、用反面典型警示，不断提高拒腐防变的意识和本领。

三是进一步明确责任，加大党风廉政建设责任制的实施力度。坚持在省委和省政府的领导下，在有关部门的指导下，坚决抓好党风廉政建设责任制的落实和实施，并紧密与履行职责、发挥作用相结合，做到了与工作部署同步落实、同步检查、同步考核。一级抓一级，形成了较好的党风廉政建设工作体制和工作机制。

吉林省工商联2015年工作综述

2015年，吉林省各级工商联牢牢把握两个健康主题，围绕中心，服务大局，引导广大非公有制经济人士“坚定四信，聚力振兴”，为全省经济社会发展作出了新贡献。

一、进一步加强思想政治工作

以守法诚信为重点开展理想信念教育实践活动。省工商联组织各市（州）开展守法诚信教育基地企业的推荐、考核工作，确立了白山方大集团等一批民营企业为示范基地。积极推动会员企业社会信用体系建设，广泛开展诚信宣言签名、诚信宣誓和诚信企业挂牌活动。利用召开执（常）委会议有利契机举办专题讲座，大力宣传党的方针政策，教育引导非公有制经济人士坚定理想信念，坚持走中国特色社会主义道路。延边州工商联围绕纪念抗战胜利70周年开展非公有制经济人士理想信念教育巡讲活动，效果良好。通化市工商联完善“四信”教育长效机制，每季度开展一次主题教育，先后为377名民营企业家作专题辅导。

进一步加大宣传工作力度。省工商联加强与省内外主流媒体的合作，积极构建大宣传格局，及时宣传好全省各级工商联组织重点工作和重大活动。与省委宣传部合作，深入开展“弘扬企业精神，践行核心价值”“创新创业我的故事”“民营企业家守法诚信好故事”等系列宣传活动，对18户优秀企业集中宣传，在全社会营造浓厚的亲商、重商、安商氛围。加大“一会一活动”宣传力度，积极协调有关媒体刊播新闻稿件上百篇，集中宣传全省突出发展民营经济重大成就。以“坚定四信，聚力振兴”为主题，开展了纪念省工商联成立60周年系列活动。吉林市工商联积极推进会员企业宣传工作，荣获全国工商联、《中华工商时报》“2015‘创新中国’工商联工作特别奖”。四平市工商联开展“2015年度十大经济人物、十大优秀企业家、十大创业人物”评选活动。通化市工商联联合有关媒体开展“首届创新驱动领军人物”评选表彰活动，引起较好反响。

教育培训工作开创新局面。省工商联围绕突出发展民营经济素质提升工程，全面启动对各级工商联会员的培训工作，共培训2000多人次。长春市工商联与文莱合作举办“互联网+”与企业转型创新高级研修班，与中欧国际工商学院合作举办“中欧管理论坛”。辽源市工商联与黑龙江众邦教育机构合作举办三期培训班，300多位企业家参加。白城市工商联充分利用域内外教育培训资源，搭建学习交流平台，积极推进优秀企业家培养工程。

引导会员企业积极履行社会责任。全国扶贫日之际，省工商联以企业家副主席（副会长）名义在《吉林日报》、吉林人民广播电台发出倡议书，号召全省广大非公有制经济人士积极投入到扶贫活动中来。全省有131户民营企业参与光彩事业，捐款捐物合计9322万元。延边州工商联组织200余家企业和商会开展30余次扶贫济困、助残助学等社会公益活动，捐款捐物70余万元。通化市工商联组织为贫困户、敬老院、“通化好人”捐款捐物5次计17万元。组织女企业家协会面向环卫工人开展“爱心早餐”活动，与各行业商会面向残疾人联合开展“就业自助”活动。梅河口市工商联组织开展捐资助学活动，捐资8.4万元。

二、全力推动新常态下民营经济发展

积极做好“一会一活动”招商对接和接待服务工作。6月24日至26日，全国工商联十一届六次常委会议暨“民企吉林行活动”（“一会一活动”）在长春举行，全省各级工商联主动作为，积极开展招商对接和接待服务工作。省工商联将适合民营企业、民间资本投资的项目谋划包装，在全国工商联网站和全国工商联直属商会网站进行发布。编印了全国工商联489户执（常）委企业情况介绍及通讯录，提供给各地政府和有关部门，为联系对接、开展招商引资提供第一手资料。省工商联主要领导亲自联系并带队，先后12次组织各市（州）、县（市）区组成代表团，赴江浙、北上广等九省（市）开展招商引资活动。长春市工商联精心组织，发挥主渠道作用。吉林、四平、通化、白山、松原、公主岭市工商联主要领导亲自策划，带队招商。延边州工商联专门组织了“民企进延边”活动，得到全国工商联的大力支持。各县（市）区工商联也积极行动，主动作为。据统计，全省工商联组织通过各种方式牵线搭桥，对接民营企业890户，对招商引资工作起到了重要的推动作用。“一会一活动”招商引资签约项目938项，引资总额8296.91亿元。省委、省政府对工商联在招商引资工作中所发挥的作用给予了充分肯定。同时，省工商联圆满完成了会议各项接待任务，制定了《“一会一活动”接待工作方案》，编制工作流程，进行工作培训，协调省直48个厅（局）及机场、车站、宾馆等单位，实现无缝对接。得到省委、省政府、全国工商联有关领导及与会企业家的一致好评。全国工商联专门致信表示感谢，省领导专门作出重要批示，感谢省工商联对“一会一活动”成功举办给予的大力支持，企业家也纷纷来电来信致谢。

成功举办第二届东北亚医药健康产品交易会暨医药健康产业发展论坛。2015年该交易会和论坛被省政府列为东博会重点项目。9月上旬，在长春成功举办第二届东北亚医药健康产品交易会。医药项目对接2.5亿元，采购对接52亿元。其间，会同全联医药业商会成功举办2015中国医药健康产业发展论坛，全联医药商会副会长、常务理事、理事、会员和有关专家、教授、知名企业家200余人参加了论坛。

深入企业开展调研服务活动。省工商联由会领导带队，采取发调查问卷、听情况汇报、召开座谈会、实地走访等方式，积极深入会员企业开展调研服务活动。《全省民营企业固定观察点调查数据分析报告》《吉林省民营企业营商环境》两篇调查报告得到省委主要领导同志的重要批示，并责成有关部门采纳意见和建议。会同省人社厅等部门举办了“2015年民营企业招聘周”活动，3701户民营企业参加，提供就业岗位37285个，签订就业协议5557人。积极拓宽法律服务渠道，与司法厅联合成立民营企业法律服务律师团，聘请律师105名，维护民营企业合法权益，增强工商联法律服务能力。通化市工商联深入开展“法律服务进民企活动”，与司法局联合组织9家律师事务所，24名律师与74家中小民营企业建立了法律服务对接关系，签订服务协议书。省工商联与省人社厅、省总工会等部门合作推动民营企业劳动关系立法和劳动关系协调机制建设。

大力推进经贸交流与合作。省工商联组织5批省内民营企业走出去参加世界华商大会、世界旅游发展论坛等经贸交流考察活动。长春市工商联开展“民营企业欧洲六国行”“行业商会暨民营企业家代表团欧洲行”等活动。吉林市工商联成功邀请“中民投第二季度董事会”在吉林市召开，并与吉林市签订经济项目投资130亿元。积极利用“第24届中国金鸡百花电影节”有效载体召开

“会员企业专场招商说明会”，100 余户企业参会，15 户企业现场签约。省工商联与百度公司联合开展“启越计划”活动，有 300 多位企业家参与。积极拓宽小微企业融资渠道，加强与民生银行、邮储银行、盛京银行的联系，开展银企对接活动，充分发挥小微企业金融服务促进会的作用，累计为 2000 户小微企业发放贷款 30 亿元。

三、进一步强化工商联自身建设

稳步推进“五好”县级工商联建设。按照全国工商联《2015 年“五好”县级工商联建设工作实施方案》要求，省工商联制定下发有关文件，在井冈山举办了“推进‘五好’县级工商联建设专题培训班”。各市（州）、县（市）区工商联积极行动，大力推进“五好”县级工商联建设。长春市朝阳区和延吉市工商联作为典型，代表全省接受了全国工商联检查组的抽查，获得好评。有 1/3 的县级工商联提交申请，拟参评全国“五好”县级工商联。

进一步加强直属会员商会工作。重新划分 10 个活动小组，修改完善《会员分组活动管理制度》和《组长职责》。评选表彰了 2014 年度直属会员商会“优秀小组”和“优秀组员”，增补副会长 5 名。开展了迎“三八”女企业家联谊会、走进会员企业等多项活动。创建了直属会员商会微信网站平台、会长微信工作群，出版 12 期《吉商内参》，及时有效地为会员企业提供政策信息服务。

扎实推进直属行业商会发展。进一步完善《行业商会管理办法》《行业商会年度考评办法》，新出台了《行业商会重大事项报告制度》《行业商会会费收缴及管理办法》，积极推进所属行业商会持续、规范、健康发展。启动商会干部培训工作，在井冈山举办了直属商会骨干培训班，有效提升了商会领导干部的综合素质。把商会秘书长联席会议与走进会员企业，推动转型升级结合起来，开展走进“爱丽丝珠宝公司”等系列活动，效果良好。2015 年新成立了装饰材料等 16 家行业商会，省级行业商会数量已达 46 家。

着力加强机关作风建设。深入落实领导班子理论中心组学习制度，认真开展“三严三实”专题教育，举办 3 期专题学习研讨。切实转变工作作风，加强学习型机关建设，强化干部教育培训工作，干部队伍整体素质和执行力明显提高。不断健全各项规章制度，完善落实执（常）委会议制度，各位副主席和执（常）委认真履职，严守纪律，确保每次会议和重要活动的质量，充分展现了吉林省广大非公有制经济人士的良好素质和形象。

黑龙江省工商联 2015 年工作综述

2015 年，黑龙江省工商联在省委省政府的正确领导下，在全国工商联和省委统战部的指导下，深入学习贯彻党的十八届五中全会精神及中央、省委统战工作会议精神，紧紧围绕党委和政府中心工作，积极履行职能，充分发挥作用，各项工作都取得了新成绩，为促进黑龙江省民营经济加快发展作出了新贡献。

一、牢牢把握政治方向，开展以守法诚信为重点的理想信念教育实践活动

学习贯彻党的十八届五中全会精神和中央、省委统战工作会议精神。全省各级工商联组织和广大非公有制经济人士把深入学习贯彻党的十八届五中全会精神作为重要任务来抓。结合工作实际，通过座谈会、专题辅导、培训班等多种形式，把全会精神和“十三五”规划纲要贯彻到工商联工作中，认真按照中央统战工作会议精神和《中国共产党统一战线工作条例（试行）》，指导推进工商联工作再上新台阶。

深入开展以守法诚信为重点理想信念教育实践活动。按照中央统战部、全国工商联的部署，

2015年深入开展以守法诚信为重点的非公有制经济人士理想信念教育实践活动。黑龙江省开展的活动得到省委主要领导同志高度重视，省委统战部主要领导同志也对活动提出了具体要求。省委统战部、省工商联对活动进行深入调研，制定实施方案，召开动员部署会议及推进工作会议。活动中，通过举办刑法、税法专题报告会，组织专家律师深入县区开展送法律进企业、进商会宣讲活动，开展“诚信签名”“回馈社会”等一系列教育实践活动，取得了切实成效，全省非公有制经济人士守法诚信意识进一步增强，思想政治素质得到进一步提升。

二、为促进民营经济健康发展服务

全省各级工商联组织充分发挥桥梁纽带和助手作用，经济服务和联络工作都取得了显著成绩。2014年，省联作为承办单位之一成功举办“民企龙江行”活动。据统计，“民企龙江行活动”投资合作项目总计305个，投资总额3047.45亿元。其中签订合同项目数168个，金额1236.07亿元。截至2015年底已开工项目174个，建成投产项目63个。“民企龙江行”活动的策划与实施，被评为全省“政协工作创新二等奖”。

进一步加强了对外联系与交往。省工商联与韩国小商工人团体联合会和香港全港各区工商联等境外工商团体密切交往。组织会员企业参加“第十三届世界华商大会”“世界旅游经济论坛”以及赴俄罗斯萨哈（雅库特）共和国考察等活动，为民营企业走出去搭建平台。

推进同心协力活动深入开展。全省各级工商联及会员企业积极开展基地创建工作，目前共创建基地17个。省工商联与哈尔滨均信担保公司共建的“中小企业总部基地”被省委统战部评为省级同心协力基地。积极推动中小企业挂牌新三板，邀请全国知名专家讲座，建立“省工商联新三板服务微信群”，通过组织企业参加黑龙江资本市场推介大会、到“中小企业总部基地”学习经验以及举办金融知识讲座等多种形式开展工作。积极与省政府领导及相关部门沟通，推进黑龙江省成立民营银行。继续开展中小微企业运行监测工作，监测企业数量由140家增加到300家，召开工作推进会并做好监测数据分析。继续开展上规模民营企业调研和民企招聘周工作。

拓宽维权渠道。省工商联设立了全省非公有制企业维权投诉“110”专线电话，全面及时了解和掌握企业维权诉求。协调解决苏宁电器、曼哈顿集团等企业多个影响较大的维权案件。为适应新常态，打破各自封闭的维权格局，加入了由辽宁省工商联发起的九省维权服务联盟，建立跨地域密切合作平台，共同维护民营企业合法权益。

三、为改善民营经济发展环境建言献策

积极建言献策。多次参加省委、省政府、省政协的政治协商会，对党的十八届五中全会精神、中央统战工作会议精神和黑龙江省“十三五”规划纲要等进行认真学习研究，结合工作实际提出有价值的意见建议。向省政协十一届三次会议提交了《关于黑龙江省尽快实行行业商会直接登记的建议》《关于推动黑龙江省民营中小微企业技术创新的建议》等5份团体提案，其中《关于促进黑龙江省对俄农业合作企业走出去的建议》获省政协创新二等奖。通过深入调研形成的《当前形势下如何支持中小企业发展》的省政协大会发言，得到省政府主要领导的肯定。

深入开展专题调研。根据省委主要领导同志交办任务，与省政协联合开展“黑龙江省民营经济发展及政策落实情况”调研，认真梳理当前民营经济发展遇到的困难和问题，提出意见和建议，得到省有关领导的批示和转发。围绕全国工商联重点调研课题开展“民企对俄走出去”调研，为全国工商联总体报告提供内容。按照省政府部署首次开展第三方评估工作，省工商联会同哈尔滨商业大学对2014年以来全省举办的“央企对接会”“民企龙江行”等重点招商引资活动项目推进落实情况进行了评估，圆满完成工作任务。

撰写《民营经济发展报告》。按照全国工商联要求，由黑龙江省牵头，组织辽宁、吉林、内蒙古等省区工商联起草《东北三省一区2014年民营经济发展报告》，编入《中国民营经济发展报告NO.12（2014—2015）》蓝皮书。

四、进一步加强组织建设

加强会员队伍建设。黑龙江省工商联要求各市（地）加大对小微企业会员发展力度，并积极发展商会以团体会员形式入会。部分市（地）会员发展取得了一定进展，截至2015年底，全省会员总数由43221个增长到51910个。

推动“五好”县级工商联建设。赴部分县级工商联考察调研，在大庆市召开“五好”县级工商联建设情况汇报会，在肇东市召开全省“五好”县级工商联建设现场会，推广典型，交流经验。10个县级工商联被评为全国“五好”县级工商联。

推进商会建设。开展商会工作专题调研，加强对所属商会的指导、引导和服务。省工商联指导成立了省泉州商会等商会。积极组织直属商会参加省委、省政府举办的活动。目前全省共有行业组织453个，比去年增加26个。

有针对性开展培训。针对企业和民营经济发展需要，2015年在浙江大学举办了黑龙江省（西藏）民营企业家研修班和市地工商联主席、青年企业家研修班。全省13个市（地）、西藏自治区工商联干部、民营企业家共160余人参加了研修班。选送了四批县级工商联主席、党组书记参加全国工商联的学习培训。组织民营企业参加全国工商联举办的知识产权保护与运用的培训。选派机关干部参加由全国工商联组织，香港培华教育基金会资助的香港“开放建设研讨班”。在省工商联十届四次执委会上，邀请法律专家作了“树立法治思维，加强依法治企”专题报告，进一步提升工商联干部和企业家法治意识。

加强机关作风建设。巩固党的群众路线教育实践活动成果，扎实开展“三严三实”专题教育，健全各项规章制度，继续保持省工商联机关“省级文明单位标兵”称号，持续改进机关工作作风，将文明机关创建工作不断引向深入。

上海市工商联2015年工作综述

2015年，上海市工商联认真学习贯彻党的十八大以及十八届三中、四中、五中全会精神，牢牢把握两个健康工作主题，围绕中心、服务大局，特别是围绕中央统战工作会议、《中国共产党统一战线工作条例（试行）》（以下简称《条例》）中就非公有制经济领域统战工作提出的新要求，团结引导非公有制经济人士弘扬改革创新、艰苦奋斗、诚信守法、担当奉献精神，为全面深化改革、全面推进依法治国、促进上海经济社会发展和建设具有全球影响力的科技创新中心发挥积极作用。

一、深入学习贯彻落实中央统战工作会议和《条例》精神，扎实开展非公有制经济人士理想信念教育实践活动和“三严三实”专题教育

深刻领会精神实质。把会议和《条例》特别是习近平总书记讲话精神转化为指导实际工作的新思路，积极探索工作新举措。

不断增强开展非公有制经济人士理想信念教育实践活动实效。把守法诚信教育和依法维权、营造良好法治环境结合起来，研究制订五大专题33项主要工作的活动实施方案，发挥全市98个指导点的示范作用，形成全市非公有制经济人士守法诚信的热潮。

推动“三严三实”专题教育的成效转化。围绕“严以修身”“严以律己”“严以用权”三个专题开展学习研讨，认真查摆问题，建立问题清单，明确整改责任，用专题教育成效推动机关各项工作的落实。

二、聚焦上海重点领域和关键环节改革，不断提升服务经济社会发展工作水平

进一步完善市民营经济发展联席会议各项制度和机制，研究、协调解决民营经济发展问题。第二次全体会议通过的7项议题中5项已办结，2项取得阶段性成果，联系协调具体问题18件，编发简报6期。

牵头开展市委一号课题中“促进民营经济创

新创业”分课题研究，就增强上海民营经济创新发展动力、活力、能力提出建议**。形成《从民营经济角度看上海科技创新中心的市场化、社会化建设》报告，有关成果在市委一号课题总报告中有所体现。按照市委领导的进一步要求，形成《关于市委一号课题中“创新人才发展”问题的补充研究》的报告。

拓展公共服务平台，进一步凝聚促进民营经济发展的工作合力。继与七家职能部门和单位签署合作协议之后，2015年与市商务委、市高级法院、市检察院、市公安局签署协议。此外，与市规划国土资源局联合举办推进科技创新中心建设规划土地政策专题宣讲会，商会组织、民营企业代表500余人参加。

推动民营企业总部集聚，促进上海总部经济发展。编制《上海投资服务指南》《上海市科技创新政策汇编》。继续做好全国知名民营企业入驻世博A片区、C片区的推荐和服务工作。

完善第三方评估机制，积极参与上海自贸区建设。围绕自贸试验区制度创新特别是结合在全国和本市扩区的有关情况，进一步完善机制、构建平台，按照市领导要求深入开展自贸试验区制度创新情况第三方评估。此外还编制了《自贸试验区制度创新政策汇编（二)》。

积极建言献策，畅通民营经济呼声建议反映渠道。聚焦“十三五”期间上海民营经济发展的若干重点问题研究，相关成果在党外人士座谈会和市政协常委会发言中得以体现。向市政协十二届三次大会提交7篇团体提案中6篇被解决或采纳、1篇留作参考，采纳率为85%以上。

三、搭建各类载体和平台，促进本市非公有制经济加快创新驱动转型升级步伐

促进创新成果展示推广。参展第三届中国（上海）国际技术进出口交易会，设立“创新中的上海民营企业”展区，25家企业40多个高新技术项目亮相，展示上海民营企业在智能制造、新一代信息技术、新能源、新材料、节能环保、生物医药技术及新业态等领域中的创新成果。

组织搭建市场化的科技创新平台。市场化的科技创新创业投资促进平台相关工作列入《〈中共上海市委常委会2015年工作要点〉责任分工方案》。做好筹建上海科创银行的各项服务和协调工作。参与“双创活动周”协办工作，组织创新创业政策宣讲，高科技创新企业代表近200人参加。

优化和拓展融资服务平台，缓解小微企业融资难问题。继续深化与签约银行合作，吸引更多商业银行和其他金融机构进入平台，与华瑞银行签订了战略合作协议。截至2015年底，全市各街镇商会已成立小微企业融资服务合作社120家，贷款总额逾百亿元。

进一步提升服务民营企业扩大对外投资贸易合作水平，推动本市民营企业走出去共享发展机遇。全年共接待境外来访团组64批380余人次，自组出访团组8批次其中企业家参团60人次，参团3批次其中企业家3人次，参加各类外事活动35次，共涉及40多个国家和地区；为民营企业申办和换领APEC商务旅行卡28人次。在2015年外交官与民营企业家交流活动上与瑞士驻华大使馆商务促进中心、葡萄牙经贸投资促进局、意中基金会、香港贸易发展局签署了合作备忘录。此外，还与世界中小企业联盟签署了友好合作备忘录。

探索搭建沪港澳台民间经济联动平台，加大力度做好港澳台工作。与香港主要商会团体、政府机构进行交流，宣传中央政府的领导对香港繁荣稳定的重要性。与中国银行澳门分行共同举办“2015服务上海走出去企业跨境联动推介会”。与台湾工商企业联合会签署友好合作备忘录。

四、自我教育和引导教育相结合，加强非公有制经济代表人士队伍建设

注重党外代表人士和党外优秀人才专项调研成果转化，完善教育培训机制。举办“两新”组织高层次人才第12期民营企业家研修班、第13期高级经营管理者研修班和第6期民营企业接班人专题计划研修班，150多位非公有制经济人士参加。进一步健全和完善市、区县两级青年创业者商会组织，目前16个区县中已有13个区县组建了青年创业者组织。

引导民营企业投身光彩事业，参与国内经济合作交流与对口支援，履行社会责任。与西藏自治区工商联签订友好协议书，促进两地企业和企业家相互学习与交流合作。全年组织近200家民营企业到外省市开展经贸投资活动15次；组织300多家民营企业参加外省市在沪招商推介活动10次；接待外省市来宾11批159人，达成意向投资17个项目近260亿元人民币。开展2015年上海民营企业招聘周活动，举办招聘会30余场，2578家企业提供岗位约2.1万个。组织对口支援地区遵义工商联系统干部培训，遵义市14个县（市、区）工商联驻会干部29人参加。协助市光彩会做好定向捐赠失独家庭等9个项目工作，共计人民币560万元。43家民营企业成立了各类公益基金会，800多家民营企业参与光彩统计。

五、夯实组织基础和自身建设，进一步提升履职能力

更名为上海市总商会，努力适应加快转变政府职能和激发社会组织活力的新要求。市委批复将上海市商会更名为上海市总商会。以总商会更名为契机，实现新形势下工商联工作的与时俱进。

加快会员发展，进一步扩大会员服务覆盖面。2015年全市新发展会员总数4291家，截至2015年底，全市会员总数达80699家。建立创新企业后备会员库，已收集具有“四新”特点的后备会员企业8000多家。组织开展“送政策到企业”法律政策宣传讲座活动43场，1517人次参加。

推动商会诚信体系建设，促进行业商（协）会诚信自律。在市工商联五金行业商会、环境保护产业商会，上海市四川商会、普陀区天地软件园、张江高科技园区和新沪商民企合作促进中心、嘉定区工商联等商会和企业组织近100家企业开展信用专业培训和信用评级工作，已有8家企业获得信用A级以上认定。

建立完善民商事协调工作平台，积极参与社会治理创新及多元化纠纷解决机制改革。截至2015年底，市工商联民商事调解委员会在徐汇法院受理案件283例，调解成功181例，化解率达到64%。于2015年3月起试点在浦东新区人民法院自贸法庭开展商事案件诉前调解工作，截至2015年底共组织调解案件123例，其中调解成功101例，涉案金额总计约1.01亿元。

加强组织建设，激发基层活力。把“五好”县级工商联建设作为组织建设的一项长期任务和重要抓手，2015年长宁、静安、普陀、闸北、虹口、闵行、宝山、奉贤8个区县工商联被确认为全国“五好”县级工商联。

江苏省工商联2015年工作综述

2015年是“十二五”收官之年，也是全面深化改革的关键之年。面对复杂严峻的经济形势，江苏各级工商联认真学习贯彻党的十八届五中全会、中央和省委统战工作会议精神，围绕“四个全面”战略布局，落实省委、省政府“五个迈上新台阶”系列部署，全面开展理想信念和“三严三实”专题教育，勇于实践，开拓创新，引导服务民营企业适应经济发展新常态，积极助推转型升级，为建设“强富美高”的新江苏作出了积极贡献。

一、强化教育引导，非公有制经济人士思想政治教育取得新成效

1. 深入推进理想信念教育实践活动

上半年，省工商联召开视频会议，全面部署2015年以守法诚信为主题的理想信念教育实践活动。通过各大主流媒体向全社会广泛征集江苏民营企业家诚信宣言300多篇，经过专家评审与提炼，最后形成530字的具有江苏特色的江苏民营企业家诚信宣言，并进行公开发布，全国工商联副主席、红豆集团党委书记、总裁周海江代表全省民营企业家作出庄严承诺，引起了社会各界的热烈反响。在常州和淮安两地分别举办守法诚信主题教育辅导报告会，以经济新常态下的企业守法诚信经营为主题，邀请专家讲授典型案例，说企业家身边事、身边人，全省近500名企业家参加了报告会，满意率为95.5%以上。全年编印理想信念教育实践活动《简报》14期。

2. 大力加强青年企业家政治引领

2015年，省工商联把对年轻一代的政治引领工作放在突出位置，为青年企业家成长搭建平台、凝聚力量。参与举办了“苏浙沪青年企业家论坛暨江苏省民营企业家高层论坛”，配合省委统战部成立了江苏省青年企业家联合会，为引导非公有制经济人士特别是年轻一代企业家的健康成长搭建新的平台，引导年轻一代致富思源、富而思进。

3. 重点突出典型宣传导向作用

全省各级行业商会、异地商会、青年企业家商会积极开展理想信念教育实践活动，将理想信念教育、弘扬新时期“苏商精神”与推进行业发展相结合，强化并承诺行业组织守法诚信，自觉接受社会监督，较好地树立了商会良好形象。对红豆集团、三胞集团、江苏安惠生物科技有限公司、淮海控股集团有限公司4家重点企业，在《中华工商时报》、《新华日报》、江苏卫视、《大公报》等10多家媒体进行集中宣传，大力营造民营企业守法诚信良好氛围。2015年，《中华工商时报》开辟的《苏商周刊》共发刊42期，累计报道120余万字。

二、强化调查研究，参政议政取得新成果

1. 专题调研成果丰硕

在全省范围内组织开展了民营企业走出去综合调研，通过召开座谈会、考察访谈、问卷调查等形式，形成了《江苏省民营企业走出去调研报告》，并上报江苏省委、省政府，省委主要领导同志在调研报告上作了重要批示。围绕民营企业法治建设、参与苏南自主创新示范区建设、履行社会责任、参与“一带一路”建设、军民融合以及民办职业教育发展等多项专题开展调研，密切关注国家政策导向，利用工商联参政议政平台为推动企业抢抓机遇、转型升级和健康发展积极建言献策。在全国工商联优秀调研成果评比中，两篇调研报告被评为二等奖，一份提案被评为优秀提案。

2. 第三方评估成效显著

省工商联承担了全国工商联委托的第三方评估工作，对“全面支持小微企业发展政策措施”在江苏的贯彻落实情况进行调查评估。先后走访了相关政府部门、产业园区、小微企业和行业商会，汇总了170多份有效调查问卷，认真收集意见和建议，并进行分析，形成了第三方评估报告。针对中小微企业反映的困难和问题，及时与政府部门进行了沟通，进一步促进相关政策措施尽快得到落实。

3. 品牌工作实现突破

为做好全省民营企业信息直报点的工作，及时准确汇集企业信息，扩大了直报点范围，全省超过400家企业被有效纳入。对信息直报点联络员进行了重点培训，对企业信息直报点数据库进行了升级，注册合格率达到95%以上，平台管理与运行走在全国前列。在“2015中国民营企业500强”榜单中，江苏有91家企业入围；在“民营企业制造业500强”中，江苏企业占了93席；在“民营企业服务业100强”中，江苏企业有16家上榜。2015年，《上规模民营企业调研分析报告》与《社会责任情况调查分析报告》影响力不断扩大。特别是《社会责任情况调查分析报告》入选了首部《中国民营企业社会责任年度报告（2014）》蓝皮书，这是自2007年以来发布民营企业社会责任报告后的又一大突破。

三、强化经济服务，民营企业健康发展实现新突破

1. 积极服务企业走出去发展

为推动江苏民营企业参与“一带一路”建设，编印了《促进企业走出去政策文件汇编》，编辑宣传25家民营企业主动对接“一带一路”建设的典型案例。实施了第二期澳大利亚“维州企业家江苏驻点交流项目”，举办了“江苏民营企业参与‘一带一路’建设推进会”、“江苏省总商会对外友好合作（欧美专场）联谊会”、民营企业走出去税收宣讲座谈会等活动，积极支持帮助企业抢抓机遇、整合资源、促进合作，坚定走出去发展信心。

2. 积极谋划“苏民投”筹建工作

在广泛征求企业家对成立“苏民投”意见建议的基础上，与无锡市政府联合行文上报省政府。目前，省政府明确表示，“苏民投”筹建工作由省工商联、无锡市政府牵头协调推动，坚持企业自愿的原则，兼顾广泛性与代表性，保证适当规模和较强投资能力，以市场化运作方式，依法依规加快筹建步伐。初步规划“苏民投”注册资本200亿～400亿元，注册地为无锡市，由省内大中型民营企业共同投资。将与无锡市委、市政府通力合作，全力做好“苏民投”筹备的各项工作，积极推动“苏民投”尽快成立。

3. 大力加强综合服务能力建设

2015年，举办两次政企沟通座谈会，省发改委、省经信委等部门负责人分别就江苏“十三五”规划制定、转型升级、两化融合、对外开放和企业走出去等问题进行了政策解读，与企业家面对面交流。与省教育厅联合召开了产学研成果对接会，达成多个校企合作项目。举办了军民融合有关政策措施培训班，进一步推动了民营企业参与军工科研和装备建设。组织上报江苏恒瑞医药股份有限公司“七氟烷原料药及制剂的研制和产业化”项目，进入全国工商联推荐2016年国家科技进步奖名单。与北京、辽宁等9省市联合成立了跨区域民营企业法律维权服务战略合作联盟，积极探索民营企业维权服务新模式。

四、全面深化改革，组织建设迈上新台阶

1. 着力推进代表人士队伍建设

建立了《江苏省工商联主席（会长）圆桌会议制度》，紧扣转型升级、走出去发展、“一带一路”国家战略等主题，召开了三次圆桌会议，为省工商联领导班子成员的学习、交流和沟通搭建了新的平台。开展了“周末大讲堂”专题讲座，迄今已有6位企业家副主席为机关干部作了精彩的报告。组织成立了江苏青年企业家联合会、江苏省MBA企业家联谊会，积极培育、引导新生代企业家的健康成长。配合省委统战部完成了代表人士届中综合评价，对考察结果不符合要求的，及时在省工商联常执委会上进行调整，确保代表人士队伍的纯洁性。

2. 切实加强新形势下商会组织建设

2015年，境外江苏商会的建立取得新进展。9月，柬埔寨江苏商会正式成立，全国政协副主席、全国工商联主席王钦敏出席并为商会揭牌。11月，澳大利亚江苏总商会成立，省政府主要领导同志专门发电报祝贺。组织全省工商联系统16名干部赴澳大利亚参加“商会组织国际合作与管理培训班”。召开了全省工商联领导干部学习会，学习贯彻中央、省委统战工作会议精神，研讨民营经济发展面临的形势和非公有制经济领域的统战工作，交流了加强工商联和商会组织建设取得的好经验好做法。截至2015年底，全省工商联会员总数274251个，商会组织3744个，其中乡镇商会880个，行业商会1750个，异地商会394个。继2014年在全国31个省级异地江苏商会实现全覆盖后，2015年又实现了全国近160个省辖市成立江苏商会的目标。在加强组织建设的同时，充分利用商会平台，积极引导广大苏商回乡投资，成功协办了“全国苏商扬州行”“全国苏商支持‘一带一路’建设峰会”“淮商峰会”等活动，取得了良好效果。

3. 大力推进“五好”县级工商联建设

制定下发了《2015年江苏省“五好”县级工商联创建工作实施方案》，明确提出将基层组织建设工作重心下移，向乡镇延伸，开展优秀乡镇商会创建活动，以发挥乡镇商会在县域经济发展中的独特作用。分别召开了苏南、苏中、苏北三个片区“五好”县级工商联评估工作座谈会。对照“五好”县级工商联的标准，评定南京市溧水区工商联等52家单位为“江苏省‘五好’县级工商联”。

浙江省工商联2015年工作综述

2015年，在浙江省委、省政府的坚强领导下，全省各级工商联认真学习贯彻党的十八大和十八届三中、四中、五中全会，习近平总书记系列重要讲话以及省委十三届历次全会精神，牢牢把握两个健康工作主题，团结动员广大非公有制经济人士为推进浙江“四个全面”战略布局、建设“两富”“两美”浙江再立新功，各项工作取得了新进展。

一、认真学习贯彻中央和省委统战工作会议精神

全省各级工商联把学习贯彻会议精神作为一项重大政治任务，切实把思想和行动统一到中央和省委的决策部署上来。通过召开学习会、宣讲会、座谈会、研讨会和专题培训、辅导报告等形式，组织非公有制经济代表人士和各级工商联干部认真深入学习会议精神。充分利用各级自办媒体，加大宣传报道，营造了学习贯彻的浓厚氛围。积极配合省委办公厅、省委统战部等制定出台省实施细则。加强对市、县工商联的工作指导，推动各地制定贯彻落实的具体办法，不断将学习贯彻引向深入。

二、围绕中心服务大局作出新贡献

紧紧围绕省委、省政府“浙商回归”“五水共治”等转型升级系列组合拳，充分发挥优势，认真履行职能，扎实开展工作。一是成功举办第三届世界浙商大会。本届大会以“创业创新闯天下、合心合力强浙江”为宗旨，以“经济新常态、浙商新机遇”为主题，共举办开幕式、世界浙商论坛、浙商总会成立大会3项主体活动、4项专题活动以及6项配套活动；现场签约60个浙商回归重大项目，总投资1111.24亿元；2000多名浙商代表和各界嘉宾在杭州主会场参加开幕式，全省1万多名党政干部、企业家代表在各地分会场集中收看，全球超过650万人次通过电视直播收看开幕式，各大新闻媒体发布相关报道550多篇。省委省政府、社会各界和广大浙商的充分肯定，多位省委、省政府领导同志作出重要批示给予高度评价。二是牵头组建“浙民投”。根据省委、省政府的部署要求，由省工商联牵头、省金融办等部门指导、民营企业参与，成立了浙江省民营企业联合投资股份有限公司。作为省政府重点推动成立的产业基金之一和省最大的民营投资公司，“浙民投”探索以资本为纽带驾驭资源的新发展模式，首期实缴注册资本50亿元，规划资本300亿元，采用“项目+母基金”模式，带动民营企业投资和撬动金融机构投资，引导浙商资本回归，助推浙江经济转型和产业升级。三是深入推进“千企联千村、合力治污水”专项行动。深化龙游县横山镇联系点帮扶工作，截至11月底，全省各级工商联发动民营企业认捐治水资金达25.3亿元，组织动员10265家民营企业参与“五水共治”捐资和农村生活污水治理工作，结对行政村1400个。四是牵头筹建浙商文化中心。浙商文化中心是省委、省政府的重点项目。省工商联积极协调土地征用拆迁，修改完善设计方案，加快推进项目建设，并在10月举行开工仪式，省委、省政府领导及浙商总会全体理事出席。

三、深入开展理想信念教育实践活动

以“民营企业家与中国梦”为主题，以守法诚信为重点，先后召开全省性的动员部署会和推进会，制定出台实施意见，发布《守法诚信 共赢未来》倡议书，通过征文活动汇编“浙商好故事”进行交流。指导全省工商联系统大力开展“事业成功靠什么、人生出彩为什么、历史责任是什么，我为浙江‘四个全面’做什么”大讨论活动，通过座谈、表彰、宣讲、典型宣传等形式，掀起了活动的高潮。截至11月份，全省共举行各类大讨论活动327次，参与人数31634人，通过《浙江日报》《中华工商时报》等各类新闻媒体，宣传非公有制经济人士2265人次。

四、不断提高调查研究参政议政工作水平

围绕民营企业走出去综合性调研、政府行政审批制度改革、民营企业互保链资金链问题、上规模民营企业调研、全面支持小微企业政策措施调查评估等课题，形成一批高质量的调研报告，得到省领导批示11次。一批意见建议转化成为领导决策的重要依据、指导工作的政策文件。其中，省政府主要领导同志在省政府常务会议上大篇幅引用了《破解企业投资项目“审批繁、审批难、审批贵”问题的建议》，引起了与会领导的高度重视和强烈反响，省政府5位领导作出重要批示；3篇调研报告获全国工商联2014～2015年度优秀调研成果一等奖，2篇调研报告分别获得中央统战部、省委统战部优秀调研成果一等奖，1篇调研报告获省党政系统优秀调研成果。在省政协十一届三次会议作《充分发挥民营经济优势，推动民企参与“一带一路”战略》的大会发言，提交2个团体提案和17个个人提案，其中1篇提案作为省政协重点提案；向全国工商联上报的《重建国家信用体系，破解民企互保链资金链困局》等2个提案转化为全国政协提案，《推动“云＋网＋端”新基础设施建设加快我国信息经济发展步伐》等2篇文章转化为全国工商联在全国政协大会发言材料。依托全国工商联调研系统，积极开展全省民营企业网上调研平台建设，目前全省已有3109家企业完成网上注册，位居全国首位。率全省之先探索开展政协委员工作室创建和委员述职工作，目前已推动成立7个界别委员工作室，另有4个正在筹备建立。此项工作得到了省政协主要领导同志的充分肯定，《浙江政协信息》先后刊发三期信息，专题介绍工商联界别工作。

五、大力构建工商联服务体系

扎实开展经济、法律、对外联络、社会服务工作。与省中行等新签或续签战略合作协议，推广“银行＋商会＋企业”金融服务新模式，累计为全省小微企业发放贷款1850多亿元。制定出台《关于加强法律服务工作的实施意见》，明确工商联法律服务工作的重点和要求。组织开展“法律服务进商会、进民企”活动，全年为中小企业提供法律咨询1000余次。与省高院建立诉调对接工作机制，推动全省各级工商联建立商会调解组织150余家，商会法律顾问覆盖率超过50%。此项工作得到全国工商联充分肯定，并在全国予以推广。深入开展“双爱双评”和劳动关系和谐企业创建活动。积极开展民间外交，与外国政府部门及经贸机构共同举办30余场涉外经贸活动，10余次组织企业家出席高层次的涉外经贸活动，组织代表团分别赴南美和“一带一路”沿线国家开展经贸活动，积极承办第四届世界旅游经济论坛暨2015浙澳旅游等经贸与文化交流活动，以开展光彩事业山区行、西湖论善等活动为契机，组织民营企业家参与光彩事业和社会公益慈善活动。积极探索“互联网＋商会”服务新模式，改版世界浙商网，开通微信公众号和微信群，在全国率先召开全省工商联系统微信平台建设现场会，统筹推进全省工商联系统信息平台建设。

六、切实加强自身建设

进一步壮大会员队伍，截至11月底，全省工商联共有会员234801个，各类商会组织2669家。以创建“五好”县级工商联为抓手加强基层基础建设，40家县级工商联确认为全国“五好”县级工商联，居全国各省（市、自治区）首位，87家县级工商联确认为全省“五好”县级工商联。加强省属商会建设，成立省家用电器零售行业商会、省生态与环境修复技术协会，完成省工商联直属商会换届和民政注册登记工作。开展规范化建设示范商会评估认定工作，首批共认定27家省级示范商会。稳步推进商会承接政府职能转移工作。积极推进浙江商会大厦建设，于2015年12月竣工验收。联合《中华工商时报》做好5位原工商业者口述实录采编工作，走访慰问全省109位原工商业者或其亲属。以开展“三严三实”专题教育为契机，加强工商联机关建设。坚持重心下移，首次面向基层举办工商联业务骨干培训班，提升全省工商联干部队伍的履职能力和服务水平。认真开展干部人事专项档案审核工作，全面推行机关日志式管理。扎实推进机关党建工作，较好地发挥机关党建在全局工作中的服务、助推和保障作用。

安徽省工商联2015年工作综述

2015年，安徽省工商联在省委省政府的正确领导下，在全国工商联和省委统战部的指导下，认真贯彻落实党的十八大和十八届三中、四中、五中全会和习近平总书记系列重要讲话精神，紧紧围绕中心大局，坚持两个健康主题，以强化服务为抓手推动民营企业转型升级，以守法诚信为重点深入开展非公有制经济人士理想信念教育实践活动，主动作为，真抓实干，各项工作取得新进展。

一、坚持围绕中心大局，在推进区域经济协调发展上取得新成效

1. 推进与全国知名民营企业合作发展

继续做好与全国知名民营企业合作项目的跟踪落实和服务工作，推进项目落实。截至2015年10月底，省集中调度的233个5亿元以上新签约合同项目中已开工220个，占94.4%；投资规模2677亿元，占调度项目投资规模的93.6%；开工项目累计完成投资额913.5亿元，占已开工项目投资规模的34.1%，为安徽经济发展注入强大动力。

2. 推动“百家民企进皖北”活动深入开展

2015年11月、12月分别在亳州、淮南举办“百家民企进皖北——亳州行”暨徽商回归合作发展集中对接会、“百家民企进皖北——淮南行”活动。现场集中签约项目分别达到12个、45个，签约金额分别为76.29亿元、193.15亿元。自百家民企进皖北活动开展以来，签约仪式现场集中签约累计达134个投资项目，总投资额1274.96亿元。

3. 积极推进商会合作共建皖江

举办“商会合作共建皖江——池州行”活动，组织省工商联部分直属商会及知名企业赴池州考察，为商会、企业投身皖江开发牵线搭桥。成功举办集中对接会，现场签约项目20个，总投资127亿元。自2010年“商会合作共建皖江”活动启动以来，商会参与的招商引资项目总投资规模累计达1000亿元。

4. 积极推动民营企业走出去

积极参与安徽推进与俄罗斯伏尔加河沿岸联邦区合作，搭建与鞑靼斯坦、楚瓦什、莫尔多瓦等共和国合作平台，做好跟踪服务；加强与海内外工商社团和有关机构的交流，积极联系民营企业参加境外经贸交流活动，帮助企业了解国际市场行情和投资合作信息。

二、坚持创新工作载体，在增强经济服务能力上取得新拓展

1. 推进投融资服务体系建设

加强与省金融办、省投资集团、省担保集团的联系合作，积极推进民营企业融资工作。组织召开融资服务专题座谈会、直接融资业务培训会，探寻民营企业融资新途径；加强与省股权托管交易中心、安徽融升投资管理有限公司合作，推动民营企业在“新三板”和区域性股权交易市场上市；推进与上海股权托管交易中心合作，谋划成立安徽企业挂牌孵化基地。指导推进各市工商联投融资服务工作。

2. 加强法律服务体系建设

做好商会立法工作，《安徽省商会条例》目前已形成第九稿，草案稿已提交省人大法工委审议。健全覆盖16个市、105个县区、60个行业商会和部分规上企业的全省工商联系统法律服务网络。推动商会调解工作，全年共接待咨询461件，其中劳动纠纷咨询134件，刑事案件13件，民商事案件69件，非诉案件咨询245件，标的额共94.7亿元。

3. 加强技术创新服务体系建设

推动安徽省民营企业科技创新联盟发展，成立安徽省联商科技联盟产业有限公司；开展

2014 年度省工商联科学技术奖评选工作；积极推荐民营企业入选《军民两用高新技术民营企业及产品推荐目录（第五册）》，参选科技部 2015 科技创新创业人才奖评选工作及第五届合芜蚌自主创新综合试验区创新人才奖评选工作。

4. 加强人才服务体系建设

发挥省工商联人力资源市场作用，进一步提高促进就业工作水平。2015 年，累计举办了 145 场各类特色招聘会，7200 多家企业进场设台招聘，向社会提供岗位 76686 个，为 41410 个劳动者找到工作岗位，就业签约率约 54%。

三、坚持深化理想信念教育，在凝聚非公有制经济人士正能量上取得新进展

1. 开展守法诚信教育实践活动

根据中央统战部、全国工商联统一部署，省工商联会同省委统战部召开动员会议，制定并下发实施意见，全省各地积极响应。注重创新工作方法，丰富活动载体。联合省委统战部、省检察院下发《关于开展非公有制经济人士法纪教育的通知》，共同组织开展非公有制经济人士法纪教育专题活动；邀请省纪委（监察厅）预防腐败局、省检察院领导作专题宣讲，以案释法；会同省民政厅等 10 部门下发《推进行业协会商会诚信自律建设工作的实施意见》，推进行业诚信自律。

2. 加强宣传培训工作

深度聚焦非公有制经济人士坚定理想信念、创业创新的先进典型，联手中央驻皖媒体和省内主流媒体，积极发挥省工商联门户网站、《工商导报》宣传主阵地作用。创新“联商在线”“安徽工商联”“安徽总商会”公众微信号等新媒体渠道，进行立体式、全方位宣传报道。举办 5 期民营企业家大讲堂，每场近千人参加。

3. 推进光彩事业和同心工程

创新开展光彩创业行动，聘请创业导师、资深法律专家，通过创业培训、金融支持、贴息资助、结对帮扶等形式，力争用 5 年时间组织帮扶万名困难群众创业。做好全国光彩事业重点项目对接。积极谋划安徽“千企帮千村”整体方案。精心组织实施“同心工程”，编制未来五年帮扶工作规划。

四、坚持改进调研方式，在提高参政议政实效上取得新突破

1. 整合资源开展调查研究

2015 年，省工商联配合全国工商联、省委联合调研组、省政府参事室、省委组织部等单位分别开展了民营企业走出去、统战工作、中小微企业技术创新、非公有制经济党建等调研。此外，还开展了皖江城市带转型发展、建筑产业现代化、法治政府建设、民企转型升级等多项调研活动。着力提高上规模民企调研的公信度，连续第 17 年开展上规模民营企业调研和百强排序活动，成为省上规模民营企业发展现状与趋势的风向标。试行重大课题对社会公开招标，在重大理论和实践问题上寻求突破。

2. 上下联动开展第三方评估

受省政府委托，采取省、市、县三级联动形式，在全省范围内就金融服务“三农”和实体经济发展及农村金融综合改革政策贯彻落实情况进行第三方评估。省政府主要领导同志充分肯定了政策落实情况评估取得的成效，省政府下发的《关于金融支持服务实体经济发展的意见》中多处吸纳了省工商联的评估建议。

3. 利用政协平台参政议政

在省政协十一届三次会议上共提交了大会发言 2 篇、团体提案 21 篇。《助推新常态下的中小实体企业发展》大会发言得到省领导批示，提交的《关于加强民营企业高技能人才建设的建议》等 2 篇提案得到多位省领导批示。向全国工商联报送的 3 篇提案被全国政协十二届三次会议采用。同时，积极参与省政协民主协商会活动，4 次在协商大会上作口头发言。

4. 继续推进工商联直通车工作

截至 2015 年底，省工商联已报送《工商联直通车》26 期，共有 14 期直通车获得省领导 25 人次批示。2015 年报送 4 期，其中《中小实体企业发展调研分析及建议》等 2 期直通车得到省政府领导同志的批示。召开全省工商联直通车工作推进会，编印《安徽省工商联直通车汇编》，进一步扩大影响力和覆盖面。全省 16 个市和 90 个县（市、区）建立了直通车工作机制。

5. 大力推进民营企业信息直报点工作

截至 2015 年底，省民营企业信息直报点已达2000个，位居全国前列。2015年，完成全国工商联部署的守法诚信教育、商会建设、非公有制经济发展环境评价等专题监测，开展了土地使用税、民企转型升级等多项专题监测并撰写监测报告，省政府办公厅《政务要情》2次刊登民营企业信息直报点监测成效，其中，土地使用税专题监测结果转报国务院办公厅。

五、坚持强基固本，在推进工商联事业持续发展上取得新成绩

1. 深入推进“三严三实”专题教育

制定《省工商联开展“三严三实”专题教育实施方案》，召开专题教育动员部署会。通过集中学习、党组班子成员讲专题党课、开展三个专题研讨会，召开民主生活会和组织生活会等形式，深入查摆“不严不实”问题，形成问题清单，强化整改落实和立规执纪，营造风清气正的工作氛围。

2. 加强基层组织

推动全省“五好”工商联创建工作，审定21家县级工商联为“五好”县级工商联。同时，坚持发展与规范并重，截至2015年12月底，全省共有会员17.9万个，其中，企业会员6.83万个，团体会员为1564个；县以上工商联组织122个，商会组织1508个，其中行业商会511个。

3. 加强机关党建和党风廉政建设工作

出台《关于进一步加强和改进新形势下工商联系统党建工作的意见》，制定了《省工商联2015年度党建工作要点》，狠抓机关党支部建设和党员教育管理。认真组织学习《中国共产党廉洁自律准则》和《中国共产党纪律处分条例》，签订党风廉政建设责任书，制订下发《省工商联廉政风险防控管理工作制度》，开展廉政风险重新排查工作，进一步落实党风廉政建设“两个责任”。

福建省工商联2015年工作综述

2015年，福建省工商联深入学习贯彻党的十八大和十八届三中、四中、五中全会和习近平总书记系列重要讲话精神，自觉融入“四个全面”战略布局，践行五大发展理念，坚持两个健康工作主题，着力开展理想信念教育实践活动，着力服务民营经济转型升级，着力提升议政建言实效，着力加强基层组织和机关自身建设，推动工商联工作再上一个新台阶，为建设新福建作出积极贡献。先后被评为“第十二届省级文明单位”“首届全国青运会组织筹办工作先进集体”“全省统战信息工作先进单位”，《推动统战工作向异地商会有效覆盖》荣获“2015年度全国统战工作实践创新成果奖”。

一、强化教育引导，促进非公有制经济人士健康成长

深入贯彻落实中央和省委统战工作会议、党的群团工作会议以及全省经济工作会议、扶贫开发工作会议等一系列决策部署，开展以守法诚信为重点的理想信念教育实践活动，促进非公有制经济人士在政治上自信、发展上自强、守法上自觉。

一是教育培训广覆盖。以常执委、商会组织负责人为主要对象，关注年轻一代企业家成长，联合党校、知名高校及其他社会资源，加强世情国情党情、学法守法用法的培训教育，共举办3期培训班、培训近200人。

二是宣传闽商正能量。发挥企业家主体作用，唱响“闽商好故事”。有73位企业家副主席（副会长）、商会负责人在政企座谈会、专题报告会、企业年会上畅谈理想信念，发挥典型示范带动作用。探索建立社会评价体系，指导闽商报社开展2015年度“工商联十大亮点”“商会服务十佳典范”系列评选活动。做好《闽商企训》编撰工作。推动主流和新兴媒体宣传闽商正能量，形成数百篇非公有制经济领域的宣传报道。

三是构建和谐企业文化。新确认30家民营企业文化建设优势企业，目前总数已达153家。联合省高院出台《关于建立涉非公有制经济主体民商事纠纷诉调衔接工作机制的指导意见》，鼓励和支持基层工商联及所属商协会参与民商事纠纷衔接调解工作。

四是精心组织精准扶贫。启动“百企帮百村”精准扶贫行动，以产业、商贸、就业、捐赠、智力扶贫等方式，推动民营企业家和商会结对帮扶105个贫困村。通过省光彩会平台捐资4963万元参与扶贫开发、助学助医、抗灾救灾、支持青运会等活动。联动全省实施“光彩助学”，筹集5112多万元、帮扶19247名贫困学子圆了“求学梦”。开展“光彩·助推贫困学生创业行动”，在福州大学建立“光彩·贫困生创业实践基地”，首聘11位民营企业家担任创业导师，成为福建首个助推高校贫困生和少数民族学生创业的公益行动。开展“光彩·粉红丝带行动”，为165名贫困乳腺癌患者捐款捐物近100万元。福建大青实业有限公司董事长林回春、福建省尤溪县沈朗食用油有限公司总经理胡凤翔荣获第六届“光彩事业国土绿化贡献奖”。

二、健全服务体系，推动非公有制经济健康发展

按照省委、省政府的要求，靠前服务、积极作为，联动工商联系统、协同政府部门、引入社会资源，“并联式”服务实体经济转型升级。

一是搭建服务平台促转型。推出了2批127家中小微企业市场化公共服务平台。成立福建省专业人士服务民营企业公共平台，聘请了39位律师、会计师、税务师、评估师、专利代理人。与省直相关部门建立民营企业守法诚信沟通联系制度、维权政策进企业（商会）制度，与省科技厅等联合主办福建省第三届创业创新大赛，与省国资委等建立“福建省国企民企产品展示交易平台”。与省民生银行、中国银行、海峡银行等合作，搭建中小微企业金融服务平台。

二是参与经贸活动促发展。“9·8”期间参与举办“中德经济合作对接会”，组织民营企业家参加与瑞士、非洲、马来西亚等国家和地区的经贸交流活动，深化与台港澳工商社团及海外闽籍工商社团的交流合作。与台湾工商建设研究会建立培训合作机制意向，与香港全港各区工商联签署合作协议备忘录，赴澳门参加“世界旅游经济论坛”系列活动，推动闽澳两地文化和旅游产业协同发展。组织民营企业参加兰洽会暨民企陇上行活动。

三是推动项目对接促回归。结合“比落地、比促销、比服务、看实效”活动，组织参加第五届民企产业项目对接洽谈会和第13届“6·18”海峡项目成果交易会，大力实施“回归工程”，促进闽商回归创业。组织省外闽商参与“平潭自贸片区行”相关招商活动，对接20个意向投资项目，其中4个项目计100亿元投资已签约落地。发动闽商参与青运会，提供价值超过1.7亿元的赞助合作，其中直接通过省工商联渠道募集的款物达2800多万元。组织闽商参加在北京、上海举行的专场PPP推介会。

三、积极议政建言，优化民营经济发展环境

围绕福建发展的新形势和民营经济发展的新问题，开展调查研究，积极建言献策，推动营造“四个环境”。

一是调查研究聚焦重点。就推进协商民主、非公有制经济人才队伍建设、年轻一代企业家成长状况、商会组织建设等进行专题调研。开展民营企业走出去综合调研，成果报送全国工商联并提交省委、省政府、省政协，在门户网站、《闽商报》上开辟专栏，刊载“走出去——闽企在行动”案例。开展全面支持小微企业发展政策措施落实情况第三方评估，形成的调研报告作为全国工商联主报告的参阅文件报送国务院。开展上规模民营企业调研，7家上榜“2015中国民营企业500强”，15家上榜“2015中国民营企业制造业500强”。

二是参政议政取得实效。提交省政协十一届三次会议团体提案11件，得到14个部门的22件次回复办理。《关于促进我省民办高等职业教育发展的建议》《促进港口通关便利化推动外向型经济发展》等调研成果列入省政协专题协商。围绕福建“十三五”规划、《关于加强社会主义协商民主建设的实施意见》《关于加强和改进党的群团工作的实施意见》等提出建议并得到采纳。

积极参与第十一届建言献策论坛，《关于促进我省跨境电子商务发展的建议》受到关注。2件提案获全国工商联优秀提案，1件提案获省政协优秀提案。《关于做优闽北稻米产业的建议》获省政府主要领导同志批示。

三是民营企业诉求充分反映。重点收集和反映民营企业发展出现的预警性、苗头性问题和阻碍行业发展的共性问题。编发《民企诉求反映》10期，反映问题得到相关部门的协调解决。运用民营企业信息直报系统，配合全国工商联完成了5项专题监测调查。

四、践行“三严三实”，加强工商联商会组织建设

扎实开展“三严三实”专题教育，不断加强对商会组织的指导、引导和服务。在2013～2014年度全省社会组织评估中，省光彩事业促进会获评5A级社会组织，6个社团及3个异地商会获评4A级社会组织。

一是商会建设有效加强。吸纳经济类商协会成为工商联团体会员，指导成立省太阳能光伏商会，指导省医用设备商会、省装饰行业商会和省陕西商会顺利换届。省酒业协会、省畲家企业商会成为省工商联团体会员。

二是异地商会进一步规范发展。在哈尔滨召开省级异地福建商会工作座谈会，省委统战部主要领导同志出席会议并讲话，30个省级异地福建商会的负责人交流新形势下异地商会服务闽商转型升级的新举措。指导成立江苏省福建商会，省级异地福建商会达到34家。参加北京、广东、海南等10多个福建商会的重大活动。异地商会积极参与公益慈善事业，为家乡捐款1065万元。

三是县级工商联建设有效推进。在省委统战部的指导下，基层工商联党组建设有效加强，全省县级工商联党组书记均由同级党委统战部分管经济领域统战工作的副部长兼任。制定了《福建省工商联2015年“五好”县级工商联建设工作实施方案》，13个县级工商联被确认为全国“五好”县级工商联，召开了全省“五好”县级工商联建设现场交流会推广经验。协助全国工商联在厦门举办了会员工作座谈会。

四是“三严三实”专题教育扎实开展。深入学习习近平总书记系列重要讲话精神，采取个人自学、党组中心组集中学、支部组织学相结合，领导班子成员带头讲党课并组织专题研讨的方法，查摆“不严不实”问题，切实改进工作作风。制定《省工商联（总商会）企业家副主席（副会长）和执常委工作制度》《省工商联深入开展提升机关干部“四种能力”的行动计划》等。落实“四下基层”制度，建立“同类对标”、年轻干部业余帮带跟班等制度，营造了风清气正的用人导向和干事创业的良好氛围。加强办公信息化，举办通讯员培训班，进一步加强全省工商联系统宣传队伍建设。提升机关党建工作科学化水平，抓好党风廉政建设主体责任，履行好班子成员“一岗双责”，以党建带群团组织建设，团总支获评“福建省五四红旗团（总）支部”。

江西省工商联2015年工作综述

2015年，江西省各级工商联坚持解放思想、务实创新，深化认识新常态、主动适应新常态、努力引领新常态，奋力促进江西非公有制经济更好更快发展，扎实推进服务型工商联建设取得明显成效。

一、服务全省大局，全力筹备全国工商联执委会

经江西省委、省政府努力争取，全国工商联十一届四次执委会在江西召开，并同期召开全国知名民营企业助推江西发展升级大会。省工商联牵头起草《全国工商联十一届四次执委会议暨全国知名民营企业助推江西发展升级大会活动方案》，发挥联络、沟通、参与、协调作用，做好会议筹备工作。全程参与江西省“11 +3”场招商活动，全省工商联系统共参与开展各类经贸活动468 场，邀请客商 12591 人次，走访商协会 974 家，走访企业 2497 户，签约投资项目 1207 个、金额6759 亿元，活动覆盖全国23 个省49 个市区。2015 年 12 月 23 日至 24 日，全国工商联十一届四次执委会议暨全国知名民营企业助推江西发展升级大会成功召开，400 余名全国知名民营企业精英齐聚江西，创下江西省一次性集中到会客商层次最高、规模最大的纪录。省工商联编纂的《非公有制经济发展重要政策资料选编》被各地客商主动领取 500 余份，大会现场签约 121 个重大项目、金额 2190. 14 亿元，成功向全国知名民营企业家宣传了江西亲商重商、宜居宜业的政策环境，展示了江西开明开放、图进图强的进取形象。

二、发挥自身优势，服务非公有制经济健康发展

扎实开展第三方评估、环境监测、维护权益等活动，着力优化江西省非公有制经济发展环境。对《中共江西省委江西省人民政府关于大力促进非公有制经济更好更快发展的意见》贯彻落实情况开展第三方调查评估，共召开座谈会 22 场次，走访非公有制企业 100 户，收集有效调查问卷 1699 份，评估报告受到江西省委主要领导肯定并作重要批示，江西省委办公厅为此开展专项督查，推动省委省政府政策措施有效落地。围绕非公有制经济法治环境问题调查研究，形成《江西省非公有制企业法治环境评估报告》，受到有关部门高度重视，对改善发展环境发挥了积极作用。联合组建“百名律师服务团”，激活江西省工商联维权中心，推动解决某市对民企摊派收费问题，成功维护汇丰光电集团等企业合法权益。努力缓解中小企业融资难题。联合下发《非公有制企业融资培训工作方案》，举办解读《公司债发行与交易管理办法》暨企业上市培训会，引导民营企业挂牌上市融资。与银行建立战略合作关系，推动省交通银行授信省内民营企业 100 亿元，年内向中小企业发放贷款 6. 3 亿元。联合出台《关于加强和改进非公有制经济领域宣传思想工作的意见》，创新开展“百媒进千企”活动。全省工商联系统共组织 290 家媒体采访 1305 户非公有制企业，刊登 3410 篇新闻宣传稿件，有效提升和塑造江西省非公有制经济人士形象。挖掘非公有制企业转型升级典型案例 100 个，汇编成册并广为推送宣传，为江西省非公有制企业发展升级提供样本、树立典范。

三、当好参谋助手，为政府管理服务非公有制经济出谋划策

着力做好意识形态文章，精心办好《民营经济内参》《非公经济运行动态》，面向全省厅局级以上领导和各县市区党政主要领导发放，不断强化各级领导鼓励、支持、引导非公有制经济发展的意识。着眼填补历史空白，组织编写《改革开放以来民营经济发展蓝皮书》，启动编写《2014—2015 年民营经济年鉴》。着眼破解发展中的重大理论和实践难题，研究宏微观经济、政策问题等 28 个课题并结集出版《新常态下民营经济发展探寻》。着眼化解民营企业发展的实际困难和问题，向全国政协大会提交《建议发展民营银行改善金融结构》建议案 1 篇，以“直通车”形式向江西省委省政府提交《关于解决我省民营中小企业融资难融资贵的建议》《关于优化非公有制经济发展环境的建议》2 份调研报告，编报“江西省商会组织经济职能引导发挥”“江西省新型农机市场创建”“江西省互联网金融发展”“民企参与视角下的国企混合所有制改革”四期主题专报，使调研成果转化为相关政策，转化为促进非公有制经济发展的生产力。与江西省人民政府新闻办联合举办“2015 年江西民营企业 100 强”发布会，宣传江西非公有制经济发展成就，剖析江西非公有制经济发展困难和瓶颈，营造全社会关心支持非公有制经济发展的良好氛围。响应政府规划和非公有制企业呼声，在全国工商联系统率先筹办江西省总商会“一带一路”服务中心，为民营企业走出去提供政策、信息、项目、联络、法律等系列服务，推动工商联服务向域外“深水区”迈进。

四、加强教育引导，促进非公有制经济人士健康成长

大力培训非公有制经济人士。以引导非公有

制企业转型升级为主要内容，开展“万企培训”工作，自主举办江西省工商联民营企业家（北京大学汇丰商学院）高级研修班、新任执（常）委培训班、新生代民营企业家研修班，与江西省商务厅联合召开全省非公有制经济企业转型升级培训会，与《财智名家》合作开设管理大讲坛 11 期，全年共培训企业家 12509 人次。联合或单独出台《关于加强和改进非公有制企业党的建设工作的实施意见》《关于加强和改进非公有制经济人士思想政治工作的意见》《关于加快培育“新生代”非公有制经济代表人士的意见》，完善非公有制经济人士思想政治教育体系。开展以守法诚信为重点的非公有制经济人士理想信念教育实践活动，强化非公有制经济人士学法尊法守法用法理念。组织江西省民营企业参与中国光彩事业黄冈（红安）行。举办中国光彩事业抚州（广昌）行活动，现场签约投资项目 14 个，投资金额 194.3 亿元，向抚州市广昌县公益捐赠总额 2703.8 万元。开展 2014 年度民营企业参与光彩事业调查工作，统计显示：2014 年度江西省参与光彩事业企业 1435 户，捐赠 7310 万元，投入项目资金 369030 万元，组织培训 120886 人次，光彩事业项目带动新增就业人员 6500 人、脱贫 121828 人。协办江西省促进非公有制经济发展表彰电视电话会议，表彰先进非公有制企业 100 户、江西省优秀中国特色社会主义事业建设者 30 名、江西省优秀创业者 100 名。推荐 10 户民营企业申报全国光彩事业重点项目，推荐 2 户企业入选军民两用高新技术产品目录、国家火炬计划项目，推荐 8 位民营企业家为“全国优秀中国特色社会主义事业建设者”候选人和全国第六届“光彩事业国土绿化贡献奖”候选人。

五、加强自身建设，提升全省工商联履职能力

坚持目标引导、率先作为、激励推动的工作思路，推动服务型工商联建设各项任务顺利完成。联合出台《关于加强和改进县级工商联建设的意见》，为基层工商联巩固地位、充实力量、拓展职能提供有力政策支持。积极应对行业协会商会改革的新形势，出台《关于加强新形势下商会建设的意见》，不断增强工商联的工作支撑和组织覆盖。2015 年，省工商联指导成立省电线电缆行业协会、省裤业协会、省赣商文化企业联合会和省物流行业协会，全省工商联系统共有会员 123048 个，比 2014 年度增加 12426 个，增幅 11.2%。其中企业会员 73436 个，同比增加 5793 个，增幅 8.6%；团体会员 2084 个，同比增加 110 个，增幅 5.6%。27 个县级工商联被认定为全国“五好”县级工商联。大力激励推动下级工作开展，省工商联自主筹措经费 212 万元，对设区市编纂民营经济蓝皮书、争创“五好”县级工商联建设等项目予以支持。加快推动以工商联为核心纽带的企业总部基地建设，全省“同心谷·赣商之家”建设进展顺利，2 个设区市、3 个县区建成投入使用，2 个设区市、5 个县区在建，17 个正在积极筹建，迈出拓展服务经济发展能力和水平的重要步伐。

山东省工商联 2015 年工作综述

2015 年，在山东省委、省政府的坚强领导下和全国工商联、山东省委统战部的有力指导下，山东省工商联全面贯彻落实党的十八大和十八届三中、四中、五中全会精神，全面贯彻落实习近平总书记系列重要讲话特别是视察山东重要讲话、重要批示精神，深入贯彻落实中央、省委统战工作和群团工作会议精神，紧紧围绕两个健康工作主题，带领全省各级工商联组织和广大非公有制经济人士，把握机遇、锐意创新、埋头苦干，不断推动工商联事业实现新发展新跨越，为全省开创经济文化强省建设新局面作出了积极贡献。

一、强化政治引领，加强非公有制经济人士队伍建设

不断加强和改进非公有制经济人士思想政治工作，积极探索由专题教育转向经常性教育的有效途径，引导非公有制人士不断坚定“三个自信”，不断增强“四信”，努力实现新常态下新作为、新提升、新发展。以守法诚信为重点深入开展理想信念教育实践活动，引导非公有制企业依法经营、依法治企、依法维权，引导非公有制经济人士加强自我学习、自我教育、自我提升，做合格中国特色社会主义事业建设者。深入开展“下基层、增四信”走访困难企业活动，积极为非公有制经济人士传递正面声音、解决实际困难、提振发展信心。及时组织召开非公有制经济代表人士学习贯彻中央、省委统战工作会议精神座谈会和十八届五中全会精神座谈会，推动有关决策部署在非公有制经济领域贯彻落实。开展第六届山东省非公有制经济人士优秀中国特色社会主义事业建设者评选表彰活动，评选出157名优秀建设者，隆重召开表彰大会，省委、省政府主要领导同志会见了全国、全省优秀建设者，在全省上下引起热烈反响。着力加强非公有制经济人士特别是年轻一代的培养，举办第四期全省非公有制经济组织青年企业家培训班，推动青年企业家提升自身综合素质，完善企业经营管理，增加企业内在动力和创造力，帮助他们在创业创新中健康成长。

二、围绕中心大局，在助推“走在前列”中发挥作用

坚持围绕中心、服务大局，立足非公有制经济发展实际和自身工作职能，努力把握机遇，认真履职尽责，为全省在全面建成小康社会进程中“走在前列”作出了积极贡献。

一是深入开展调查研究，为经济社会发展献计献策。注重发挥桥梁纽带和参谋助手作用，努力把握非公有制经济领域和非公有制经济人士的新情况、新动态、新问题，通过各类参政议政平台，积极进行反映、提出对策建议，为党委政府提供有效的决策参考。先后承担省委常委会和省政府系统重点调研课题，形成了《新常态下加强我省民营企业家队伍建设研究》《在推进“四个全面”中充分发挥非公有制经济代表人士作用研究》调研报告，同时完成了民营企业走出去、新生代民营企业家代表人士队伍研究、推动统战工作向商会组织有效覆盖等多项理论研究和调研任务。

二是切实抓好17市科学发展综合考核民营经济发展环境考核工作。通过积极争取推动，山东省将民营经济发展环境纳入2015年度全省17市科学发展综合考核定量指标体系，并确定省工商联为责任部门。按照省考核办部署，科学谋划、扎实开展考核工作，深入了解各市民营经济发展环境情况，推动各级党委政府进一步优化民营经济环境，促进增强民营企业政策获得感，不断激发发展活力。

三是积极推进全国知名民营企业入鲁助推转调创洽谈会签约项目落地。按照省委常委会年度工作要点和省委、省政府相关工作部署，主动发挥职能优势，加强沟通协调，帮助企业解决实际困难，与有关部门共同推进洽谈会签约项目落地。截至2015年底，项目落地率达到87%，到位资金7842.5亿元，占总投资的27.04%。

四是推进境外山东商会建设，助力全省外向型经济发展。立足民间外交职能，加快境外山东商会建设，省工商联第一家境外山东商会——巴基斯坦（中国）山东商会正式成立。先后组织民营企业赴英国、巴基斯坦、俄罗斯、印度尼西亚、印度、德国、法国开展经贸考核活动，积极推动与港澳台地区交流合作，为全省外向型经济发展作出了积极贡献。

三、突出活动品牌建设，提升促进两个健康工作水平

立足非公有制企业和非公有制经济人士的现实需求和实际困难，注重发挥自身特色优势，努力打造一批服务活动品牌，为不断促进两个健康提供有效载体。

一是不断深化民营企业人才、科技、银企“三对接”活动。联合有关部门、高校、科研院所和金融机构，先后举办2015山东民营企业人才招聘会、山东省民营企业与科研单位合作对接活动、中国·临沂第二届资本交易大会暨金融创新支持实体经济发展峰会，提供就业岗位15000多个、签约科技合作项目14个、金融招商合同29个，为破解民营经济融资难、人才缺、创新难等发展瓶颈，推动企业不断提质增效、转型升级作出了有益贡献。

二是深入开展“三项评选”活动，发挥示范引领作用。在全国工商联上规模调研的基础上，深入开展全省民营企业“实力百强”“创新百家”“公益百星”三项评选活动，选树科学发展、开拓创新、贡献社会的先进典型。“三个对接”“三项评选”活动被写入《山东省推进〈中国共产党统一战线工作条例（试行）〉实施工作方案》，以省委文件的形式加以明确，为推动活动常态化、长效化，提升活动覆盖面和影响力提供了政策保障。

三是打造开放式工作格局，凝聚促进两个健康工作合力。坚持“走出去”“开放式”工作理念，进一步完善与省委政法委、省发展改革委建立的服务促进非公有制经济发展联席会议制度，与相关部门建立宣传、对外联络、非公党建等重点工作合作机制，广泛凝聚促进两个健康工作合力。

四是引导民营企业积极参与光彩、公益事业。组织民营企业积极参与光彩事业“黄冈（红安）行”“抚州行”“丝路行”等系列活动，投身国土绿化、爱心助学等公益事业，引导民营企业履行社会责任，践行共享发展理念。

四、夯实基层基础，不断加强自身组织建设

坚持问题导向，牢牢把握各级统战工作会议召开、《中国共产党统一战线工作条例（试行）》颁布实施和工商联地位作用不断凸显的有利契机，持续抓基层打基础，重点加强基层工商联和商会组织建设，提升会员队伍素质，不断完善促进两个健康工作网络。突出县级工商联建设，积极协调破解制约县级工商联发展的瓶颈问题，努力推动县级工商联从“一个设立、五个有”逐步达到“五好”标准。发挥对商会组织的指导、引导、服务职能，重点推动县乡、行业商会组织发展，支持商会吸纳会员、壮大力量。指导加强商会党组织建设，推动统战工作向商会组织有效覆盖，确保商会发展的正确方向。大力发展会员，优化会员队伍结构，注重丰富活动载体，组织开展直属会员培训和沙龙活动，不断提高会员整体素质。截至2015年底，全省155个县级以上行政区划全部建立工商联组织，35个县级工商联达到“五好”标准，占比22.6%；会员总数217968个；工商联组织所属商会组织2822个，其中省工商联所属商会33个。

五、着力加强机关建设，不断提高履职能力

深入开展“三严三实”专题教育，认真贯彻落实中央、省委部署要求，结合实际精心谋划安排，以严的标准、实的作风不断推进专题教育，引导机关干部自觉改进思想作风、工作作风，自觉树立新观念、展现新作为。大力实施“11236+1”工程，有效提升干部队伍能力素质，有力促进重点工作贯彻落实，推动形成走出去和开放式工作格局。深入推进党风廉政建设，严格落实主体责任和“一岗双责”，努力营造风清气正的良好氛围，为工商联事业发展提供坚强的纪律和作风保障。

河南省工商联2015年工作综述

2015年，河南省工商联深入学习党的十八大和十八届三中、四中、五中全会精神，学习贯彻落实中央和省委统战工作会议、全省统战工作会议精神，按照全国工商联十一届三次执委会议的要求，围绕省委、省政府中心工作，牢牢把握两个健康工作主题，以深入调查研究为基础，以打造工作品牌为重点，建立“四信”教育常态化机制，加大组织建设力度，切实转变工作作风，全面提高服务能力，积极参加“凝聚力建设行动”，引导民营企业守法诚信、转型升级，各项工作取得了新进展。

一、建立“四信”教育常态化机制

紧紧把握守法诚信这个“四信”教育的重点，延续行之有效的工作方法，在建立常态化机制上狠下功夫。

一是建立组织领导机制，主要领导亲自抓，班子成员合力推，把理想信念教育实践活动作为一项政治任务常抓不懈。

二是建立宣传表彰机制，利用自办媒体和主流媒体，宣传非公有制经济的发展成就、民营企业的突出贡献和工商联的重要作用。积极参与省优秀中国特色社会主义事业建设者和河南经济年度人物评选表彰活动，树立了一批爱国、敬业、创新、守法、诚信、贡献的先进典型。

三是建立教育培训机制，把豫商课堂和各级工商联的大讲堂等打造成教育培训的工作品牌，定期举办报告会、论坛、讲座等，引导民营企业守法诚信、健康发展。

四是建立文化引领机制，围绕企业法治文化、诚信文化、廉洁文化建设开展活动，举办文化建设报告会，邀请省委原领导作专题报告。

五是建立民营企业信用体系，省工商联建立了执常委企业信用体系数据库，将纳税、融资、环保、公益等信息纳入评价体系。

六是建立活动引导机制，深入开展“反对贿赂、公平竞争”联盟活动，与省纪委、省民政厅共同召开行业协会商会廉洁诚信建设工作推进会，与省民政厅等部门联合下发了《关于推进行业协会商会诚信自律建设工作的通知》，组织民营企业和商会发出《守法诚信经营倡议书》《廉洁诚信自律公约》，把商会作为守法诚信教育的主阵地，拓宽了活动的覆盖面。

七是建立释疑解难机制，坚持问题导向，针对非公有制经济人士的思想状况和企业发展中存在的突出问题，邀请党委、政府领导和有关部门负责人解读政策，消除企业的疑惑和模糊认识。与省委政法委建立反映民营企业侵权案件的直通车制度，维护企业合法权益。针对企业反映的涉及土地、债务等纠纷个案，工商联主要领导了解情况，沟通协调，帮助企业挽回损失。

八是建立回馈社会机制，引导民营企业弘扬光彩精神，履行社会责任，参与“千企帮千村”、同心实践行动、光彩圆梦和扶贫济困等公益活动。这些机制已经固化下来，成为加强和改进非公有制经济人士思想政治工作的常态化手段。

二、积极参政议政

通过高层座谈会、情况通报会、征求意见会等，呼吁河南大力推动民营企业创新发展、推动企业家人才工程建设、支持民营企业精准扶贫、指导企业转型升级、对困难企业区别分类实施挽救、鼓励民营企业参与“一带一路”等，得到省委、省政府高度重视，逐一督办并给予反馈。开展民营企业法治环境、银企融通难等重点课题调研，上下联动，借智借力，形成有价值的调研报告。《关于民营企业法治环境情况的调研报告》得到省主要领导的批示，被省委《综合与摘报》、省委政法委《政法内部参阅》采用。《关于银企融通难情况的调研报告》得到全国工商联主要领导的批示。按照全国工商联部署开展了支持小微企业发展政策措施落实情况第三方评估调研。省政协将民营企业发展法治环境列为月协商主题，省工商联组织企业家参加了月协商座谈会。向省政协全会提交团体提案 13 件，大会发言 7 篇，《关于促进我省低速电动汽车产业健康发展的建议》被列为重点提案。编发《民企社情》23 期，向全国工商联、省政协报送社情民意信息 60 多条，《“三证合一”登记制度落实中出现的问题》得到省领导批示。各级工商联以调研为基础形成了一大批调研成果，有的得到当地主要领导批示，有的被有关文件吸纳，有的在报纸杂志上发表，其中 40 篇得到省工商联表彰。

三、持续推进“百千万工程”

省工商联积极将“百千万工程”与党委中心工作紧密融合，扎实推进。开展了民营企业走出去专题调研，围绕“一带一路”战略实施引导推动民营企业走出去，有不少企业已在“一带一路”沿线国家落户。响应中央号召，把“千企帮千村”与精准扶贫紧密结合，与省委统战部、省扶贫办联合出台《关于“千企帮千村”精准扶贫实施意见》，召开了全省民营企业“千企帮千村”示范点经验交流暨精准扶贫现场会，引导民营企业将帮扶对象精准到村、到户、到人。各级工商联积极探索多渠道、多元化的精准扶贫新路径，驻马店市、安阳市工商联迅速启动“百企帮百户”“百企帮百村”活动，率先打响精准扶贫新战役。主动融入全省招商引资工作大局，开展以商招商，举办了百名客商周口行、许昌行等活动。积极参与中博会等政府重大经贸活动，圆满完成邀商任务。各级工商联主动开展“双招双引”活动，助推当地经济发展。响应大众创业万众创新号召，与省人社厅、教育厅联合举办民营企业招聘周，提供就业岗位近 10 万个。举办坚定“四信”、助推“双创”报告会，引导民营企业投身“双创”大潮。

四、服务民营企业转型升级

党的十八届五中全会召开后，省工商联第一时间组织了全省非公有制经济界学习贯彻全会精神座谈会，引导民营企业充分认识全会的重大意义，进一步增强创新发展的使命感和责任感。组织召开全省民营经济发展座谈会，省委、省政府主要领导同志出席会议并作重要讲话，省有关领导及省直部门主要负责人与民营企业家面对面交流座谈，听取意见，为民营企业发展营造良好环境，提供有力支持。与建设银行、招商银行、邮储银行、兴业银行签订战略合作协议，组织开展银企对接活动。充分发挥省工商联投资担保有限公司、小微企业服务中心和省民营经济发展服务中心的作用，为 1338 家民营企业提供融资服务 18.67 亿元。免费发放《政策汇编》《政策信息》2 万多册，帮助小微企业学好用好政策。与省委政法委联合建立服务促进民营企业发展联席会议制度，推动服务非公有制经济工作制度化。与省人社厅、总工会联合召开贯彻落实中央《关于构建和谐劳动关系的意见》视频会议，推动民营企业构建和谐劳动关系。围绕依法治国、守法诚信、企业文化、助推“双创”等主题，举办 5 期豫商课堂，近 2000 人参加。支持副主席企业康利达集团举办金融创新论坛，支持省浙江商会举办中原经济发展论坛，支持正和岛河南岛邻机构举办大金融时代“豫”见创新峰会等，3000 多家民营企业参与。开展上规模民营企业调研，发布了河南民营企业 100 强和民营企业制造业 100 强，发布活动和入围企业受到各级党委、政府的高度重视和社会各界的广泛关注。

五、稳步推进基层组织建设

为了适应商会改革新要求，省工商联参加了全省协会商会改革领导小组的有关工作，参与了省行业协会商会与行政机关脱钩方案的制定和修改。围绕新形势下工商联所属商会的改革发展进行调研，提出的有关建议被全国工商联采纳，编入《中国商会发展报告》。省工商联领导班子成员多次分批带队深入商会调研，就商会作用发挥、党组织建设等提出明确要求。制定了《河南省工商联直属商会会长联谊制度》，召开了省直商会座谈会，举办了行业商会会长培训班，主动和已经与行政机关脱钩的行业协会商会联系，吸纳他们为团体会员。各级工商联顺应改革要求，为商会改革发展作出了积极努力。如许昌市工商联开展商会提升年活动，提出建设红色商会、法治商会、诚信商会、创新商会、和谐商会的目标；汝州市工商联制定“五有、五好商会”标准，有力推动了基层商会规范化、制度化建设。

加强县级工商联建设，采取会议部署、定点督导、示范点带动、联合考评等举措，加大“五好”县级工商联创建工作。召开豫东、豫南、豫北片会，观摩学习，交流经验，部署任务，推动落实。省工商联驻会领导班子成员对县级工商联定点联系、调研督导，主要领导多次到比较薄弱的地方加强督导，争取当地党委、政府的支持。建立省市县三级联合考评机制，新增的 36 个“五好”县级工商联创建点已基本达到要求。全国工商联督查组调研检查，充分肯定了相关做法，对抽查的固始、沈丘两个县级工商联给予高度赞誉。

六、开展服务能力建设年活动

深入开展“三严三实”专题教育，加强领导，精心组织，围绕“严以修身、严以用权、严以律己”开展学习研讨，认真查找、梳理工作中存在的不严不实问题，建立清单，制定措施，积极整改，把专题教育与改进作风、提升服务、推进工作紧密结合，从严从实、风清气正的氛围正在形成，上下团结、创新服务的热情进一步激发。组织机关干部加强政治理论和业务知识学习，在上海浦东干部学院举办省工商联系统领导干部培训班，省市县三级领导班子成员 50 多人参加。机关干部全员参与调研，到基层、到企业了解情况，增长本领。举办人人论坛，锻炼机关干部写作能力、表达能力和创新能力。组织“弘扬劳动者精神、发展工商联事业”和“庆七一、强党性、转作风、促廉政”等活动，开展传统教育、廉政教育，不断增强党性修养。开展精神文明创建活动，省工商联机关顺利通过省级文明单位重创验收。

湖北省工商联2015年工作综述

2015年，湖北省工商联系统坚持以中国特色社会主义理论体系为指导，深入学习贯彻党的十八大和十八届三中、四中、五中全会和习近平总书记系列重要讲话精神，认真落实省委十届五次全会精神，坚持两个健康工作主题，以守法诚信为重点深入开展理想信念教育实践活动，以引导民营企业加快转型升级为核心适应经济新常态，以发挥商会作用为着力点提升基层组织建设水平，以“三严三实”为主要内容持续抓好自身建设，各项工作取得新进展。

一、推进理想信念教育实践活动常态化，非公有制经济人士思想政治工作取得新成效

在非公有制经济人士理想信念教育实践活动中，注重统筹推进，积极构建和完善长效工作机制，形成了党委政府重视、各方面关心支持、商会组织和非公有制经济人士积极参与的良好态势，在实现活动常态化、促进两个健康上取得了新的成效。

在活动中，加强顶层设计，积极争取领导重视，省委常委会专门研究、省委主要领导同志专门批示、省委办公厅转发活动方案，将活动纳入各级党委政府总体工作部署，纳入统战工作重要内容和对地方党委政府的考核内容，纳入全省社会信用体系建设。

围绕“守法诚信”，开展了一批特色鲜明的实践活动。在非公有制经济人士和非公有制企业中开展诚信倡议、诚信宣誓活动，引导企业信守诺言，践行诺言，做诚信楚商。在湖北日报开设“楚商诚信好故事”栏目，大力宣传守法诚信的楚商典型。以县域企业和商会为重点，以“三进三争”为载体，即法治宣传进企业、法律服务进企业、法治文化进企业文化建设内容，争当诚信楚商、争创诚信企业、争创诚信自律商会，扩大教育实践活动的覆盖和影响。对县级以上工商联执委、商会会长、秘书长和非公有制经济代表人士进行轮训，活动期间省级共集中开展了7次专题培训，市级集中开展了76次，县级集中开展了658次，全省共培训非公有制经济人士45492人，最大限度地动员非公有制经济人士参与到活动中来。

二、以“第二届楚商大会”为主要载体，为全省经济社会发展作出新贡献

一年来，省工商联充分发挥桥梁纽带助手作用，紧紧围绕省委省政府中心工作，以“第二届楚商大会”为主要载体招商引资引智，为全省经济社会发展注入了新的动力。

从2014年年底开始，省工商联就开始谋划第二届楚商大会，把承办第二届楚商大会列入省工商联2015年工作要点，要求举全会之力办好大会。在大会筹备、举办期间，全体干部职工把办好楚商大会当作分内之责、应有担当，全力以赴开展各项工作，为大会圆满成功举办作出了应有贡献。

一是全程参与谋划。紧紧围绕“湖北担当中部崛起的战略支撑、长江经济带建设的脊梁、创新创业走在全国前列”进行谋划，始终把转型升级作为活动的主线，整个活动的谋划站位立意较高。

二是全力开展邀商。按照“三新”“四强”的要求，积极整合全国工商联、省直有关部门、市州政府、民营经济发达地区工商联、省外湖北商会、亚布力论坛和金鼎俱乐部等企业家平台、武大华科校友会、省工商联副主席副会长八个渠道，利用亲情、乡情、产业链等优势，邀请知名企业、楚商参加大会、回乡投资，参会嘉宾阵容空前。

三是全心投入办会。省工商联共有18名干部分到各工作专班，综合组负责领导小组办公室日常工作，统筹协调各项筹备工作，编发简报、通报15期，推动筹备工作有序推进。招商邀商组结合会议和活动，拜访全国工商联和京津冀、长三角、珠三角等地工商联，恳请他们协助邀请知名民营企业家参会；通过楚商联合会、亚布力论坛、金鼎俱乐部、中国企业家俱乐部等平台广泛开展邀商。专题活动组积极对接东湖新技术开发区、省发改委、省科技厅等单位，不断细化完善方案，确保活动圆满成功。在活动冲刺的关键阶段，采取各专班集中办公的方式，倒排工作任务，集中力量克难攻坚。

四是全员服务保障。大会举办期间，省工商联全体干部职工全员上阵，参与服务保障。“三站一场”接送站、酒店服务、对口接待联络都由省工商联负责，协调难度大，接待任务重，各专班负责人都提前踩点、提前对接、靠前指挥，确保做到周到服务、无缝对接。

在观看楚商电视宣传片——《楚商，成长的力量》后，湖北省委主要领导同志赞誉“荡气回肠、震撼人心”，并对工商联办会给予高度评价：“工商联是能办大事的。”中央统战部副部长，全国工商联党组书记、常务副主席全哲洙也对大会进行了充分肯定。此外，省工商联精心服务“中国光彩事业黄冈（红安）行”活动，大力支持黄冈、红安两地邀商推介活动。先后邀请了城市基础设施、科技装备业等八家全国工商联直属商会赴黄冈、红安进行了商务考察，支持黄冈市委、市政府分别举办了京津冀、长三角和珠三角招商推介会，共签订165个协议合作项目，合同总金额高达1599.66亿元。高标准完成第九届中博会邀商接待工作，邀请全国工商联副主席、中国企业500强、湖北企业100强、行业50强等200多家企业出席活动，组织企业参加湖北省投资项目洽谈会暨重大项目签约仪式、长江经济带鄂州行、江西昌九地区扩大开放合作（武汉）推介会、山西重点推介会四个专项活动，达成了一批合作意向，签订了一批合作项目。其中，仅中国民生投资股份有限公司在“湖北省投资项目洽谈会暨重大项目签约仪式”上，就签订了500亿元投资协议。积极对接“一带一路”战略，深入开展湖北民营企业走出去调研，全面了解掌握了民营企业走出去和参与“一带一路”建设的情况。积极组织湖北民营企业参与首届海上丝绸之路投资贸易行系列活动、第三届“走进美洲”经贸活动等，为推动民营企业与东南亚国家的贸易和投资交流，开拓拉美及加勒比地区新兴市场提供平台。

三、打造工商联机制性服务平台，服务民营企业转型升级拓展了新渠道

充分借助商会、企业、专家学者、机关部室和基层工商联力量开展调研工作，初步形成“上下联动，内外协作”的大调研格局，推动了调研工作向深度和广度发展。一年来，先后围绕“十三五”规划、民营经济法治环境、省行政审批制度改革、《湖北省价格条例（草案）》等协商民主课题深入开展调查研究，起草了《“十三五”期间加快我省民营经济发展的对策建议》《进一步优化民营经济法治环境的建议》《继续深化行政审批改革，激发我省民营经济活力》《关于〈湖北省价格条例（草案）〉修改建议的报告》等调研报告及会议发言材料，得到省领导和参会人员认可。精心撰写并上报省政协6份发言材料和9份提案材料，其中《强化第三方评估推动民营经济政策落实》和《美丽乡村建设》大会发言，受到了省委主要领导同志高度评价，会后安排专人索要发言材料，这在省政协大会是很少见的。向全国工商联报送了6份提案，其中3份提案被全国工商联上报全国政协大会，上报提案的数量及质量都排在前列。

加强与省委政法委等司法部门的联系沟通，引导非公有制企业和非公有制经济人士守法诚信，不断形成优化非公有制经济发展法治环境的合力。组织部分非公有制企业家人大代表、政协委员参加省高级人民法院“法院开放日”活动，并与省法院领导及有关部门负责同志进行了“经济发展与司法环境”座谈会。组织企业家参加省检察院以“落实举报规定，推进反腐倡廉和规范司法”为主题的“公众开放日”活动，亲身体验反腐倡廉成效。组织企业家参加了省公安厅召开的两代表一委员暨特邀监督员座谈会，为改善政法环境献计出力。和省委政法委联合出台了《关于优化法治环境 促进两个健康的指导意见》（鄂政法〔2015〕27号），为优化非公有制经济发展法制环境保驾护航。该意见的出台得到全国工商联的充分肯定，并在《全国工商联信息》上予以全文刊登，向全国工商联系统进行宣传推介。

进一步做好职称评定工作，为非公有制企业提供人才服务。通过积极争取，和省职改办达成共识，高级经济类在现有基础上适当扩大规模。对2015年高级经济师职称申报工作评审材料进行规范收集，全年共受理了331人的申报材料，与2014年相比，申报人数略有提升，共有274人获评高级经济师职称。

积极维护企业的合法权益，反映合理诉求，帮助困难企业解决转型升级中存在的问题。先后受理了宜昌联邦电缆、监利大枫纸业、汉口精武公司、君子网络科技有限公司、武汉斯达日用品（荷嫂）公司、武汉科源机电等一批非公有制企业有关生存发展的协调事务。先后与人民银行、银监局、金融办等机构召开座谈会、协调会，走访有关企业，帮助银企双方化解矛盾、增强互信、解决困难。

四、以促进商会改革发展为重点，基层组织建设迈上了新台阶

按照中央统战工作会议精神和《中国共产党统一战线工作条例（试行）》的要求，2015年的工作重点是推进统战工作向商会全覆盖、推进新常态下商会改革发展。与华中师范大学商会研究所组成了联合课题组，对“中国特色商会组织”建设进行了深入研究，积极探索商会组织承接政府职能转移的方式方法，取得了初步成果。商会规模稳步增长，截至2015年底，全省共有商会数1460个，比2014年底增长42个，省工商联本级组建11家。行业商会372个，乡镇、街道商会796个，异地商会172个，园区商会12个，市场商会19个，其他商协会73个。商会管理水平不断提升，先后有湖北省江苏商会、武汉城市圈商会和湖北省广东商会获评“湖北省5A级商会”。

继续开展“五好”县级工商联创建工作。创新方式方法，严格“五好”标准，采用交叉互查方式对各市州工商联申报的“五好”县级工商联进行评审，预计全省“五好”县级工商联占比将突破60%。大力加强县级工商联领导班子建设，全年先后组织四期“县级工商联主席、党组书记”培训班，轮训县级工商联主席、党组书记32人，着力提升县级工商联领导班子能力素质。

积极落实全省会员发展规划，积极指导全省各级工商联做好会员发展工作。截至2015年底，全省工商联共有会员192397个，较上年增长1.65%，在全国排名第十。其中，县及县以下工商联会员142248个，占73.9%；企业会员100186个，占52.1%；团体会员1691个，占0.9%；个人会员90520个，占47%。

湖南省工商联2015年工作综述

2015年，湖南省工商联在省委省政府的正确领导下，在全国工商联和省委统战部的具体指导下，紧扣两个健康主题，创新思路，探索路径，优化作风，积极作为，为加快富民强省做了大量工作，取得了较好成效。

一、参政议政谋深谋远

1. 建言献策求精准

全年提交各类提案、意见、建议200余件（次），承办省政协双周协商会3次，向全国工商联、省政协提交集体提案12件，其中《关于大力支持民营资本参与农村土地流转的建议》并案成为省政协1号提案，《关于扩大中药配方颗粒试点生产企业范围的建议》等提案成为全国工商联向全国政协提交的团体提案。

2. 调查研究接地气

开展异地商会改革、民营经济形势等6个专题调研，形成一批调研成果。在全省建立390个民营企业信息直报点。承接全国工商联“中国特色商会研究”“两个健康评价指数”委托调研项目。与省发改委联合开展“关于民间资本投资公共领域建设存在的问题及对策”的调研；与省委统战部联合开展“非公有制经济人士有序政治参与研究”课题，研究成果被省委统战部评为优秀课题并报中央统战部参评；完成《湖南非公有制经济发展报告（2014）》和《2015湖南省上规模民营企业调研分析报告》。

3. 政策出台当推手

多位省领导先后到省工商联视察并召开座谈会听取民营企业家的建议。省委常委会听取关于异地商会工作专题汇报，并以两办名义转发《省工商联关于进一步加强新形势下湖南异地商会工作的意见》（湘办发〔2016〕1号）文件。提请省委省政府召开“全省促进非公有制经济发展大会”，以视频会议形式开到乡镇一级，省工商联在大会上作典型发言，出台《关于促进非公有制经济发展的若干意见》（湘发〔2015〕3号）。开展支持创新创业和小微企业发展政策措施落实情况的第三方评估。编印《非公有制经济发展重要政策文件选编》。

二、服务大局求实求为

1. 推动“创新创业”战略

开展全省创新创业先进典型巡回报告活动。报告团分5个组，历时32天，行程万余公里，在全省14个市州所有县（市、区）和部分厅局巡回报告98场，演讲报告汇编成《风帆》一书出版发行。省委主要领导同志充分肯定创新创业报告活动“富有成效”。活动被写入省委十届十五次全会（扩大）会议工作报告，《湖南日报》等媒体头版头条报道巡回报告活动。

2. 切入“精准扶贫”事业

与省扶贫办签订《合作框架协议》，下拨“村企共建”引导资金400万元。分三批组织涉农会员企业赴城步牛栏塘村、安化黄石村、花垣让烈村考察指导，并建立产业联系，建立青商会与贫困户结对帮扶的村企共建机制。成立湖南省湘商公益基金会，省光彩基金筹资1640万元用于贫困地区改造。完成全省光彩事业统计和民营企业履行社会责任抽样调查，发布《湖南省民营企业社会责任报告》。组织机关干部职工分批到扶贫点开展“一进二访”活动。

3. 呼应“一带一路”行动

向省发改委推荐三一重工等民营企业的30个境外投资项目进入“2015~2017年湖南省对接‘一带一路’建设项目清单”，数目约占省62个境外投资类项目的一半；总投资409.8亿元，占全部境外投资1900多亿元的21.6%。推荐省五金机电商会赴南宁参加第十二届中国东盟博览会，商洽在泰国投资兴建湖南五金机电产业园区的具体合作事项。成功举办2次“德国高级专家组织SES推介会”。

三、帮扶企业有点有面

1. 访民企解难题

提请有关省领导赴民营企业调研走访、现场办公，协调处理重大个案问题。对副主席、副会长企业遇到的资金链紧张、项目推进受阻、发展瓶颈困扰等急难问题，及时协调地方政府和有关部门紧急救援。与省委统战部联合开展“千户民企大走访”活动，集中走访一个月，帮助民营企业解决用工、用地、融资、劳资纠纷、法律维权等方面的问题4100多件。

2. 搭平台促发展

举办和参与“活力澳门推广周·湖南长沙”“中国（湖南）·新加坡企业家交流会”“2015年湖南香港投资贸易洽谈周”等重大经贸交流活动。接待美国南北卡中华总商会、中国台湾工业总会两岸投资交流访问团等30多个参访团组。组织高规格代表团赴印度尼西亚参加第十三届世界华商大会。组织友谊投资集团等10家会员企业到印度等地考察境外投资环境，与印度工商联合会、印度工业联合会建立合作关系，建立友好合作关系的境外商会超过110家。

3. 强法治施援助

聘请4家单位为首批顾问单位，100名律师为首批顾问成员，成立法律顾问团。举办“民营企业法商风险管理高级研修班”，指导举办“2015 中小企业投融资报告会”等活动，全年开展各类讲座、培训活动 10 多次，培训民营企业人员近千人次。直接参与调解处理的非公有制经济领域重大典型案件 6 起，标的额超过 2 亿元，通过个案维权保障了企业权利。

四、政治引领入脑入心

1. 思想教育常态化

在“全国非公有制经济人士理想信念教育电视电话会议”上，省工商联作为唯一的省级工商联代表作典型发言，教育活动成果得到中央统战部肯定。中央、省委统战工作会议召开后，迅速组织广大非公有制经济代表人士积极参加“同心讲堂”4 场报告会和党外人士系列专题培训班。

2. 宣传策划立体化

全年在主流媒体上发表各类文章 270 篇，宣传各类活动 120 余次，宣传非公有制经济代表人士 325 人次，参与宣传的中央和省级主流媒体达 36 家。全年编辑《工商大观》6 期、《湘商蓝页》21 期，向中央统战部、全国工商联、省委办公厅、省委统战部上报各类信息 120 多条。推出“湘创客”的故事，引发网络围观热议，点击量达 1000 万人次。策划推出“湘江硬事”等系列深度报道，整个媒体宣传报道汇编成书。

3. 培训教育多元化

积极组织和推荐非公有制经济代表人士参加各级党校、社院、高等院校学习培训，持续开办“湘商大讲堂”“青商大讲堂”，开展民营企业文秘工作专题培训等活动。联合省财政厅、省政府金融办，在清华大学五道口金融学院连续举办 3 期全省金融创新改革高级研修班，首次将 244 名全省财政、金融、工商联系统的机关干部和省内知名民营企业家组织集中学习。

五、品牌打造可圈可点

1. 扩大厅际合作

与省经信委、省扶贫办、省发改委等省直部门厅际合作机制不断完善。建立女企业家商会和省直女厅级干部联谊会联系共建机制。开展银企对接工作，金融机构新增民企授信额度 100 多亿元。组织申报省经信委切块的中小企业专项发展资金达 500 万元，申报项目 21 个。争取加强与政法部门沟通，支持民营企业参与优化环境行动。

2. 唱响湘商品牌

首次作为牵头承办单位组织“2015 湖南经济合作洽谈会暨第七届湘商大会”。195 家商协会会长、秘书长率团参会，1200 余名湘商和新湘商与会合作洽谈，促成 95 个合同项目在大会签约，总投资达 700 亿元；45 个重大项目在签约仪式现场签约，总投资 550 亿元。

3. 深化非公党建

与省委组织部党建研究所共同承担中组部 2015 年“充分发挥基层党组织政治功能问题研究”课题，获中组部优秀课题二等奖。建立《非公有制企业党建》杂志湖南工作站。授予大汉集团党委等 100 家单位为“湖南非公经济基层党组织规范化建设示范单位”。推广“开源集团党建工作法”等有影响力的党建工作品牌。对各市州贯彻落实中办发〔2012〕11 号和湘办发〔2012〕31 号文件精神情况进行督查并撰写督查报告。推动华泽集团等 8 家非公有制企业成立纪委。参与长高集团等企业重大案件的协调和处理。

六、组织建设提质提效

1. 基层组织抓规范

截至 2015 年底，全省共有会员 167336 个，比 2014 年增加 3280 个，增幅为 2%。实施“基层‘五好’工商联建设年”活动，“五好”县级工商联建设示范点达到 52 家。联合省委统战部组织召开市州工商联换届工作座谈会，制定下发《关于 2016 年市州、县市区工商联（总商会）换届工作的意见》，指导基层工商联稳步推进换届工作。

2. 商会工作抓改革

分赴省内 18 个湖南异地商会、省外 30 个湖南商会走访调研，向省委常委会议专题汇报异地商会工作。提请省委省政府同意召开全省异地商会工作会议，对各异地商会进行了重点项目推介和招商引资专题推介。提请省政协将异地商会工作纳入双周协商会议题。接收原省经协办 5 名同志到省工商联工作，组建商会处。

3. 自身建设抓效能

对机关职责和机构编制进行优化调整，设立商会处，将扶贫与社会服务处更名为社会发展处，将人事处更名为组织人事处。协调增加机关处级领导职数和非领导职数。开展机关干部选拔任用和轮岗交流工作，提拔干部 17 名，调配干部 37 名，干部轮岗交流面达 52.9%，向省委组织部民主推荐副厅级后备干部 8 名，省工商联机关在全省绩效考核中被评为优秀单位。

广东省工商联 2015 年工作综述

2015 年，广东省各级工商联紧扣两个健康工作主题，广泛深入开展理想信念教育实践活动，创新服务促进转型升级，各项工作扎实稳步推进。

一、以守法诚信为重点的理想信念教育实践活动取得新成效

突出守法诚信教育，树立法治理念。按照省委领导同志批示精神，迅速召开工作推进会，统一部署八项重点任务，教育实践活动被纳入依法治省工作大局，与全省法治建设统筹同步推进。先后举办“粤商前沿论坛”、民营经济发展形势报告会，开展以“守法诚信”为主题的法律宣传周、“以法兴企”文化沙龙活动，全年组织论坛、讲座、咨询活动 60 多场，普法短信覆盖 2 万多人次，有效拓宽活动覆盖面。在网站、杂志开设政策、法律专栏，大力弘扬法治精神，倡导诚信经营。《新粤商》被省委宣传部列为省思想政治工作核心刊物。

加强教育培训，提升综合素质。与省委统战部联合举办第二期广东省星级商会协会秘书长培训班、会长研修班、第六期新生代企业家培训班，及全省县级工商联党组书记培训班，推选 32 名“五好”县级工商联党组书记参加 4 期全国工商联组织的培训。

突出思想引导，践行核心价值观。大力实施党建人才工程。重点建立“五大人才机制”，扎实推进外资企业、产业园区等重点难点领域党建工作，成立羊城创意产业园非公经济组织党委。开展政工专业资格申报、初次专业技术资格考核认定工作，着力建立非公有制经济领域专业人才队伍。积极培育践行社会主义核心价值观。全省创建 101 个核心价值观示范点，拍制专题宣传片，召开现场经验交流会，创建 36 个品牌项目，营造培育和践行社会主义核心价值观的良好社会氛围。大力引导履行社会责任。协助组织 2015 年广东扶贫济困日、光彩行活动，共捐赠款物 2.2 亿元。

二、服务民营经济健康发展取得新进展

开展经贸交流，深化产业对接。与梅州、云浮、茂名等市建立重点产业园区对口共建机制，组织食品、医药、五金行业企业赴梅州、揭阳等地开展经贸考察和项目对接，派驻干部驻点做好对口援建。组织数百名企业家参加第九届中国中部投资贸易博览会、长江流域园区与产业合作对接会、“2015 肇庆—广州经贸合作交流会”等多场经贸考察活动，以及在穗举办的甘肃、云南、江西、四川、新疆喀什等地招商推介会。

整合社会资源，激发民间投资活力。协助省国资委做好国有企业与民间资本对接，与省铁路投资集团联合召开铁路发展基金募集情况说明会。发动企业参加“军民融合”政策措施培训，组织申报第五次军民两用高新技术及产品研发生产情况专项调查。协助做好省政府推广运用（PPP）模式项目推介会。

推动科技创新，鼓励大型骨干民营企业成长。与省经信委签订战略合作协议，联合召开申报中国民营企业 500 强工作部署会，发动企业积极参评。全省分别有 40 家、24 家和 17 家民营企业入榜 2015 中国民营企业 500 强、制造业 500 强、服务业 100 强，位列全国第 4、第 5 和第 1，其中民营企业 500 强上榜数较上年增长 67%，增加数全国第一。协同推进创新驱动发展战略。协助举办第十七届中国科协年会、民营高科技企业转型发展高峰论坛及第一届中国创新科技成果交流会，大会签约26个项目，金额达40.13亿元。组织申报12项省科技项目，推荐6个项目申报“2015广东省科学技术奖”，国家火炬、星火计划和“科技创新创业人才”项目，其中深圳市凯达尔公司项目获得广东省应用型科技研发专项经费500万元。推荐企业申请“广东省著名商标”。加强知识产权开发应用，广州正式启动全国首家知识产权金融平台。

深化金融合作，扩大服务受惠面。截至2015年10月，各合作银行民营企业信贷户数2.5万户，信贷余额累计6100亿元，授信余额累计5500亿元，贷款余额5300亿元，融资发放户数累计0.83万户，融资发放额累计1900亿元；合作商会协会103家、专业市场95个、园区48个。支持推动民营企业申报民营科技银行、花城银行、客商银行。

三、对外交流工作打开新局面

积极服务走出去，助力共建“一带一路”。组织经贸代表团分赴巴林、伊朗、卡塔尔、新西兰、澳大利亚、印度尼西亚开展经贸交流考察，参加第十三届世界华商大会，与伊朗中国商工会、新西兰华人青年商会签订友好合作协议，与亚洲开发银行、中国澳大利亚商会等20个境外机构建立沟通联系机制。组织企业家参加“2015广东21世纪海上丝绸之路国际博览会”。举办“第三届各国驻穗领事官员广东民企行”，共有来自美国、日本等30个国家驻穗领馆近百名领事官员、境外商会机构代表及民营企业家参加。协助组织企业代表参加18场外国驻穗领馆及商务机构举办的对外经贸交流、投资推介活动。接待加拿大、印度等14批次驻穗领事官员和商协会经贸代表团。组织1200多名企业家参加2015年香港亚洲金融论坛、2015年澳门国际环保合作发展论坛及展览等9场经贸活动。组织全省工商联系统联络干部赴港澳交流访问。成功举办第16次粤港澳主要商会高层圆桌会议。组织香港广东外商公会及其青委会赴清远及广州考察，为深化粤港澳合作开辟新路径。

四、法律服务水平实现新提升

搭建法治教育新平台，非公有制经济法治宣传教育被纳入“法治广东”重要内容。参与60多项法律法规、政府规章和规范性文件的制定修订工作，立法评估工作逐步成为法律服务工作品牌，作为广东统战工作创新成果项目上报中央统战部。与省司法厅等单位合作建立“广东省小微企业律师服务团”，与辽宁、北京等9省（市）工商联法律部门建立民营企业法律维权服务战略合作联盟。2015年前三季度，全省共接到各类投诉、咨询、求助累计250宗（次）。推进民商事纠纷调解仲裁工作，参与举办粤港澳商事调解论坛，开展跨境资格互认商事调解培训。积极参与社会协同治理，推进平安企业、行业自律、信用体系建设。加强协调劳动关系三方合作，开展劳资纠纷专项治理、劳动关系状况监测试点和劳动争议预防调解示范等工作。

五、参政议政水平迈上新台阶

认真履行参政议政职能，发挥民主监督作用。抓好重点课题调研。与省经信委、省政府发展研究中心联合开展民营经济领先发展趋势研究，提出“十三五”推动民营经济大发展大提升的对策建议。开展广东省民营企业走出去总体情况综合调研，提出的“加强走出去风险防控体系建设”“强化广东自贸区建设”“建立广东境外经贸合作区”等建议被纳入广东省参与建设“一带一路”的实施方案。开展全面支持小微企业发展政策措施落实情况第三方评估，完成私营企业抽样调查、商会协会发展、新生代成长状况等重点课题调研。在全省建立335家民营企业信息直报点，初步建立统一协调的调研工作体系。

六、自身建设实现新发展

着力推进“五好”县级工商联建设。部分县区创建工作被纳入党政领导工作的考核范围。通过以评促建，基层组织建设工作成效显著，2015年全省119个县区共有27个县区工商联通过广东省“五好”县级工商联考核认定。大力支持欠发达地区县级工商联建设。争取省财政厅连续三年对72个欠发达地区县级工商联给予每年10万元工作经费补贴。不断壮大会员队伍，优化会员结构。截至2015年6月，全省工商联会员共计28.36万人。加强会员数据库建设，完成商会和执常委数据库更新。

扩大商会协会组织覆盖面。加大团体会员发展力度，积极吸收新业态组织以及省外广东商会为团体会员。召开商会协会秘书长联席会议。帮助6家商协会顺利完成年检和换届。积极推动商协会发挥行业组织和产业优势，开展经贸考察交流、金融服务，主动承接政府职能，参与社会管理。

加强机关作风建设。深入开展“三严三实”专题教育。完善机关各项规章制度，推进公文、档案工作规范化、制度化、信息化，建立机关OA办公系统，有效提高办文质量和工作效率。

广西壮族自治区工商联2015年工作综述

2015年，在广西壮族自治区党委的坚强领导下，自治区工商联深入学习贯彻党的十八大和十八届三中、四中、五中全会及习近平总书记系列重要讲话精神，坚决贯彻落实自治区党委、政府关于工商联工作的决策部署，坚持围绕中心、服务大局，面对全面深化改革新形势、经济发展新常态，牢牢把握两个健康工作主题，切实发挥桥梁纽带和助手作用，促进全区非公有制经济健康发展和非公有制经济人士健康成长，为加快实现广西“两个建成”目标作出了积极贡献。

一、以把握正确政治方向为核心，工商联工作的政治意识和大局意识牢固树立

一是通过召开工商联执委会、常委会、座谈会和举办各类专题培训讲座等多种形式，组织广西各级工商联、直属商会组织和非公有制经济人士深入学习贯彻党的十八大和十八届三中、四中、五中全会及习近平总书记系列重要讲话精神，把思想和行动统一到中央和自治区党委的决策部署上来。

二是抓好中央统战工作会议和《中国共产党统一战线工作条例（试行）》的学习贯彻。按照会议和《条例》精神认真做好非公有制经济人士思想政治引领、商会建设、参与“两新”组织党建等工作。

三是抓好中央和自治区党的群团工作会议精神的学习贯彻。制定贯彻落实会议的具体举措，着力保持工商联工作正确的政治方向。

四是抓好广西经济工作会议、服务业发展大会、精准扶贫工作会议等重要会议和广西“48条稳增长”措施等一系列重大政策的贯彻落实。

二、以理想信念教育活动为抓手，引导非公有制经济人士健康成长

一是牵头举办广西民营企业守法诚信金融诚信培训班等系列专题培训班。广西各级工商联举办守法诚信培训班357个，培训人数2.2万人。

二是开展“依法兴企，法律服务进企业、进商会、进园区、进农村”活动，组成法律服务团，深入14个市开展“四进”活动，引导民营企业学法尊法守法用法。

三是推进企业文化建设，举办民营企业文化建设培训班，确立68家民营企业为文化建设示范点。

四是会同自治区党委统战部等四部门联合开展第四届广西非公有制经济代表人士优秀中国特色社会主义事业建设者表彰活动。

三、以服务大局为重点，桥梁纽带和助手作用有效发挥

一是做好“民企入桂”重大项目引进落地工作。促成大连万达集团与自治区政府签约战略合作框架协议，约定5年内在广西再投资700亿元建设文化旅游、万达城市综合体等14个项目；推进投资82.2亿元的南宁江南万达广场项目新开工和投资80亿元的柳州毅德商贸物流城项目落地。

二是推动民营企业走出去参与“一带一路”建设。第十二届中国—东盟博览会期间组织600多名会员企业参加泰国、柬埔寨、文莱等国家投资推介会及各项活动，承办了全国工商联和泰国商会领导人参加的中泰国家商会磋商活动。组织广西民营企业参与“第十三届世界华商大会”“阿根廷国家推介日”等国内外各种经贸活动。

三是组织中民投、万达、研祥等30多家知名民营企业到广西开展项目投资考察，其中万达集团就健康养老项目实地考察了广西19个长寿县。

四是支持河池市工商联举办桂黔滇川渝毗邻地区工商联（商会）工作协作会。河池市共签约意向项目11个，协议投资30.96亿元。

四、以服务企业和会员为根本，助推民营企业健康发展

一是力促银企对接。帮助20多家企业拓宽融资渠道；为南宁万达茂、梧州和润粮油深加工及粮食物流等项目协调建设中遇到的困难；帮助广西劲达兴纸业公司协调解决融资问题，新增3.8亿元贷款。

二是举办两期广西非公有制企业成长讲座。邀请深圳飞尚集团董事长李非列、重庆智飞生物制品公司董事长蒋仁生为广西民营企业家主作企业转型增长和创新发展讲座。召开青年创业创新座谈会，解读创业创新优惠政策。

三是做好法律维权服务。帮助协调处理永凯集团、华美纸业集团、广西百合集团等企业的经济债务纠纷问题。广西各级工商联为民营企业提供法律服务1000多次。配合全国工商联开展中小民营企业和谐劳动关系监测工作。

四是为民营企业牵线搭桥。助推兆和种业、桂林思齐通信、劲达兴纸业等企业与深圳飞尚集团合作。

五、以深入调研为着力点，参政议政水平显著提升

一是参与政党协商。全年参加自治区党委召开的政党协商会议4次，积极为制定广西“十三五”规划、打赢脱贫攻坚战等提出意见建议。完成了自治区党委重大决策课题《全面深化改革与差别化民族区域政策研究》调研报告。

二是建言献策。全年自治区工商联主要领导向全国政协提交提案14件，大会发言3件，得到国家相关部委高度重视，其中，国家能源局南方监管局调研组专门来桂进行调研办理，《关于鼓励游戏产业植入社会主义核心价值观的提案》有关建议得到文化部采纳。向自治区政协提交提案14件，大会发言4件，其中《关于加大向中小微企业开放科研公共服务平台的建议》被列为自治区政协重点督办提案。在全国工商联组织的评选中，广西获调研报告一等奖1篇、二等奖1篇，优秀提案1件。

三是推进协会商会全面深化改革工作任务。起草了《关于进一步培育和发展行业协会商会的若干意见》。

四是做好广西非公有制经济运行分析工作。2015年广西进入中小微企业监测系统的企业突破1000家；抓好《2014年广西民营经济发展报告》的编辑出版，完成《广西民营经济运行分析报告》《广西民营企业走出去和参与“一带一路”建设调研报告》。

六、以履行社会责任为切入点，引导民营企业参与扶贫攻坚成效显著

一是配合自治区党委统战部开展“千企扶千村”活动。广西各级工商联配合发动3390家民营企业与3382个贫困村结成帮扶对子，募集扶贫资金38.4亿元，新增产业扶贫项目1300多个。其中，河池市工商联以创建社会扶贫新模式的突出表现，获2015年度全国十佳“创新中国”工商联工作特别奖。

二是引导民营企业助力教育扶贫。举办“民营企业助力教育精准扶贫捐赠仪式”，发动民营企业认捐2510万元。成立广西和合济困助学基金会，2015年在贫困地区开办17个和合初中班，资助贫困初中生850人、大学本科新生172人。

三是争取到全国光彩基金、有关部门专项资金以及企业捐赠资金近700万元，用于定点扶贫村项目建设。

四是开展美丽广西生态乡村建设示范点工作。

七、以强化商会能力建设和会员发展为载体，工商联组织建设全面加强

一是开展“会员发展年”活动。2015年广西新发展会员10490个，比去年增长16%。

二是开展“商会能力建设年”活动。举办广西商会能力建设培训班。

三是开展广西县级工商联“五好”创建工作。南宁市西乡塘区等38个县级工商联被全国工商联确认为全国“五好”县级工商联。

四是在广西各级工商联所属商会中开展“六有”“十有”商会考评认定工作，认定“六有”商会83家，“十有”商会61家。

五是创新开展非公有制经济组织党建设工作。自治区工商联8个直属商会全部成立了党支部。

八、以“三严三实”教育为契机，机关作风建设扎实推进

一是通过上党课、开展专题学习研讨、约谈教育等方式凝聚思想共识，做到严守党的政治纪律和政治规矩。

二是采取民主生活会、召开座谈会、发征求意见表等多种形式征求意见，并结合经济下行情况，分成5个调研组到广西14市20个县（市、区）30家会员企业深入开展专题调研活动，深入查摆“不严不实”问题，着力解决存在问题。

三是强化会党组党风廉政建设“两个责任”，认真落实“一岗双责”。

四是坚持把专题教育与工商联中心工作结合起来，把党员干部的工作热情和进取精神转化为做好新形势下工商联工作、服务两个健康的强大动力。

海南省工商联2015年工作综述

2015年，海南省工商联在省委省政府的正确领导下，在全国工商联和省委统战部的有力指导下，团结引导广大会员企业，围绕中心，服务大局，以“三严三实”专题教育为抓手，不断深化非公有制经济人士理想信念教育，深耕细作打造经济服务品牌，转变方式夯实组织建设基础，加强机关作风建设，很好地完成了年度各项工作任务，为促进两个健康发挥了积极作用。

一、不断拓展服务，促进非公有制经济健康发展取得新成果

举办21世纪海上丝绸之路与民企商机研讨会。全国政协副主席、全国工商联主席王钦敏出席研讨会并作重要讲话，省委、省政府主要领导同志出席有关活动，近600名优秀民营企业家、专家学者和新闻界人士参加会议。陈峰主席等11位知名企业家和专家学者发表主旨演讲，与会嘉宾围绕六个专题进行了深入讨论，为民营企业投身海上新丝路，为海南国际旅游岛建设提供了有力的智力支持。会议签约13个项目，意向投资达110亿元，同时为推动中国足球冬训基地落户海口发挥了积极作用，达到了“搭建一个平台，发出一点声音，促成一批项目”的预期目标，得到了社会各界的赞誉，省委主要领导同志给予高度评价。

开展助推小微企业发展系列活动。举办百镇千企行陵水对接活动，提供1.5亿余元的贷款支持。举办“民营企业助推海南县域经济发展——儋州行”招商推介活动，签约18个项目，总投资达36.6亿元。配合省政府开展2015海南·北京综合招商活动。组织开展“民营企业招聘周活动”和网络招聘会。成立民营企业服务中心和省政务服务中心工商联咨询服务办，做好宣传、咨询、服务工作。

积极为非公有制经济发展建言献策。开展民营企业走出去专题调研，上报全国工商联，被省政府研究室作为《参阅件》印发，为民营企业走出去发展提供了有益参考。开展上规模民营企业调研，海马投资集团入选2015中国民营企业500强。开展全省非公有制经济发展情况调研，完成了2014年“蓝皮书”汇编。抓好中小微企业监测点建设，数量增加到200个。一批调研成果被全国工商联和省委统战部表彰。提交政协提案7件，其中《关于加快海洋牧场建设的建议》被省政协列为2015年重点督办提案。

法律维权服务工作稳步推进。与省司法厅、省地税局建立了互动工作机制，同时指导推动儋州等9个市县工商联与公检法等部门建立了工作机制。签署了全国西南片区工商联法律服务工作合作备忘录，拓展了省工商联法律服务工作渠道。有序开展企业维权工作，受理案件8起，办结3起。积极开展协调劳动关系工作，推荐三亚凤凰岛等3家企业为“全国就业与保障先进民营企业”。

非公有制经济发展成绩喜人。全省民营企业15.6万余家，占全省企业总量的96%，对全省GDP贡献近六成，税收贡献和吸纳就业均占80%以上。2015年，省内会员企业抢抓机遇，努力实现转型升级。海航集团首次进入世界500强，完成瑞士机场服务公司、英国伦敦路透社总部大楼等海外收购。海马汽车入选2015中国民企500强，全球布局步伐进一步加快，伊朗KD工厂建成投产。金鹿集团被认定为首届“海南老字号”注册商标。金鹰安保集团获2015中国责任品牌优秀企业。皇隆制药挂牌新三版，获海口十佳工业企业。中视文化荣获“最具成长力全国十佳中小企业”和“中国上市公司金牛奖”。2015年十大民生工程之一的第一投资旗下海南省肿瘤医院正式开业，医院理事长被评为“2015年中国卫生十大新闻人物”。立昇公司技术入股俄罗斯企业。中藤科技公司获得第六届“光彩事业国土绿化贡献奖”。

二、强化教育引导和责任担当，理想信念教育取得新成效

注重正面教育培训和宣传引导。组织学习十八届三中、四中、五中全会精神，习近平总书记系列重要讲话精神，中央和省委统战工作会议、群团工作会议精神，先后举办焦裕禄和红旗渠精神培训班，组织召开专家报告会。重视宣传引导，抓住研讨会、招商会等重要活动，充分展示工商联工作和非公有制经济人士的良好风貌，充分发挥网站、微信公众平台、会讯、《南岛视界》等渠道的作用，传达中央和省委省政府有关文件精神，及时发布企业各方面信息，树立先进典型，起到了很好的示范引领作用。

参与“双创”、扶贫和社会公益等具体实践。成立“双创”工作指挥部，召开海口地区民营企业“双创”工作动员大会和企业家座谈会，引导和组织会员企业参与“双创”工作，各企业结合实际开展了形式多样、内容丰富、注重实效的“双创”活动。多次组织企业家深入五指山南圣镇牙南村和红合村扶贫点调研考察，企业家表现出强烈的社会责任感：金鹿集团专门为牙南村量身定制了两台拖拉机，海南三道圆融旅业有限公司计划在该村进行乡村游开发改造。各市县工商联结合工作实际，将理想信念教育实践活动融入日常服务：海口市工商联协助发起海南省乡村教育发展促进会，100多家企业为促进会捐款捐物将近70万元，扶贫和支教覆盖超过10所贫困乡村小学。三亚市工商联与市工商局联合开展了“诚信经营、文明经商、美丽三亚”活动，全市100多家非公有制企业参加活动。琼海市工商联成立商界国学会，以此为载体深入开展理想信念教育。五指山等市县工商联注重引导非公有制经济人士参与“爱心助学”等公益活动。通过一系列的教育培训、宣传示范、具体实践，海南广大非公有制经济人士政治上更自信，发展上更自强，守法上更自觉，进一步树信念、强信任、坚信心、讲信誉。

三、创新工作平台，会员组织建设取得新进展

商协会和工作委员会建设平稳推进。成立收藏拍卖工作委员会、商会工作委员会、美丽乡村开发建设联盟、“互联网+”创新创业联盟，酒店餐饮旅游工作委员会正在筹备中。召开各工作委员会座谈会，为更好开展工作打下了良好的基础。严格按照业务管理的“六点”原则开展业务主管审批工作。

“五好”县级工商联建设继续深入。继续推动“五好”县级工商联创建工作，琼海、澄迈、文昌工商联被全国工商联确认为“五好”县级工商联创建单位。全国“五好”县级工商联工作检查组，对文昌、临高进行了检查，给予很高评价。

会员规模逐步扩大。现共有会员99888个，同比增加10416个，增长11.64%。企业会员27807家，同比增加5806家，增长26.39%。

四、扎实推进“两个覆盖”，非公党建工作取得新收获

强化上下联动，“两个覆盖”进一步扩大。建立市县非公经济党工委和组织部门共同开展非公党建工作的机制，统一工作台账，摸清了底数。各市县积极采取得力措施，抓组建、促覆盖，取得了显著成效，海口市在每个镇（街道）至少建立一个非公有制企业联合党支部，儋州、万宁、五指山、屯昌、琼中等市县实现了有党员的企业党组织100%全覆盖。2015年，全省非公有制企业党组织覆盖率为41%，有党员的企业党组织覆盖率达95.3%。

强化教育培训和表彰，党组织和党员作用发挥明显。举办"全省非公企业党组织书记培训班"等7期各类培训班和报告会，近1000名党组织书记、党员和入党积极分子参加学习，发放资料12000余册。表彰88个先进集体和个人，树立了50个非公有制企业党建示范点。党建工作经费保障到位，向487个非公有制企业基层党组织发放党建经费535.7万元。全省非公有制经济党组织和广大党员积极创先争优，基层党组织作用发挥充分。

五、认真开展"三严三实"专题教育，领导班子和干部队伍建设进一步加强

认真制定专题教育实施方案，以"风清气正，团结协作，用心用情，尽职尽责"为目标，明确基本原则、主要内容和方法措施等，坚持高起点开篇，高质量推进，高标准抓好各个环节落实。党组书记上党课，每月召开一次党组中心组理论学习（扩大）会，部分企业家会领导同步参加，集中进行学习研讨。建立副处以上干部"不严不实"问题台账，每两个月报告整改情况。组织全体党员干部到海口监狱开展反面典型警示教育，人人撰写心得体会。认真组织领导班子民主生活会，深入开展批评和自我批评。认真落实"两个责任"，积极完善工作机制，健全完善"一把手负总责，分管领导各负其责，班子成员齐抓共管、机关党委（机关纪委）和办公室组织协调"的领导体制和工作机制。制定《中共海南省工商联党组工作规则（试行）》《海南省工商联（总商会）会议活动制度》《海南省工商业联合会党风廉政建设和反腐败工作实施细则》《省工商联落实党风廉政建设工作实施方案》等制度。始终坚持民主集中制，坚持集体领导与个人分工负责相结合。

重庆市工商联2015年工作综述

一、深入开展守法诚信理想信念教育实践活动

2015年，重庆市工商联深入开展理想信念教育实践活动，引导非公有制经济人士学法尊法守法用法，增强守法诚信意识。不断创新活动方式，以商会为活动的主要阵地，把守法诚信教育与商会工作、党建工作有机结合，贯穿到商会日常工作的各个环节。不断强化活动效果，把守法诚信纳入"万人培训计划"，1000余名非公有制经济人士赴知名高校集中培训，多次为民营企业、商会党组织负责人作守法诚信专题教育党课。增选4名优秀律师进入民营企业报告团，6场次"民企创业梦想报告团进高校"活动深受广大学子欢迎，全市累计进企业、进区县、进商会、进高校开展法治宣讲（培训）200余场次。全体执常委发出守法诚信倡议，多个行业（异地）商会作出依法经营宣言，启动放心商品工程。开展原工商业者情况调查，深度挖掘原工商业者事迹，形成20余篇"听他们说——寻访重庆最后的原工商业者"系列专访，全国工商联发文将此项工作在全国各省市推广。推动20多个区县建立完善民营企业评政府工作绩效、政府评民营企业守法诚信"双向评价"机制，挖掘和培训文化建设示范企业160个。联合《中华工商时报》共同开设"渝商视窗"专栏，积极构建"报刊网"三位一体宣传体系，广泛宣传守法诚信先进典型。98位企业家、100户企业分别被市委市政府授予"重庆市优秀民营企业家""重庆市优秀民营企业”荣誉称号。

二、高度重视年轻一代非公有制经济人士思想政治工作

市工商联把年轻一代非公有制经济人士培养工作纳入全市人才工作计划，组织召开“凝聚青年力量、传承渝商精神”座谈会，组织赴知名高校专题培训，开展“结缘论道”大走访活动，推进区县建立青委会组织。市青委会工作成为2015年中央统战部10大实践创新成果之一，主要创新点被概括为“在非公有制企业进入集中代际传承期的新形势下，重庆市工商联以成立青委会为抓手，做好年轻一代非公有制经济人士教育引导工作，精心谋划，积极实践，逐步探索出一条可操作、易复制的培养路径”。

三、推动非公有制经济实现稳中有进发展态势

2015年，全市非公有制经济实现增加值9637.5亿元，同比增长11.1%，占全市GDP的64.1%；市场主体达187.4万户，较上年增加17.4万户；上缴税收1447.7亿元，占全市税收比重达58.4%；其中民营经济实现增加值7809.4亿元，同比增长12.2%，占全市GDP的49.7%，比上年提高0.7个百分点，为直辖以来最高。2015年中国500强民营企业，重庆占了11席，连续多年位居西部前列。

四、助推功能区域发展取得新成效

先后组织17次民营企业和直属商会赴大渡口、忠县、武隆等地开展民营企业（商会）“区县行”“城市工商资本下乡”，签约项目50个，协议金额100多亿元。启动实施渝商回归工程，在垫江县召开渝商回归动员大会暨2015年全国重庆（川渝）商会会长会，全国80余名重庆（川渝）商会会长参加会议，签约项目60余个，投资额近100亿元。深化“千户小微企业成长工程”，完成全面支持小微企业发展政策措施落实情况第三方评估调查，举办小微企业培训班，推荐小微企业参加第四届中国创新创业大赛，为小微企业提供品牌及产品宣传、市场对接。

五、推进干部进民营企业促发展机制化

会同市委组织部、宣传部、统战部开展第三批“干部进民企促发展”活动，从40个市级部门选派61名干部到民营企业挂职，助推民营经济发展。活动自2013年启动以来，仅市级层面就有105个部门、派出挂职干部145名、服务企业145家，全市各区县纷纷跟进、选派干部到企业挂职服务，受到派驻企业的热烈欢迎，挂职干部得到充分锻炼，社会反响良好。

六、积极建言献策助力企业解困

聚焦民营经济发展难题，以建立全市民企监测平台系统为依托，以健全“一家牵头，多家参与”重点课题研究机制为保障，调动各区县工商联和社会研究力量开展调研，形成了一批数据翔实、案例丰富、建议科学的高质量调研报告，《当前民营企业生产经营状况的调研报告》引起市领导及市级相关部门的高度重视，促成市政府出台关于进一步促进房地产市场平稳发展的8条措施和《关于进一步落实涉企政策促进经济平稳发展的意见》30条政策。《重庆中小微企业融资实在难》报告得到了市领导肯定与批示，推动了中小微企业转贷应急周转资金的设立。《新时期非公经济领域统战工作重点任务和方式方法研究》获全国工商联2015年优秀调研成果二等奖，《关于健全非银金融机构风险防控体系促进小贷和担保行业健康发展的建议》获评全国工商联优秀提案，市工商联3次在市政协重大协商会议作大会发言。

七、创新服务方式增添发展后劲

参与推动市国资委出台《关于国有企业发展混合所有制经济的实施意见》。与多家金融机构联动合作，推动民营企业引进战略投资、资产证券化和发行公司债。2015年，重庆市民营企业在各级证券市场融资总额超过339亿元，在上交所、深交所新增上市企业5家，总数达18家，上市辅导备案新增10家，总数达12家；在新三板挂牌新增37家，达59家，上股交（Q板）挂牌企业达183家；在市OTC挂牌企业超过250家。组织引导民营企业参与国外经贸活动30余次，1500余人次参加，涉及21个国家和地区。组织民营企业参加市外招商项目推介会13次，签约项目69个，金额469.2亿元。两个海外工作联络处为企业经贸合作、并购项目发挥了有效作用。

八、多方协调维护企业合法权益

加强与司法机关的沟通联系，充分发挥律师

服务团的作用，努力维护民营企业家的合法权益。与云贵川琼藏桂六省区建立7省市工商联法律维权工作跨省对接机制，印发《重庆市民营企业商事纠纷调解中心工作细则（试行）》。截至2015年底，36个区县工商联与政府部门共建了民营企业法律服务工作平台，21个区县工商联建立了民营企业商事纠纷调解组织。全市各区县和商会组织共调处维权纠纷案件300多件，市工商联直接受理民营企业维权案48件、办结率达95%、为企业挽回经济损失近5亿元。

九、积极参与精准扶贫攻坚行动

对口帮扶忠县精准扶贫，安排专项资金400万元，协调3个产业招商项目。累计向武隆、云阳4个贫困村拨付扶贫专项资金810万元。目前，云阳五峰村、清水村、桐麻村已经实现了整村脱贫。与市委统战部、市教委联合开展“落实精准扶贫、助力九百学子”捐资助学活动。全市1049家民营企业积极响应中央和市委号召，与18个扶贫开发重点区县、871个贫困村建立结对帮扶机制；36家民营企业和商会发布扶贫攻坚倡议书、捐款540万元、资助建卡贫困户大学生900名。

十、强化基层组织建设再上新台阶

7个区县工商联被认定为全国“五好”县级工商联，16个区县被市工商联认定为第二批“五好”县级工商联。借行业商协会与政府部门脱钩契机，接收市发改委、市建委主管的商会4个，全年新增商会组织65个，全市各级工商联商会组织达到1310个。加强商会秘书处建设，举办首次全国重庆商会秘书长培训班、直属商会秘书长培训班。丰富商会活动内容，举办了“融汇杯”商会乒乓球运动会；引导商会创新服务内容，推动企业加强技术研发与合作，2个商会新申报建立科协联络站，2个商会科协联络站获得资助，3家企业新获批院士专家工作站。持续对异地商会开展评估，协调3个非法人行业商会完成登记注册工作。截至2015年底，全市工商联会员总数达到116880个，比2014年增加11811个，增速为11.2%；企业会员64207个，占会员总数的54.9%。2015年全国工商联会员发展暨会员组织工作会议在重庆召开，对重庆会员组织工作给予了高度肯定。同时，全年新建商会党组织9家，直属商会党组织实现“同步建”。党建工作纳入商会年度述职重要内容。举办党组织书记培训班，培训基层党组织负责人80余人。培育打造市级党建工作示范点5个。

四川省工商联2015年工作综述

2015年，四川省工商联在党的十八届四中、五中全会和省委十届六次、七次全会精神指引下，在省委、省政府正确领导下，在全国工商联有力指导下，紧紧围绕中心工作，团结带领全省广大非公有制经济人士，以促进两个健康为主题，全面贯彻落实省委“三大发展战略”，努力推进“两个跨越”，求真务实，锐意进取，圆满完成了各项目标任务。

一、强化教育，凝聚共识，大力加强思想政治工作

一是扎实开展理想信念教育实践活动。开展了以守法诚信为重点的理想信念教育实践活动，省委主要领导同志作重要批示；启动了非公有制经济人士“与法同行·诚信经营”宣誓接力活动，全省共有1.5万余名企业家参与活动；征集到16篇民营企业“守法诚信好故事”；组织非公有制经济人士到广元、巴中革命老区缅怀革命先烈，扩大活动覆盖面，推动活动纵深开展。

二是大力加强教育培训工作。举办了“新常态下民营企业转型升级与创新发展培训班”“当前宏观经济形势分析及民营企业面临的挑战和机遇”“新常态下的企业家智慧与创新”等专题培训，编发了《民营企业新闻发言人暨舆情应对培训资料》；通过省工商联官方网站、《新蜀商》内部期刊等，宣传中央统战工作会议和《中国共产党统一战线工作条例（试行）》、《实施细则》文件精神；召开了四川省工商联新闻媒体年度沟通会，与人民网·中国共产党新闻网联合推出了四川省非公有制企业党建宣传云平台，与《中国改革报》《西南商报》签署了战略合作协议；创建了新蜀商微信公众平台，积极开展“中国民营企业职工阅览室”项目建设工作，全省34家企业建立了职工阅览室，共获赠图书5万余册，价值150余万元。

二、关注热点，服务大局，努力提升参政议政水平

一是积极履职建言献策。召开了“全省工商联参政议政及提案工作培训会”；提交省政协十一届三次大会团体提案19件，《关于加强金融管理促进民间投资的建议》被列为省政协重点督办提案；反映社情民意14件，提交党外人士建议意见5件。

二是认真开展调查研究。深入调查研究，提出支持引导民营企业加快转型升级的意见建议；以参与第三方评估工作为契机，推动税收优惠政策、专项资金使用、融资担保、公共服务平台等政策落实；开展了“民参军”、产业扶贫模式、商会组织建设、聚焦转型升级等调研工作；完成了全国工商联在四川开展的《国务院关于扶持小微企业健康发展的意见》贯彻落实情况第三方评估调研工作，并提交报告；配合全国工商联组织了民营企业走出去、全面支持小微企业发展政策措施落实情况第三方评估、构建新型政商关系、上规模民营企业调研等多项重点调研工作。

三、创新方式，主动作为，助力非公有制经济健康发展

一是积极搭建企业合作平台。举办“2015中外知名企业四川行”“中国西部（四川）展暨国际投资大会”“2015第三届中国（绵阳）科技城国际科技博览会”“中外知名商会自贡行活动暨盐都商会100周年纪念大会”等20多项经贸交流活动。

二是扎实开展精准扶贫活动。开展了“万企帮万村”精准扶贫行动，发起了《“参与精准扶贫，弘扬光彩精神”倡议书》；开展了“用爱点亮梦想，关注藏区公益行”活动，为甘孜、阿坝藏区捐赠7万多册《弟子规》藏汉双语读物；开展了“有你就有美好2015凉山美姑文化公益行”活动，向美姑县教育局捐赠教育助学基金109300元，捐赠运动用品、文具图书、电脑及桌椅等物资物品共计794940元；赴平武县开展精准扶贫活动，企业家现场给仙坪村贫困户捐赠17万元，7家企业分别与仙坪村签订了《村企结对帮扶协议书》；广东省工商联拟援建丹巴县6所小学的信息网络教学设备和图书，总额30万元；中恒集团捐赠50万元人民币，用于扶贫帮困和慈善公益事业。

三是认真组织开展光彩事业活动。参加了“中国光彩事业黄冈（红安）老区行”活动；“光彩事业通江行”活动现场共签订项目合作协议13个，投资总额达39.7亿元，新筑路桥机械股份有限公司等公司现场捐赠现金60万元，电脑42台；“知名企业光彩事业广元行”活动项目推介签约暨捐赠仪式促成投资项目20个，总额达70亿元，中英国际建工工程公司、广元浙江温州商会等7家企业和3家商会向广元教育事业、医疗和社会事业捐赠资金物质达161.3万元。

四、凝心聚力，强基固本，全力推进基层组织建设

一是大力加强基层工商联建设。开展了以“一个设立、五个有”和创建“五好”县级工商联分类指导，全省已有76个县级工商联创建为“五好”县级工商联，占比达41.5%；举办2期“全省区县工商联主席、党组书记培训班”；全年共发展企业会员15家，组建商（协）会4家；建立了四川在外企业家微信联系平台。

二是狠抓基层商会规范化建设。举办了“全省县级工商联建设暨统计工作培训班”；召开了“四川省工商联直属商会建设工作座谈会”“外省（市）四川（川渝）商会座谈会”；印发了《四川省工商业联合会（省商会）企业家副主席、副会长工作述职办法（试行）》《四川省工商业联合会（省商会）直属会员管理办法》《四川省工商联直属商会考评办法》。

三是积极做好非公有制企业党建工作。在全省遴选出35家党建工作成效突出的民营企业、（商）协会，建立了非公有制经济组织党建工作联系点。截至2015年底，省工商联系统执常委企业已建立党组织1265个，有10个市州上规模非公有制企业“建党率”已达100%，全省上规模非公有制企业“建党率”也达90%以上。

五、整合资源，贴近需求，竭力服务非公有制企业

一是主动服务企业走出去。与省商务厅签订了《支持四川民营企业走出去合作备忘录》，共同推动民营企业加快走出去，形成了《四川省民营企业走出去调研报告》。与新西兰、以色列、韩国、日本等国就推动两地企业经贸活动加强联系。

二是努力做好对外联络工作。帮助22名民营企业家办理了APEC商务旅行卡；完成中俄“两河流域”经贸旅游推介会的相关工作，签署了孟中印缅经济走廊商会合作框架协议；圆满完成日本、韩国、以色列、新西兰、中国台湾等接待来访工作；积极组织民营企业代表团出访白俄罗斯、俄罗斯、澳大利亚、新西兰、斐济等国家，参加中国长江中上游地区和俄罗斯伏尔加河沿岸联邦地区地方领导人第四次座谈会以及“文化中国·锦绣四川”对外宣传和项目招资促进活动，推动川商在白俄罗斯“中白工业园”的项目对接和落地。

三是积极开展非公有制企业法律服务工作。开展了涉企收费专项清理规范工作和“法律进企业活动”；举办了“民营企业新闻发言人暨舆情应对专题培训班”“APEC商务旅行卡专题培训班”“民营企业劳动保障法律法规培训班”“川商返乡创业回家发展座谈会”“2015（春）中国·西部中小企业发展论坛”“四川省民营经济发展形势分析座谈会”；完善了“四川省民营企业维权中心”各项工作制度和工作流程；与云南、广西、海南、重庆、贵州、西藏6省工商联共同建立了法律维权服务工作对接机制。

六、立足长远，夯实基础，着力加强机关自身建设

一是扎实开展“三严三实”专题教育。召开了“三严三实”专题教育学习会，制定了《省工商联“三严三实”专题教育方案》，制定了省工商联“三严三实”专题教育问题清单及整改措施；组织干部职工赴成都市建川博物馆开展学习参观和座谈交流活动、观看了南充拉票贿选案警示教育片《深刻的反思》；开展了“双月读书汇”读书交流活动，举办了“市（州）工商联秘书长办公室主任培训班”，与平武县阔达乡仙坪村党支部结对共建，明确了干部结对认亲联系户。

二是着力构建机关长效机制。修订和完善了交心谈心制度、处长负责制度、廉政建设制度、联系和服务基层制度、省工商联各专委会的联系和管理办法、省工商联直属行业商会管理办法等规章制度；不断推进机关干部队伍建设，干部队伍年轻化、专业化、知识化方面呈现可喜变化，制定了《四川省工商联发文/收文办理流程图》，会机关办事程序进一步规范，办文办会质量进一步提高，工作执行力和工作效能全面提升。

贵州省工商联2015年工作综述

2015年，贵州省工商联在省委省政府的正确领导下，在全国工商联和省委统战部的精心指导下，省工商联认真贯彻落实党的十八届四中、五中全会，省委十一届五次、六次会议，全国工商联十一届六次常委会议、十一届三次执委会议精神，围绕中心、服务大局，围绕重点、深入调研，围绕发展、搭建平台，围绕基础、健全组织，扎实推进各项工作，圆满地完成了年初所确定的各项目标任务。

一、围绕主题，强化措施，做好非公有制经济人士思想政治工作

1. 创新活动载体

制定下发《贵州省民营企业家守法诚信教育实践活动实施方案》，通过以搭建5大平台、建立5项机制、开展20项活动为重点，推动教育实践活动顺利开展。5月份在清镇举行全省非公有制经济人士守法诚信教育实践活动工作推进会，指导该商业街创建“守法诚信商业街”和“评选守法诚信示范户”，并为其进行授牌。与省委宣传部等单位共同在会员企业中开展10户“贵州省五型企业暨企业文化建设示范单位”创建活动。

2. 强化教育培训

打造“省工商联优秀会员企业家成长计划”品牌、创办“民营企业家流动学堂”、开设“法律大讲堂”、利用好省社会主义学院，针对非公有制经济人士特点、需求开展全方位多层次教育培训。一年来，共举办非公有制经济人士专题培训9批次，2200余人次参加。

3. 抓典型事迹宣传

省教育实践活动领导小组办公室共编写印发活动简报43期，编印《贵州商会》会刊6期，贵州商会网发布各类消息、信息2105多条。通过《中华工商时报》、《贵州日报》、贵州广播电视台、多彩贵州网、《贵州政协报》、《贵州商报》等媒体报道工商联和非公有制经济人士新闻近400篇。

二、围绕中心，服务大局，积极开展邀商安商工作

1. 走出去、引进来，助推民营企业发展

分别在福建省福州市和上海市成功举办“以商招商推介及项目签约会”，实现签约项目43个，签约金额520亿元。推动并指导贵州长通集团、贵州电力建设第二工程公司和贵州省交通规划勘察设计研究院股份有限公司联合组建了贵州海上丝路国际投资有限公司，与印度最大的基础设施建设运营商GMR集团签署合作协议，共同在印度安得拉帮建设高端装备制造园。借助第三届“天下贵州人”活动，促成北京市贵州商会和天津市贵州商会与印江、道真、晴隆、惠水等11个县签署了助推县域经济发展战略合作协议。成功在毕节市和盘县举办“贵州省工商联助推县域经济发展”系列活动，促成民营企业与两地签约50个项目，签约金额556亿元。

2. 举办第二届贵商发展大会

9月，在贵阳国际会议中心召开以“共享高铁时代的贵州发展机遇”为主题的第二届贵商发展大会。全国工商联副主席，上海市政协副主席、市工商联主席王志雄，省四大领导班子13名省领导出席会议。会议表彰了“2015年新贵商人物”“2015年度十大返乡创业标兵”“2015年度十大创富精英”“2015年度十大杰出贵商”。举办了关注留守儿童的“留守儿童基金”启动仪式，开展了“创客贵州”创业创新大赛，推动了贵州五大新兴产业发展的“贵商创业投资基金”顺利签约。

3. 开展民营经济职称评审

在建筑工程、水利水电工程、制药工程等18个专业开展民营经济组织的职称评审工作，共收到5550份申报材料，最终4037名申报者获得通过，其中高级1369名、中级1813名、初级855名。民营经济职称评审工作被中央电视台作为政府简政放权的典型报道，并被省委改革办列为2015年省委省政府18重大领域调研选题之一。

三、围绕重点，深入调研，充分发挥参政议政作用

1. 提交政协提案

向省政协十一届三次会议提交1份大会发言材料、8份团体提案，提案得到省政协、省委办公厅和省政府办公厅的高度重视。向全国工商联推荐的《关于修改〈国务院关于职工工作时间的规定〉与〈中华人民共和国劳动法〉相一致的提案》作为全联提案提交全国“两会”。

2. 推动商会立法

协调省人大财经委、省政府法制办联合开展关于起草《贵州省商会发展促进条例》的调研工作，并由省工商联牵头组成专题调研组赴湖南、浙江、温州、宁波、上海等地的工商联和贵州商会开展调研，起草了《贵州省商会发展促进条例》（征求意见稿）。

3. 开展专题调研

按照省委主要领导同志的要求，围绕如何让更多的创客创办企业，成为有作为的企业家等开展调研，完成了针对性强、质量较高的调研报告，获得省委、省政府主要领导同志的批示和肯定。对全省9个市、州工商联系统的200家中小微企业监测点开展调研，形成了《关于我省小微企业发展情况的调研报告》送省委省政府。完成《关于对贵州省落实全面支持小微企业发展政策措施情况的评估报告》并报全国工商联。

四、围绕发展，搭建平台，促进非公有制经济健康发展

1. 强化法律服务平台建设

与省公安厅达成服务民营经济发展协作机制，以“关注新兴产业，护航经济发展”为主题，与省检察院共同召开“检察长、董事长”论谈会，共话民营经济法制环境建设。在全省建立10个民营经济法律服务工作站，全年共收到民营企业投诉和反映案件24件，办理23件，为民营企业提供政策、信息、投资、政府对接等服务20起。与省政府有关职能部门建立法律委员会，研究解决企业涉法问题，协调跟踪涉企重大法律问题的处理。

2. 强化税务联席会议平台建设

依托纳税服务联席会议机制，联合省国税、省地税为全省近500家企业财务人员进行民营企业纳税知识培训，在年底召开的总结交流会上原则通过《贵州省保护民营企业纳税人权益实施办法》。据统计，全省各级国税机关依托“联席会议”平台直接办理民营企业涉税问题590个，解答民营企业涉税问题13.6万个，纳税服务投诉回复率达100%。

3. 强化科技合作平台建设

与科技厅联合出台《关于推动科技创新促进贵州省民营经济大发展的实施方案》，共同举办了历时4个多月的“2015年第四届中国创新创业大赛暨创客贵州大赛”，继续推动“商会携手众创联盟”工作，组织贵州省物流网发展促进会、贵州省民间投资企业商会会员企业负责人参加省工商联与科技厅共同举办的“科技创新成就大业携手众创联盟”活动，目前已举办2场。

4. 强化金融合作平台建设

先后推动贵州省广东总商会与中信银行贵阳分行、农业银行，贵州省中药材商会与贵州银行股份有限公司签署了战略合作协议；省工商联与中信银行贵阳分行签署了合作协议。

五、围绕基础，健全组织，筑牢夯实机关自身建设

1. 继续抓好全省“五好”县级工商联建设

与省委统战部、省委督查室和省政府督查室两次向全省各市（州）党委和政府办公厅（室）行文，组成联合督查组对全省9个市（州）、25个县的“五好”工商联建设进行督查验收，组织召开了全省“五好”县级工商联推进会，对完成2014年建设任务的25家县级工商联进行授牌并兑现奖励，启动第二批36家“五好”县级工商联建设工作。制作的“省级工商联推动‘五好’县级工商联建设”专题视频，被全国工商联选为“五好”工作优秀经验材料向全国宣传推广。

2. 狠抓“建百家商会”工作力度

3月，下发《关于开展2015年“建百家商会”“交千名朋友”工作的通知》，规范各级工商联推动组建的异地商会和行业商会，新成立省级贵州商会6家，市级贵州商会2家，同时4家省级贵州商会筹委会进入运作，实现了全国30个省（市、自治区）贵州商会组织的“全覆盖”。

3. 狠抓规章制度贯彻落实

认真贯彻落实好中央八项规定和省委十项规定精神，完善财务管理制度，对机关经费情况进行公示。贯彻落实《关于调整贵州省工商联班子成员联系市（州）、县（区、市）和民营企业的通知》《贵州省工商联机关公务员平时考核实施办法》《贵州省工商联关于车辆改革实施意见》等。

云南省工商联2015年工作综述

2015年，在全国工商联指导和关心下，云南省工商联坚持两个健康主题，积极努力，主动作为，各项工作取得了新的进步。

一、扎实推进理想信念教育实践活动

一是认真组织非公有制经济人士学习贯彻党的十八届四中全会、习近平总书记系列重要讲话及考察云南重要讲话、中央统战工作会议、全省加快民营经济发展工作会议和省委九届十次、十一次、十二次全会精神。

二是充分发挥正面引导、政企沟通、培训互动、依法维权、协调推进长效机制作用，坚持把教育实践活动融入工作实践、企业发展实际，贯穿企业党建、企业文化建设，搭建活动平台，创新活动载体，丰富活动内容。

三是以开展第四届全省非公有制经济人士优秀中国特色社会主义事业建设者评选表彰活动为契机，树立了一批可信、可比、可学的先进典型。

二、不断加大非公有制经济宣传力度

一是在《中华工商时报》《云南日报》《云南新闻联播》等媒体上宣传报道非公有制经济领域动态和工商联工作，与中央、省级主流媒体的联动合作更加密切。

二是邀请新华网、云南网、《云南政协报》、《春城晚报》等主流媒体走进源天生物、东兴铸造、鑫诺陶瓷和武定县采访报道，新闻记者进民企活动影响力持续扩大。

三是组织优秀创业者深入5个州市、5所知名院校与众多创业者、广大师生无私分享成功创业经验。

四是微信公众平台、商联资讯、《云南民企高管内参》的关注度进一步提升，《云南商会》《时代滇商》的知名度进一步提高。

五是多媒体发布平台安装完成并投入使用，官方网站更加注重采纳基层信息，用信息服务会员需要、宣传企业形象、服务基层工作成效明显。

三、努力开展光彩扶贫事业

一是积极参与第二届全国扶贫日、中国光彩事业黄冈（红安）老区行活动，累计认捐资金800余万元。

二是率先在全国组织开展民营企业履行社会责任培训，推荐2户民营企业荣获全国就业先进集体。组织全省民营企业招聘活动，帮助签订就业协议1.95万人。

三是累计拨付光彩会资金1243.91万元，支持项目建设48项；发放“七彩云南助学金”100余万元，资助贫困学生500余名。

四是光彩事业国土绿化奖推荐评选和2015年沪滇合作项目实施等工作顺利完成。

五是帮助挂钩点孟连县引进产业发展资金2500余万元。

四、认真开展非公有制企业党建工作

一是认真落实省委《关于加强和改进非公有制企业党的建设工作的意见》，非公有制企业两个覆盖工作不断扩大。截至2015年底，省工商联非公党委共有党组织33个。二是召开纪念建党94周年大会。三是举办入党积极分子培训班、基层党组织书记培训班，指导企业（商会）成立党组织。

五、积极促进民营经济政策有效落实

一是传达学习《关于促进民营经济发展若干政策措施的意见》，召开民营企业座谈会、深入商会企业调研走访。

二是与发改、国土、环保、税务、金融等部门合作共建，与省委组织部、省工信委共同开展“千人进企业”活动。

三是与CCTV证券频道合作，召开投资机构与非公有制企业家见面会，邀请有实战经验的专家解析成功案例。

四是牵头组建云南省民营企业投诉中心，制定《云南省民营企业投诉中心投诉处理办法》。

六、大力提升经济服务水平

一是“贷免扶补”发放扶持贷款8.61亿元，鼓励创业促进就业12880人；“两个10万元”微型企业培育工程拨付扶持资金2386户，共7158万元，推荐获批贷款327户，共3173万元。

二是召开银政企对接座谈会，解决流动资金贷款10余亿元，落实贷款意向资金36亿元。

三是与中国建设银行云南省分行合作举行2015云南省非公有制企业100强发布会活动。

四是完成了第3届南博会、旅交会等重大活动的客商邀请工作，TCL、华为、新希望等13家全国500强民营企业到滇参展考察。

五是开展全面支持小微企业政策措施落实情况第三方评估、全省民营企业重点行业生产现状调研等工作，助推民营经济发展。

六是组织6个经贸团80余人次前往港澳台、加拿大、美国等国家和地区参会参展，为民营企业走出去搭建平台、提供服务。

七是成功召开“滇缅经贸合作论坛”第五次会议。

八是举行全省发展混合所有制经济推介会、推广政府和社会资本合作模式PPP项目推介会，参与承办泰国云台东盟文化商贸促进会企业对接会、全省留学人员创新创业园第二届年会暨联谊会等重大活动。

九是推进外事服务民营企业便利化，组织民营企业家自驾车考察昆曼公路沿线投资环境。

七、全力做好法律维权工作

一是法律维权委员会、法律服务中心、商会调解中心的作用更加明显，全年为非公有制企业提供法律咨询100余次，受理案件55件，办结39件、正在办理16件。

二是主动参与全省协调劳动关系三方会议相关工作，引导民营企业积极构建和谐劳动关系，在全省确定260户企业启动劳动关系监测工作。

三是召开西南片区工商联法律维权工作对接座谈会，签署非公有制经济法律服务工作合作备忘录。

四是编印《云南省民营企业典型案例汇编》，引导商会加强行业诚信自律。

五是深入开展法律进商会、进企业活动，扎实推进法制宣传教育工作。

八、切实提高调研能力和参政议政水平

一是开展“加强滇印医药产业合作，培育辐射中心的优势产业”等课题调研，为全省非公有制经济发展工作建言献策。

二是与省政协提案委共同召开全省非公有制经济发展行政执法环境建设专题协商会，努力营造公平公正的非公有制企业发展环境。

三是上报《大力发展我省民营金融的建议》等工作专报6期，得到省委、省政府主要领导高度重视和专项批示。

四是广泛征求非公有制经济人士对省“十三五”规划的意见建议，积极参加省委、省政府有关会议和省政协主办的经济论坛、民生论坛，积极发声、主动发言，充分反映非公有制企业发展遇到的困难和问题。

九、有效发挥县级工商联作用

一是大力推进县级工商联建设，安排落实改善基层工商联办公条件建设经费230万元。

二是大力开展县级工商联领导班子培训工作，112名县级工商联主席、党组书记参加了全国工商联组织的培训班。

三是召开县级工商联建设工作推进会，命名表彰“五好”县级工商联26家。

十、不断巩固基层商会建设成效

一是加强统战工作对商会组织的有效覆盖，发挥工商联对商会组织的指导、引导、服务职能。

二是大力发展会员。截至2015年底，全省工商联共有会员148185个、商会组织1903个。

三是提高各级人大代表、政协委员所在企业的入会比例。全省工商联共有县级以上人大代表625人、政协委员3323人。

十一、进一步加强人才队伍建设

一是与清华大学、浙江大学等著名高校合作实施“民营企业人力资源百千万培训工程”，累计培训非公有制经济人士1000余人次。

二是在上海交大、滇商学院等举办十八届四中全会精神、工商联常委执委培训班10余次，累计培训工商联、商会干部1000余人次。

三是通过举办十八届五中全会精神、民营经济政策解读、预防企业投融资风险管控等专题讲座，累计邀请会员企业参与听讲800余人次。

十二、注重提高机关建设水平

一是认真开展“三严三实”和“忠诚、干净、担当”专题教育，严格落实中央八项规定和省委十项规定。

二是专职会领导联系企业、县级工商联（商会），企业家副主席（副会长）机关轮值、联系县级非公有制经济发展等制度得到较好落实。

三是采取专家授课、岗位练兵、双向交流、挂职锻炼、学习观摩等形式加强干部培养锻炼，机关执行力和工作效能全面提升。

西藏自治区工商联2015年工作综述

2015年，在全国工商联和西藏自治区党委、政府的正确领导和指导下，西藏自治区工商联团结带领全区非公有制经济人士，坚持以促进两个健康为工作主线，围绕中心、服务大局，主动作为、开拓进取，积极适应经济发展新常态，各项工作取得新进展。

一、主动适应经济发展新常态，创新举措推动全区非公有制经济大发展

截至2015年底，全区各类市场主体达到15.42万户，注册资本4210.17亿元，同比增长39.93%、49.18%，其中非公有制经济达到14.93万户，注册资本2905.30亿元，同比分别增长41.05%、75.50%。非公有制经济吸纳社会就业86.1万人，同比增长20.98%。上缴税收166.93亿元，同比增长16.7%，占全区税收总额的93.79%。自治区市场主体活力显著增强，而且新增市场主体产业结构更加优化。全年新增市场主体4.36万户，平均每天新登记119户。全区营业收入上亿元的非公有制企业80余家，注册资本上亿元的137家。非公有制企业科技意识和品牌意识得到强化，企业创新能力逐步增强。非公有制企业拥有自治区著名商标53件，中国驰名商标9件，分别占全区总量的80%、82%。目前，全区有14家上市企业，其中非公有制企业控股11家，培养后备上市企业15家，其中非公有制企业14家，一大批骨干龙头非公有制企业正逐步成长起来。总体看，非公有制经济发展速度不断加快，发展质量不断提升，继续保持了健康快速的发展势头，对西藏经济社会发展的贡献率不断攀升，发挥的作用越来越大。

1. 持之以恒抓落实，招商引资和光彩公益项目落地取得新成效

继续推动“中国光彩事业西藏行”签约项目落地工作，继续开展签约项目回访工作，截至2015年底共落地项目102个，投入资金670.6亿元。协调落实光彩行活动那曲543名“西藏先心病儿童”救治项目有序进行，曲水县养老院项目、奇正五明学院项目已经完成并通过验收。继续推进2014年藏博会签约项目落地，目前已落地项目33个，总投资387亿元。配合自治区发改委做好第二届藏博会招商引资工作，组织大型唐卡绘制展示等5个项目在藏博会上签约，项目投资总额达8亿元，涉及文化旅游、教育、IT及生物医药等产业。2015年藏博会共签约项目132个，总投资757亿元。

2. 坚持产业发展导向，认真负责落实非公有制企业扶持资金，有力推动企业做大做强

根据《西藏自治区非公有制经济发展专项资金管理办法》规定，会同区财政厅对2013年、2014年上报的项目进行筛选，36家企业通过评审，正在进行财务核查评估。自全区首届非公有制经济大会以来，共落实非公有制经济发展项目资金1.7319亿元，扶持非公有制企业发展项目99个，有力地支持了非公有制企业做大做强，较好地发挥了自治区产业政策的导向作用。

3. 起草修改各项优惠扶持政策措施，进一步优化非公有制经济发展环境

区工商联为推动自治区党委、政府召开全区第二次非公有制经济大会，并对首届非公有制经济大会精神贯彻落实情况进行总结，表彰全区“五强百家”非公有制企业和百位优秀中国特色社会主义事业建设者。在多次调研了解实际情况、多次征求相关厅局单位意见建议的基础上，起草了《关于进一步加强全区非公有制经济健康发展的意见》《关于鼓励支持民营企业积极投身公益慈善事业的意见》《关于建立我区非公有制企业互助式融资担保机制的意见》《关于加强非公有制经济组织法律维权工作的意见》等重要文件。

二、区工商联各领域工作取得新成效

1. 重心下移深入调研，形成多方面调研成果

由区工商联领导班子成员带队的调研组共计15次，先后分别深入7个地市、15个县（区）的110余家企业和15个县（区）工商联，开展专项调研。开展了“强强联合、抱团发展”主题调研、非公有制企业法律维权工作调研、县级基层组织建设调研、非公有制党建工作调研、对口援藏工作情况调研等，对小微企业生产经营状况、面临的困难和问题，中央、自治区鼓励支持非公有制经济发展的政策落实情况，以及科技创新、吸纳就业、维护社会稳定等方面情况有了全面了解，在此基础上，形成了《关于“十三五”西藏自治区工商联工作和非公经济发展的政策建议》《各对口援藏省市工商联落实援藏援疆工作会议情况汇报》《非公经济“十二五”规划评估报告》等材料，上报全国工商联和自治区党委、政府。

2. 加强协作，整合各方力量，搭建非公有制经济发展平台

2015年先后与云南、广西、四川、重庆、贵州、海南工商联签订了《西南片区工商联法律服务工作合作备忘录》，与自治区金融办、西藏证监局共同举办了新三板上市培训会，与西藏同信证券股份有限公司签订《共同推进西藏民营企业借助资本市场发展的合作框架协议》，与人社厅、工会、国资部门共同做好“三方劳动关系协调”工作，与法制部门联合举办“普法周”，与司法厅共同举办了非公有制企业经营管理法律培训班，与人社厅、国资委、教育部门联合举办“非公有制企业人才招聘周”、大中专毕业生专场招聘会，与外办、台办交流涉外、涉台经贸工作的合作内容，与工商、国税、统计等部门召开“四方座谈会”，建立信息共享机制，与区人社厅就非公有制企业聘用专业技术人员的职称评定事宜基本达成一致意见，推动出台相关办法。与印度中国经济文化促进会、尼泊尔中华总商会分别签订商会间友好合作框架协议，推动自治区同两国商会及工商界建立友好关系。组织区内非公有制企业家到澳大利亚、新西兰等国家和地区考察学习。与上海市工商联缔结友好工商联（商会），与承德国家高新技术产业开发区签署战略合作框架协议，为自治区非公有制企业走出去铺路架桥，共同推进双方及区域间的战略合作。

3. 以服务为宗旨，以教育为重点，推动非公有制经济人士“四信”教育常态化

以“诚信守法”为工作主题，通过举办各类培训班，引导非经济人士感恩社会、回馈社会。制定了企业家兼职领导定点联系工作制度，开展了非公有制企业法律维权工作，举办“西藏非公有制经济界庆祝自治区成立50周年暨国庆66周年”文艺晚会、举办“筑梦·向着太阳”全区第二届非公有制经济界文艺晚会，展示全区非公有制经济界团结奋进、昂扬向上的精神风貌，实现非公有制经济人士的健康成长。

4. 抓住重点，突出亮点，非公有制党建工作取得新进步

一是工作体制机制进一步规范健全。加强基层组织建设，全区7地市44个县（区）成立了非公党工委，其中拉萨、日喀则、山南实现了县级非公党工委全覆盖。起草《关于加强非公经济组织党建工作经费保障的实施意见》。

二是继续抓好“两个覆盖”和“两支队伍”建设工作。2015年新发展党员416名，新审批非公有制企业党支部102个，转入非公党工委管理党支部18个，全区非公有制经济党组织已达到510个，党员6618名。

三是加大对基层企业党组织工作支持力度。帮助48家非公有制企业党组织建立党员服务站。

积极落实党内关怀、帮扶机制，春节、藏历年期间，开展非公有制经济组织老党员和困难党员慰问工作，慰问40名非公有制企业老党员、困难党员，发放慰问金4万元。

5. 开展“五有”“五好”县级工商联建设

推荐了10个“五好”县级工商联，有关工作得到全国工商联“五好”基层工商联组织建设检查组的高度肯定。

工商联组织覆盖面不断加大。截至2015年底，全区共有工商联组织69个（其中：自治区工商联1个，地市级工商联7个，市辖区2个，县级工商联59个）。

商协会建设取得突破。新成立5家异地商会，截至2015年底，全区有异地商会15个，行业协会13个，已报待批的有7家异地商会、1家行业协会。西藏有了第一个内地的商会——成都西藏商会。

会员结构不断优化。新增会员1095家（含新统计入内的县级工商联会员），全区工商联会员达到5085家（其中，企业会员1159家，个人会员3884家，团体会员42家）。区工商联直属会员由237家发展到267家（清退15家）。

群团工作不断加强。2015年新成立20家非公有制企业工会，全区非公有制企业中已有71家建立工会、17家建立团组织、45家建立妇女组织。

宣传工作不断加强。提升《西藏商会》办刊水平，建立了微信公众平台，完成区工商联成立以来到2014年的《工商联志书》编撰工作。召开区工商联（总商会）成立20周年座谈会，回顾发展历程，总结发展经验，凝聚力量，坚定信心，为不断开拓工商联工作新局面打好思想基础。

先进典型不断涌现。西藏特色产业、雅喜实业的员工获得“全国劳动模范”称号，西藏泰成餐饮、哈达集团的员工获得“全国巾帼标兵”称号，西藏舒心实业、远大建材获得全国“五一标兵岗”称号，拉萨鼎业制粉、远大建材获得自治区“五一劳动奖”，城关地毯厂获得自治区“工人先锋号”等荣誉称号。

陕西省工商联2015年工作综述

2015年，陕西省工商联在省委的正确领导和上级组织的指导下，全面贯彻党的十八大和十八届三中、四中、五中全会精神，深入学习习近平总书记系列重要讲话，认真落实中央统战工作会议、中央党的群团工作会议、中央扶贫开发工作会议精神和省委全会精神，坚持两个健康工作主题，不断加强思想政治工作和组织建设，创新经济服务机制、内容和形式，积极为陕西经济社会发展建言献策，较好地完成了各项工作任务。

一、全国工商联、省委省政府重视支持省工商联工作

2015年，全国工商联和陕西省委、省政府领导多次到省工商联走访座谈、听取工作汇报、出席重要活动，深入民营企业调研。1月，第三届陕西省优秀中国特色社会主义事业建设者表彰大会在西安召开，省委、省政府主要领导同志出席并讲话，35名优秀建设者受到表彰，优秀建设者代表宣读了《做强非公有制经济，共建“三个”陕西》的倡议书。6月，陕西省工商联召开成立60周年庆祝大会，省委、省人大、省政府、省政协领导出席，全国工商联副主席安七一到会祝贺，省委主要领导同志作重要讲话，省级各民主党派和人民团体代表致辞。会议回顾了陕西省工商联60年来的发展历程，总结了省工商联事业取得的主要成绩和经验体会，表彰了全省工商联系统先进工作者和优秀会员。

为帮助企业正确认识、把握和适应新常态，省委、省政府主要领导多次到民营企业了解情

况，指导发展，帮助解决困难。省委主要领导同志先后深入榆林、汉中、西安等地民营企业调研视察，中央统战部副部长，全国工商联党组书记、常务副主席全哲洙，全国工商联副主席谢经荣等领导就民营企业走出去和小微企业政策落实情况先后来陕调研。全国工商联和省委省政府对省工商联工作的重视和支持，增强了机关干部服务两个健康的责任感、使命感，坚定了非公有制经济人士的发展信心。全省非公有制经济在转型升级和推进混合所有制改革等方面积极作为，显示出勃勃生机。

二、教育引导非公有制经济人士健康成长

根据全国工商联的统一安排，陕西省工商联深入开展了以守法诚信为重点的理想信念教育活动，通过组织报告会、经验交流会、文明单位创建、“双爱双评”表彰，组织新生代企业家赴延安、榆林接受革命传统教育，机关干部赴渭南渭华起义纪念馆开展主题党日思想教育等活动，教育引导企业家成为“守规矩”“有担当”的合格建设者。全年编发理想信念教育活动简报 26 期。经过改版后的《陕西新工商》成为联系各级工商联组织和非公有制经济组织的主要桥梁和平台。陕西电视台、《陕西日报》、《陕西工人报》、《中华工商时报》等媒体对陕西省第三届“优秀中国特色社会主义事业建设者”和陕西省第五届“关爱员工、实现双赢”的优秀民营企业、企业家和优秀员工进行了集中宣传。2015 年，陕西电视台“商界陕西”栏目播出节目 27 期，《陕西日报》刊登工商联新闻 23 篇，《中华工商时报》刊登工商联新闻、信息 104 篇，工商联的工作及非公有制经济人士的贡献得到了社会的广泛认可。

为贯彻中央扶贫工作会议精神，陕西省工商联积极组织动员广大非公有制经济人士投身扶贫开发、光彩事业等活动，在履行社会责任中接受教育、提升境界。全年落实同心光彩慈善项目资金 595 万元，中国光彩会扶持资金 300 万元，实施“光彩慈善”项目 4 个。在机关定点扶贫工作中，组成工作队长期驻村，机关干部包户到人，对贫困户进行核查认定、建档立卡和信息输入，并根据当地实际，帮助引进投资 260 万元，建设产业项目 2 个。为从根本上解决长期困扰村民的饮水难问题，筹资 40 万元修建了 2 座“光彩水塔”，群众立“功德碑”以表感谢。

三、服务非公有制经济健康发展

省工商联不断强化和完善服务平台，组织开展富有实效的交流合作，帮助企业健康发展。针对民营企业用电、土地征用、企业债务等具体问题，陕西省工商联在调查了解的基础上，积极协调有关部门给予解决。积极推动西京银行的筹备，举办了民营企业与金融机构对接会，开展了民营企业融资成本调查、优秀民营企业家“进中行”等活动，帮助企业破解融资难题。加强与高校和科研院所及产业园区的合作，通过西安交通大学“超临界水煤化制氢耦合发电技术”，帮助企业参与高科技项目的研发。通过组织企业参加“兰洽会”“光彩事业黄冈行”、省市政府 PPP 示范项目推介会，开展“民营企业市县行”等活动，促进经贸交流合作。围绕非公有制经济积极参与“一带一路”建设，通过组织召开陕西省知名民营企业家与港澳侨政协委员合作交流会、参加第十三届世界华商大会、举办新加坡—陕西经贸与商会合作洽谈会和哈萨克斯坦—陕西合作交流会等，加强与异地陕西商会及境外工商社团的联系，宣传推介陕西的重点项目和重大活动，为会员企业走出去发展牵线搭桥。在第十九届中国东西部合作与投资贸易洽谈会暨丝绸之路国际博览会期间，参与组织了 20 多场经贸交流活动，来自国内外的 30 多家异地陕西商会和 23 家陕西异地、行业商会及近百名企业家共同探讨了丝绸之路经济带合作与交流的若干问题。

四、为经济社会发展建言献策

2015 年，陕西省工商联围绕制定“十三五”规划、发展混合所有制经济、推动陕西信息产业技术创新、民营企业参与棚户区改造、电子商务信息产业园建设、民营企业走出去和参与国际合作情况等开展专题调研，形成了《2014 年陕西民营经济发展报告》《关于我省信息产业发展情况的调研报告》《陕西民营企业走出去情况调研报告》《关于推动民间投资增长的建议》等一系列质量较高的调研报告和建议，受到了省委、省政府的高度重视。完成了日常文史资料的搜集整理和编撰工作，编辑出版了《陕西省工商业联合会简史（1955—2015）》。为进一步鼓励和调动全省各级工商联调查研究的积极性，组织开展了2014年度调研成果评选表彰活动，评选出“优秀调研成果”21篇、“优秀提案”4件，并编印了《2014年度工商联系统调研成果汇编》，在市县工商联引起了较大反响。

政协陕西省十一届三次会议期间，省工商联围绕贯彻落实党的十八届四中全会精神、加强法制道德建设、推动企业科技创新、加快转型升级、发挥商会组织在“一带一路”战略中的作用等内容提交提案12件，大会发言4份；向十二届全国人大三次会议提交了《关于加强网络商品交易监管的建议》《关于进一步建立与完善失能和半失能老人养老体系的建议》等4件议案。较好地履行了政治协商、民主监督、参政议政职能。

五、加强自身建设

一年来，陕西省工商联认真贯彻执行中央八项规定和反“四风”要求，以开展“三严三实”专题教育为契机，狠抓整改落实，干部讲规矩、守纪律意识进一步增强，组织协调、调查研究、联络沟通、把握大局和指导工作的能力得到提升。结合开展“五好”县级工商联创建活动，召开了全省“五好”县级工商联建设现场会，对2014年通过达标验收的17个“五好”县级工商联进行了表彰，对2015年21个创建县进行了督查，要求省市工商联加大工作指导力度，督促各县、区党委政府抓紧整改，尽快解决县级工商联建设中的突出矛盾和问题，在实现“一个设立、五个有”的基础上，推动工作上台阶。截至2014年底，全省107个县区工商联已有40个达到“五好”标准。为全面贯彻落实中央统战工作会议精神，陕西省工商联加强对基层商会组织的指导，帮助建立健全相关制度，正规工作秩序，有效发挥作用。指导成立了陕西省新生代企业家联合会，并帮助其选好班子、制定章程、完善制度，搭建起了年轻一代企业家相互学习交流、促进发展平台。

截至2015年12月，陕西省工商联共有各类商会组织1084个。其中，乡镇商会427个，街道商会150个，异地商会101个，市场商会14个，园区商会3个，行业商会376个，其他形式的商会组织13个。已在民政部门登记为社团法人资格的100个（省工商联直属10个，市级工商联所属23个，县级工商联所属61个，乡镇街道6个）。省工商联共拥有会员111193个，其中，企业会员39587个，团体会员1521个，个人会员70085个，县及县级以下会员52362个。

甘肃省工商联2015年工作综述

2015年，甘肃省工商联深入贯彻党的十八大和十八届三中、四中、五中全会精神，深入贯彻习近平总书记系列重要讲话精神和省委决策部署，聚焦中心工作，强化工作作风，坚持促进两个健康，为服务全省改革发展稳定大局作出了积极贡献。

一、以守法诚信为重点，扎实开展理想信念教育实践活动

1. 建立机制搭建平台

省工商联与省检察院联合下发了《关于在服务非公有制经济发展中加强协作配合的规定》，建立了“一个平台、三项制度”，即搭建检察服务室平台、建立联席会议制度、建立信息交流通报制度、建立完善调研制度。与省非公有制经济领导小组共同设立了非公有制经济发展维权投诉举报平台，为维护非公有制经济市场主体的合法权益提供保障。制定了《省级领导联系商会制度》，形成党委政府与商会联系沟通机制，畅通政企沟通渠道。截至2015年底，已有36位省级领导与53家省级商会建立了联系。兰州市整合会员企业法律服务资源，建立了工商联法律服务中心，为会员企业提供法律服务。

2. 引导企业依法经营

针对近年来部分企业在生产经营中出现的能源消耗高、生态破坏、环境污染等问题，省工商联以“坚定理想信念、遵守法律法规、落实环保责任”为主题，向全省非公有制经济人士发出了守法诚信经营、增强环保意识的倡议，得到广大非公有制经济人士的积极响应。兰州众邦电线电缆集团有限公司等13家会员企业被评为甘肃省第一批诚信企业。通过守法诚信教育，引导非公有制经济人士学法尊法守法用法，积极参与全面依法治国实践，有效地促进他们牢固树立法治意识和法治思维，遵守法律，重信守诺，自觉成为社会主义法治的忠实崇尚者、自觉遵守者和坚定捍卫者。

3. 引导企业履行社会责任

按照省委精准扶贫精准脱贫的工作部署，省工商联制定下发了《关于鼓励民营企业参与精准扶贫的实施意见》，14位知名民营企业家向全省非公有制经济人士发出了参与精准扶贫的倡议，得到了广大商会和民营企业的积极响应。省工商联组织开展了以红色教育、访贫问苦、灾后重建、项目对接为内容的理想信念教育实践活动，组织26名中青年企业家、10家省工商联直属商会赴定西市岷县、陇南市宕昌县、甘南州舟曲县实地考察灾后重建情况，接受革命传统教育，引导企业家进一步了解省情，了解政府为脱贫工作作出的努力和成效，积极投身精准扶贫，该活动得到了全国工商联的充分肯定。广大非公有制企业家为礼县捐款249万元，建设安居房83户；天庆集团向定西市50名家庭困难大学生提供60万元资助。酒泉市通过“光彩惠民行”活动，实施光彩项目10个、总投资1000万元。定西、天水的非公有制企业通过“农户贷款、带资入股、就业分红”的模式带动贫困户脱贫致富。

二、着力推动非公有制企业转型升级

1. 积极参与“一带一路”战略

把推动民营企业走出去和参与丝绸之路甘肃黄金段建设作为重点工作。开展了民营企业走出去专题调研，总结了民营企业走出去的方式和途径，从政策环境、金融支持、风险防范、外事服务、企业自身素质等方面分析了影响民营企业走出去的突出问题，形成对策建议向党委政府报告。与省商务厅联合出台了《进一步加快实施走出去战略意见》，鼓励甘肃企业通过境外产能合作，境外投资办厂，境外加工贸易，境外承包工程和境外上市等多渠道拓展海外市场。积极承担了APEC商务旅行卡的审核和推荐工作，为民营企业走出去提供点对点服务。带领企业家赴美国、新西兰、澳大利亚等国家进行商贸交流考察。邀请美中国际商会、美国龙门资本等外企商会来甘考察，深化合作发展。与海峡两岸传统文化交流基金会建立了总规模达200亿元的“‘一带一路’文化和教育产业基金”，面向非公有制企业发展提供金融支持。

2. 深入调查研究，破解发展难题

针对房地产市场疲软、房地产投资增幅大幅度下滑的形势，省工商联提出的《关于加快我省城市棚户区改造的提案》得到省政府主要领导同志的高度重视，主要建议被吸收到省政府出台的促进房地产业持续稳定健康发展25条的政策措施中。为破解非公有制经济发展中贷款难、贷款贵的问题，以省委统战部牵头，由省工商联、省发改委、省工信委、银行和专家学者组成调研组，在全省范围内开展了非公有制经济发展中融资难问题的专题调研，重点围绕扶持非公有制发展的金融政策落实、财税导向作用和扶持资金使用等内容进行深度调研，调研报告在中央统战部获得调研三等奖。与此同时，为解决非公有制企业融资难问题，省工商联主动作为，与中国银行甘肃省分行签订金融合作框架协议，由省中行两年内向民营企业提供80亿元的综合授信额度。

3. 围绕中心，深入开展“民企陇上行”活动

围绕“3341”项目工程和全力打好精准脱贫攻坚战，持续深入开展“民企陇上行”和商会对口帮扶贫困县活动。在以“百强企业、百家商会进甘肃”为主要内容的“民企陇上行”活动中，共签约项目1707个，合同资金4754亿元，到位资金1091亿元。其中，全国工商

联商会及甘肃省商会、执委企业家对口帮扶21个贫困县共完成签约项目196个，合同资金406亿元，到位资金79亿元，超额完成了省委制定的目标任务，得到了各级党委、政府的充分肯定。8月7日，省委主要领导同志在《2015年省“民企陇上行”活动总结》上批示：“此项工作是有成效的，而且成效是明显的，要充分肯定这项行动的成绩。今后的工作重在深入、贵在韧性。还要谋划新招、硬招、实招。”为激发民间投资活力，组织民营企业积极参加“政府和社会资本合作项目”培训会和两批政府与社会资本合作（PPP）项目推介会，鼓励民营企业通过PPP等多种模式参与重大项目建设。鉴于在引导、鼓励和支持非公有制经济发展方面取得的突出成绩，省工商联受到省政府推动非公有制经济跨越发展先进单位表彰。

三、基层组织建设取得新成效

1. 加强基层组织建设

甘肃县级工商联“一个设立、五个有”的基础目标全部完成，“五好”县级工商联引领示范效应逐步凸显，县级工商联组织软弱涣散的状况得到基本改观。根据《甘肃省“五好”县级工商联建设示范点考评办法》，全省“五好”县级工商联达到24家，覆盖率达到28.9%。会员的结构和质量有了明显提升，截至2015年底，共有会员83223个，其中，企业会员26891个，团体会员2087个，个人会员54245个。

2. 加强对商会的指导、引导和服务工作

在指导换届中，加大了对商会会长的考察工作力度。积极推动市县工商联商会服务机构建设，目前金昌、平凉等5个市（州）成立商会工作机构，白银区、靖远县等23个县（市、区）出台了商会服务配套办法。张掖市开展“五好”基层商会建设年活动，庆阳市指导7个市级行业商会建立了法律维权服务部，这些实践探索都为培育发展中国特色商会组织积累了丰富经验。

四、机关自身建设取得长足进步

省工商联党组班子严格落实党风廉政建设的主体责任，牢牢抓住主体责任这个“总开关”，不断强化党组的主体责任和机关纪委的监督责任。建立了定期研究解决重大问题、有效防控廉政风险、协调推动重点任务的长效机制。推动成立了机关党委和机关纪委，以机关党委为抓手，成立了6个部室党支部，把主体责任向部室、支部延伸，增强部室负责人、党支部书记履行“一岗双责”的意识和能力，确保“一岗双责”落到实处。通过开展“三严三实”专题教育，领导班子查找出了工作中存在的“不严不实”问题，深刻剖析了问题的根源，建立了问题台账和整改措施，为转变工作和提高水平奠定了良好基础。配齐中层领导职数，开展机关处以下干部轮岗交流活动，机关部（室）干部结构得到优化。坚持不懈落实中央“八项规定”和省委“双十条”规定，着力解决“四风”问题，不断营造风清气正的机关环境。

青海省工商联2015年工作综述

2015年，在省委、省政府的坚强领导下，在全国工商联的指导下，省工商联认真贯彻落实中央和省委省政府的决策部署，牢牢把握两个健康工作主题，着力优化非公有制经济发展环境，切实加强基层组织和会员队伍建设，不断改进工作作风，各项工作取得新进展。

一、强化教育引导，在坚定理想信念、增强企业守法诚信上实现新发展

1. 理想信念教育实践活动深入开展

根据中央统战部和全国工商联安排部署，在全省非公有制经济领域深入开展以“守法诚信”为重点的理想信念教育实践活动，优秀中国特色社会主义事业建设者评选表彰活动，全省有50名非公有制经济人士获得优秀建设者荣誉称号。同时，结合当前经济发展新常态，把教育培训工作与服务地方经济发展、提升民营企业家整体素质相结合，先后举办了“新三板”投融资培训会、“中小企业如何运用多层次资本市场融资”等专题讲座；采取省工商联与各市、州工商联、异地商会联合办班的形式，举办了“山东商会理想信念教育实践活动培训班”“海东市非公有制经济人士培训班”等学习班。一年来，共组织举办培训班（讲座）18个，参加人数2000余人；对《青海工商》杂志版面及内容进行了全新改版，正式开通了“青海省工商联”微信公众平台。

2. 民族团结进步创建活动持续推进

组织联系省内各大新闻媒体开展了2015年全省非公有制经济领域创建民族团结进步先进区宣传周活动，集中采访报道民族团结进步创建活动中涌现出的先进企业；各地工商联、各商会、企业通过网站、微信、发放宣传资料、悬挂标语等形式广泛开展宣传；海北州举办了非公有制经济领域创建民族团结进步示范州现场观摩推进会；青海藏羊集团、西部伟业投资集团、正平路桥公司、青海宁食集团、青海兴旺集团5家非公有制企业和5名非公有制经济人士，分别荣获全省创建民族团结进步先进区先进集体和先进个人，并受到表彰。

二、认真调查研究，在献计出力、提供决策服务上取得新成绩

1. 学习贯彻全省促进市场主体发展大会精神

配合有关部门做好“全省促进市场主体发展大会”筹备及《关于进一步加快培育和发展市场主体的意见》起草工作，并提出意见建议。组织召开“非公有制经济领域贯彻市场主体发展大会精神推进会”，向非公有制经济人士宣讲市场主体发展大会主要精神，鼓励非公有制企业学好用好培育市场主体的扶持政策，放手放胆释放创业创新潜能，瞄准重点领域推动企业转型升级提质增效，发挥主体作用提升企业经营管理水平，提振企业发展信心。

2. 深入调查研究为党委政府科学决策提供服务

面对经济下行压力，深入民营企业调研，形成了《青海省非公有制经济领域统战工作专题调研报告》《民营企业面临的困难和问题亟待引起政府的重视》等多篇调研成果。发挥直通车作用，以《民营企业情况专报》形式及时反映企业存在的困难和问题，提出意见建议。充分发挥参政议政重要作用，提交了《加大本地人才培育力度，促进县域非公有制经济发展》等提案，得到了相关部门的积极回应。通过走访相关部门和企业，采取问卷调查、分析典型案例等措施，先后完成了民营企业走出去、2014年度上规模民营企业调研、民营企业社会责任、和谐劳动关系、异地青海商会调研等各项调研任务。围绕青海民营经济发展状况积极撰写民营经济发展报告，民营经济发展报告已成为工商联系统调研工作的品牌。

三、积极主动进位，在推动经贸交流、服务经济发展上实现新跨越

1. 组织开展“光彩事业丝路西宁行”活动

通过积极争取，促成了“光彩事业丝路西宁行”活动，并以西宁为主，辐射海东市、海西州。举办“光彩事业丝路西宁行暨2015西宁城市投资发展洽谈会”，其间共落实签约项目187个，总投资金额910.5亿元（其中，省工商联促成项目43个，投资额142.7亿元）。通过此次活动，以“光彩行”这个在全国具有重大影响力的品牌活动为平台，促进了地方经贸合作，提升了西宁“城洽会”的知名度和影响力，同时也为广大非公有制企业转型升级、发展壮大提供了新机遇。

2. 大力开展招商引资相关工作

2015年广泛征集优质投资项目，共整理出符合产业政策、适合民营企业投资的优质招商项目330个，并发挥工商联、侨联、异地商会等资源优势，开展项目推介和以商招商。青洽会期间，共邀请316名国内民营企业家、港澳台侨客商参会，促成签约项目15个，签约金额30.73亿元。在做好招商引资工作的同时，注重签约项目后续跟踪服务工作，2014～2015年省工商联签约项目履约达100%，开工率达86.67%。青洽会期间，组织陕西、甘肃、宁夏、青海、新疆及新疆生产建设兵团工商联召开了西北地区工商联第一次联席会议暨参与丝绸之路经济带建设研讨会、西北地区民营企业融入“一带一路”发展论坛，初步建立了五省区和新疆生产建设兵团工商联协作发展、互利共赢的区域性合作机制，促进了民营企业间的交流合作和走出去步伐。

3. 组织企业积极履行社会责任

引导非公有制企业参与就业再就业工作，与省人力资源和社会保障厅等部门举办了“2015年民营企业招聘周”，在青海师范大学举办了“送岗位进校园”2015应届毕业生专场招聘会，共组织100多家非公有制企业参加，先后提供就业岗位1000多个。同时，广大非公有制企业积极参与“情满江源·爱洒人间”“2015同心·民生工程——非公有制经济代表人士资助贫困大学生”“异地商会玉树行”等公益活动和中国光促会举办的“光彩事业黄冈行”“光彩事业广昌行”等经贸活动，有力促进了当地经济发展。

四、发挥职能作用，在服务企业、协调解决困难问题上实现新突破

1. 协调解决企业实际困难和问题

把更好地服务民营企业作为衡量工商联工作的重要标准，支持和引导各商会、企业加强行业自律，开展诚信企业和品牌创建，并成立了省工商联“服务非公有制企业发展领导小组”，重点加强与省发展改革委、省经信委、省招商局等相关部门的沟通与联系，对企业需要解决和协调的困难和问题“马上就办”，及时为广大民营企业提供政策咨询、法律保障等各种服务。

2. 为企业依法治企创造良好环境

以“法律进企业”活动为载体，开展了律师、公证进企业“法律体检”活动，为非公有制企业提供多种形式的法律服务；会同省人力资源和社会保障厅对各地非公有制企业劳动争议预防调解工作开展情况进行调查摸底，确定了46家非公有制企业试点单位；会同青海省安徽商会举办了民营企业法律风险防范培训班，提升了企业社会形象，促进了企业健康发展，得到了非公有制经济人士的积极响应。

五、加强组织建设，在夯实基础工作、提升基层能力上取得新进展

1. 指导各地加强商会建设和基层组织建设

制定《青海省工商联“五好”县级工商联建设工作实施方案》，组织召开“五好”县级工商联经验交流暨培训会，进一步明确了全省基层组织建设工作目标。按照县级工商联“一个设立、五个有”标准，认真评选、推荐“五好”县级工商联，10个县级工商联被全国工商联评为“五好”县级工商联。紧紧抓住商会是工商联的基层组织这一特性，各级工商联通过举办异地商会秘书长培训会议、深入商会开展调研、协助商会完成注册登记等方式，指导商会加强建设，全年新成立异地商会、行业商会8家。截至2015年底，全省有异地商会26家，行业协会17家，外埠青海商会6家，乡镇商会24家。

2. 认真开展“三严三实”专题教育

省工商联把“三严三实”主动融入日常教育学习中，围绕三个专题持续深入推进。以“三定”为依据，结合各部室职责，重新清权确权、定岗定责定员，分解、细化部室工作人员任务分工，对工作任务完成情况制定了具体细致的考核标准。制定了青海省非公有制经济工作类干部“两标准一办法”，为各级工商联干部队伍建设提供了基本遵循，也为州县工商联换届提出了明确的标准。

宁夏回族自治区工商联2015年工作综述

2015年，宁夏回族自治区工商联全面贯彻党的十八大和十八届三中、四中、五中全会精神，深入学习贯彻习近平总书记系列重要讲话精神，认真落实中央和自治区党委统战工作会议、党的群团工作会议精神，围绕中心、服务大局，始终突出两个健康工作主题，充分发挥工商联的独特优势，开拓进取，扎实工作，各项工作取得了新成绩。

一、思想政治工作

扎实开展以守法诚信为重点的理想信念教育实践活动。成立理想信念教育实践活动领导小组，印发了《关于在全区以守法诚信为重点深入开展理想信念教育实践活动实施意见》，以视频会议形式向市、县（区）25个分会场的1200余名非公有制经济人士及统战、工商联系统干部进行动员，对全区教育实践活动进行安排部署。各级工商联、商协会、民营企业积建搭建法律服务、健康服务、宣传服务、交流互动等平台，通过举办报告会、文艺汇演、知识竞赛、评选表彰、学习培训、参观考察、演讲比赛和非公有制经济人士革命传统教育基地挂牌等形式，不断深化“四信”教育，进一步增强了广大非公有制经济人士守法诚信意识，坚定了理想信念，激发了干事创业的激情。

通过召开执委会、常委会、座谈会、联席会等多种形式，认真学习贯彻党的十八届三中、四中、五中全会，中央统战工作会议和习近平总书记系列重要讲话精神，以及自治区党委和全国工商联重要会议精神，引导非公有制经济人士树立正确的人生观、价值观、荣辱观、义利观，自觉履行社会责任，听党话、跟党走，做合格的中国特色社会主义事业建设者。

二、组织建设工作

加强对各级工商联和基层商协会的指导与服务，抓好会员发展、基层组织建设和商协会工作，制定下发《宁夏工商联2015年会员发展和组织建设规划》，“五好”县级工商联和乡镇、街道商会建设成效明显。一是加强基层工商联建设。以“五好”县级工商联建设为切入点，稳步推进，“五好”县级工商联全区覆盖率已达63.6%。二是加强商协会建设。金凤区等4个县（区）工商联已实现乡镇、街道商会全覆盖。宁夏江苏商会、中宁枸杞商会、西夏区西花园街道商会受到全国工商联“百佳商会”表彰。组建成立宁夏辽宁商会等5家区内商会和天津宁夏商会等2家驻外宁夏商会，并不断完善街道园区商会制度，推动商会规范化建设，助推商协会加快发展。全区工商联系统共有商协会207家，自治区工商联直属商协会50多家。三是加强会员组织建设。采取差别化会员发展方式，将会员发展指标任务分解到市、县（区）和商协会组织，创造性地开展会员组织建设工作，截至2015年底，全区工商联共有会员67044个，比上年增加3670个。

三、经济服务工作

组织全区民营企业家100多人次先后参加世界华商大会、“青洽会”、“兰洽会”等大型经贸活动。圆满完成2015年中阿博览会接待任务，被评为中阿博览会先进集体。持续开展“全国工商联民营企业信息直报工作”，新增直报点100个，全区共建信息直报点316个。邀请港澳台等地客商来宁考察特色产业，促进项目对接合作。加强与陕西、甘肃、青海、新疆及新疆生产建设兵团工商联联系，初步建立区域性合作机制，引导民营企业转型升级，积极参与“一带一路”建设。与石嘴山市共同举办“民营企业石嘴山行”活动，组织200余名企业家参加，签约项目15个、投资额74.6亿元，对推动石嘴山市与区内外企业深化交流合作、实现互惠互利、促进非公有制企业转型升级发挥了积极作用。各级工商联、商协会积极推进光彩事业深入开展，银川市工商联、宁夏安徽商会等单位组织非公有制经济人士向贫困县区、养老院等捐资捐物达6500余万元。

举办工商联服务民营企业金融恳谈会，为100多名民营企业代表、商协会负责人进行金融知识专题辅导，促成蓝山阳光果业等3家企业与担保公司签订1200万元金融担保支持合作协议。协助自治区金融工作服务局推广宁夏投融资服务平台，为注册会员融资8.95亿元。争取全国工商联“中国民营企业职工阅览室”项目，为17家非公有制企业配送图书3.4万册，有力地支持和推动了企业文化建设。组织761家民营企业参加“民营企业招聘周”活动，为社会提供1.89万个就业岗位，6667人达成就业意向。选派两名干部赴扶贫点西吉县红耀乡小岔沟村开展定点帮扶，援建的100座马铃薯贮藏窖全面投入使用，农户窖藏马铃薯反季节销售每户增收2000元以上。协调相关项目资金共计454.7万元，有效推进流域治理和基础设施建设，美化了村容村貌，改善了当地群众生产生活环境。

四、调查研究与参政议政工作

宁夏工商联对提案工作早部署、早开展，充分发挥工商联界别委员的作用，紧紧围绕自治区党委、政府提出建设开放、富裕、和谐、美丽“四个宁夏”、打造“两优环境”及“一带一路”发展战略的总体部署，紧扣两个健康工作主题，深入开展调查研究，广泛听取基层组织、政协委员、非公有制企业、非公有制经济人士和商（协）会组织的意见建议，认真撰写提案和调研报告，积极参政议政、建言献策。全年向全国工商联报送提案4件，向自治区政协报送提案40件（立案38件），提交社情民意40条。其中，《加强水利工程推进贺兰山东麓100万亩葡萄文化长廊建设的建议》被列为自治区重点提案，自治区政府主要领导同志亲自督办，促进宁夏葡萄产业“高起点规划、高标准建设，以打造世界一流葡萄酒产区为目标，让宁夏这张‘紫色名片’持久闪亮”。撰写的《新常态下激发宁夏非公有制经济活力的对策与建议》调研报告，自治区党委主要领导同志作出重要批示：“工商联《调研报告》反映问题，值得引起重视。我区非公经济包括中小企业发展的好坏将直接影响我区‘十三五’期间经济发展速度与质量，对企业的减负工作应该继续加大力度，对企业服务工作应加强，减负与服务双策并举。建议政府专题研究，提出有关政策意见，为明年我区保增长提供支持。”

五、培训教育工作

制定了《全区非公有制经济人士教育培训规划》，通过区、市、县三级互动培训，整合资源加强非公有制经济人士培训。先后在北京大学、浙江大学、宁夏社会主义学院举办宁夏非公有制企业家创新与管理研修班、工商联干部创新管理与综合能力提升培训班、商协会负责人培训班，共培训200余人；联合基层工商联、商协会及高校举办各类学习培训、专题讲座、参观考察等活动30余场次，3000余位非公有制经济人士参加，对“一带一路”“新三板”“互联网+”等热门、前沿知识进行培训，提高了民营企业与时俱进发展能力；制定《自治区工商联法律服务工作方案》，与相关律师事务所合作，指导、协助基层工商联、商协会开展法律讲座、政策解读8场次，263人次参加培训。充分发挥宁夏大学葡萄酒学院、银川市工商联商学院等培训机构优势，加强对新生代企业家、企业主要负责人及经营管理人员、专业技术骨干等进行培训；选派企业家200余人次参加“三严三实”组织“守纪律讲规矩”、党外人士培训班及相关部门单位组织的各类培训20余场次。

六、宣传工作

加强与各主流媒体合作，大力宣传党和政府鼓励、支持和引导非公有制经济发展的政策措施及自治区非公有制经济发展特色亮点，在《华兴时报》开辟“非公经济周刊”栏目，对全区30位非公有制经济典型人物和工商联系统27家先进商协会进行宣传报道，在《中华工商时报》《宁夏日报》《中国工商》等媒体宣传报道自治区工商联系统、非公有制经济领域工作动态信息150余篇。与凤凰网驻宁夏站建立合作机制，及时宣传报道全区各级工商联工作动态。《宁夏商会》杂志更加注重采纳基层信息，满足会员需要，服务基层工作，共编辑发行6期，向区内外发放1.5万册。加强与《中国工商》和《中国穆斯林》杂志的联系合作，积极宣传优秀回商企业家、商协会，树立了宁夏非公有制企业和人士良好形象。编纂出版《宁夏非公经济年鉴》和《宁夏工商联年鉴（2012—2014）》，为工作持续发展提供翔实可靠的文史资料。

新疆维吾尔自治区工商联2015年工作综述

2015年，在新疆维吾尔自治区党委、人民政府的正确领导下，在全国工商联的关心支持和指导下，全区广大非公有制经济人士和工商联干部职工围绕自治区社会稳定和长治久安工作总目标，牢牢把握两个健康工作主题，凝心聚力，认真履行职责，各项工作取得了新进展新成效。

一、强化责任意识，坚定不移维护社会稳定和民族团结

坚持中央提出的影响新疆社会稳定的主要危险是民族分裂主义的正确论断，深刻认识新疆反分裂斗争的长期性、复杂性和尖锐性。在工商联系统和非公有制经济领域通过座谈会、知识竞答、演讲比赛等多种形式，借助内刊内网开展“一反两讲”和“去极端化”活动。土耳其反华势力所谓“新疆禁止穆斯林在斋月期间封斋”的谣言发生后，民贸商会会员企业主动结合企业发展成果，畅谈党和政府尊重宗教信仰自由、全力保障合法宗教活动政策，用翔实事例强力批驳谣言。以实际行动回击了暴恐分子的罪恶企图，践行了工商联商会和民营企业的政治责任、政治担当，为新疆的社会稳定作出了积极贡献。

二、以守法诚信为重点，深入开展非公有制经济人士理想信念教育实践活动

开展了以“民营企业家与中国梦”为主题，以“一反两讲”为主线，以守法诚信为重点的非公有制经济理想信念教育实践活动。各地充分发挥非公有制经济人士的主体作用，积极探索和建立工作长效机制，充分利用网络、微信公众平台等新媒介，使活动成为工商联服务两个健康的长期性经常性工作和重要抓手。哈密地区工商联与地区公安局刑侦支队联合召开“法治进商会（企业）”活动工作会议，阿勒泰地区工商联与《阿勒泰日报》、阿勒泰新闻网联合开展最具社会责任感企业家和最具社会贡献人物评选活动，乌鲁木齐市工商联举办以守法诚信为主题的“社会信用体系建设大讲堂”。据不完全统计，全区各级工商联组织围绕活动召开报告会、座谈会、论坛、讲座300多场，组织观摩活动288次，近8万名非公有制经济人士参与其中，在引导企业守法诚信经营等方面发挥了积极作用。

三、参与全面深化改革工作，促进非公有制经济发展

一是推动召开自治区促进非公有制经济发展工作会议。自治区政府主要领导同志主持会议，自治区党委主要领导同志出席会议并作重要讲话，会议表彰了70名第四届自治区非公有制经济人士优秀中国特色社会主义建设者。出台《自治区党委 自治区人民政府关于大力推动非公有制经济加快发展的意见》（新党发〔2015〕15号）。二是召开自治区发展非公有制经济协调领导小组会议。自治区发展非公有制经济协调领导小组召开会议，自治区党委领导同志主持会议并作重要讲话，会议审议通过了自治区党委、自治区人民政府出台的《关于大力推动非公有制经济加快发展的意见》重点任务分工方案、《领导小组工作制度》和《自治区非公有制企业维权工作协调会议组成人员名单》。三是积极参与全面深化改革工作。制定《关于贯彻落实〈自治区党委全面深化改革领导小组2015年工作要点〉的实施方案》，参与制订促进非公有制经济发展的优惠政策与服务措施。运用与上海股权托管交易中心合作机制，建立企业挂牌孵化基地，截至2015年底，共有11家企业在上股交挂牌，以定向增资的方式实现融资12657万元。会同金融管理部门，推动5家企业先后在“新三板”挂牌并融资。开展支持小微企业发展政策措施落实情况第三方评估。

四、开展光彩事业和公益慈善工作

全力推动“百企助百村·携手共发展”光彩事业和田行动。新疆昆仑尼雅生态农牧发展有限公司分三期总投资20亿元在民丰县实施“尼雅黑鸡”养殖项目，德汇集团以和田市吉亚乡艾德莱丝绸对口帮扶作为试点，提供扶持资金100万元入股草根企业，实现以产业带动创业、以创业带动就业。华凌集团在察布查尔县阔洪奇乡琼塔木村投入80万元改善村办公条件及村委会设施。华源集团、国际实业等26家民营企业对乌什县没有被“访惠聚”工作组覆盖的33个村开展包村定点扶贫工作。温州商会为40名孤寡老人和24名贫困大学生发放慈善款。珠宝商会捐赠玉石雕刻设备25台，选派6名技师赴和田县开展义训活动，将义捐义卖筹集20余万元用于帮扶该县玉雕技术和手工编织深加工技术培训。积极参与皮山县抗震救灾。截至2015年11月，全区工商联系统和广大非公有制经济人士为皮山人民灾后重建捐款捐物380余万元，充分体现了民营企业家们的高度社会责任感和无私奉献的高尚品质。

五、组织民营企业评议县市政府职能部门，法律服务工作内容丰富效果明显

在全区开展民营企业评议县市政府部门工作，评议成果已报送自治区党委和自治区效能办。全力推动市（州）工商联民营企业维权中心构建工作，成立自治区工商联民营企业民商事仲裁中心和调解中心。与辽宁、北京等9省市工商联成立民营企业法律维权服务战略合作联盟。全年开展各类法律讲座42场次，参加人员3518人次。受理维权案件38件次，办结率100%。与各成员单位联合印发《2015年自治区厂务公开民主管理工作指导意见》和《自治区厂务公开民主管理工作五年规划》等文件。编撰印发维文版《民营企业劳动法律法规汇编》。

六、创新服务新模式，经济服务和对外联络工作取得新突破

开展2014年度上规模民营企业调研和民营企业走出去调研。与科技厅联合主办第二届新疆创新创业大赛。组织自治区经济形势报告会、甘肃省工商联“民企陇上行”新疆项目推介会、“首届新疆自主择业军转干部专场招聘会”、“政府与社会资本合作项目推介会”、“丝绸之路经济带合作发展论坛”等活动。在哈萨克斯坦、格鲁吉亚，依托华凌集团、三宝集团筹建格鲁吉亚新疆商会、哈萨克斯坦新疆商会。组织企业参加第十三届世界华商大会和格鲁吉亚丝绸之路经济论坛暨第四届中国新疆出口商品展洽会，扩大了对外联络与友好交往。

七、开展调查研究和参政议政工作，积极建言献策

参与人大、政协相关视察和调研活动，赴江苏、安徽、浙江3省学习考察调研中小微企业扶持政策落实情况。撰写《关于民营企业税收情况的调研报告》《依法落实中小微企业发展扶持政策和措施专题调研》《商会服务中小微企业》等专题报告。全区各级工商联商会、广大民营企业共开展专题调研30余项，撰写调研报告30余份，子报告50余个，其中《新疆非公有制经济领域统战工作调研报告》荣获全国工商联系统优秀调研报告和理论文章三等奖，《关于发挥民企在建设丝绸之路经济带中的作用的建议》和《关于推进民间金融机构健康发展的建议》2份提案获全国工商联系统优秀提案奖。完成《2014年新疆民营经济发展报告》《非公有制经济和中小微企业政策汇编（2014年度）》《2014年参政议政文集》。主办2015年中国（新疆）“一带一路”战略与科技物流发展峰会和第四届新疆民营企业发展论坛。撰写提交团体提案10个，大会发言2个，其中《关于推进民间金融机构健康发展的建议》的提案被列为自治区政协重点督办提案。

八、创新培训载体，宣教教育工作迈上新台阶

与自治区党委组织部、统战部、党校等部门分别举办“促进非公有制经济发展专题研修班”“地州市工商联秘书长、县市（区）工商联主席专题培训班”“项目管理师资格认证培训班”等5期培训班，与全国上市公司教育基金会共同举办“新三板——未来中国资本市场盛宴”系列专题讲座，与特变电工合办“新疆首届项目管理高端论坛”。配合全国工商联在自治区开展“中国民营企业职工阅览室”项目赠书活动，在阿克苏、博州、喀什、和田、吐鲁番设立少数民族职工阅览室，全区15家企业得到无偿赠书，推动民营企业文化建设。新疆阿尔曼清真食品有限公司董事长热迪力·阿布拉当选为全国劳模，新疆丝路秀文化产业投资有限公司董事长刘伟被评为自治区文化产业领军人才。

九、抓重点强基础，非公有制经济组织党建工作取得新成效

指导各地非公党工委深入开展“三严三实”专题教育。在非公有制企业中开展以服务改革、服务发展、服务民生、服务群众、服务党员为手段，以创建“六有”为目标的服务型党组织创建活动。通过新疆非公有制经济组织党建网、QQ群、微信、内刊、板报等载体宣传党的路线方针政策，宣传民族团结好人好事，交流企业党建的好经验好做法。3家非公有制企业党建工作受到自治区表彰，认真办好新疆非公有制经济组织党建网和新疆党建网非公有制经济组织频道，编发文章、信息、图片1500条（张），在自治区党校、社会主义学院培训地州市县非公有制经济党工委书记达300多人次。

十、加强基层组织建设，增强凝聚力影响力执行力

按照《“六好”县级工商联建设工作实施方案》，对“六好”县级工商联建设示范点进行审核，全区“一个设立、五个有”“六好”县级工商联组建率达到78.7%。库尔勒市工商联等4个县级工商联被全国工商联确定为全国“五好”县级工商联。喀什市工商联等7个县级工商联被自治区工商联评为“六好”县级工商联。商会建设稳步增长，截至2015年底，全区共有各类商会组织1111个，比2014年增长92.5%。会员数量稳步增长，截至2015年底，会员总数64739个，比2014年增长3.9%。其中，企业会员25635个，团体会员1142个，个人会员37962个，会员结构逐步优化。

新疆生产建设兵团工商联2015年工作综述

2015年，新疆生产建设兵团工商联以中国特色社会主义理论和习近平总书记系列重要讲话为指导，深入学习贯彻党的十八届三中、四中全会，全国工商联十一届三次执委会议和兵团党委六届十四次全委（扩大）会议精神，牢牢把握全面深化改革、全面推进依法治国和第二次中央新疆工作座谈会的重大机遇，贯彻“团结、服务、引导、教育”的工作方针，认真履行职责，团结广大非公有制经济人士积极投身“三化”建设，为兵团“十二五”规划目标的实现作出了重要贡献。

一、政治引导，凝聚深化改革和法治兵团建设的力量

以十八届三中、四中全会精神为指导，贯彻中央统战部、全国工商联“以守法诚信为重点深入开展理想信念教育实践活动”部署，制定《兵团非公有制经济人士守法诚信深入开展理念信念教育实践活动实施意见》，在兵团非公有制经济领域开展了以“守法诚信”为重点的理想信念教育实践活动。与兵团党委统战部共同在兵团党委党校举办了以贯彻党的十八届四中全会和兵团党委六届十四次全委（扩大）会议精神为主题的“兵团非公有制经济代表人士专题研讨班”，参加培训132人。兵团党委领导同志出席开班式并讲话。坚持主席学习日制度，及时传达贯彻党的方针政策和自治区、兵团党委的决策部署，搭建企业家与兵团机关有关行政职能部门对话平台，为企业发展提供政策服务。做好第四届兵团非公有制经济人士“优秀中国特色社会主义事业建设者”评选工作，在非公有制经济领域推进确立社会主义核心价值体系。深入开展兵团民营企业“诚信守法企业”创建活动，塔里木实业发展有限公司等16家企业受到通报表扬。选树典型，推荐守法诚信、光彩事业表现突出的优秀民营企业家典型事迹到《新疆人物》，做好典型宣传工作。开展红色教育，组织了江西井冈山“兵团非公有制经济代表人士培训班”，参加培训30人，达到了接受教育、升华境界的成效。

二、参政议政，不断扩大在兵团改革发展中的影响

组织各师工商联开展2014年度上规模企业调查，六师铝业有限公司、八师天山铝业有限公司入选中国民营企业500强和制造业500强。组织各师工商联调研并提交《2014年各师非公有制经济发展报告》，形成《2014年兵团非公有制经济发展报告》。按照全国工商联要求，组织西北五省区工商联在兵团召开民营经济发展报告撰写经验交流会，推动兵团民营经济发展研究工作。落实《全国工商联民营企业走出去综合调研方案》，开展走出去问卷调查。兵团民营企业走出去情况，得到全国工商联副主席庄聪生调研兵团时的高度关注。开展民营企业社会责任、参与光彩事业调研工作，形成报告，为完善非公有制经济人士综合评价体系提供了依据。配合商务局、发改委、科技局研究出台《兵团关于促进内贸流通健康发展的实施意见》《兵团培育发展战略性新兴产业2015年工作安排》《关于深化科技体制改革加快兵团创新体系建设的意见》等政策措施。发挥兵团企业联合会优势，完成了《新理念引领新常态 促进新转变谋划兵团非公有制经济发展》专题研究，落实了兵团司令员办公会对工商联关于兵团非公有制经济发展瓶颈及对策的专题研究任务。与发改委共同举行政府与社会资本合作（PPP）项目新闻发布会，鼓励和引导民间资本参与兵团基础设施、公用事业项目建设。制定了工商联经济体制改革重点工作计划，落实了经济体制改革重点工作和改革重点课题研究。积极承担全国工商联援藏援疆工作座谈会筹备工作，形成《兵团工商联关于对口援疆工作调研报告》，受到全国工商联的好评。贯彻中共中央、国务院《关于构建和谐劳动关系的意见》及兵团工作方案精神，作为兵团协调劳动关系成员单位，就兵团实施意见的制定在七师、十师、十二师开展了调研，形成了报告。

牵头成立了以兵团党委领导同志为组长、27个部门为成员单位的“兵团非公有制经济发展协调领导小组”。《兵团党委兵团关于大力推动非公有制经济加快发展的意见》也已形成。

三、培训教育，为加快适应新常态筑牢组织建设的基础

分别举办了非公有制经济人士培训班和工商联系统专兼职干部培训班，请兵团党校教授、兵团发改委、工信委、商务局等部门领导讲授走出去和“一带一路”的战略布局、国家政策和走出去调研工作方法。采取“送出去”“请进来”，以兵团工商联主办、企业家承办等多种形式开展专题论坛两期。选送兵团民营企业家和工商联干部参加了两期“清华大学高级职业经理执行力提升研修班”培训。落实全国工商联《关于举办县级工商联主席、党组书记培训班的通知》要求，41名工商联干部分别参加了四期培训学习。按照全国工商联的统一部署，兵团工商联加强督导，积极推进已建市工商联“五好”创建工作。各师（市）工商联充分发挥自身优势，开拓进取，在全兵团形成了“五好”创建的良好氛围，工商联建设整体水平有了进一步提升。阿拉尔市、图木舒克市、五家渠市工商联被全国工商联确认为全国“五好”县级工商联。截至2015年底，兵团工商联会员总数已达35094个。其中，企业会员4591个，团体会员138个，个人会员30365个。重视商会和协会发展，把商会、协会建设作为落实中央统战工作会议和中央党的群团工作会议精神的重要抓手，及时召开兵团商（协）会工作座谈会，贯彻习近平总书记重要讲话精神，分析了商会、协会组织发展运行情况，明确了工商联管理各类商会协会的职责任务，有力促进了兵团各类商会协会健康发展。截至2015年底，兵团各类商会组织74个。其中，兵团工商联直属商会6个，兵团异地商会总数达12个。团场各类农工专业合作经济组织150个。

四、围绕大局，努力做好兵团服务非公有制经济的助手

落实兵团“投资百日攻坚”决策，组织外省区民营企业140多人参加了兵团组织的各类重大经贸活动。制定《兵团工商联第二届新疆兵团绿洲产业博览会招商招展工作方案》，布展42个，组织民营企业137人、3个内地代表团参加了第二届兵团绿洲产业博览会，为博览会的顺利举办作出了贡献。发挥商会作用，组织民营企业6批100多人赴美国、哈萨克斯坦、俄罗斯等国家和地区开展商务考察。邀请江苏、江西等省以及中国民间中医药协会组织民营企业家11批140多人到兵团考察，举行招商推介会，促进民营企业加快产业援疆。组织实施兵团工商联非公有制经济中小微企业专项扶持资金项目申报工作，26家企业获得专项支持资金1000万元。促进社会就业，开展2015年民营企业招聘周活动，提供岗位信息8147条，1658人作了求职登记，1057人与用人单位达成就业意向。3家企业荣获2014年度全国工商联科技进步奖。五家渠新林牧业公司董事长赵明获第六届全国“光彩事业国土绿化贡献奖”。

五、对口帮扶，多元促进光彩事业助推扶贫目标的实现

工商联组织、“访惠聚”工作组、各类商会及有关部门多方面作用，积极推进多元帮扶，实施精准扶贫，全面完成兵团下达的各项任务。捐资助学，“一对一”资助一牧场学校35名贫困职工家庭学生10万元。推进光彩事业，争取中国光彩事业促进会为一师、二师、三师、十四师团场安装了价值1200万元的照明设备，向一师40个连队卫生所捐赠价值100万元医疗物品。

六、从严从实，增强领导班子引领两个健康的能力

按照兵团党委的统一部署，兵团工商联成立了“三严三实”专题教育工作领导小组，研究制定了兵团工商联“三严三实”专题教育实施方案，领导班子从严践行“三严三实”，促进了工商联领导机构和领导班子建设。落实《关于进一步发挥兵团工商联（总商会）副主席（副会长）作用工作实施方案》和《兵团工商联加强企业家队伍建设的意见》等内部改革措施，加强对执常委和领导班子成员的引导教育，建立健全考评机制，调动了代表人士参与工商联工作的热情，增强了投身工商联事业的责任感和使命感。代表人士响应工商联号召、热爱工商联事业、奉献自己力量的良好局面已经形成。兵团工商联在兵团推进“四个全面”战略中的地位更加明确，作用发挥日益明显，工商联事业备受重视，承担的责任光荣而艰巨。